Thomas Nitschke

Kulturphilosophisch Wandern

THELEM

Für Ingeborg Nitschke,
meine am 11. Januar 2023 in Hellerau verstorbene Mutter.

Inhalt

Teil I Kulturphilosophisch Wandern (2012)

Vorwort zum 1. Band (2012) 10

1. Kapitel (Von Görlitz bis Melaune) 14
Von einem Schuster, der zum Philosophen wird, von philosophischen Holzwegen und vom deutschen Wald

2. Kapitel (Von Melaune nach Bautzen) 30
Von Waldmenschen, vom letzten Mohikaner, vom Engel der Geschichte und vom Scheitern des Sozialismus

3. Kapitel (Von Bautzen bis Sankt Marienstern) 54
Vom Mythos der Autobahn, von Slawenaposteln, von Morgenlandfahrern und vom Schädel des Jakobus

4. Kapitel (Von Sankt Marienstern nach Schwosdorf) 65
Von Humanismus und Liberalismus, von Unterschieden zwischen sozial und neoliberal gesinnten Pfarrern, von Möglichkeiten der Geschichtsdeutung und von einer Freundschaft »im Geist der Utopie«

5.Kapitel (Von Schwosdorf bis Schönfeld) 82
Vom Wald als einem Ort des Friedens und als militärischem Truppenübungsplatz, vom Gehen als einer Tugend und von Spukgeschichten im Zauberschloss

6. Kapitel (Von Schönfeld bis Zeithain) 94
Vom Warten auf Godot, vom Stehen als einer Lebensform und von der Geburt des Dresdner Riesenstollens

7. Kapitel (Von Zeithain nach Dahlen) 117
Von der Bekanntschaft mit einem Geistheiler, vom Ende des Zweiten Weltkrieges und von einem ganz besonderen Wirt

8. Kapitel (Von Dahlen nach Nepperwitz) 141
Von den Krisen der Demokratie, vom Expressionismus und von einem Tisch, der sich selber deckt

9. Kapitel (Von Nepperwitz nach Leipzig-Sommerfeld) 148
Von den Hoffnungen und Risiken des Liberalismus, vom bürgerlichen Lebensstil und von der Annäherung an eine Heldenstadt

10.Kapitel (Von Leipzig nach Kleinliebenau) 158
Von großen und kleinen Geschichten, von Bäumen im Rosental und vom Wunder von Kleinliebenau

Literaturverzeichnis: Band 1 170

[illegible]dungen zu Teil 1 180

Teil II Kulturphilosophisch Wandern (2022)

Prolog ... 188
Ein nicht beabsichtigtes, aber schließlich doch notwendig gewordenes Vorwort

1. Kapitel (Von Görlitz nach Arnsdorf) ... 208
Von Inhalt und Deutung einer philosophischen Kugel sowie von dem Beweis der These, dass der Profifußball die gesellschaftliche Wirklichkeit spiegelt

2. Kapitel (Von Arnsdorf nach Bautzen) ... 215
Von »Pädagogischen Provinzen«, von einem sozialdemokratisch gesinnten Bürgermeister, der sich Bismarck politisch zum Vorbild nimmt, sowie von Montagsspaziergängern und Verschwörungstheoretikern

3. Kapitel (Von Bautzen nach Crostwitz) ... 231
Von Ursachen und den Deutungen des Krieges und davon, was es bedeutet, ein Pilger zu sein

4. Kapitel (Von Crostwitz nach Königsbrück) ... 240
Vom Nachdenken über die Ewigkeit, vom Nutzen und Nachteil der Historie für das Leben, vom Dreinreden und von der misslungenen Erziehung des Menschengeschlechts

5. Kapitel (Von Königsbrück bis Schönfeld/Großenhain) ... 255
Vom Leben im Wolfsland, vom Sinn des politischen Kabaretts und vom Unsinn der gegenwärtigen Debattenkultur

6. Kapitel (Von Großenhain nach Glaubitz bei Riesa) ... 260
Von den Unterschieden beim Lesen in einer freien Gesellschaft und in einer Diktatur, von einem fast selbst fahrenden Auto und von einem Dorf, dem die Frauen weglaufen

7. Kapitel (Von Glaubitz bei Riesa nach Lampertswalde) ... 265
Von Fährmännern und Schäfern, von völkischer Vergangenheit und Gegenwart und von einer weiteren ungewöhnlichen Nacht

8.Kapitel (Von Lampertswalde nach Nepperwitz) ... 272
Von den Ursachen und Auswirkungen der sächsischen Bildungsmisere und vom historischen und gegenwärtigen Fußballwahn

9. Kapitel (Von Nepperwitz nach Leipzig-Sommerfeld) ... 280
Von der These, dass Dummdreistigkeit die Fairness besiegt, von modernen Diskursen und vom Zusammenhang zwischen Leipzig, Faust und Friedrich Nietzsche

10.Kapitel (Von Leipzig nach Kleinliebenau) ... 292
Vom Erbe, ein sächsischer Ministerpräsident und Leipziger Oberbürgermeister gewesen zu sein und von der Freundschaft als der wichtigsten Tugend in dieser Zeit

Literaturverzeichnis: Band 2 ... 297

Abbildungen zu Teil 2 ... 308

Teil I

Kulturphilosophisch Wandern

Essays auf dem Jakobsweg in Sachsen (2012)

Ich bleib‘ lieber hier,

im vom Weltmeer verschlungenen Boot,
in dem es Geschichten gibt und eine Geschichte,
in dem ein Traum zum Alptraum wurde
und das sich von links nach rechts
zu neigen droht.

Vorwort zum 1. Band (2012)

Hape Kerkerlings Pilgerbuch kennt fast jeder: Hape war »dann mal weg«. Um jedoch wegzukommen, flog er zunächst nach Bordeaux, um von dort mit dem Zug zur französisch-spanischen Grenze zu fahren. Erst von dort pilgerte er auf dem spanischen Teil des Jakobsweges bis zur Kathedrale in Santiago de Compostela, die sich nur wenige Kilometer entfernt vom Kap Finisterre, dem Ende des Jakobsweges und dem früheren Ende der Welt, befindet. Die Vorstellungen von der Gestalt der Erde haben sich seit dem Mittelalter jedoch geändert, denn wenn heute jemand vom »Ende der Welt« spricht, denkt er wohl zuerst an den Osten und erst dann an die Himmelsrichtung, in der die Sonne untergeht.

Ich lese Hapes Buch, als ich an einem Sonntagvormittag in meiner Heimatstadt den Zug besteige. Im Gegensatz zu ihm fliege ich jedoch nicht westwärts, sondern fahre ostwärts und gelange nach Görlitz, dem Ausgangsort meiner zehntägigen Tour. Dabei hätte ich bei genauerer Überlegung eigentlich bis nach Kiew fahren müssen, denn Pilger waren einst auch vom Dnepr in Richtung Westen bis nach Spanien gewandert. Aber das Mittelalter, in dem es normal war, dass ein Pilger die vor ihm liegende Strecke zu Fuß bewältigt und dafür mehrere Monate benötigt, ist längst vorbei. Ich habe nur zehn Tage Zeit, auch bin ich eher atheistisch gesinnt und philosophisch interessiert, also kein religiöser Pilger und auch kein Mönch, der Buße übt oder von seinem Abt zur spirituellen Weiterbildung auf den Pilgerweg geschickt wurde. Was also suche ich auf dem Jakobsweg? Was treibt mich fort? Warum mache ich diese Reise?

Ich weiß, dass die Pyrenäen viel höher sind als die Oberlausitzer Berge, und ebenso bin ich mir sicher, dass der Bautzner Dom nicht mit der Größe und Erhabenheit der Kathedrale von Burgos mithalten kann. Mir ist klar, dass die Namen der im nördlichen Spanien liegenden Städte Pamplona, Logrono und Leon bedeutender klingen als die der sächsischen Städte Weißenberg, Dahlen oder Nepperwitz. Auch wird die Brücke Puente la Reina, über die der spanische Pilgerweg führt, dem im Westen kultivierten Bildungsbürger mehr sagen als die Muldenbrücke bei Wurzen. Und dennoch, trotz dieser Vorbehalte, werde ich zehn Tage auf dem sächsischen Teil der Via Regia wandern. Ich werde wahrscheinlich weniger Pilger treffen als in Spanien, dafür aber souveräner über Raum und Zeit verfügen sowie Ziele, Routen und Pausen selbst bestimmen können. Ich werde in meinem eigenen Tempo zweihundert Kilometer weit pilgern und mir Zeit nehmen für die am Weg wohnenden Menschen und die Natur. Ich werde die durch das Pilgern und Wandern erzeugte Entschleunigung und die bewusst genommene Auszeit vom Alltag genießen und mich nicht gegen den Staub der Straßen wehren. Ich werde ihn annehmen und ihn abends in meiner Lunge und an meinen Beinen spüren. Ich werde durch die sächsische Heimat wandern und mit einem wachen Blick auf die mich umgebende Landschaft schauen. Dabei hoffe ich auf neue Einsichten und unerwartete Entdeckungen, habe ich doch als Sonntagstourist die meisten Städte und Orte bereits besucht.

Vor allem jedoch hoffe ich auf kulturphilosophische Erkenntnisse – schließlich lobpreisten so manche Schriftsteller und Philosophen das mehrtägige oder mehrwöchige einsame Wandern und machten die damit verbundene existenzielle Geworfenheit des Individuums auf die natürliche Ursprünglichkeit zur Grundlage ihres Denkens. Johann Gottfried Seume beispielsweise brach 1801 in Grimma auf, wanderte vom Muldental bis nach Sizilien und begründete mit dem Buch »Spaziergang nach Syrakus« die moderne Reiseliteratur mit. Einige gingen wie er eines Tages einfach los, und viele kamen wesensverändert von ihrer Tour zurück – so zum Beispiel der Dichter Friedrich Hölderlin, der im gleichen Jahr vom schweizerischen Hauptwil zu Fuß bis nach Bordeaux wanderte und von dort zurück nach Stuttgart. Friedrich Nietzsche und Hermann Hesse – kulturkritisch und lebensreformerisch gesinnt – hofften, beim einsamen Wandern das Ich in seiner Natürlichkeit und Ursprünglichkeit zu finden und sich von gesellschaftlichen Zwängen zu befreien.

Lebensreformerische Ideen und kulturkritische Gedanken sind heute, so behaupte ich, ebenso aktuell wie vor einhundert Jahren – und zudem kann die »Kritische Theorie« des 1923 von Max Horkheimer in Frankfurt am Main gegründeten Instituts für Sozialforschung mit ihrer dialektischen

Methode diese fruchtbar ergänzen. Denn schon damals, als sich Johann Gottfried Seume und Friedrich Hölderlin zu Beginn des 19. Jahrhunderts und später Friedrich Nietzsche und Hermann Hesse und viele andere bewusst von der Bürgerlichkeit abwandten, dem Natürlichen und Ursprünglichen vertrauten, ins Ungewisse aufbrachen und mit einem Stab in der Hand und einem Rucksack auf dem Rücken einfach loswanderten, gerieten sie damit in einen Widerspruch zum jeweiligen Zeitgeist und zu den führenden Vertretern der zunächst konservativ-feudalen und später bürgerlich-liberalen Gesellschaft. Dazu beigetragen hat, dass die im Zeitalter der Aufklärung als Gegenbewegung aufgekommene romantisierende Naturbeschreibung sich häufig mit nationalistischen Verklärungen und mit Volkstümelei zierte, doch auch in der heutigen bürgerlich-liberalen Gesellschaft, in der Konkurrenzdenken und Egoismen, effizientes Denken und Handeln sowie der Drang zur Selbstoptimierung viele Menschen auch beim Aufenthalt in der Natur begleiten, geriet und gerät das selbstlose und ziellose Wandern zunehmend in Erklärungsnot.

Liberales Denken und kapitalistisches Handeln sind en vogue: Gepriesen wird wirtschaftliches Wachstum, und auch der damit verbundene technische Fortschritt wird eindimensional gedeutet – nämlich, wie vor einhundert Jahren, naturwissenschaftlich-positivistisch. Dieses Denken und Handeln offenbart sich auch in der gegenwärtigen Geschichtsdeutung, die – wie zum Beispiel der amerikanische Politikwissenschaftler Francis Fukuyama in seinem Buchtitel – selbstbewusst das »Ende der Geschichte« verkündet und damit den globalen Siegeszug des bürgerlichen Liberalismus meint. Dabei ignoriert diese Deutung bereits 1992, im Jahr der Veröffentlichung des Buches, vorhandene gesellschaftliche Widersprüche. Zu ihnen gehört zum Beispiel die Tatsache, dass der gegenwärtige Kapitalismus – wie der US-amerikanische Literaturwissenschaftler Michael Hardt und der italienische Philosoph Antonio Negri nur acht Jahre später in ihrem 2000 veröffentlichten Gemeinschaftswerk »Empire. Die neue Weltordnung« eindrucksvoll nachwiesen – zwar subtiler als im frühen 19. und im frühen 20. Jahrhundert wirkt, aber noch immer den in westeuropäischen und nordamerikanischen Großstädten lebenden Menschen immensen Reichtum und gesellschaftlichen Aufstieg ermöglicht, andererseits aber der Mehrheit der in den peripheren und ländlichen Regionen sowie in unterentwickelten Ländern lebenden Menschen diese Chancen vorenthält. Und obwohl diese, die westliche Welt seit mehr als 200 Jahren prägende Gesellschaftsform – global betrachtet – großes Leid sowie soziale und kulturelle Ungleichheiten erzeugte und erzeugt, verdrängen führende Vertreter der gegenwärtigen neoliberalen Gesellschaft die Existenz und Lösung der sozialen Frage, indem sie die Bewertung moralischer Fragen zum obersten

Postulat erheben und Fragen zur Gerechtigkeit einseitig bewerten, nämlich vor allem im Sinne der rechtsstaatlichen Justiz. Ihnen gilt es offenbar als Naturgesetz, dass sich die gesellschaftliche Schere zwischen Arm und Reich stetig weiter öffnet und es in den westlich geprägten städtischen Ballungszentren als schick und erstrebenswert gilt, Millionär zu werden oder gar Milliardär zu sein.

Ja, neoliberale Normen und Werte prägen – zum Beispiel dem US-amerikanischen Sprachwissenschaftler und politische Publizisten Noam Chomsky und dem britischen Politikwissenschaftler und Soziologen Colin Crouch zufolge – die gegenwärtige westliche Gesellschaft. Seitdem der Sozialismus spätestens 1989 in seiner real existierenden Form scheiterte und sich von einer Wissenschaft wieder zu einer Utopie entwickelte, sind sie Teil des Mainstreams und zu Grundlagen sogenannter moderner Lebensstile geworden. Denn nachdem der Kapitalismus und der damit verbundene wirtschaftliche Liberalismus seine einstigen Sklaven, die billigen Arbeitskräfte, als ehrbare Konsumenten mit wunderbarer Kaufkraft entdeckte, begründen im großstädtischen, bildungsbürgerlichen Milieu nun Übungen zur Vermarktung und persönlichen Perfektionierung kulturelle Werte und zieren gesellschaftliche Normen – um im Arbeitsleben gegenüber der Konkurrenz zu bestehen sowie Bekannte und Freunde zu beeindrucken. Die Mehrheit der in den großstädtischen Ballungszentren lebenden Menschen zollt dem Anerkennung, es ist angesagt – ebenso wie der Drang und die Angewohnheit, sich beinah ausschließlich digital zu informieren und zu kommunizieren. Ich jedoch möchte auf solche vom Zeitgeist festgelegten Werte und Normen wenigstens für eine kurze Zeit verzichten, möchte mich freimachen davon – und von den damit verbundenen Erwartungen, Ängsten und Zwängen. Um mit dem nötigen Abstand darüber nachdenken und schreiben zu können, benötige ich eine längere Auszeit – oder eine mehrwöchige Wanderung. Ich entscheide mich für das Pilgern: das Pilgern auf dem Jakobsweg.

Die Pilgertour, die ich im Herbst 2012 an einem Sonntagvormittag in Görlitz beginne, wird mich auf dem sächsischen Teil der Via Regia über die Königshainer Berge bis nach Bautzen führen. Vom Herzen der Oberlausitz werde ich westwärts wandern bis nach Kamenz und Großenhain – und schließlich, am Rand der Lommatzscher Pflege, bis in die Leipziger Tieflandsbucht. Mit der Elbe und der Mulde werde ich die beiden größten sächsischen Flüsse überqueren, bevor ich Leipzig erreiche. Und von dieser Stadt, in der am 9. Oktober 1989 mehr als 70.000 Menschen mutig und friedlich gegen die Allmacht einer Partei und für bürgerliche Grundrechte demonstrierten, sind es nur noch 15 Kilometer bis nach Kleinliebenau, dem Ziel meiner Reise.

1. Kapitel (Von Görlitz bis Melaune)

Von einem Schuster, der zum Philosophen wird, von philosophischen Holzwegen und vom deutschen Wald

Es ist Herbst 2012 – Herbst in Sachsen. An einem Sonntagvormittag verlasse ich den Bahnhof in Görlitz und gehe durch die Straßen der Altstadt bis zum Ufer der Neiße. Obwohl der Fluss nur wenige Wochen zuvor an einigen Stellen sein Bett bedrohlich verließ und die Stadt in helle Aufregung versetzte, spüre ich von der einstigen Hektik und Unruhe nichts mehr: Gemächlich und gelassen fließt die Neiße dahin. Ebenso gelassen wirken die Einwohner der Stadt auf mich, die scheinbar wie nach einer geheimen Abstimmung beschlossen haben, die Straßen und Plätze zu meiden, und sich in ihre Wohnhäuser zurückgezogen haben, obwohl noch immer jeden Tag die Sonne scheint. Ich ziehe mich jedoch noch nicht in die Einsamkeit des Pilgerns zurück, sondern überquere in Erwartung einer faszinierenden Ausstellung die Fußgängerbrücke über die Neiße und gehe dann stromaufwärts bis zum ehemaligen Wohnhaus von Jakob Böhme, den Friedrich Wilhelm Hegel einst bewundernd den »Philosophus Teutonicus« nannte, den »ersten deutschen Philosophen«.

Der für seine Geschicklichkeit und Tüchtigkeit in der Stadt anerkannte Handwerksmeister bewies vor mehr als 400 Jahren, dass Sprichwörter nicht immer stimmen. Denn wenn er das Sprichwort »Schuster, bleib' bei deinen Leisten« beachtet hätte, dann wäre er sein Leben lang ein Schuster geblieben. Dies hätte nicht nur für ihn unabsehbare Folgen gehabt: Hegel hätte sich einen anderen »ersten deutschen Philosophen« suchen müssen, und das vorliegende Buch hätte ein anders gestaltetes erstes Kapitel erhalten. Da sich Böhme jedoch weder um Sprichwörter noch um die unmittelbaren Meinungen vieler seiner Zeitgenossen kümmerte, sondern bereits vor mehr als vierhundert Jahren den aufrechten, freien und selbstbewussten Gang beschrieb und wagte, dient er nun zu Recht als Grundlage für dieses erste Kapitel.

Zu Böhmes Lebzeiten – in den beiden Jahrzehnten vor und nach 1600 – sonnte sich Görlitz im Licht des Wohlstands einer angesehenen und einflussreichen Bürger- und Handelsstadt. Besonderer Ausdruck des städtischen Reichtums, der vor allem auf dem traditionellen Tuch- und Leinenhandel beruhte, sind die erst wenige Jahrzehnte zuvor im Renaissancestil errichtete Freitreppe und die Verkündungskanzel am Rathaus. Dies ist durchaus bemerkenswert, da gerade die in jenem Stil in Mitteldeutschland erbauten Rathäuser, wie zum Beispiel das alte Rathaus in Leipzig und das Rathaus in Pegau an der Weißen Elster, das erwachte Selbstbewusstsein des städtischen Bürgertums gegenüber der traditionellen Herrschaft des feudalen Adels und des Klerus symbolisierten.

In einem für meine zehntägige Wanderung gekauften Reiseführer lese ich, dass der 1575 in Alt-Seidenberg bei Görlitz geborene Böhme oberflächlich betrachtet das Leben eines kleinbürgerlichen Handwerksmeisters führte und zudem ein liebevoller Familienvater, ein Bürger der Stadt und ein Mitglied der evangelischen Kirchengemeinde war. Die an ihn gestellten gesellschaftlichen und beruflichen Erwartungen und Anforderungen schienen für alle Zeiten wie in Stein gemeißelt und unverrückbar – insbesondere bei der zu jener Zeit für die meisten Menschen begrenzten Mobilität und der gegenseitigen Abgrenzung der Stände. Ebenso war ihm wohl bewusst, dass er die von der protestantischen Orthodoxie vorgeschriebenen religiösen Normen nicht ungestraft verändern durfte. Als ein rechtschaffender Bürger der Stadt soll er sich an die von Adel und Klerus vorgeschriebenen Regeln gehalten und sie scheinbar widerspruchslos hingenommen haben.

Die von der Obrigkeit geforderte und von den meisten seiner Mitmenschen nicht hinterfragte Akzeptanz der gesellschaftlichen Ordnung und der damit verbundenen Gewohnheiten wäre wahrscheinlich bestimmend für sein ganzes Leben geworden, wenn er nicht eines Tages, noch als junger Mann, eine religiöse Erweckung erlebt hätte. Dieses spirituelle Erlebnis erschütterte seine bisherige Existenz. Jakob Böhme dachte und handelte fortan als ein »freier Geist«, und als freigeistig erweisen sich auch seine Schriften.

Als ein »freier Geist« suchte er nun selbstständig nach der Substanz und den Prinzipien des Göttlichen. Er zweifelte an den von der Amtskirche verkündeten theologischen Deutungen und geriet in einen Konflikt zwischen der äußeren, gesellschaftlichen Welt und dem inneren Streben nach persönlicher Freiheit im Handeln und im Glauben. Böhme, so wird mir bewusst, war ein früher Vertreter des modernen Menschen, der im Sinne der Aufklärung zunächst seinem eigenen Verstand vertraut und sich erst dann an den herrschenden gesellschaftlichen Werten und Normen orientiert.

Indem er sein frühzeitiges religiöses Erweckungserlebnis zunächst für sich behielt, bewies er durchaus politische Weitsicht: Die von Martin Luther in Wittenberg initiierte kirchliche Erneuerung lag noch nicht so weit zurück, als dass sich die nur wenige Jahrzehnte vor Böhmes Geburt auch in Görlitz an die Macht gelangte protestantische Geistlichkeit ihrer neuen Position bereits uneingeschränkt sicher hätte sein können. Und die in Trient bereits in der ersten Hälfte des 16. Jahrhunderts von der katholischen Kirche forcierte Gegenreformation gewann zu jener Zeit auch in den deutschen Ländern mehr und mehr an Einfluss.

Über Böhme nachdenkend, betrete ich das zu einem Museum umgebaute Wohnhaus. Im Erdgeschoss, wo sein Arbeitszimmer eingerichtet ist, gerate ich unvermittelt in eine Touristengruppe, die von einem mit ausländischem Akzent sprechenden älteren Mann geführt wird, der sich im Verlauf der Führung als ein pensionierter Lehrer aus Polen zu erkennen gibt. Er bittet die Teilnehmer der Reisegruppe, sich vorzustellen, dass an einem im Zimmer stehenden hölzernen Schreibtisch einst Jakob Böhme gesessen haben könnte. Um diese Vorstellung zu veranschaulichen, setzt sich der Mann auf einen vor dem Schreibtisch stehenden Stuhl und zeigt auf ein an der Wand über dem Schreibtisch hängendes Bild. Es ist das Porträt eines Mannes von kleiner Statur – knochiges Gesicht, leicht hervorstehende Augen, langes strähniges Haar. Der Museumsführer erklärt, dass dieser unscheinbare, in der bürgerlichen Tracht des 17. Jahrhunderts gekleidete Mann im Alter von fast vierzig Jahren mit seiner Schrift »Aurora oder Morgenröte im Aufgang« die lutherische Orthodoxie herausforderte. Er greift in seine Aktentasche und zeigt den Touristen eine moderne Ausgabe der erwähnten Schrift. Mit diesem Buch, erklärt er, während er es fast schon kämpferisch wie eine leuchtende Fackel über seinen Kopf hält, habe Böhme seine Zeitgenossen überrascht – und gefordert, dass sie, wenn sie über Gott reden, auch die Kräfte der Natur mit erwähnen sollten: die gesamte Schöpfung, Himmel und Erde, Sterne und Elemente sowie die auf der Erde lebenden Kreaturen. Böhme habe die Menschen ermuntert, sich der jedermann möglichen persönlichen mystischen und spirituellen Begegnung mit Gott nicht zu verschließen und ihn in allen Erscheinungen der Natur zu suchen, statt blind einem von der Kirche gepriesenen und angeblich gütigen und gerechten Gott zu vertrauen.

Besondere Erwähnung verdiene zudem, fährt der Lehrer fort, nachdem er Böhmes Erstlingswerk wieder in die Tasche gelegt hat, Böhmes Schrift »Der Weg zu Christo«, worin er spirituelle Methoden zur Gotteserkenntnis beschrieben habe. Diese Schrift habe in der Öffentlichkeit weitere Aufmerksamkeit erregt und zudem den Widerstand des Görlitzer Stadtpfarrers geweckt. Um Verdächtigungen und möglichen Verhören zu entgehen, sei der Philosoph schließlich nach Dresden geflohen, wo er am Hof des Kurfürsten für eine über Luther hinausgehende Reformation geworben haben soll. Böhmes Hoffnungen auf eine universelle Reformation, die der individuellen mystischen Verinnerlichung eine spirituelle Naturbetrachtung hinzufügen und mithilfe von pädagogischen und psychologischen Erkenntnissen auch das gesellschaftliche Leben neu ordnen und gestalten sollte, erfüllten sich jedoch nicht. Böhme sei, so behauptet der Lehrer, wohl auch aus Sorge um seine Familie rasch und ohne am Hof Erfolg gehabt zu haben von Dresden nach Görlitz zurückgekehrt. Die in der Stadt herrschenden Vertreter der lutherischen Orthodoxie hätten seine Abwesenheit und sein gesellschaftliches Außenseitertum jedoch für sich genutzt und sich grausam an ihm gerächt. So war der Philosoph auch nach dem Tod des Pfarrers den Anfeindungen der Gemeinde schutzlos ausgeliefert und musste sich einem Glaubensverhör stellen. Dies habe ihn so geschwächt und ruiniert, dass er im Dezember 1624 noch vor dem Weihnachtfest starb.

Ich frage den Lehrer nach den theologischen Gründen des Konflikts zwischen Böhme und der lutherischen Amtskirche. Er vermutet, dass Böhmes pantheistische Auffassungen den Konflikt beschleunigten. Im Gegensatz zu den Pfarrern der lutherischen Amtskirche, die den Menschen die Lehre vom Glauben an einen strengen, gerechten und allmächtigen Gott predigten, habe Böhme in seinen Schriften darauf hingewiesen, dass jeder Mensch die göttliche Kraft mithilfe spiritueller Erkenntnisse und Fähigkeiten in sich selbst spüren könne. Ohne dass ich ihn danach gefragt hätte, weist der Museumsführer mich darauf hin, dass der Glaube an die Möglichkeit eines individuellen Spiritualismus den philosophierenden Schuster dreihundert Jahre nach dem in Erfurt wirkenden Meister Eckhart zum zweiten Mystiker entlang der Via Regia werden ließ. Was Böhme letztlich in eine offene Gegnerschaft zur lutherischen Amtskirche brachte, sei seine Überzeugung gewesen, dass der Mensch als ein freies Wesen geboren werde und dass er sich und das Wesen Gottes selbst erkennen könne. Der Drang nach Selbst- und Gotteserkenntnis habe Böhme letztlich von der Amtskirche weg- und zu einem selbstbestimmten Leben mit Ahnungen und Erkenntnissen zum menschlichen Seelenleben hingeführt, welche Jahrhunderte später von der modernen Psychologie und Tiefenpsychologie bestätigt wurden.

Dem Museumsbesuch folgt der Besuch einer Imbissstube, die ich, nachdem ich die Neiße erneut überquert hatte und mich wieder auf sächsischem Boden befand, beim Schlendern durch die Görlitzer Altstadt entdeckte. Am Tresen lümmeln zwei Männer, die sich mit ihren Ellbogen abstützen und auf ihr mittägliches Bier warten. Der Gerstensaft wird ihnen von einem dritten Mann gebracht, der mich begrüßt und die gesellige Runde dann komplettiert. Das Trio erinnert mich an die wöchentliche Fernsehreihe, in der Olli Dittrich, alias Dittsche, mit seinen Freunden Ingo und Schildkröte über Gott und die Welt räsoniert. Wahrscheinlich, so mutmaße ich, entwickelt auch dieses Trio in solchen Augenblicken scheinbar geniale Pläne zur Rettung der Welt oder spinnt abstrus anmutende Verschwörungstheorien.

Ich trete an den Tresen und hoffe, dass mich einer der Männer in ein Gespräch verwickelt. Angeregt vom Freiheitsgefühl der ersten Pilgerschritte beschließe ich, nicht mit den von Schildkröte üblicherweise an Dittsche gerichteten Worten »Halt› die Klappe, ich hab‹ Feierabend!« zu antworten, sondern einem Gespräch gegenüber offen zu sein. Nachdem ich mir ein Brötchen, Wiener Würstchen mit Senf und eine Tasse Kaffee bestellt habe, werde ich tatsächlich von einem der am Nachbartisch stehenden Männer angesprochen. Mit einem Blick auf meinen Rucksack fragt er mich, ob ich ein Pilger sei. Ich bejahe seine Frage und füge hinzu, dass ich in atheistischer Gesinnung unterwegs sei und deshalb die Bezeichnung »Wanderer« auch stimmen würde.

»Einfach losgehen, wie du, müsste man«, sagt er zu mir. »Nicht lange nachdenken, ob überhaupt und wann – einfach dem Wetter und den Füßen vertrauen müsste man. Die Füße wüssten wahrscheinlich eh, wo es für sie am besten ist.«

»Kein Problem«, entgegne ich, und obwohl ich im Stillen denke, dass ich und nicht meine Füße entscheiden, wohin ich die nächsten Tage wandern werde, biete ich ihnen an, mich auf dem Weg nach Leipzig zu begleiten.

»Bis nach Leipzig willst du?«, fragt mich der hinter dem Tresen stehende Mann, der mich an Ingo erinnert. »Das sind ja mehr als zweihundert Kilometer!«

Ich bestätige seine Aussage und erkläre ihm, dass ich hoffe, diese Entfernung stressfrei in zehn gemütlichen Tagesetappen zu bewältigen. Er winkt ab, ebenso seine Freunde. Zehn Tage seien zu viel, sagt er, und außerdem – hier bezieht er seine Freunde in seine Erklärungen mit ein – hätten sie kein Geld für die Übernachtungen und eine richtige Wanderausrüstung; auch hätten sie, so sagt er, noch dies und das zu erledigen und könnten nicht einfach so für zehn Tage von zu Hause abhauen, zumal am Mittwochabend Champions League sei und die Bayern spielen würden. Dieses Spiel würde ich wohl verpassen.

Ich erwidere ihm, dass ich mit meinem Pilgerausweis kostengünstig in den Herbergen übernachten könne und dass ich mich zuerst für die Spiele der Dresdner Dynamos und erst dann für Bayern interessieren würde. Der dicke, mich an Schildkröte erinnernde Mann schien auf diese Antwort nur gewartet zu haben, denn kaum, dass ich zu Ende gesprochen hatte, legt er seinen Arm fast schon freundschaftlich auf meine Schulter. Ob ich als ein Sympathisant von Dynamo nicht bei ihnen bleiben und wenigstens ein Bier mit ihnen trinken wolle, fragt er. Obwohl ich mir vorgenommen hatte, mein erstes Bier am heutigen Tag erst nach dem Erreichen des Hochsteins zu trinken, lasse ich mich überreden.

Zwischen mir und den Männern entspinnt sich ein Fachgespräch über die Ursachen der nun seit siebzehn Jahren bestehenden Krise meines Lieblingsvereins. Über die Stadt Görlitz, meint der mich an Dittsche erinnernde Mann, deren im Zentrum stehende historische Bauten in den letzten Jahren in Rekordzeit und in sehr guter Qualität saniert worden seien, könne man denken, was man wolle, am Niedergang von Dynamo trage die Stadt aber keine Schuld. Das Gegenteil sei vielmehr der Fall: Während heute die Stadt vor allem von zahlreichen pensionierten und finanziell gut situierten Westdeutschen bevölkert werde, hätten die Trainer des hiesigen Fußballklubs einst, um dem Verein zu helfen, ihre besten Fußballtalente nach Dresden geschickt. Zumindest bei Dixie Dörner, dem einstigen Weltklasselibero und Fußballgott vergangener Tage und bei Torsten Gütschow, dem letzten Torschützenkönig der DDR, sei dies erfolgreich gewesen, während Jens Jeremies seine besondere Kondition genutzt habe und nach einem kurzen Aufenthalt in Dresden rasch zu den Bayern gewechselt sei. Endgültig ruiniert, fasst »Dittsche« die Ursachen des Niedergangs der Dresdner Dynamos zusammen, habe den Verein jedoch ein aus Hessen stammender Mann.

Ich fragte ihn, ob er damit den ehemaligen Präsidenten Rolf-Jürgen Otto meine. »Genau den«, antwortet er mir. Dabei hätten sie alle – er zeigt auf seine am Tresen stehenden Freunde – auf den Dicken damals all ihre Hoffnungen gesetzt. Von ihrer damaligen Fehleinschätzung scheinbar schwer berührt, verfallen die drei in ein kurzzeitiges Schweigen. Dynamo, fasst »Dittsche« nach einem Schluck Bier schließlich zusammen, könne sich zukünftig nur selbst helfen.

Ich stimme ihm zu und ergänze, dass der im Nachbarort Melaune aufgewachsene Robert Koch als torgefährlicher Linksaußen und als derzeitiger Kapitän immerhin Anlass zur Hoffnung gebe, zumal er wohl auch charakterlich zu einem Vorbild werden könne. Immerhin, erzähle ich, habe er bis vor zwei Jahren, da er sich in Dresden keine eigene Wohnung leisten konnte, bei seinem Bruder in Kleinröhrsdorf gewohnt und dort in aller Herrgottsfrühe vor dem Training die Schweineställe ausgemistet. Mit der Bemerkung, dass auch Michael Ballack, der ehemalige Kapitän der Nationalmannschaft, von hier stamme, und dass Görlitz, wenn man so wolle, mit Fug und Recht als heimliche Fußballhauptstadt von Sachsen bezeichnet werden könne, verabschieden mich die drei und entlassen mich zu meiner Pilgertour.

Eine Stunde später liegt die als »Tor nach Schlesien« bezeichnete Stadt hinter mir. Nachdem ich ein liebliches Dorf mit dem passenden Namen

»Liebstein« passiert habe, führt mich die gelbe Muschel auf blauem Untergrund entlang einer Hauptstraße nach Westen. Ein Radfahrer überholt und fragt mich, ob ich ein Pilger sei und bis wohin ich wandern wolle. Ich nicke, murmle etwas, das so ähnlich wie »Bis Leeipzsch« klingt, und hoffe, dass er sich mit der Antwort zufrieden gibt: Nach dem Besuch des Museums und dem Gespräch mit »Dittsche« und seinen Freunden will ich das soeben begonnene Pilgern nicht schon wieder unterbrechen. Der Radfahrer hat ein Einsehen: Ohne auf weitere Erklärungen zu warten, fährt er weiter. Ich bin froh und blicke ihm dankbar hinterher.

Nach einigen hundert Metern verlasse ich die Straße und betrete einen Feldweg. Ich breite die Arme aus und atme beim Gehen tief ein und aus. Endlich bin ich nicht mehr in der Stadt, endlich in der Natur und allein – und endlich fühle ich mich wirklich wie ein Pilger! Jetzt kann ich frei und unbeschwert atmen, die Häuser im Rücken, und auch der Staub und der Lärm der Straßen liegen hinter mir. Mein Blick ist befreit. Ich blicke auf ein Feld und dahinter auf einen Wald – hier gibt es keine Werbetafeln mehr, deren Botschaften mich oft aufregen, keine Verkehrsschilder, keine Schriftzüge an Fahrzeugen und Gebäuden, gegen die ich mich wappnen muss, damit mich die Flut der Informationen nicht ertränkt. Endlich kann ich meinen Tagträumen folgen, und endlich kann ich – wie es sich für einen richtigen Pilger ziemt – mein Tempo selbst bestimmen, ganz ungestört einen Fuß vor den anderen setzen!

Dann stehe ich auf einem Feld. Obwohl ich weder vor noch hinter mir weitere Pilger sehe und auch der Radfahrer längst meinen Blicken entwichen ist, bin ich nicht allein: Ungefähr zweihundert Meter vor mir kreuzen mehrere Rehe in hohem Tempo meinen Weg – nicht wissend, dass ich sie beobachte. Oder bemerken sie meine Anwesenheit doch? Auf der Höhe des Weges stoppen zwei Tiere ihren Lauf und schauen zu mir, schnuppern unruhig die Luft. Nach kurzem Zögern besinnen sie sich, dann springen sie mit weiten Sätzen und einer noch größeren Geschwindigkeit als zuvor zu ihren Artgenossen. Nachdem die Rehe meinen Blicken entwunden sind, gehe ich weiter auf dem Weg in Richtung Wald.

Ausgerechnet in den Wald, denke ich, ausgerechnet in den Wald! Mir kommt der 1905 im bulgarischen Russe geborene Schriftsteller Elias Canetti in den Sinn. Vor einiger Zeit las ich zum wiederholten Mal einige Kapitel seines Buches »Masse und Macht«. Ich erinnere mich daran, dass Canetti behauptete, die Beziehung zwischen dem Wald und dem deutschen Volk sei eine besondere: Während er den Engländern das Meer, den Niederländern den Deich und den Schweizern den Berg als ihre jeweiligen archetypischen Symbole zuschrieb, hat er den Wald zum Symbol der Deutschen erkoren. Schließlich sei, meint Canetti, in keinem anderen westlichen Land das

Gefühl für den Wald und die Liebe zum Wald so lebendig geblieben wie in Deutschland. Canetti zufolge sucht der Deutsche den Wald gerne auf, und er fühlt sich eins mit den hier in einer Reihe stehenden Bäumen. Dabei, so behauptet Canetti, unterscheide sich der deutsche Wald durch seine Sauberkeit und die gegenseitige Abgrenzung der Bäume gänzlich vom tropischen Wald, in dem Schlingpflanzen, sich in jede Richtung windend, kreuz und quer durcheinander wachsen, wobei sie den Blick in die Ferne und zu den Wipfeln der Bäume versperren. Während sich im tropischen Wald daher das Auge des Menschen in der Nähe verliere, blicke es im Wald der gemäßigten Klimazone sozusagen durch die Bäume hindurch in eine gleichbleibende Ferne. Ich überlege: Ordnung im Wald? Was soll das sein, Ordnung im Wald? Und ich frage ich mich weiter, wer denn die Ordnung herstellt und warum überhaupt im Wald Ordnung sein soll. Ich beruhige mich mit der Vermutung, dass Canetti den Wald und die hier hergestellte Ordnung wohl eher metaphorisch meinte.

Beim Stichwort Wald kommt mir nun auch der Schwarzwald in den Sinn, der einst dem Philosophen Martin Heidegger als Refugium diente. Dass mir ausgerechnet dieser Wald, der wohl nicht umsonst schwarzer Wald heißt, in den Sinn kommt, ist erstaunlich, denn ausgerechnet in diesem Wald, dem wohl deutschesten aller deutschen Wälder, war ich noch nicht. Und dennoch spukt mir in letzter Zeit vor allem jener Wald mit seinen dicht stehenden und hohen Bäumen bemerkenswert oft im Kopf herum. Erklärungen für dieses Phänomen sind, dass in diesem Wald das von Wilhelm Hauff geschriebene Märchen vom »Kalten Herz« beheimatet ist und dass in diesem Wald – in einer kleinen Hütte in Todtnauberg – Martin Heidegger während der 20er Jahre des letzten Jahrhunderts das Buch »Sein und Zeit« schrieb.

Der Philosoph, der das existenzielle »Da-Sein« vom alltäglichen »Man-Sein« unterschied und während meines Studiums an der Leipziger Universität meine Begeisterung für den Existenzialismus weckte, war nach seinem Studium in Freiburg bewusst aus der Großstadt in den Wald gezogen und damit – existenzialistisch gesinnt und nach einer Begründung einer neue Ontologie suchend – ebenso bewusst vor der bürgerlichen Beliebigkeit, Ängstlichkeit und Gemütlichkeit wie auch vor der Trivialität des Alltäglichen geflohen. Im Wald, auf den Wiesen, unter den Bäumen und in einer kleinen Hütte beschrieb er das selbstbestimmte, von gesellschaftlichen Einflüssen und den Grenzen des Zeitgeistes befreite »Da-Sein«, und er dachte – fernab vom hektischen Lehrbetrieb der Universität – über die Möglichkeit eines von der Metaphysik befreiten Denkens und die ontologischen Dimensionen der Seins-Vergessenheit nach.

Die Tragik seines Denkens besteht darin, dass selbst er, der in seinem Buch »Sein und Zeit« das philosophische Denken neu begründete, sich im Wald verirrte und eines Tages einen politischen Holzweg betrat, dem er fortan folgte. Denn er, der eine neue, eine ontologische Existenz begründete und dabei, seinem antiken Lehrmeister Platon folgend, ernsthaft an die realistische Möglichkeit glaubte, einen blutrünstigen Tyrannen philosophisch zu begleiten und ihn, im scheinbaren Schutz der universitären Akademie, staatsmännisch zu lenken, blieb auf dem einmal eingeschlagenen Weg. Martin Heidegger folgte diesem Irrweg auch, nachdem der Tyrann den schrecklichsten aller Kriege begonnen hatte, und sogar, nachdem er nicht mehr lebte. Diese mit einem Starrsinn verbundene Verwirrung ist bedenklich und bedauerlich zugleich, denn dass er einem Holzweg folgte, das bewies und zeigte ihn zum Beispiel auch Hannah Arendt, die in den 20er Jahren des letzten Jahrhunderts in Marburg seine Meisterschülerin und heimliche Geliebte gewesen war. Martin Heidegger, der die menschliche Existenz ontologisch neu deutete und der das menschliche Sein als ein »Sein zum Tod« beschrieb, blieb jedoch bei seiner Meinung. Er blieb auf dem Holzweg bis zu seinem Tod.

Endlich betrete ich den Wald. Es ist das erste Mal, dass ich als Pilger einen Wald betrete – und wirklich wechselt mit den nun mich umgebenden Bäumen die Perspektive: Im Unterschied zu den hinter mir liegenden weiten Blicken auf den Fluss und auf die Stadt ist mein Blick hier im Wald sehr begrenzt. Ich gehe auf sandigem Boden, meine Schuhe wirbeln winzige sandige Staubkörner und trockenes Laub auf. Auf der Erde sehe ich Buchen- und Eichenblätter vom vergangenen Jahr liegen, und darunter noch ältere, verwittert und feucht – Zeugnisse früherer Jahre, die der Wald auf seine ganz besondere Art und Weise bewahrt und wie ein verantwortungsvoller Nachlassverwalter auch für die nach uns Kommenden dokumentiert. Ich stelle fest, dass ich beim Gehen gerne feuchtes Laub, saftige Wiesen und weiches Moos spüre, denn dies macht das Wandern angenehm. Die Schritte knallen nicht wie auf einem trockenen Feldweg oder auf Asphalt, sondern federn auf dem weichen Untergrund, und wenn ich stehen bleibe und in die Stille höre, dann höre ich das leise Ächzen der Bäume und das Knarren der Äste im Wind. Ja, endlich bin ich im Wald! Endlich erlebe ich den Wald als Pilger und als Wanderer – und nicht, wie bisher, als ein Spaziergänger, der weiß, wo sein Auto steht und das nächste Wirtshaus sich findet.

In meinen Gedanken kehre ich zurück zu Elias Canetti und bleibe nach wenigen Schritten erneut stehen, da ich meine, dass seinen Thesen etwas Bestimmtes fehlt. Denn nun frage ich mich: Besitzt der Wald in der Nacht nicht eine zweite Natur, und wirkt er dann auf die in der Nähe des

Waldes lebenden Menschen oder auf Menschen, die sich in ihm verirren, nicht auch bedrohlich? Verwandelt sich der Wald nach dem Einbruch der Dunkelheit mit den im Wind ächzenden und krächzenden Bäumen, die auf einmal bedrohlich wirken wie schaurige Wesen, nicht in einen gruseligen Ort, und gleichen die am Wegrand stehenden Sträucher dann nicht Ungeheuern, die sich im Wind bewegen und sich von der Stelle zu rühren scheinen, als seien sie beseelt? Diese tatsächlich existierende Unheimlichkeit des nächtlichen Waldes zeigt eindrucksvoll der Film »The Village«; auch beschrieben bereits vor mehr als zweihundert Jahren die Romantiker um Eichendorff und Novalis in ihren Erzählungen das mit der Dunkelheit verbundene Unheimliche, und auch die Märchen der Brüder Grimm sind voll von Berichten über Hexen und dunkle Magie. Ich wische diese unschönen Gedanken jedoch weg, konzentriere mich auf das Hier und Jetzt und gehe entschlossen weiter.

Ich steige auf den Hochstein, den höchsten Gipfel der Königshainer Berge. Dem Reiseführer zufolge ist ein Wanderer oder Pilger hier nirgends weiter als fünf Kilometer vom Waldrand entfernt. Die am Wegrand und im Wald stehenden Bäume sind bemerkenswerterweise oft bis zur Mitte ihrer Stämme astlos und ermöglichen einen mehrere hundert Meter weiten Blick. Am Weg stehen mit Moos bedeckte und bis zu zwanzig Meter hohe Felsen. Sie bergen einen besonderen Granit, der so hart ist, dass während des Kaiserreichs Züge von Görlitz bis Berlin rollten, damit mit diesem Granit der Reichstag gebaut werden konnte.

Auf dem Hochstein angekommen, setze ich mich im Freisitz der Gaststätte auf einen von den nachmittäglichen Sonnenstrahlen angewärmten Stuhl. Von der nur wenige Minuten später an meinen Tisch geeilten Wirtin werde ich zum dritten Mal an diesem Tag gefragt, ob ich ein Pilger sei. Dies verwundert mich, da ich weder Stab noch Hut trage und auch die Muschel, die die mittelalterlichen Pilger an ihre Taschen oder Leinensäcke banden, fehlt. Ich verberge jedoch meine Verwunderung, nicke der Frau stattdessen freundlich zu und zeige ihr den Pilgerausweis. Sie lächelt zurück und weist mich darauf hin, dass ich als Pilger ein Anrecht auf ein Pilgermahl habe. Dieses Angebot lasse ich mir nicht zweimal machen und bestelle eine Möhrensuppe und ein Bier.

Den Hochstein verlasse ich in westlicher Richtung. Der Weg erweist sich als deutlich kürzer als der Aufstieg, so dass ich schneller als gedacht das erste Dorf erreiche. In Arnsdorf betrete ich jedoch nicht die Herberge, sondern eine nach Krobnitz führende kleine Straße. Der Grund: Ein mit der Geschichte der Oberlausitz vertrauter Dresdner Freund hatte mich vor dem Beginn der Tour darauf hingewiesen, dass ein preußischer Kriegsminister nach der 1871 in Versailles erfolgten Reichseinigung am

Rand von Krobnitz ein Schloss errichten ließ. Dieses Schloss passe jedoch mit seiner Protzigkeit im neoklassizistischen Baustil gar nicht in die hiesige liebliche Gegend mit ihren sanften grünen Hügeln und ihren malerisch, geradezu harmonisch sich aneinanderreihenden Feldern, zumal es den vom Preußentum beherrschten Zeitgeist der damaligen militärischen Eliten repräsentiere. Ich vermute, dass es dem Bauherrn egal war, ob sein Schloss in diese Gegend passt oder ob nicht. Als Preuße plagiierte er das in Berlin stehende Gebäude des preußischen Kriegsministeriums, womit er auch die Macht des preußischen Militarismus im bis zum Ende des Zweiten Weltkrieges vom preußischen Adler regierten Niederschlesien zementieren wollte. Ich betrete dennoch das Gebäude und besichtige eine im ersten Stock untergebrachte Ausstellung über das Leben eines einst hier residierenden Grafen.

Am Ausgang der Ausstellung steht ein kleiner Tisch, darauf liegt ein Gästebuch. Im Buch dankt eine im Berliner Villenort Zehlendorf wohnende Frau den Vertretern der Gemeinde für die lehrreiche und bildhafte Ausstellung und den Arbeitern für den Wiederaufbau des Schlosses. Dies sei, so schreibt sie, umso erfreulicher, da die Kommunisten mit ihrer verblendeten und kulturlosen Ideologie es nicht vermocht hätten, dieses einzigartige Zeugnis preußischer Baukunst zu achten und zu erhalten. Mit dem Wunsch, dass der kommunistischen Barbarei nun Zeiten der Kultur folgen und dem Schloss viele friedvolle Jahre bevorstehen mögen, beendet sie ihre Zeilen. Die Frau zwingt mich zum Widerspruch! Ich nehme den neben dem Buch liegenden Kugelschreiber in die Hand und schreibe, dass auch ich den Arbeitern und den Vertretern der Gemeinde für den Wiederaufbau des Schlosses danke. Denn was könne das Gebäude, das einst ein Adliger als Zeichen seiner Macht und familiäre Residenz bauen ließ, dafür, dass es in die eine gesellschaftliche Ideologie passt und in eine andere nicht? Ich bitte jedoch, zu bedenken, dass der in der Ausstellung euphorisch gewürdigte Graf nicht schuldlos am Militarismus des deutschen Kaiserreichs gewesen sei. Ist es nicht zynisch, so schreibe ich fragend weiter, dass die konservativen Adligen, die 1848 die vom liberalen Bürgertum angestrebte Reichseinigung mit brachialer Gewalt verhinderten und das erste frei gewählte Parlament der Frankfurter Paulskirche 1849 gewaltsam auflösten, sich im Januar 1871 von den deutschen Landesfürsten für die Reichsgründung feiern ließen – und das im französischen Versailles, nach drei blutigen und schmutzigen Kriegen? Waren, so frage ich weiter, die preußischen Adligen unter Führung Bismarcks nicht mit dafür verantwortlich, dass die Mehrheit des Bürgertums nach der gescheiterten Revolution unter den Mantel der staatlichen Autorität kroch und ein Leben in Sicherheit einem Leben in

Freiheit vorzog? Und ist es nicht tragisch, frage ich, dass sich das deutsche Bürgertum in der zweiten Hälfte des 19. Jahrhunderts der Macht des Adels fügte, sich diesem anbiederte, und dass der Adel und mit ihm die vielen kleinen und doch so mächtigen Diederich Heßlings triumphierte? Denn es waren die preußischen Adligen, die – unter Bismarcks Führung – mit ihrer Arroganz gegenüber den französischen Nachbarn dafür sorgten, dass die deutsch-französische »Erbfeindschaft« bis ins zwanzigste Jahrhundert währte und ebenfalls mit in den Untergang führte. Gewiss, so schreibe ich, offenbarten die nach dem Ende des Zweiten Weltkrieges in der DDR an die Macht gelangten kommunistischen Funktionäre sich nur allzu oft als kleingeistig denkende, oft skrupellos und kleinbürgerlich handelnde Karrieristen; gewiss war der Abriss vieler Kirchen und Schlösser unnötig und letztlich ein Akt der kulturellen Barbarei. Aber, so frage ich weiter, schien der Sozialismus denn damals, als nach dem Zweiten Weltkrieg zumindest im östlichen Teil Deutschlands alles anders, neu und besser werden sollte, nicht eine realistische gesellschaftliche Alternative zur bürgerlich-liberalen und zur bürgerlich-konservativen Gesellschaft zu sein? Eine Alternative auch gegenüber dem sogenannten »langen« bürgerlichen 19. Jahrhundert, das in Deutschland von 1815 bis zum Beginn des Ersten Weltkrieges währte, das sich nach dem Abgrund dann erneut etablierte und 1933 die nationalsozialistische Barbarei nicht verhinderte? War dieser Sozialismus, der bewusst die unheilvolle Koalition des Großbürgertums mit den alten feudalen Adelseliten auflöste und sich zudem als ein gesellschaftliches Gegenmodell zur hektischen und nervösen Phase des liberalen Zeitalters der 20er Jahre des 20. Jahrhunderts verstand, nicht eine mögliche Alternative zu den bisher in Deutschland an die Macht gelangten Gesellschaftsformen mit ihren jeweils herrschenden Eliten?

Ich verlasse das merkwürdige Schloss und wandere nach Melaune, wo ich im Kulturhaus der evangelischen Gemeinde übernachte. Im Dachgeschoss des Hauses verbindet ein großer Flur die Räume miteinander. Im Schlafzimmer stehen sieben Betten, und ihnen gegenüber steht auf einem kleinen Tisch ein Fernseher. Ich lege mich auf ein Bett und ruhe mich einige Minuten aus. Dem kurzen Schlaf folgt das Duschen und dann ein selbst zubereitetes Abendbrot. Danach schaue ich die im Fernsehen gezeigte Neuverfilmung des Märchens vom Schneewittchen. Ich mag die neu verfilmten Märchen: Sie kommen locker und leicht daher, auch fehlt ihnen der erhobene pädagogische Zeigefinger, der den in den 50er Jahren in Ost und West gedrehten Filmen eigen war. Ihn fand ich oft unnötig und störend – bis auf eine Ausnahme: das 1950 von der DEFA verfilmte Märchen vom »Kalten Herz«. Erwin Geschonneck – ein überzeugter Kommunist, der in den 30er Jahren des letzten Jahrhunderts von den

Nazis verhaftetet worden war und viele Jahre als Häftling in mehreren Konzentrationslagern verbrachte – brillierte in diesem Film in der Rolle des gruseligen »Holländer Michel«. Ich erinnere mich daran so genau, weil ich mich, als ich den Film zum ersten Mal sah, wirklich gruselte – und ich glaube, dass Geschonneck den »Holländer Michel« fünf Jahre nach dem Ende des Zweiten Weltkrieges mit Absicht so besonders schaurig spielte. Ich erinnere mich daran aber auch deshalb, weil ich Gesprächsabende im akademischen Leipziger Milieu erlebte, in denen auch über diesen Film gesprochen wurde und in denen der Film – und vor allem Geschonneck in seiner Rolle – abgelehnt wurde. Er sei, so hörte ich die Freunde und vor allem die Freundinnen sagen, in seiner Rolle für Kinder ungeeignet und zu schaurig, und er habe die Rolle überzogen dargestellt. Ich versuchte, sie aufzuklären und die Absicht von Geschonneck zu verdeutlichen, aber ich wurde allzu oft nicht gehört.

An solchen Abenden kam mir oft der Philosoph Walter Benjamin in den Sinn, der in den 20er und 30er Jahren des letzten Jahrhunderts mit scharfsinnigen Texten die Doppelmoral der bürgerlichen Gesellschaft beschrieb und die in der Öffentlichkeit gern verdrängte Abhängigkeit des bürgerlichen Lebens von Besitz und Geld erkannte und kritisierte. »Die Leute«, schrieb er zu Beginn der 30er Jahre in seinem Text »Kaiserpanorama«, »haben nur das engherzigste Privatinteresse im Sinne, wenn sie handeln [...]«. Und weiter: »Denn indem einerseits das Geld auf verheerende Weise im Mittelpunkt aller Lebensinteressen steht, andererseits gerade dieses die Schranke ist, vor der fast alle menschliche Beziehung versagt, so verschwindet wie im Natürlichen so im Sittlichen mehr und mehr das unreflektierte Vertrauen, Ruhe und Gesundheit.« An diesen Abenden, als ich auf Benjamins Texte hinwies, mir jedoch keiner zuhörte, stellte ich irritiert und resigniert fest, dass sich viele meiner in Leipzig und im Leipziger Umland lebenden Freunde und Bekannten zwar »links« nennen, dass sie ihr Links-Sein aber mit einem Kratzen an der gesellschaftlichen Oberfläche und mit stetig sich abwechselnden Kämpfen für einzelne benachteiligte Gruppen verwechseln, wobei sie so Wichtiges wie die Kritik des gesellschaftlichen Allgemeinen und die Lösung der sozialen Frage aus den Augen verlieren. An diesen Abenden wurde mir bewusst, dass »links« im neoliberalen Zeitalter sehr oft ein Synonym für die Haltung einer Haltungslosigkeit zu sein scheint, ein Synonym für einem bloß noch privilegierten, pseudo-linken Öko-Lifestyle. »Links«, so wurde mir bewusst, bedeutet nur allzu oft einen Konsens-Kommunismus, bei dem moralischer Gemeinsinn sich letztlich darauf beschränkt, sich in der eigenen Blase zu spiegeln. An solchen Abenden, an denen die mit mir befreundeten Vertreter des akademisch gebildeten und wohlhabenden städtischen Bürgertums zwar Zitate aus Brechts »Dreigroschenoper«, dem »Kommunistischen Manifest« oder dem »Kapital« zitierten, offenbarten sie mir aber doch, dass sie es in Wahrheit um jeden Preis vermeiden, über die Bedeutung des Begriffs Sozialismus nachzudenken oder ihn gar auszusprechen und sich stattdessen mit gesellschaftlichen Scheindiskussionen begnügen und nicht – wie beispielsweise Ernst Bloch, Walter Benjamin und Erich Fromm es in ihren Schriften versuchten und wie Adorno in seinem Buch »Minima Moralia« forderte – zum Wesentlichen vordringen wollten: zur Kritik des Kapitalismus.

An diesen Abenden erkannte ich auch, dass die von Geschonneck wenige Jahre nach dem schrecklichsten aller Kriege bewusst bis ins Archaische gesteigerte Kritik an der moralischen Verwerflichkeit einflussreicher Vertreter der bürgerlichen Gesellschaft – die sich, um reich und mächtig zu werden, nur allzu gern und ohne Skrupel der Macht des Geldes und den vom Kapital bestimmten Normen und Werten unterwerfen – von vielen meiner ehemaligen Studienfreunde und -freundinnen abgelehnt oder gar nicht wahrgenommen wird. Kritik an justiziablen Verfehlungen Einzelner? – Gewiss! Aber Kritik am Kapitalismus, an der von ihm begründeten Lebensweise und an von ihm verursachten globalen gesellschaftlichen Verwerfungen? Die Forderung nach grundlegenden Veränderungen der Verhältnisse? – Nein, nicht doch! Kritik am gegenwärtig herrschenden neoliberalen System? – Auf keinen Fall, nicht mit uns! »Seien wir doch dankbar«, werde ich dann oft beschwichtigt. »Seien wir dankbar für die Segnungen der neoliberalen Gesellschaft. Sie und nur sie«, werde ich belehrt, »gewährleistet Freiheit und nur sie bietet technischen Fortschritt und materiellen Wohlstand.«

Ich schwieg an solchen Abenden betroffen und dachte: Es ist, wie es ist – sie reden von Freiheit, aber in Wahrheit reduziert sich ihre Vorstellung von Freiheit auf den vom russisch-britischen Philosophen Isaiah Berlin begründeten »negativen« Freiheitsbegriff (Freiheit von einem äußeren Zwang), statt eine »positive« Freiheit (Freiheit zu einer selbstbestimmten Existenz) im Denken zuzulassen oder nach ihr zu streben. Der im Neoliberalismus Karriere machende Mensch verharrt im Denken und Handeln in wirtschaftlichen Kategorien und passt sich den ökonomischen und gesellschaftlichen Verhältnissen an. Für ihn bedeutet es Freiheit, wenn der Staat sein Eigentum schützt und zugleich sein legitimer Handlungsspielraum am Markt von politischen Eingriffen verschont bleibt. Der »negative« Freiheitsbegriff negiert jedoch – im Unterschied zum frühen 19. Jahrhundert, als der politische Liberalismus gegenüber dem Konservatismus des Klerus und des Adels bürgerliche Mündigkeit und bürgerlich-selbstständiges Handeln begründete – die »positive« Freiheit.

Das hat zur Folge, dass der gegenwärtige Freiheitsbegriff – ebenso wie schon vor einhundert Jahren während der Jahre der Weimarer Republik – letztlich auf die Integration der Menschen in Marktprozesse abzielt. Diese einseitige, ökonomisch und utilitaristisch definierte Freiheitsdeutung hat jedoch paradoxe Konsequenzen: So galt im damaligen liberalen und gilt im heutigem neoliberalen Sinne ein Mensch, der den Marktprozessen unterliegt, auch dann als frei, wenn er für einen Hungerlohn arbeiten und vielleicht sogar, um zu überleben, mehrere Jobs annehmen muss, während ein reicher Mensch – dem aus seiner Sicht staatliche Einrichtungen Geld wegnehmen, um beispielsweise Soziales zu finanzieren – sich als vom Staat betrogen und in seiner Freiheit eingeschränkt fühlt. Die negativen gesellschaftlichen Folgen einer einseitigen Anerkennung der »negativen« Freiheit hatte wohl auch Erwin Geschonneck erkannt, und er hat davor gewarnt – aber vergeblich.

Neoliberale Mantras sind, dass sich der Staat von Eingriffen in Marktprozesse fernzuhalten habe und in möglichst allen gesellschaftlichen Bereichen Privatisierungen zu vollziehen seien. Der mit dem Liberalismus verbundene Kapitalismus, so behaupten die mehrheitlich akademisch ausgebildeten und in den Großstädten lebenden Bildungsbürger, habe sich bisher – abgesehen vom am 25. Oktober 1929 stattgefunden »schwarzen Freitag« in New York und abgesehen von den dadurch mit verursachten von 1933 bis 1945 in Deutschland währenden zwölf dunklen Jahren – stets aufs Neue reformiert und außerdem – diesen Hinweis hörte ich nur allzu oft – ginge es uns doch gut. Ja, uns geht es gut, denke ich, vor allem materiell – was interessieren uns da die strukturellen globalen Zusammenhänge? Was interessiert uns die Tatsache, dass der vor einhundert Jahren in den USA und in Westeuropa vorherrschende Liberalismus mit dem hiermit verbundenen Kapitalismus und der ebenso damit verbundenen bürgerlichen Demokratie im Land von Goethe, Bach und Kant den Nationalsozialismus nicht verhinderte, während jetzt wieder die Allmacht des Marktes gepriesen wird und sich der gesellschaftliche Reichtum erneut immer mehr in den Händen von einzelnen Milliardären und Großkonzernen konzentriert? Erfolg und Einfluss machen süchtig, und viele, die in Großstädten wie Leipzig oder in deren Umland wohnen, lechzen danach – und nach den damit verbundenen Privilegien und Gehältern.

Ich liege in der Pilgerherberge in Melaune auf einem der sieben Betten und denke über die Jahre seit 1990 nach, als mich ein seltsames Geräusch aus meinen Gedanken reißt. Ich schrecke auf und sehe, dass im Film ein Zwerg gestolpert ist, wodurch der Sarg mit der darin liegenden Schönen mit lautem Getöse auf die Erde stürzte – und Schneewittchen erwachte!

Mir wird bewusst, dass die im Sarg liegende Prinzessin nicht, wie ich bisher glaubte, durch den Kuss des Prinzen gerettet wurde, sondern durch das Stolpern eines Zwerges. Dass Schneewittchen ohne die Hilfe des Prinzen dem Totenreich entwich, gibt dem Märchen plötzlich einen neuen Sinn. Kurzzeitig frage ich mich, ob Schneewittchen den Prinzen wohl lieben wird, obwohl sie ohne ihn erwachte. Letztlich wird jedoch alles gut: Der Prinz darf die Schöne küssen, und ein im sächsischen Muldental stehendes Schloss zeigt sich im Film als prachtvoll geschmückte Kulisse für eine märchenhafte Traumhochzeit.

2. Kapitel (Von Melaune nach Bautzen)

Von Waldmenschen, vom letzten Mohikaner, vom Engel der Geschichte und vom Scheitern des Sozialismus

In den frühen Morgenstunden des zweiten Tages verlasse ich, gestärkt durch eine Tasse Kaffee, Melaune in nordwestlicher Richtung. Es scheint ein typischer Herbsttag zu werden: Der Himmel ist von Wolken verhangen, es ist diesig, und Nebelschwaden erschweren die Sicht. Ich gehe bis zum Ortsausgang. Am Rand eines hier beginnenden Feldweges stehen aneinandergereiht drei Windräder. Die kreisenden Bewegungen ihrer Rotoren erzeugen lebhafte Geräusche, auch sind ihre Masten mit lustigen Namen wie »Luftiger Fridolin«, »Dicke Frida« und »Drehrumbum« beschriftet. Je näher ich ihnen komme, desto mehr ist mir, als besäßen sie Identitäten als Mischwesen. Das Surren der Rotoren wird mit jedem Schritt lauter, und mir kommt der Ritter Don Quichote und sein im gleichnamigen Roman von Cervantes beschriebener Kampf gegen die Windmühlen in den Sinn. Der auf dem Pferd Rosinante reitende und von Sancho Panza, seinem Knappen, begleitete Junker de la Mancha hatte sich vergeblich gegen den Machtverlust der Aristokratie und gegen die insbesondere vom aufstrebenden Bürgertum forcierte Technisierung und Rationalisierung der Gesellschaft gewehrt, und zumindest sein Gefährte hatte erkannt, dass sein Herr im Kampf gegen die Windmühlen, die dieser – o Wunder – für übermütige Riesen hielt, chancenlos war. Doch frage ich mich nun, während ich mich den Windrädern im Schritttempo nähere, ob Cervantes – und mit ihm Sancho Panza, der sehr wahrscheinlich gar nicht einfältig, sondern klüger als sein Herr gewesen war – vielleicht eine ganz andere Wahrheit erkannt hatten? Vielleicht, dass es Windmühlen waren, ja Mühlen überhaupt, die den Europäern zeigten, dass sie – lange bevor es Motoren zum Antrieb der Maschinen gab – fähig sind, die Kräfte der Natur für sich zu nutzen? Vielleicht legten die vor mehr als 800 Jahren in Europa zunächst auf der iberischen Halbinsel und einige Jahrhunderte später an den Küsten der Nordsee gebauten Wind- und Wassermühlen nicht nur die Grundlagen für die neuzeitliche Naturbeherrschung, sondern es begann mit ihrem Bau auch die gleichzeitig erfolgte Entfremdung des modernen Menschen von der Natur?

Ich habe das erste Windrad erreicht. Mein Blick folgt einer weißgrauen Metallsäule himmelwärts bis zu den Rotorenblättern. Ich frage mich, ob sie – die Windräder – wirklich nur Heilsbringer und Träger einer neuen und nachhaltigen, einer die Umwelt schonenden Energiegewinnung sind, oder ob sie vielleicht auch Vorboten einer zukünftigen, ausschließlich nach funktionalen Kriterien ausgerichteten Landschaftsgestaltung sein können. Vielleicht offenbaren sich die Windräder ja tatsächlich als Mischwesen? – Immerhin führen sie Kosenamen, und ihre Bewegungen erzeugen eben jenes eigentümliche Geräusch, das wohl einst auch Don Quichote beim Drehen der Mühlenblätter hörte und das tatsächlich an das Schnaufen schlafender Riesen erinnert. Ich gehe weiter, und erst nachdem ich die beiden anderen Windräder passiert habe, bleibe ich stehen und blicke zurück. Wenn es stimmt, dass das Zeitalter des Anthropozän – das Zeitalter des Menschen – sich vor allem dadurch auszeichnet, dass der Mensch seit dem Beginn der in Europa im frühen 19. Jahrhundert einsetzenden Industrialisierung der Erde mehr Ressourcen entwendet hat als in allen Jahrhunderten und Jahrtausenden zuvor und dass es dem Planeten unmöglich ist, angemessen und zeitnah darauf zu reagieren, dann sind die Stilllegungen der Lausitzer Braunkohleförderstätten notwendig und richtig. Und dennoch überkommt mich beim Blick auf die Windräder, die – ebenso wie moderne Geräte zur Gewinnung und Speicherung der Solarenergie – Symbole und Technik der alternativen Energiegewinnung sind, ein seltsames Gefühl.

Ich weiß, dass viele der in der Ostsachsen lebenden Menschen, die während der Jahre des real existierenden Sozialismus ihr Einkommen mit ihrer Arbeit in Braunkohletagebauen und in Kraftwerken verdienten, den Bau von Windrädern argwöhnisch und kritisch beobachten. In den Leitmedien werden sie daher als rückständig und kleingeistig verspottet. Aber: vielleicht haben sie nicht nur Unrecht? Vielleicht ahnen sie, dass der »Luftige Fridolin«, die »Dicke Frida« und »Drehrumbum«, die vor allem nachts mit ihren mächtigen Rotoren unvorsichtige Vögel töten, Zeichen einer funktionalen und technisierten Zukunft sind, in der – wie zum Beispiel der österreichische Philosoph Günther Anders in der 1956 veröffentlichten Schrift »Die Antiquiertheit des Menschen« prophezeite – das Denken und Handeln der Menschen eindimensional sein wird: einer Zukunft, in der die Menschen dem Glauben an die Allmacht des technischen Fortschritts und dem Narrativ des wirtschaftlichen Wachstums blind folgen und auch Wissenschaftler, Architekten und Landschaftsgestalter sich nicht der Ästhetik, sondern der Funktionalität und der damit verbundenen ökonomischen Effizienz – den Fetischen der Postmoderne – bereitwillig unterwerfen. Gewiss: das klingt dystopisch, technikfeindlich und übertrieben – aber dennoch: Der 1902 in Breslau geborene Denker, der von 1929 bis 1937 mit Hannah Arendt verheiratet gewesen war, fügte – als sei des starken philosophischen Tobaks noch nicht genug – mit der erwähnten Schrift Arendts Theorie des politischen Totalitarismus seine Theorie des technischen Totalitarismus hinzu. Er erläuterte, dass eine eindimensionale Wissenschaftsgläubigkeit und die damit verbundene Technisierung der Alltagswelt das Phänomen der Unvollkommenheit des Menschen – er nannte es das »promethische Gefälle« – und das Eingeständnis des Menschen, den Maschinen unterlegen zu sein – er nannte dies die »promethische Scham« – erzeuge, und behauptete, dass die Menschheit seit dem Bau der Atombombe und deren militärischem Gebrauch in einer Schonzeit lebe – einer Schonzeit, die endlich sei, weil alles, was der Mensch bisher erfand, auch Realität geworden sei.

Nach den Windrädern nähere ich mich der im 13. Jahrhundert als »opidi Wizenburg« gegründeten Ortschaft Weißenberg. Sehenswert sind hier das im 17. Jahrhundert errichtete Handwerkerhaus – eines der ältesten Umgebindehäuser in der Region – und dessen zur Herberge ausgebaute alte Waschküche. Dass ich in Weißenberg zudem das älteste europäische technische Museum zur Pfefferkuchenherstellung, die »Alte Pfefferküchlerei«, besichtigen könnte, überrascht mich – glaubte ich bisher doch, dass die ebenfalls in der Oberlausitz liegende Stadt Pulsnitz das Zentrum der hier beheimateten traditionellen Pfefferkuchenherstellung sei.

Nachdem ich in Weißenberg keinen Pfefferkuchen gegessen, dafür aber ein kühles Bier getrunken habe, verlasse ich den Ort in Richtung der am Löbauer Wasser stehenden, dreihundert Jahre alten Niedermühle. Wahrscheinlich wäre ich zu ihr und danach in einen angrenzenden Wald gewandert, wenn mir nicht Bauarbeiter, die das Dach eines Hauses deckten, zugerufen und mich darauf hingewiesen hätten, dass ich eben dabei sei, mich zu verlaufen. Ich rufe zurück und erkläre ihnen, dass ich als Pilger unterwegs sei und der Muschel folgen würde, die mich zur Mühle wiese. Sie lachen und behaupten erneut, ich würde mich irren: Auf der stillgelegten, einst von Löbau nach Radibor führenden Bahnstrecke würden zwar schon seit vielen Jahren keine Züge mehr fahren, aber der Pilgerweg verliefe auf dem Damm und führe nicht in den Wald. Ich danke ihnen und folge ihrem Ratschlag. Zurück auf dem Damm erblicke ich nach einigen Metern eine auf einen Betonpfeiler gezeichnete Jakobsmuschel. Ich folge dem Wegzeichen bis in Sichtweite eines kleinen, aber dennoch beeindrukkenden Viaduktes. Nur wenige Meter bevor ich es erreiche verlässt der Weg jedoch den Damm und führt mich in die Gröditzer Skala.

Beim Einstieg in die Schlucht kommt mir der Waldmensch »Öff Öff« alias Jürgen Wagner in den Sinn. Als Einsiedler soll er seit einigen Jahren am Ufer des im Tal fließenden Löbauer Wassers leben. Bevor er jedoch der modernen Welt entsagte und zum Aussteiger wurde, soll er in Tübingen Theologie studiert und den Bund der Schenker gegründet haben, der das Schenken zur Grundlage des gemeinschaftlichen Lebens und zu obersten menschlichen Tugend erhob. »Öff Öff« ist bestimmt ein interessanter Mann, und einige Minuten lang überlege ich, ihn zu besuchen. Schließlich verwerfe ich diesen Gedanken, und ich werde ihn, der hier für sich lebt und nicht missioniert, in seiner Einsamkeit nicht stören. Dennoch finde ich Typen wie ihn, die sich – trotz der großen Wahrscheinlichkeit, als skurrile Käuze verlacht und als sonderbar oder gar verrückt verschrien zu werden – dem Mainstream und dem Zeitgeist verweigern, sympathisch und interessant. »Öff Öff« erinnert mich mit seinem Habitus und seiner Radikalität zudem an die vor einhundert Jahren durch Mitteldeutschland ziehenden Lebensreformer. Diese lebten – wie zum Beispiel der in Dresden wohnende Sascha Schneider, der singend durch den Thüringer Wald ziehende Friedrich Muck-Lamberty und der am Ufer des Arendsees die Nacktheit erprobende Gustav Nagel – alternativ, und sie zelebrierten ihre Verachtung gegenüber der bürgerlichen Spießigkeit.

Diese Verachtung gegenüber den Normen und Werten der bürgerlichen Gesellschaft mit ihrer nervösen, hektischen und unnatürlichen Stadtkultur teilten auch die bereits erwähnten Philosophen Walter Benjamin und Ernst Bloch. Während Bloch, der während des Ersten Weltkrieges gemeinsam mit seiner Frau, der Bildhauerin Else von Stritzky, in die Nähe der bei Ascona liegenden pazifistischen Siedlung »Monte Verita« gezogen war, deren Ideen gegenüber aufgeschlossen war und sie im 1918 veröffentlichten Buch »Geist der Utopie« – verbunden mit einer marxistischen Gesellschaftsanalyse – zur Grundlage eines neuen Denkens und Handelns erhob, reagierte Benjamin nicht ganz so euphorisch: Obwohl auch er ihre Aktivitäten mit Sympathie und Empathie betrachtete, bewertete er ihre Aktionen – trotz kreativer und ernsthafter Bemühungen – als Weltflucht und prophezeite, dass sie erfolglos bleiben würden. Proteste dieser Art, resümierte Benjamin, würden – auch deshalb, weil sie sich letztlich nur an ihnen bekannten Milieus orientierten – nur an der gesellschaftlichen Oberfläche kratzen. Sie seien, so diagnostizierte er, Synonyme einer Krankheit – einer Krankheit der Moderne. »Die Kranken«, schrieb er, »haben eine ganz besondere Kenntnis vom Zustand der Gesellschaft. In ihnen schlägt die Hemmungslosigkeit in eine untrügliche Witterung der Atmosphäre um, in der die Zeitgenossen atmen.« Benjamin prophezeite den vor und nach dem Ersten Weltkrieg in Deutschland und europaweit agierenden Lebensreformern auch deshalb lediglich einen kurzen Bedeutungsgewinn, weil sie die Lösung der sozialen Frage scheuten – und setzte sie gleich, ähnlich den heutigen Querdenkern, mit einem »nervösen Flackern«.

Benjamin, der das Leben in Alternativsiedlungen mied und lieber als Beobachter des bürgerlichen Lebens und als Kritiker des bürgerlichen Stils durch die Großstadt Berlin flanierte, behielt Recht: Den vor und nach dem Ersten Weltkrieg in Deutschland gegründeten Alternativsiedlungen, die mit der 1902 in Berlin-Schlachtensee gegründeten Deutschen Gartenstadtgesellschaft eine organisatorische Basis erhielten, war tatsächlich keine lange Existenz beschieden. Viele verwandelten sich nach Jahren des reformerischen Aufbegehrens zu schlafwandelnden gutbürgerlichen Eigenheimsiedlungen, einige zogen völkische Siedler in ihren Bann und drifteten nach rechts außen ab.

Der nächste Ort heißt Wurschen. Er wird bald siebenhundert Jahre alt und ist mit »Bataille de Wurschen« auf dem Pariser Triumphbogen verewigt, weil Napoleon hier im Frühjahr 1813 einen Angriff der ihn verfolgenden europäischen Armeen erfolgreich abwehrte. Der 1769 in Ajaccio geborene Korse, der sich 1804 zum Kaiser der Franzosen krönen ließ und im gleichen Jahr den Code Civil erließ, mit dem er die politische Macht des Bürgertums festigte und die bürgerlichen Grundrechte festschrieb, war allerdings alles andere als ein Gutmensch. Auch Friedrich Wilhelm Hegel hatte sich in ihm wohl getäuscht, denn als er 1806 Napoleon triumphierend durch Jena reiten sah, war sich der Philosoph – der dreizehn Jahre zuvor in Tübingen gemeinsam mit Hölderlin und Schelling mit der Jakobinermütze auf dem Kopf um den Freiheitsbaum getanzt war – sicher, soeben die im Kaiser verkörperte Weltseele gesehen zu haben.

Napoleon und Hegel spuken in meinem Kopf herum, und mir kommt nun zudem auch Karl Raimund Popper in den Sinn: Der 1902 in Wien geborene Philosoph behauptet in seinem 1945 veröffentlichten Buch »Die offene Gesellschaft und ihre Feinde«, dass Hegel – ebenso wie Platon und Marx – ein Gegner der offenen Gesellschaft gewesen sei. Hegel habe, so Poppers Vorwurf, vor allem in seinen späteren Jahren mit seinem Rechts- und Macht-Positivismus das königliche und autoritäre Preußen als höchste Verwirklichung der Freiheit glorifiziert – und zudem absichtlich so unverständlich geschrieben, dass eine Kritik an seiner dialektischen Methode und dem von ihm vertretenen philosophischen Historizismus fast unmöglich geworden sei. Hegel oder Popper – ich bin mir unsicher, wem es zu folgen lohnt. Es stimmt: Hegels Texte zu lesen erfordert höchste Konzentration und ist wahrlich kein ästhetischer Genuss. Aber ich frage mich auch, ob Popper es sich nicht zu einfach machte mit seiner Kritik an der von Platon, Hegel und Marx vertretenen Idee einer geschichtlichen Teleologie und der damit verbundenen hegelschen Geschichtsphilosophie, welche ihm zufolge, ebenso wie Platons Politeia, faschistoides Gedankengut beinhaltet. Immerhin: Als ein überzeugter und bekennender Liberaler bekämpfte Popper jegliche Metaphysik, und er schrieb im Sinne einer idealen und aufgeklärten liberalen Gesellschaft. Auch tragen seine Gedanken Früchte, denn der Staat, in dem ich lebe und in dem ich auf dem Jakobsweg unterwegs bin, schützt und gewährleistet, da er nicht mehr durch eine Mauer oder durch Stacheldrahtzäume und Schießanlagen getrennt ist, zumindest jene von ihm geforderte »negative« Freiheit. Dies könnte man so stehen lassen, wenn nicht der sich auf Karl Marx berufende Psychoanalytiker und Sozialphilosoph Erich Fromm 1941 behauptet hätte – ohne zu ahnen, dass Popper zur selben Zeit im neuseeländischen Exil ebenfalls ein Buch über die Freiheit schrieb –, dass der in der westlichen Moderne lebende Mensch sich in Wahrheit vor der Freiheit fürchte und bei gesellschaftlichen Krisen rasch ins Konformistische fliehe oder sich bereitwillig charismatischen Autoritäten unterwerfe. Karl Raimund Popper oder Erich Fromm – wer hat die Freiheit richtig gedeutet? Ich kann mich nicht entscheiden. Fakt ist immerhin: Wenn ich wollte sowie ausreichend Zeit und Geld dafür hätte, könnte ich – anders als vor 1989 – von Wurschen auf dem Jakobsweg nicht nur bis Leipzig und Kleinliebenau, sondern durch Deutschland und Frankreich und bis in die Pyrenäen und von dort bis Santiago de Compostela wandern. Aber, frage ich mich, hatten die ostdeutschen Bürgerrechtler vom Herbst 1989 und die Demonstranten der ersten Wochen, Tage und Stunden die Reisefreiheit nicht schon vor dem am 3. Oktober 1990 erfolgten Zusammenschluss der beiden deutschen Staaten erkämpft? War die am Abend des 9. November 1989 im Fernsehen der DDR übertragene Pressekonferenz mit Gunter Schabowski nicht das Ergebnis eines zuvor von der Regierung der DDR ausgearbeiteten neuen Reisegesetzes, das nur durch den Druck von der Straße ermöglicht wurde?

In Gedanken versunken erreiche ich Drehsa. Ein im Dorf stehendes Schild weist mich darauf hin, dass der Nachbarort Pommritz nur zwei Kilometer entfernt von hier sei. In Pommritz gibt es das »LebensGut« – und ich nehme mir Zeit für einen Umweg. Im »LebensGut« – einer ökologisch ausgerichteten Alternativsiedlung – angekommen, begrüßt mich ein Mann, der behauptet, er lebe schon seit 1993 hier. Im Verlauf des Gesprächs gibt er sich als Philosoph zu erkennen und behauptet, mit dem 1997 verstorbenen Dissidenten Rudolf Bahro, auf den das LebensGut maßgeblich zurückgeht, freundschaftlich verbunden gewesen zu sein. Er weist mich darauf hin, dass die Siedlung ökologisch gesinnten Aussteigern eine Heimat biete und auch Jugendliche nach der Schule hier ein mehrere Wochen währendes oder ein einjähriges Praktikum absolvieren könnten.

Als besonderes Prunkstück der Siedlung nennt er eine erst vor wenigen Monaten eröffnete Ausstellung zur Geschichte der Philosophie. Das lasse ich mir nicht zweimal sagen: Von dem Mann geführt gehe ich bis zu einem am Rand der Siedlung stehenden Haus und studiere die Porträts der hier vorgestellten Denker und Denkerinnen. Zu den auserwählten Philosophen gehört auch der hier bereits erwähnte Jakob Böhme und das mit ihm verbundene Problem der ontologischen Deutung der Ewigkeit. Beim Blick auf das hier vorgestellte Werk wird mir bewusst, dass Böhme zufolge der menschlichen Erkenntnisfähigkeit – sofern sie in der kognitiven Beschränkung verharrt – Grenzen gesetzt sind. Um diese aufzulösen, bedarf es ihm zufolge auch der Erfahrung des Übersinnlichen und Transzendenten. Nun frage ich mich: Hatte Böhme, als er meinte, die Frage nach der göttlichen Weisheit lösen zu können, vielleicht doch mehr theosophisch als philosophisch argumentiert?

Ich kehre zurück auf den Jakobsweg und frage mich, warum sich Aussteiger und ökologisch gesinnte Schwärmer für die Oberlausitz interessieren und sich hier heimisch fühlen. Ich denke wieder an den Waldmenschen »Öff Öff«, der seit einigen Jahren in einem am Löbauer Wasser stehenden Wald lebt. Ich denke jedoch auch an den 1935 im schlesischen Flinsberg geborenen Philosophen Rudolf Bahro. Mit seinem 1977 veröffentlichten Hauptwerk hatte er dem zum Dogma erstarrten System des real existierenden Sozialismus eine politische und wirtschaftliche Alternative gegenübergestellt, und er gehörte zu den Gründungsvätern des seit 1993 bestehenden LebensGutes. Zudem war Wuischke, ein in der unmittelbaren Nachbarschaft zur Siedlung liegendes Dorf, in den 70er und 80er Jahren des letzten Jahrhunderts eine Heimstatt für Dichter und Anarchisten: In einem im Ort stehenden Dreiseitenhof hatten der wenige Jahre vor dem Ausbruch des Zweiten Weltkrieges in Dresden geborene Lyriker Heinz Czechowski, der sorbische Dichter Kito Lorenc und das nach dem Krieg aus der Bundesrepublik in die DDR gezogene Dichterehepaar Elke Erb und Adolf Endler inmitten der alltäglichen kleinbürgerlichen Spießigkeit das Aussteigen erfolgreich gelebt. Besucht wurden sie in ihrem »verlorenen Paradieses«, wie Czechowski in seiner Autobiografie die Kommune nannte, von bekannten und einflussreichen Schriftstellern. Zu ihnen gehörten mit Franz Fühmann, Heiner Müller und Sarah Kirsch führende Vertreter der auch im Osten in den 70er und 80er Jahren existierenden kulturellen Avantgarde. Zu den Denkern und Dichtern, die das Dorf Wuischke und den hier stehenden Dreiseitenhof in den 80er Jahren häufig besuchten, gehörte auch Sascha Anderson – jener Lyriker, welcher in der damals am Ostberliner Prenzlauer Berg beheimateten Szene mit anarchistischer und tiefgründiger Lyrik zum Star avancierte und gleichzeitig als Spitzel der Staatssicherheit agierte. Der Liedermacher Wolf Biermann geigte ihm 1991 dann während seiner Rede zur Verleihung des Georg-Büchner-Preises auf seine Art die Meinung, indem er ihn in aller Öffentlichkeit kompromisslos als »Arschloch« abservierte.

Auf eine weitere in der Region bestehende Alternativsiedlung – und darauf, dass, wie ein Sprichwort sagt, Gottes Mühlen langsam malen und letztlich alles mit allem zusammenhängt – hat mich vor einiger Zeit ein in Leipzig wohnender und mit mir befreundeter Professor der Germanistik hingewiesen, der nach 1990 fast ein Jahrzehnt lang im mährischen Troppau zur osteuropäischen und jüdischen Literatur forschte. Ihm zufolge sollen Wurzeln der 1722 in Herrnhut bei Löbau gegründeten Brüdergemeine bis zu den Mährischen Brüdern zurückreichen. Diese vom rebellischen Geist der Hussiten geprägten Freigeister, zu deren bekanntesten Mitgliedern der 1592 im mährischen Nivnice geborene Johann Amos Comenius gehörte, hätten in den Jahren und Jahrzehnten nach der seit dem Konzil von Trient erstarkten Gegenreformation ihre Heimat verlassen, um der Verfolgung durch katholische Landesherren zu entgehen, und einige von ihnen seien so in die Oberlausitz gelangt. Schlussendlich sei dann das 1722 vom Grafen Nikolaus Ludwig von Zinzendorf gegründete Herrnhut ihr neues Jerusalem geworden. Mein Freund hatte mich an jenem Abend auch darauf hingewiesen, dass der 1700 in Dresden geborene Adlige, der im Pädagogium der Franckeschen Stiftungen in Halle pietistisch erzogen worden war, ein umtriebiger und reiselustiger Mann gewesen sei. Eine Reise habe ihn 1731 nach Kopenhagen geführt, wo er einen aus Westindien stammenden Sklaven gekauft und in die Oberlausitz geführt haben soll. Die unerwartete und erstmalige Begegnung mit einem dunkelhäutigen Menschen habe die Mitglieder der Unität so irritiert und beeindruckt, dass sie damals den Beschluss fassten, zukünftig missionarisch zu wirken und den christlichen Pietismus weltweit zu verbreiten.

So weit, so gut, resümierte mein Freund – erfolgreich verlaufende, aber auch missglückte Missionierungen habe es in der Geschichte ja viele gegeben. Die Missionierungen der Herrnhuter wolle er jedoch im Vergleich zu anderen Versuchen als besonders hervorheben. Diese Besonderheit zeige sich zum Beispiel darin, dass am 16. April 1742 der Herrnhuter Missionar Heinrich Rauch in Pennsylvania Johannes Tschop getauft haben soll, welcher nicht irgendein beliebiger Ureinwohner gewesen sei, sondern Chingachgook, die »große Schlange«: Auf Tschop soll sich dann der Schriftsteller James Fenimore Cooper bezogen haben, als er 1826 mit »Der letzte Mohikaner« den zweiten Band der fünfbändigen »Lederstrumpferzählungen« veröffentlichte. Etwa anderthalb Jahrhunderte nach der Veröffentlichung des Buches machte die in Babelsberg beheimatete ostdeutsche Filmgesellschaft DEFA den Stoff zur Grundlage des 1967 in Bulgarien und in der CSSR gedrehten Films »Chingachgook – die Große Schlange«. Von Cooper beeinflusst soll auch der 1842 im sächsischen Ernstthal geborene Schriftsteller Karl May gewesen sein. Mit der von ihm geschaffenen literarischen Figur des Winnetou ermöglichte er dem 1928 in Frankreich geborenen Schauspieler Pierre Brice in den 60er Jahren des letzten Jahrhunderts eine Weltkarriere. Eine ähnlich erfolgreiche Karriere war – zumindest in den Ländern des Ostblocks – auch dem 1940 in Serbien geborenen Schauspieler Gojko Mitić geglückt. In den parallel zu den Karl-May-Filmen entstandenen Indianerfilmen der DEFA verkörperte er mehrmals real existierende indigene Freiheitshelden – und einer von ihnen war Chingachgook, oder besser: Johannes Tschop.

Mit der Erinnerung an das mit dem Literaturwissenschaftler vor einiger Zeit geführte Gespräch und mit der Erkenntnis, dass wohl doch alles mit allem zusammenhängt, auch wenn man es zunächst nicht wahrhaben will und es noch so verrückt und unglaublich erscheint, erreiche ich wieder Drehsa. Die Sonne scheint matt, und ein frischer Wind weht die letzten Blätter von den Bäumen. Es ist ein typischer Herbsttag geworden. Ich gehe auf der durch das Dorf führenden Hauptstraße und würde mich nicht wundern, in den Wohnungen aufgehängte Herrnhuter Weihnachtssterne zu erblicken. Dafür jedoch ist es aber noch zu früh: Obwohl es in den Discountern seit zwei Wochen Lebkuchen, Weihnachtsschmuck und Adventskalender zu kaufen gibt, vergeht bis zum Weihnachtfest und auch bis zum ersten Advent noch viel Zeit. Und trotzdem bin ich mir sicher, dass in diesem Ort sehr bald schon nach dem Einbruch der Dunkelheit in den Wohnungen Sterne leuchten. Es ist zu vermuten, dass viele Bewohner des Ortes bereits die Jahre des real existierenden Sozialismus erlebt haben und deshalb atheistisch aufwuchsen und erzogen wurden. So kennen sie Herrnhut wohl vor allem durch den in der Siedlung hergestellten Schmuck und das damit verbundene Weihnachtsfest. Dabei gab es in der DDR gerade beim Aufhängen des Weihnachtssterns jahrzehntelang eine bemerkenswerte Besonderheit: Während der Jahre des real existierenden Sozialismus hing zwar der in Herrnhut hergestellte Himmelskörper zur Weihnachtszeit an dünnen, unsichtbaren Stricken in den Zimmern, aber neben den Sternen hingen keine Engel, sondern sogenannte »Jahresendflügelfiguren«. Denn im real existierenden Sozialismus gab es keine Engel – nein, Engel durfte es keinesfalls geben, und so gab es sie nicht.

Einen Engel ganz anderer Art nannte der bereits erwähnte Philosoph und Kulturkritiker Walter Benjamin sein Eigen. Ab 1921 wurde er – eigenen Aussagen zufolge – von einem Cherub begleitet, den er von seinem Freund, dem Maler Paul Klee, erhalten hatte. Benjamin, der sich am 26. September 1940 im spanischen Grenzort Portbou das Leben nahm, weil er fürchtete, den Nationalsozialisten in die Hände zu fallen, gehörte als eigenwilliger Denker zum erweiterten Kreis der Frankfurter Schule. Gemeinsam mit den anderen Mitarbeitern des Instituts zweifelte er – dabei dem philosophischen Ansatz der »Kritischen Theorie« folgend – am in Europa seit dem Beginn der Moderne herrschenden Narrativ einer geschichtlichen Teleologie, und der ihm von Paul Klee verkaufte Engel schien dafür das passende Symbol. Dieser Engel, der einen übergroßen Kopf, weit aufgerissene Augen, einen offenen Mund, spitze Zähne, emporgestreckte Arme und lediglich angedeutete Flügel besaß, glich mit viel zu kurzen Beinen und an Vogelfüße erinnernde drei Zehen mehr einer Schreckensgestalt und einem obszönen Mischwesen als einer heiligen Figur. Und dennoch glaubte Benjamin, hier die Figur gefunden zu haben, die wie keine zweite die Ambivalenz der modernen Geschichtsdeutung symbolisiert. Er nannte das Lichtwesen »Neuer Engel«, aber auch »Engel der Geschichte«, weil der Sinn der Geschichte ihm zufolge nicht in der abendländischen Tradition des Historismus und Positivismus und auch nicht im linearen Aufstieg zum Besseren und zum Fortschrittlicheren liege, wie von Hegel beschrieben und von Marx prophezeit. Vielmehr zeige das Studium der Geschichte nur von Menschen hinterlassene Abfallprodukte wie Ruinen und Trümmer, deren Ursprung und Identität oft vergessen ist und deren Historie niemand mehr kennt.

Die Trümmer und Abfallprodukte der Geschichte – finde ich sie auch hier in der Oberlausitz, vielleicht sogar im scheinbar Trivialen? Finde ich sie hier in diesem Dorf? Gewiss: In Drehsa steht ein Schloss. Es fehlt aber eine Bibliothek – und ebenso fehlen hier eine Poliklinik, ein Kulturhaus und eine Gaststätte. Das alles gab es hier jedoch einmal – und weit davon entfernt, die in der DDR erlebten Ungerechtigkeiten zu vergessen und die damals hier herrschende Diktatur zu verleugnen, scheint es mir wichtig, darauf hinzuweisen. Die Gründer des Arbeiter-und-Bauern-Staates machten nach dem Zweiten Weltkrieg Ernst mit der Idee des Sozialismus und mit der Verwirklichung der zum Beispiel auch von Ernst Bloch beschworenen und beschriebenen Utopie. Der rigoros durchgeführten Entnazifizierung – zumindest wurde sie rigoroser und konsequenter durchgeführt als in den westlichen Besatzungszonen und später in der BRD – folgte die ebenfalls unmittelbar nach dem Krieg durchgeführte Bodenreform und dieser einige Jahre später die Verstaatlichung der Betriebe. Der Staat, der zudem die wirtschaftliche Trennung von Stadt und Land aufheben und eine ungleiche Entwicklung für alle Zeiten verhindern wollte, förderte auf dem Land den Bau von Schulen, Kulturhäusern, Theatern und Polikliniken. Das Leben sollte auch hier, auf dem Land, lebenswert werden und Bildung und Kultur auch auf dem Land möglich sein. Aber wir wissen es heute besser: Eines Tages wich die Begeisterung dem Zwang – statt des Volkswillens herrschten der mit besonderen Befugnissen ausgestattete Geheimdienst sowie die Karrieristen und Emporkömmlinge der Partei. Was aber machte aus der Utopie das Dystopische? Was lief schief beim Experiment des real existierenden Sozialismus?

Ich wandere durch die Dörfer der Oberlausitz und sehe an Straßenrändern und in den Ortschaften Gebäude, die dem Zerfall preisgegeben oder bereits ruinös geworden sind. Diese Gebäude waren einst Zentren für die hier lebenden Menschen und Teil ihrer Lebenskultur – nun stehen sie verlassen, sie wurden, weil die Eigentumsfrage ungeklärt geblieben war oder weil sich kein geeigneter Käufer fand, nicht verkauft. Sind sie die von Benjamin erwähnten Abfallprodukte und die Trümmer der Geschichte? Immerhin: In den einst hier stehenden Gaststätten und Kulturhäusern trafen sich die Einwohner der Orte an den Wochentagen abends und an den Wochenenden zum Leben außerhalb der Produktion. Die in den Polikliniken praktizierenden Ärztinnen und Ärzte pflegten und berieten die auf dem Land lebenden Menschen. Nun sind auch diese Gebäude verwaist: Sie trotzen im Winter dem Schnee und während der restlichen Monate dem durch die morschen Dächer auf den Boden fallenden Regen und dem durch die Gemäuer wehenden Wind. Wird hier – in diesen Gebäuden, die Treffpunkte sind für unsicher ins Leben startende und für mit Zukunftsängsten beladene Jugendliche – gar die Saat gesät, die im dialektischen Sinn das Dunkle der Geschichte, das Nihilistische, das Destruktive, das Schreckliche und das letztlich Undenkbare hervorbringt?

Ich werde auch in Drehsa keine Antworten auf diese Fragen finden. Während ich noch über Benjamin und seine These nachdenke, dass Gesichte sich vor allem in Trümmern und scheinbar trivialen Abfallprodukten offenbart, führt mich der Weg zum Ortsausgang und von hier in den Gutspark. Am Berghang eines Tals und mitten im Wald ruht in einer Felsengrotte eine überlebensgroße Sandsteinfigur: der Held Siegfried aus der Nibelungensage. Sie ist der beeindruckendste und sichtbarste Teil eines vom Mythos getragenen und am Ende des 19. Jahrhunderts hier geschaffenen kleinen Gesamtkunstwerkes, das sich vom Eingang des Parks, wo Statuen der Walküre Brünhilde und des Gottes Wotan stehen, bis zu einem am anderen Ende des Parks errichteten Fürstengrab erstreckt. Hier soll 1902 Wilhelm von Hanau-Hořovice beerdigt worden ein. Dass er zur Gestaltung des Parks mit Heinrich Natter einen zu jener Zeit namhaften und einflussreichen Bildhauer engagierte, der zum Beispiel das in Zürich stehende Zwingli-Denkmal und das in Bozen stehende Denkmal für

Walther von der Vogelweide schuf, lässt vermuten, dass er wohlhabend und mächtig gewesen war und – ebenso wie Natter – dem Wagner-Kreis um Heinrich Porges angehörte. Porges wiederum hatte dem Meister im Juli 1876 zur Einweihung des Festspielhauses und zur Uraufführung des Rings der Nibelungen assistiert. In Bayreuth war damals auch Friedrich Nietzsche zugegen. Im Gegensatz zu Heinrich Natter und Wilhelm von Hanau-Hořovice, die Wagner huldigten und applaudierten, reagierte der Philosoph jedoch entsetzt und floh in die Wälder des benachbarten Fichtelgebirges. Nietzsche, der im Juli 1876 in Bayreuth auf eine Neugestaltung des Theaters, eine radikale Erneuerung der Kultur, eine Wiederbelebung der vorsokratischen griechischen Kultur und schließlich auf eine Umwertung aller Werte gehofft hatte, verabscheute die Dekadenz der höfischen Kultur und des Geldadels sowie den von Wagner in Bayreuth wiederbelebten nordischen Mythos. Dieser Mythos, so äußerte Nietzsche sich in seinen Schriften, verursache Gefühlsdusel und einen Ekel erregenden Nationalismus; zudem würden die nordischen Götter lediglich den Gott des Christentums ersetzen und der nordische Mythos den biblischen, statt nach dem von ihm beschworenen »Tod Gottes« etwas radikal Neues zu beginnen.

Ich atme tief durch und verlasse den Park. Vor mir erstreckt sich ein bereits abgeerntetes Feld, auf dem die zu Würfeln gepressten Strohballen liegen – ordentlich in Reih und Glied, zum Abholen bereit. Die auf dem Feld hergestellte Ordnung spiegelt sich auch am Himmel, denn hier hat der Wind die Wolken zur Seite geschoben und sich zur Ruhe begeben. Ich genieße diesen Augenblick der Stille und das Gefühl, dass jetzt, nachdem ich die im Park stehenden Skulpturen und das Grab passiert habe, alles, gut zu sein scheint, wie es ist. Das Gefühl, dass alles gut ist und für immer so bleibt, währt aber nur wenige Minuten. Das überrascht mich nicht, denn schließlich birgt gerade diese Landschaft so viele magische Geheimnisse und mystische Geschichten. Für die in der Lausitz lebenden Menschen galt es über viele Jahrhunderte als erwiesen, dass hier Kobolde ihr Unwesen treiben und Magie existiert.

Ein Beispiel hierfür ist die in Schwarzkollm beheimatete Sage von Krabat und dem schwarzen Müller. Dass der Inhalt der Sage – und vor allem die darin beschriebene Existenz des »schwarzen Müllers«, der über magisches Wissen verfügt und Burschen als Knechte für sich arbeiten lässt, von denen er jedes Jahr einen tötet – selbst in unseren Tagen als wahr bewertet wird, beweisen Eltern, die ihren Kindern verbieten, mit ihren Lehrern in die Nähe von Schwarzkollm zu fahren. Der Teufel, so behaupten sie, habe die Sage diktiert – deshalb sei eine Wanderung in dieser Gegend oder gar ein Besuch der Mühle riskant. Man kenne, so behaupten sie, die Macht des Teufels …

Bei einer genaueren Betrachtung der Entstehung der Sage, die ihren Ursprung im ausgehenden 17. Jahrhundert hat, wird deutlich, dass die Angst der erwähnten Eltern ein grober Unfug ist. In Wahrheit war es wohl so, dass den 1683 aus Wien vom Kampf gegen die Osmanen nach Dresden heimkehrenden sächsischen Kurfürsten Johann Georg III. ein kroatischer Reiterobrist begleitete, der ihm während der entscheidenden Schlacht am Kahlenberg vor einer Gefangenschaft bewahrt hatte und dem der sächsische Monarch aus Dankbarkeit ein bei Hoyerswerda stehendes Gut schenkte. Johannes Schadowitz, der ungewöhnlich große, kräftige und charismatische Kroate, überzeugte noch weitere aus Kroatien stammende Soldaten, mit ihm in die Lausitz zu ziehen und irritierte die einheimische deutschsprachige Bevölkerung, die im Unterschied zu den ebenfalls in der Region lebenden Sorben weder die kroatische Sprache beherrschte noch die fremden Sitten und Bräuche kannte. Während die deutschsprachige Bevölkerung das Treiben des fremden Adligen mit Argwohn und Scheu registrierte, entstanden vermutlich die ersten Mythen und Legenden.

Zu den auch gegenwärtig in der Lausitz vorhandenen Ängsten vor dem Fremden gesellte sich die damals gültige Auffassung, dass ein Müller außerhalb des Dorfes zu leben habe und kein vollwertiges und anerkanntes Mitglied der Dorfgemeinschaft sei. Und tatsächlich betrieb auch der »schwarze Müller«, wie alle Müller in der damaligen Zeit, seine Mühle nicht in der Nähe der Siedlung, sondern im Wald am Ufer der Schwarzen Elster, womit er der Aufsicht und Kontrolle der in Schwarzkollm lebenden Dörfler entzogen war. Mit dem Betreiben der Mühle verfügte der Müller jedoch über ein Monopol, auf das die Dorfbewohner angewiesen waren. Von den Bewohnern des Dorfes schwer zu kontrollieren war dabei allerdings auch das Verhältnis zwischen dem abgelieferten Getreide und der Menge des Mehls, das sie als Endprodukt erhielten. So ist es kaum verwunderlich, dass die Bewohner von Schwarzkollm damals vermuteten, in der Mühle des »schwarzen Müllers« ginge es nicht mit rechten Dingen zu, der Müller paktiere mit unheilvollen Kräften und habe seine Seele dem Teufel verkauft.

In der Sage von Krabat und dem »schwarzen Müller« vermischten sich demnach der Argwohn der Dorfbewohner gegenüber dem im Wald hausenden Müller mit ihrem Argwohn gegenüber dem aus Kroatien stammenden Fremden, denn »Krabat« bedeutet ins Deutsche übersetzt »Kroate«. Übrigens hat auch das Wort »Krawatte«, das dem Wort Krabat ähnlich ist, eine ähnliche Bedeutung: Die während des 17. und des 18. Jahrhunderts in den Schlachten der Kaiser, Kurfürsten und Könige als

Söldner kämpfenden kroatischen Reiter trugen während der Kämpfe rote Tücher mit einer Schleife um den Hals gebunden. Letztlich soll es der französische König Ludwig XIV. gewesen sein, der den Halsschmuck eines Tages »Cravate« nannte und ihn noch vor dem Ausbruch der Französischen Revolution zum Adelssymbol erhob. Bereits während der Wirren der Revolution übernahmen auch Barrikadenkämpfer diesen Schmuck und erkoren ihn zum Symbol für Freiheit und Brüderlichkeit.

Schwarzkollm liegt nur wenige Kilometer entfernt von Hoyerswerda. Der einst hier lebende Liedermacher Gerhard »Gundi« Gundermann, der tagsüber und in der Spätschicht auf einem Bagger saß und der wohl – wenn nicht der Herbst 1989 dazwischengekommen wäre – eines Tages sein eigenes Haus weggebaggert hätte, sang über die Liebe, über seine Arbeit als Baggerfahrer im Braunkohletagebau, über Freiheit, Gleichheit und Brüderlichkeit – und er sang sich für die Verwirklichung der Idee eines demokratischen Sozialismus die Seele aus dem Leib. Dass ausgerechnet Hoyerswerda, das seit den 50er Jahren des letzten Jahrhunderts zu einer sozialistischen Musterstadt aufgebaut worden war und in der für einige Jahre auch die Schriftstellerin Brigitte Reimann lebte, zur Heimatstadt des 1955 in Weimar geborenen Sängers wurde, deute ich als einen Wink des Schicksals. Immerhin verbinden Gundermann – der sich zunächst als inoffizieller Mitarbeiter der Staatssicherheit verpflichtete und Jahre später selber vom Geheimdienst überwacht und observiert wurde – und die Stadt mehrere Ambivalenzen. Gundermann war Täter und Opfer zugleich, und Hoyerswerda – die Stadt, die Reimann in ihren Texten einerseits hoffnungsvoll beschrieb und andererseits gleichzeitig als monströses, eintöniges und die Seelen der Menschen vernichtendes Ungeheuer verdammte – galt in der offiziellen Geschichtsschreibung bis zur Auflösung der DDR als das gelungene Modell einer sozialistischen Großstadt. Dass dieses Denken nicht der Realität entsprach und einer Illusion folgte, offenbarten der seit 1990 erfolgte radikale Bevölkerungsschwund und neonazistische Aktivitäten.

Ich gehe durch Täler und über Hügel der Oberlausitz und denke über Jakob Böhme und den letzten Mohikaner, über Gundermann, Krabat und den schwarzen Müller nach, und ich nähere mich dem Berg Czorneboh. Das ist Sorbisch und bedeutet »schwarzer Gott«. Heidnischen Quellen zufolge soll es auf dem 557 m hohen Gipfel einst diesem Gott geweihte Plätze gegeben haben. Ich gehe in Richtung des Gipfels und frage mich angesichts der mit dem Berg verbundenen Mythen und Legenden und angesichts der Tatsache, dass die Sonne längst ihren Zenit überschritten hat, so dass die am Wegrand stehenden Bäume und mein Körper lange Schatten werfen, ob Jakobus als ein Heiliger des Katholizismus wohl auch

Agnostiker und Atheisten beschützt. Wahrscheinlich ist dem so! Denn unmittelbar vor einer Eisenbahnschranke und in Sichtweite zum hinter den Gleisen beginnenden Aufstieg zum Berg weist mich die Jakobsmuschel abrupt nach rechts. Erleichtert über diesen plötzlichen und unerwarteten Richtungswechsel danke ich dem Apostel und richte meinen Blick westwärts. Am Horizont erscheint die Silhouette von Bautzen, das der Dichter Heinz Czechowski einst bewundernd das »sächsische Nürnberg« nannte.

Die in Westeuropa von einem Schriftsteller (Paulo Coelho) und in Deutschland von einem Komiker (Hape Kerkeling) in den letzten zwei Jahrzehnten ausgelöste Begeisterung für das Pilgern treibt inzwischen solche Blüten, dass sich einzelne Pilger mittelalterliche Gewänder anlegen und derart verkleidet durch die Landschaft ziehen. Ob sich mit dieser Methode tatsächlich das Rad der Geschichte zurückdrehen lässt, bezweifle ich – und bin zudem auch froh, in modernen Wanderschuhen zu gehen und meine Füße nicht mit mittelalterlichen Schnürstiefeln und Sandalen zu malträtieren. Beim Blick auf Bautzen ahne ich jedoch, wie sich ein Pilger im Mittelalter gefühlt haben muss. Die weithin sichtbaren Spitzen der Altstadttürme und des Domes zeigen sich mir am heutigen Spätnachmittag mit einer solchen Pracht und Dominanz, dass ich ehrfürchtig stehen bleibe, auf die Stadt blicke und diesen Augenblick genieße. Berauscht von diesem Anblick, der sich in dieser oder zumindest in ähnlicher Form auch dem mittelalterlichen Pilger einst gezeigt haben muss, gehe ich erst nach einer kurzen Pause weiter. Ich wandere in Richtung der vor mir liegenden tausendjährigen Stadt, die den Pilgern einst Schutz vor Räubern und Wegelagerern bot und im Licht der tiefrot untergehenden Sonne in der Luft zu schweben scheint.

Das Ganze hat etwas Irreales und gleichsam Traumhaftes, so dass ich nach einigen hundert Metern erneut stehen bleibe. Folgende Szene spielt sich nun vor meinem geistigen Auge ab: Ich werde von zwei Männern überholt, die, so scheint es mir, aus dem Nichts gekommen sind. Ich folge ihnen und stelle fest, dass einer der Männer ein gebügeltes Hemd, gebügelte Hosen und blank geputzte schwarze Lackschuhe trägt, während der andere in Sandalen, einem langen Wollpullover und Cordhosen mehr schlendert als wandert.

»Vor uns liegt Bautzen«, sagt der elegant gekleidete Mann, der stolz voranschreitet, und zeigt mit der rechten Hand auf die Stadt. »Hier saß ich zweimal ein. Beim ersten Mal waren es die Nazis, die mich zur Haft verurteilten, und beim zweiten Mal waren es die Kommunisten. Die Kommunisten«, wiederholt er eindringlich, »die eigenen Leute!«

»Ich weiß, Walter«, bestätigt der andere Mann. »Als du gemeinsam mit Harich verurteilt wurdest, war ich noch ein junger, ein an den Kommunismus glaubender Mann.«

»Erwähne in meinem Beisein bitte nicht den Namen dieses Verräters!«, entgegnet der Mann im Anzug, der – ich bin mir sicher! – Walter Janka ist. Der langjährige Leiter des Aufbau-Verlages war, weil er 1956 einen von Wolfgang Harich unter dem Titel »Plattform für einen besonderen Weg zum deutschen Sozialismus« entworfenen Aufruf unterschrieben hatte, für mehrere Jahre in Bautzen inhaftiert. Im Aufruf hatte der marxistisch gesinnte Philosoph, der im von Janka geführten Verlag als Cheflektor arbeitete, eine Demokratisierung der gesellschaftlichen Verhältnisse in der DDR, die Absetzung Walter Ulbrichts als Staatsratsvorsitzender und die Wiedervereinigung der beiden deutschen Staaten unter Wahrung der jeweiligen politischen und militärischen Neutralität gefordert. Das war mutig, und es war starker Tobak – aber der Zeitpunkt für die Veröffentlichung der Schrift war scheinbar gut gewählt, denn schließlich hatte Nikita Chruschtschow nur wenige Monate zuvor während des später zur Legende gewordenen zwanzigsten Parteitages der sowjetischen Kommunisten zum ersten Mal über die Fehler und Verbrechen Stalins referiert. Dem vermeintlich euphorischen Aufbruch in eine damals nicht nur von Janka und Harich für möglich gehaltene reformatorische Epoche eines pluralistischen und demokratischen Sozialismus folgte aber bereits im Herbst des gleichen Jahres die Ernüchterung: Sowjetische Truppen schlugen den Volksaufstand in Ungarn blutig nieder, und den in dieser Radikalität nicht erwarteten Gegenschlag der kommunistischen Funktionäre nutzte auch Walter Ulbricht, um in der DDR in gewohnter stalinistischer Manier gegen Harich und Janka öffentliche Schauprozesse zu inszenieren. Dabei wurde Harich, der vor Janka verhaftet wurde, von seinem Anwalt empfohlen, während des Prozesses gegen seinen einstigen Freund auszusagen und ihn im Sinne der Anklageschrift zu belasten. Während Harich, dem die Todesstrafe drohte, diesen Anweisungen folgte, seinen Aufruf öffentlich widerrief und für sich und Janka damit die vermeintliche Schuld eingestand, verließ Janka den Gerichtssaal jedoch als aufrechter Mann.

In dem neben Janka gehenden Mann glaube ich Rudolf Bahro zu erkennen. Durch sein gegen Ende der 70er Jahre in der BRD veröffentlichtes Buch »Die Alternative« erlitt er ein ähnliches Schicksal: Auch er wurde verurteilt und büßte im Bautzner Gefängnis für sein vermeintliches politisches Vergehen. »Die DDR war das Produkt eines deformierten Sozialismus«, höre ich den Mann jetzt sagen. »Marx zufolge sollte sich die proletarische Revolution in einem industriell hoch entwickelten Land vollziehen – in England, in Frankreich, vielleicht auch in Deutschland –, nicht aber im wirtschaftlich unterentwickelten und agrarisch geprägten Russland.«

»Und dennoch«, entgegnet Janka, »begannen Lenin und Trotzki ausgerechnet in Russland das sozialistische Experiment. Dennoch zogen sie die Revolution gnadenlos durch und ließen, um nur ein Beispiel zu nennen, im März 1921 auf die Matrosen in Kronstadt – ihre einstigen Verbündeten während der Revolution – schießen.«

»Lenin musste die Matrosen erschießen«, behauptet Bahro nun zu meinem Erstaunen. »Er musste die einmal vollzogene Revolution ebenso durchziehen wie Jahre später Stalin die Industrialisierung.« Bahro hat nur bedingt recht, überlege ich. Denn es stimmt: eine der Hauptursachen für das Scheitern des sozialistischen Experiments war wahrscheinlich wirklich die, dass es im agrarisch geprägten Russland und nicht im industriell weiter entwickelten Westeuropa begann. Dass er aber die von Stalin angeordnete gewaltsame Industrialisierung befürwortet, die in den 20er und 30er Jahren Millionen von modernen Arbeitssklaven das Leben kostete, überrascht mich.

»Aber schuf Lenin mit dieser Radikalität und mit dieser Gewalt nicht die Grundlagen des stalinistischen Terrors?«, fragt Janka. »War der Prozess gegen Harich und mich nicht eine Kopie der Schauprozesse in der Sowjetunion in den 30er Jahren, in welchen Stalin mithilfe von Geheimdienst und Staatsanwalt die Würde von Bucharin, von Sinowjew und von Kamenew brach, vom Schicksal Trotzkis ganz zu schweigen? Schuf Stalin nicht jenen autoritär geführten und zentralistisch verwalteten Staat, den Marx, der den bürgerlichen Staat ja abschaffen wollte, nie und nimmer gutgeheißen hätte?«

»Du hast Recht«, bestätigt Bahro, »dieses Ungetüm eines Staates steht der marxistischen Idee von der Freiheit jedes Einzelnen entgegen. Mir ist auch klar, dass Marx einst gefordert hatte, alle Verhältnisse umzuwerfen, in denen der Mensch erniedrigt, ausgebeutet und entrechtet wird. Und doch mussten Lenin und Stalin auf die besonderen Bedingungen in Russland reagieren.«

»Du meinst«, fragt Janka, »auf die in der Sowjetunion damals bestehende wirtschaftliche und industrielle Rückständigkeit?«

»Ja«, antwortet Bahro.

»Du meinst also«, hakt Janka nach, »dass sich Terror und Gewalt rechtfertigen lassen für einen guten Zweck, für ein irdisches Paradies, das eines Tages in ferner Zukunft verwirklicht werden wird? – Ich fasse es nicht! Wir wandern auf Bautzen zu, und du verteidigst den stalinistischen

Terror der 30er Jahre!« Janka bleibt stehen und schüttelt den Kopf, knöpft wutentbrannt sein Hemd auf und wirft es weit von sich.

»So habe ich das doch nicht gemeint«, versucht Bahro zu beschwichtigen. »Ich meinte, dass die Industrialisierung in der Sowjetunion notwendig war, um den Anschluss an den westeuropäischen Kapitalismus herzustellen. Das andere freilich ...«. Bahro verstummt.

»Du kannst das nicht trennen«, setzt Janka nach einem kurzen Schweigen, während dem er sein Hemd wieder angezogen hatte, das Gespräch fort. »Das eine bedingt das andere«, erklärt er. »Die Geschichte hat mehrmals gezeigt, dass ein wirtschaftlich rückständiger Staat gegenüber seinen Bürgern mehr Terror ausübt als ein industriell entwickelter.«

»Aber es muss doch einen Weg zu einer demokratisch strukturierten sowie sozialistisch und ökologisch ausgerichteten Gesellschaft geben«, entgegnet Bahro. »Es muss doch möglich sein, diesen wahnsinnigen Glauben an ein grenzenloses Wachstum, diesen Glauben an die scheinbare Allmacht einer unendlich fortschreitenden Produktion aufzulösen.«

»Vielleicht gibt es diesen Weg«, antwortet Janka, »vielleicht auch nicht. Fest steht, dass das im letzten Jahrhundert zunächst in Russland und später in der Sowjetunion begonnene sozialistische Experiment zu millionenfachem Leid und letztlich in eine Sackgasse führte.«

Die Worte Jankas sind kaum verklungen, als Rudolf Bahro unvermittelt stehen bleibt. Er dreht sich um und weist mit dem rechten Arm in die Richtung der bereits erwähnten und nur wenige Kilometer von hier entfernten Reformsiedlung. »Vielleicht«, sagt er, »liegt die Lösung in dieser kleinen, unscheinbaren Kommune. Vielleicht lag der Fehler bisher darin, dass die Kommunisten das Bewusstsein der Menschen durch eine radikale Verbesserung der sozialen Verhältnisse verändern wollten, statt damit bei sich selbst und insofern beim einzelnen Individuum zu beginnen? Vielleicht müssen die Menschen, um dies zu erreichen, kleine Produktionsgemeinschaften gründen? Vielleicht können so komplexe Gebilde wie moderne Staaten die vor der Menschheit liegenden Probleme gar nicht lösen? Und vielleicht wollen sie das auch gar nicht, weil führende Vertreter von Wirtschaft und Politik zunächst ihre eigenen Interessen und ihre eigene Macht sichern wollen?«

»Sie wollen und können es bestimmt nicht«, bekräftigt Janka die Aussage Bahros, »allerdings wird auch die von dir angestrebte kommunitäre Subsistenzwirtschaft nicht möglich sein ohne ein neues, ein völlig neues Denken.«

»Du meinst ein neues Bewusstsein«, korrigiert ihn Bahro.

»Richtig!«, stimmt Janka ihm zu. »Aber wer soll die Menschen zu diesem neuen Bewusstsein erziehen? Wer soll und darf das Bewusstsein definieren?

Und vor allem: Was geschieht mit den Menschen, die ein solches Bewusstsein ablehnen oder sich gar nicht darum bemühen? Endet es dann wieder im Terror? War es nicht Rousseau, der in seiner Begründung des ›Volonté générale‹ die Rückkehr zu kleineren Gemeinschaftsformen und Kooperativen forderte und der die gewählten obersten Vertreter des Gemeinwesens dazu legitimierte, die Menschen notfalls mit Zwang zu ihrem Glück zu zwingen?«

»Ja, ich weiß. Auch das schrieb Rousseau«, antwortet Bahro. »Und ebenso weiß ich, dass sich Robespierre auf eben diesen Satz berief, als er, um den obersten moralischen Gemeinwillen durchzusetzen, zehntausende Franzosen mit der Guillotine hinrichten ließ.«

»Ist das die Glückseligkeit, die mehr als ein Jahrhundert später auch die Kommunisten den Menschen versprachen?«, unterbricht ihn Janka.

»Du hast ja recht«, beschwichtigt ihn Bahro. »Mir fiele es schwer, die Gewaltherrschaft der Jakobiner, die mit ihren Maßnahmen paradoxerweise das Ideal einer sozialen Gerechtigkeit herstellen wollten, zu rechtfertigen. Und trotzdem weiß ich, dass wir nicht länger einen schrankenlos expansiven und grenzenlos hedonistischen Lebensstil pflegen dürfen, wenn wir das Abenteuer der menschlichen Existenz nicht vorzeitig beenden wollen. Das Ziel muss eine vernünftige Abkehr von der kapitalistisch strukturierten und auf Gewinn orientierten freien Marktwirtschaft und eine ebenso vernünftige Hinwendung zur kultivierten Subsistenzwirtschaft sein. Diese ist«, erklärt Bahro, »charakterisiert durch eine freiwillige Selbstbegrenzung, basierend auf einer nachhaltigen, regionalen Kreislaufwirtschaft und auf einer einfachen, statt wie bisher erweiterten Reproduktion der materiellen Existenzgrundlage. Im Unterschied zur jetzigen expansiv und global ausgerichteten, nach immer mehr Markt schreienden Wirtschaft benötigen wir eine überschaubare und regionale Selbstversorgung der menschlichen Grundbedürfnisse, die den Druck auf die Biosphäre begrenzt und sich auf intelligente kleine und mittlere Technologien stützt. Wir brauchen mehr Kooperativen wie das ›LebensGut‹, in dem die Verhältnisse der Menschen zueinander und zu den Gegenständen unmittelbar und greifbar sind, statt die Produktion und die Verteilung des Überschusses arroganten, machthungrigen und selbstgefälligen Millionären und Milliardären in die Hände zu legen.«

»Das klingt wünschenswert und hoffnungsvoll«, wirft Janka ein, »allein mir fehlt der Glaube. Mit fehlt der Glaube an die Machbarkeit und Dauerhaftigkeit solcher individuell angeschobener Projekte. Der durch die Globalisierung stetig wachsende und ausschließlich auf gegenseitige Konkurrenz und Kommerz ausgerichtete Markt schiebt sich doch längst schon schonungslos über uns hinweg. Er fragt nicht nach unseren

Bedürfnissen und auch nicht nach den Bedürfnissen des ›LebensGutes‹, sondern erschafft im Gleichschritt mit einem in dieser Form bisher noch nie dagewesenen technologischem Standard neue, künstliche Bedürfnisse und wirbt mit der absoluten Durchsetzung des hedonistischen Utilitarismus und der damit – zumindest bei uns in Westeuropa und in Nordamerika – verbundenen Möglichkeit der täglichen Bedürfnisbefriedigung.«

»Da hast du wohl recht«, stimmt Bahro zu. »Aber was ist denn mit dem LebensGut? Glaubst du wirklich, dass es nicht lange existieren wird? – Immerhin besteht es seit fast zwanzig Jahren. Auch der Erfolg der abendländischen Kultur während des Hochmittelalters beruhte vor allem auf den Leistungen der in Kooperativen organisierten und arbeitenden Mönche. Und auch für die im 17. und im 18. Jahrhundert aus Europa nach Nordamerika eingewanderten Farmer verlief die Besiedelung der sogenannten ›neuen Welt‹ nur deshalb so erfolgreich, weil sie gemeinschaftliche Organisationen gründeten, in denen sie lebten und arbeiteten.«

»Das mag ja alles stimmen«, gibt Janka zu, »aber worauf willst du letztlich hinaus?«

»Nun«, antwortet Bahro, »ich glaube, dass in den ländlichen Gebieten Ostdeutschlands ideale Bedingungen für die Gründung und den langfristigen Bestand solcher kommunitärer Projekte wie des ›LebensGuts‹ bestehen. Soziale Verantwortung, selbstlose Hilfe und Solidarität könnten – so sehr diese Motive des uneigennützigen Handelns in der DDR von Funktionären und Parteikadern ausgebeutet und mit Hohn missbraucht wurden – jetzt tatsächlich selbst gewollt sein und dadurch positiv zum Tragen kommen. Viele hier lebende Menschen wirken auf mich jedenfalls weniger egoistisch und weniger marktorientiert als …«

»Als wer?«, fragt Janka erregt. »Als die meisten unserer westdeutschen Brüder und Schwestern?«

Bahro, der sich durch sein Dozieren in eine Art Rausch geredet hat, beachtet Jankas Frage gar nicht. »Wir haben die Wahl«, fährt er fort, »die in Ostdeutschland bestehende finanzielle und wirtschaftliche Krise als Belastung oder als Chance zu sehen. Die hier existierende wirtschaftliche Unterentwicklung kann sich als ein Vorteil erweisen und den Aufbruch in die von mir beschriebene Subsistenzwirtschaft begünstigen.«

Während Janka nun die von Bahro angestrebte Wirtschafts- und Lebensform gutheißt, ihr aber aufgrund mehrerer Schwächen wie zum Beispiel einer Neigung zum Sektierertum nur eine kurzzeitige Lebensdauer prophezeit und während er sich zudem fragt, ob sich Bahro mit seinen Ideen überhaupt noch im Einklang mit der marxistischen Philosophie befindet, reißt ein unerwarteter kräftiger Windstoß mir mein Basecap vom Kopf. Ich renne ihm hinterher und bekomme es erst auf dem Feld wieder zu fassen. Als ich auf dem Pilgerweg zurückkehre und wieder in Richtung Bautzen blicke, sind Janka und Bahro verschwunden.

Allein und ohne die Weggefährten, die mich zum Nachdenken anregen und zum Träumen inspirieren, wandere ich durch mehrere Dörfer. Mich überholen Fahrrad- und Autofahrer – im Vergleich zu ihnen, die sich rasant fortbewegen, krieche ich. Ich mutiere zwar nicht, wie von Franz Kafka beschrieben, zu einem Käfer, dafür aber offenbar zu einer Schnecke – und auf meinem Rücken trage ich das Schneckenhaus. Die Verwandlung irritiert mich jedoch nicht, sondern lenkt meine Gedanken und Erinnerungen stattdessen auf vergangene Wanderungen im alpinen Hochgebirge. Ich erinnere mich an Besteigungen von drei- und viertausend Meter hohen Bergen und daran, dass ich, nachdem ich allein oder mit Freunden erfolgreich den jeweiligen Gipfel bestiegen hatte, stets aufs Neue ungläubig vom Berg ins Tal blickte und jedes Mal darüber staunte, wozu mein Körper fähig ist.

Aber ich befinde mich nicht in den Alpen und auch nicht in den Pyrenäen, sondern am Rand einer nach Bautzen führenden Straße. Hier kommt mir nun Robert Walser in den Sinn. Der als menschenscheu beschriebene Dichter, der 1928, als 50-jähriger Mann, in Bern in eine psychiatrische Heilanstalt eingewiesen wurde, bewältigte längere Wegstrecken, wann immer es möglich war, freiwillig zu Fuß – obwohl es zu seinen Lebzeiten bereits Eisenbahnen gab und manche Menschen schon in Automobilen und über damals noch enge und holprige Straßen fuhren. Gegenüber seinen Freunden und Bekannten begründete er diese Angewohnheit, des langsamen und des bewussten »Zu-Fuß-Gehens« damit, dass er nur zu Fuß zur mystischen Verschmelzung mit sich und mit der Landschaft, durch die er wandere, fähig sei und nur zu Fuß die Zeit und nötige Ruhe habe, über sich und die Gesellschaft nachzudenken.

In die gleiche Kerbe der Lobpreisungen von Entschleunigung sowie beim Gehen und Wandern bewusst gewählter Langsamkeit schlugen mit Jean-Jaques Rousseau und Friedrich Nietzsche die wohl berühmtesten Wanderphilosophen der modernen europäischen Geistesgeschichte. Auch sie priesen Wandern und Gehen sowie die damit verbundene Fähigkeit, Stille und bewusst gewählte Einsamkeit und Langsamkeit nicht nur auszuhalten, sondern als einen ideellen Gewinn zu nutzen. Diese Fähigkeiten, das erkannte sowohl Rousseau während seiner einsamen Spaziergänge in den Wäldern von Saint-Germain als auch Nietzsche bei seiner Wanderungen im alpinen Hochgebirge, halten den Körper jung und erfrischen den Geist. Während Rousseau jedoch bewusst den Wald als Rückzugsort wählte, um hier in der Stille und inmitten der wild wachsenden Sträucher und Bäume das Modell des ersten Menschen – des Menschen im Naturzustand –

nachzuempfinden, verknüpfte Nietzsche das Gehen und Wandern im Hochgebirge mit der Idee des Übermenschen. Nietzsche zufolge erstrebt ein Mensch, der im Hochgebirge auf steilen Pfaden wandert und hohe Gipfel erklimmt, zwei große Ziele: die körperliche Selbstüberwindung sowie Erhalt und Steigerung der eigenen Vitalität. Dies erfordert zunächst eine Überwindung und außergewöhnliche Kraftanstrengung, die sich – nachdem Ziele wie die Besteigung eines Berggipfels oder Überquerung eines Sattels erreicht sind – in körperlich-rauschhaften Glücksgefühlen und Bewusstseinserweiterungen entlädt.

Ich nähere mich noch immer Bautzen, und ich frage mich, wohin die in der ersten Hälfte des 19. Jahrhunderts auch in Deutschland begonnene Industrialisierung geführt hat. Als 1839 die vom Chemnitzer Unternehmer Johann Andreas Schubert gebaute Lokomotive »Saxonia« zum ersten Mal auf Schienen die von Leipzig nach Dresden führende Strecke fuhr, geriet dieses Ereignis zum Medienspektakel. Für die Bewältigung dieser Strecke, für die bis zu jenem Tag Postkutschen mehrere Tage benötigt hatten, beanspruchte die »Saxonia« lediglich ein Fünftel der Zeit. Auch die in den westsächsischen Städten Zwickau und Chemnitz kurze Zeit später hergestellten Automobile der Marke »Horch« und – seltsamerweise – »Wanderer« würdigte die einheimische Presse als »Meisterleistung sächsischer Technik- und Ingenieurskunst«. Ich frage mich aber, ob mit diesen medienwirksamen Würdigungen und Feierlichkeiten wirklich alle Folgen und Konsequenzen der technischen Erfindungen beschrieben wurden und werden. Steigt mit diesen Erfindungen, die sehr wahrscheinlich in nicht allzu ferner Zeit in eine Herrschaft von Algorithmen und »künstlicher Intelligenz« münden, nicht gleichzeitig die Erwartungshaltung der in der Gesellschaft lebenden Menschen? Vielleicht spart der moderne, von der westlichen Kultur geprägte Mensch in Wirklichkeit keine einzige Sekunde ein und kann auch gar keine Zeit verlieren, sondern lebt in Wahrheit einfach nur gestresster als jemals zuvor? Möglicherweise begibt er sich, indem er technische Errungenschaften wie die modernen Fortbewegungs- und Kommunikationsmittel widerspruchslos preist und täglich benutzt, indem er der Öffentlichkeit in digitaler Form geheimste Wünsche und Gedanken oft vorschnell und unüberlegt mitteilt, in einen Zeit- und Erwartungsdruck, der ihm mehr schadet als nutzt.

Der letzte Abschnitt der heutigen Tour führt mich in die Bautzner Vorstadt. Links von der Hauptstraße stehen Plattenbauten – Relikte des sozialistischen Wohnungsbauprogramms. Ich blicke sie an und werde in diesen Augenblicken selbst zu einem Objekt der Betrachtung: Mehrere Frauen und Männer haben sich – ohne dass sie sich gegenseitig sehen können und sehr wahrscheinlich auch ohne voneinander zu wissen – weit aus den Fenstern ihrer Wohnungen gelehnt und blicken ungeniert auf die Straße. Einige tragen lediglich ihr Unterhemd oder eine Bluse, und ich vermute, dass ihnen der Schriftsteller Thomas Bernhard unbekannt ist. In seinem Roman »Auslöschung« hatte dieser behauptet, dass das Beobachten anderer Menschen erst dann interessant sei, wenn die zu Beobachtenden es nicht spüren. Die hier aus ihren Fenstern mich anstarrenden Menschen pfeifen offensichtlich auf Bernhard und die von ihm aufgestellte These, so dass mich ihre stumpfen Blicke bis ins Stadtzentrum begleiten.

Dennoch: Bautzen ist eine sehenswerte Stadt! Ein bedeutenderes und sehenswerteres Bauwerk als die letzten Zeugnisse des sozialistischen Wohnungsbauprogramms ist der im Stadtzentrum stehende Reichenturm, der mit dem schiefen Turm von Pisa konkurrieren kann, wenn er sich noch weiter neigt. Zu weiteren sehenswerten Bauwerken gehören: der Dom St. Petri, der – ganz im Sinne des Ökumenischen Pilgerweges – von der katholischen und von der evangelischen Gemeinde genutzt wird, das Rathaus am Rand des frisch sanierten Hauptmarkts, die im Altstadtzentrum stehenden und im Stil des sächsischen Hochbarocks erbauten Bürgerhäuser und die unterhalb der Friedensbrücke angelegte Neue Wasserkunst. In den Jahren des real existierenden Sozialismus war Bautzen, die einst als »Perle der Oberlausitz« gerühmte Stadt, bekannt für das hier stehende Zuchthaus, das sogenannte »Gelben Elend«, und für die von der Staatssicherheit betriebene Vollzugsanstalt. Hier erlitten politische Verurteilte Jahre der ungerechten Haft – so zum Beispiel der Schriftsteller Erich Loest sowie Walter Janka und Rudolf Bahro, meine kurzzeitigen geistigen Weggefährten.

Auf dem Marktplatz angekommen, blicke ich auf das Rathaus und auf den sichtbaren Teil des hinter dem Rathaus stehenden Doms, der mit Turm und Schiff das Altstadtzentrum majestätisch und prachtvoll dominiert. Im Dombezirk entdecke ich auch eine Gaststätte »Zur Senfmanufaktur«. Ich lasse mich verführen und trete ein, nehme den Rucksack ab und setze mich an einen Tisch. Mir gegenüber sitzt ein älterer Mann, der mich mustert und mit schwäbischem Akzent fragt, ob ich vom Teufelsberg käme. Ich frage ihn, ob er den Czorneboh meint, und er nickt. Ich berichte, dass ich vor zwei Stunden am Fuß des Berges stand, ihn aber nicht bestiegen habe.

»Warum trägst du dann einen Rucksack?«, fragt er mich. Ich erkläre ihm, dass ich ein gebürtiger Dresdner sei, seit zwei Tagen auf dem Jakobsweg pilgern würde und in den nächsten acht Tagen bis Leipzig pilgern wolle. Der Mann unterbricht mich. Er schwärmt vom von Pillnitz bis Radebeul reichenden Elbtal und von der prachtvollen wieder aufgebauten Frauenkirche. Das Elbtal und die Dresdner Altstadt hätten ihn, so erklärt er, dazu bewogen, nach einem mehrere Jahrzehnte währenden Aufenthalt in Stuttgart wieder heimzukehren. Seit einem Jahr sei er Rentner und wolle nun gemeinsam mit seiner Frau die Region um Dresden und die heimatliche Region um Bautzen genießen.

Ich nehme das vom Wirt gebrachte Glas Bier in die Hand und will mit ihm auf seine Rückkehr in die Heimat und auf möglichst viele gesunde und unbeschwerte Rentenjahre anstoßen, als er sich plötzlich und unvermittelt über die in der Region lebenden Sorben beschwert: Diese würden, wie er meint, mit ihren Sitten und Bräuchen und auch mit ihrer Sprache nicht in die Region passen. Die Grenzen nach Polen mit Schlesien und nach Tschechien mit dem Schluckenauer Zipfel seien doch nicht weit, man könne ja …

Ich unterbreche ihn, stelle mein Glas wieder auf den Tisch und weise ihn energisch darauf hin, dass die Sorben ein slawisches und gastfreundliches Volk seien, das seit mehr als eintausend Jahren hier lebe und mit seinen Sitten und Bräuchen sowie auch mit seiner Sprache die Nieder- und Oberlausitz kulturell und wohl auch wirtschaftlich bereichere. Der Mann, der gut bürgerlich gekleidet ist, über dem eng am Bauch sitzenden Hemd Schlips und Jackett trägt und dem ich eine solch verquere Meinung gar nicht zugetraut hätte, fixiert mich mit einem ungläubigen Blick.

Ich will raus, fort von hier – trinke hastig das Bier und bezahle. Nur wenige Minuten später bin ich in der Pilgerherberge. Obwohl ich müde und erschöpft bin, fällt mir das Einschlafen schwer – der Mann hat meinen inneren Frieden gestört und mir den Schlaf geraubt.

3. Kapitel (Von Bautzen bis Sankt Marienstern)

Vom Mythos der Autobahn, von Slawenaposteln, von Morgenlandfahrern und vom Schädel des Jakobus

Am nächsten Morgen stehe ich, nachdem ich in der Herberge gefrühstückt und die Stadt in nordwestlicher Richtung verlassen habe, zum ersten Mal als Pilger vor einer Autobahn. Ich wusste, dass es zu dieser Begegnung kommen würde und diese unmittelbare Konfrontation mit dem die Landschaft und Städte fressenden Ungeheuer sich nicht vermeiden ließe. Und dennoch spüre ich Unruhe und Nervosität in mir, denn diese Begegnung offenbart eine krasse Ungleichheit: Während die in den Fahrzeugen sitzenden Menschen scheinbar Schnelligkeit, Entschlossenheit und Effizienz zelebrieren, stehe ich ihnen – wahrscheinlich von ihnen ganz unbemerkt – als ein Mensch gegenüber, der einen Rucksack trägt, seit zwei Tagen zu Fuß unterwegs ist und als Pilger oder Wanderer Komfort und Bürgerlichkeit absichtlich meidet. Einfachheit trifft hier auf Funktionalität und Langsamkeit auf Geschwindigkeit.

Beim Blick auf die Autobahn kommt mir der 1962 in Dresden geborene Schriftsteller Durs Grünbein in den Sinn. In einem vor einigen Jahren geschriebenen Essay hat er – ebenso wie beispielsweise Adorno einige Jahrzehnte zuvor – die übertriebene Liebe der Deutschen zu ihren Autos ironisch thematisiert und gleichzeitig über das Phänomen »Autobahn« philosophiert. Grünbein behauptete in dem Essay zudem, dass der Erfinder der Autobahn kein Deutscher, sondern ein Italiener gewesen sei! Ihm zufolge war es Piero Puricelli, ein Mailänder Tiefbauingenieur und Anhänger des Futurismus, der zu Beginn der 20er Jahre des letzten Jahrhunderts in der Nähe von Mailand die erste »Autostrada«, eine Straße nur für Autos, entwarf. Ein Italiener also, kein Deutscher erfand Grünbein zufolge die Autobahn – und doch seien es die Deutschen gewesen, ergänzte er, die sowohl die Autobahn als einen der größten Fetische der Moderne als auch den Nationalsozialismus als die brutalste Form des Faschismus zur funktionalen Vollkommenheit und barbarischen Perfektion formten. In Deutschland sei die Autobahn zudem zu einem Mythos geworden, und begründet habe diesen Mythos – den Nationalsozialisten zufolge –

der selbst ernannte Führer mit dem am 23. September 1933 vollzogenen »ersten Spatenstich« zum Bau der Reichsautobahn.

Durs Grünbein wusste in dem Essay jedoch auch von einer weiteren Wahrheit zu berichten: In Wahrheit, schrieb er, sei es so gewesen, dass sich auch die Nationalsozialisten erst an die Autobahnen – die, Ungetümen gleich, sich erbarmungslos und ohne Skrupel in die Landschaft fraßen und die dabei Städte zerschnitten, Wälder zerstörten – gewöhnen mussten. Noch Ende der 20er Jahre hatten sie, so behauptete er, gegen den Bau der Autobahnen heftig polemisiert und sie als »Luxusstraßen der Reichen« beschimpft. Dann aber, nach dem Machtantritt Hitlers, begann tatsächlich eine neue Zeit! Jetzt, schrieb Grünbein, beruhte der Bau der Autobahnen nicht auf der Initiative eines einzelnen Unternehmens, jetzt war er – angeblich – das Werk des Volkes! Ihm zufolge waren die Autobahnen die gewaltigsten Bauwerke des Nationalsozialismus, und sie sollten auch seine dauerhaftesten sein. Denn: Im Unterschied zu den nationalsozialistischen Gauforen, den germanischen Thingplätzen und den heroischen Kriegerdenkmälern, die gesprengt und in alten Granitsteinbrüchen still und heimlich abgelagert wurden sowie auch im Unterschied zum Ensemble des Nürnberger Reichsparteigeländes und der in Berlin stehenden Reichskanzlei, die nach dem Endkampf dem Erdboden gleich gemacht wurden, überstanden sie den Krieg.

Ich frage mich, ob die italienischen Futuristen, als sie vor 90 Jahren lange und gerade Straßen nur für Autos entwarfen und dies als ein Siegeszug der klaren Formen und geraden Linien feierten, wussten, wohin das führen würde? Ist es möglich, fragte sich auch Durs Grünbein, dass ihnen, die den Dreiklang von Funktionalität, Einfachheit und Effizienz priesen, die Fantasie dafür fehlte, zu erkennen, dass hinter dem Horizont wahrscheinlich eben nicht der Sieg der Mobilität und auch nicht der Sieg der individuellen Freiheit, sondern der Sieg des automobilen Konformismus lauerte? Wahrscheinlich fehlte ihnen, obgleich sie futuristisch gesinnt und dem technischen Fortschritt zugewandt waren, dieser Weitblick. Vor allem aber fehlte ihnen dieser Weitblick für die Zukunft des Autobahnbaus in Deutschland. Denn hier herrschten und herrschen – getragen von einer unerschütterlichen Fortschritts- und Wachstumseuphorie – der Glaube an das Recht und die Allmacht der Mobilität und der Glaube an ein Recht auf hohe Geschwindigkeiten.

Durs Grünbein beendete den Essay mit der Feststellung, dass mit dem Bau der Autobahnen in Deutschland etwas geschaffen worden, das bleibt: Die Autobahnen musste man nach dem Krieg nicht wegsprengen, sie bestanden weiterhin und symbolisierten auch eine vermeintlich gelungene Verbindung zwischen Vergangenheit und Zukunft. Denn dank der

Autobahnen ging es nach dem Krieg im westlichen Teil Deutschlands in den Zeiten der Wirtschaftswunderjahre nahtlos weiter. Hier im Westen symbolisierten die Autobahnen den wirtschaftlichen Aufschwung, und sie waren der Garant für wirtschaftliche Kontinuität. Dabei blieb der Anspruch im Westen hoch und maßlos, denn dieselben Menschen, die soeben das Dritte Reich und den Krieg überlebt hatten, machten sich nun wieder ans Werk. Sie vergaßen dabei oder wollten es gar nicht wissen, dass sich die ersten Autobahnbauer einst im Sinne des italienischen Futurismus ästhetischen Kriterien unterworfen hatten, dass Autobahnen zuweilen gar als Kunstwerke galten und man auf formschöne Einbindungen in die umgebende Landschaf, ja sogar in angrenzende Dörfer und Städte achtete.

Diese Ignoranz gegenüber den ursprünglich mit dem Autobahnbau verbundenen Werten und die einseitige Fixierung auf die Lösung ingenieurtechnischer Probleme gab es jedoch auch in der DDR. Auch hier wurde die Autobahn auf ihren wirtschaftlichen Nutzen reduziert. Hier, wo das ewig gleich klingende Geräusch beim Überfahren der Schwellen, die die Betonplatten einst voneinander trennten, sich nicht nur in das Körpergedächtnis meiner Kindheit, sondern auch in das Gedächtnis des ebenso wie ich in der Gartenstadt Hellerau – also in unmittelbarer Nähe zu einer Autobahn – groß gewordenen Dichters Durs Grünbein so tief eingeprägt hat, dass wir es tief in uns und spüren und jederzeit abrufen können, wenn wir die Augen schließen. Dann erinnere ich mich an mehrtägige Fahrten im Sommer auf der von Dresden bis zur Ostsee führenden Autobahn und an sonntägliche Fahrten nach Flöha bei Frankenberg, wo mein Großvater wohnte. Ich erinnere mich, wie mir damals der sanft polternde Rhythmus in den Kopf stieg und mich schläfrig machte, bis mir die Augen zufielen und ich tief träumte. Ein Erwachen war damals, nachdem ich vom monotonen Rhythmus und Geräusch begleitet irgendwann eingeschlafen war, unmöglich! Heute kann Träumen oder gar Einschlafen beim Fahren auf den in mit frischem Asphalt überzogenen Straßen jedoch tödlich sein. Der Tod, so heißt es, ist hier ein stetiger Begleiter. Und auch die durch den Bau der Autobahnen versprochene viel gepriesene Freiheit offenbart sich, wenn man im Stau steht, als Betrug und als eine lächerliche Illusion.

Ich verabschiede mich vom schwarzen Asphalt und den darauf fahrenden Autos und Lastkraftwagen, gehe weiter und gelange auf eine von herbstlich kahlen Apfelbäumen begrenzte Allee. Beim Blick auf die Bäume überlege ich, wie diese Gegend, die im Spätsommer und Herbst eine Überfülle von Früchten hervorbringt, wohl im Frühjahr duftet – aber jetzt ist Herbst, und vor mir liegen sie: braune Haufen zermatschter Äpfel, von Unkraut überwuchert, daneben Berge entwurzelter Bäume, seit Wochen verdorrt. Ihre täglich trockener werdenden Äste ragen mir zahlreich und stumm entgegen. Mein Blick folgt ihrem Verlauf himmelwärts und ich sehe, dass mehrere Bussarde mit weit ausgespannten Flügeln majestätisch in der Luft kreisen. Hungrig suchen sie unvorsichtige Mäuse, die unbekümmert über das Feld huschen und nicht ahnen, dass über ihnen eine tödliche Gefahr kreist. Hungrig bin auch ich – es ist Zeit für ein zweites Frühstück! Ich lehne meinen Rucksack an den Stamm eines am Rand der Allee stehenden Baumes und setze mich in das verwelkte Gras. Aber noch ehe ich in einen Apfel beißen kann, schrecke ich auf: In der Luft schwirren Hornissen umher. Da ich nicht weiß, ob ihre Flüge lediglich eine Warnung oder bereits einen Angriff bedeuten, packe ich langsam und bedächtig meine Sachen wieder ein und entferne mich von der zum Rasten wohl ungeeigneten Stelle.

Eine Stunde später, nachdem ich ein weiteres Feld überquert habe und nun einer kleinen Straße bergaufwärts folgte, sehe ich zwei auf einer Anhöhe stehende Steinfiguren. Diese vom polnischen Bildhauer Dobroslaw Baginski um die letzte Jahrtausendwende geschaffenen und hier aufgestellten Skulpturen zeigen Kyrill und Method. Ideengeber des Projektes war jedoch nicht der Künstler, sondern der 1862 von katholischen Sorben in Bautzen gegründete und bis heute hier beheimatete Cyrill-Methodius-Verein, der bis heute an der Legende festhält, die Sorben seien im 9. Jahrhundert von Kyrill und Method christianisiert worden. Dies stimmt jedoch nicht: In Wahrheit waren sie nach der vorletzten Jahrtausendwende durch die Missionare des Meißner Bistums zum Christentum gekommen. Die Slawenapostel stehen dennoch durchaus zu Recht am Jakobsweg, auch führt ein direkter Weg vom Millenniumsdenkmal bei Bautzen bis in die Ukraine.

Dieser Weg endet in Kiew. Die am Dnepr liegende Stadt war im Hochmittelalter das Zentrum der sogenannten »Kiewer Rus«, eines slawischen Großreichs, das sich über mehrere Jahrhunderte vom sibirischen Nowgorod bis zum nördlichen Ufer des Schwarzen Meeres erstreckte und bis zu seinem Ende im 13. Jahrhundert ostslawische Stämme in sich vereinigte. Als Gründungsvater der Rus gilt der Großfürst Oleg, ein zur Legende erhobener Waräger, der gegen Ende des 9. Jahrhunderts sein Herrschaftszentrum von Sibirien nach Kiew verlegte. Während die östlich von Kiew lebenden Finnen und Uiguren Jahrhunderte später die Bevölkerungsmehrheit in den modernen Staaten Finnland, Estland und Ungarn bildeten und sich damals Oleg unterwarfen, behaupteten die südlich von Kiew lebenden nomadischen Reitervölker zunächst ihre Autonomie. Ihr Widerstand währte fast einhundert Jahre, bis 988 n. Chr. Wladimir I. auch sie christianisierte.

Hochmittelalterliche Dokumente belegen, dass es bereits während der Entstehung der Rus einen von Deutschland bis in die Ukraine führenden

Handelsweg gab. Der zwischen Ost- und Westeuropa bestehende Handel und Kulturaustausch währte jedoch nur bis 1240 – dem Jahr, in dem mongolische Reiter unter Führung der »Goldenen Horde« Kiew eroberten. Vom Fall Kiews profitierte jedoch Moskau, denn dorthin flohen der russische Großfürst und der Kiewer Metropolit. Mehr als zweihundert Jahre später, 1453, eroberten die Osmanen Konstantinopel, das heutige Istanbul. Der Moskauer Metropolit nutzte die Gunst der Stunde und rief Moskau zum »Dritten Rom« aus und damit zum legitimen Nachfolger des byzantinischen Teiches. Fortan sah sich die heutige Hautstadt Russlands als das religiöse Zentrum des orthodoxen Glaubens und auf einer Stufe mit Rom; auch glaubten und glauben russische Herrscher, sie seien zur Rettung des Christentums auserwählt. Die nur wenige Jahrzehnte nach dem Fall von Byzanz erfolgte Zarenkrönung Iwans des III. bestätigte dies und begründete die bis Februar 1917 währende Herrschaft der Romanows. Die Ukraine, wo nach der Oktoberrevolution ukrainische Freiheitskämpfer erfolgreich für die Unabhängigkeit von Moskau kämpften und dic kurzlebige Ukrainische Volksrepublik ausriefen, geriet bereits 1919 unter die Kontrolle der Roten Armee. 1922 war die »Ukrainische Sozialistische Sowjetrepublik« einer der Gründungsstaaten der in jenem Jahr von Lenin ausgerufenen Sowjetunion. Die politische und wirtschaftliche Abhängigkeit von Moskau, die in den 30er Jahren des letzten Jahrhunderts zur Zwangskollektivierung und zu einer Hungerkatastrophe biblischen Ausmaßes führte, währte fast 70 Jahre, bevor die Ukraine sich 1991 von Moskau lossagte und die Souveränität erhielt.

Dass sich meine Generation in der Schule ab der 5. Klasse mit Russisch quälte – einer Sprache, die sich fundamental vom Latein unterscheidet und grammatisch zudem den Instrumentalfall mit sich führt –, verdankt sie Stalin. Er war 1922 zum Generalsekretär der sowjetischen Kommunistischen Partei ernannt worden und hatte dieses Amt – trotz Lenins Warnungen – auch nach dessen 1924 erfolgtem Tod behalten und zur Festigung der Diktatur missbraucht. Unter dem Deckmantel des Kommunismus frönte Stalin bis zu seinem Tod genüsslich dem einstigen zaristischen Imperialismus, und so geriet auch die Generation meiner Eltern nach dem Krieg unter seinen Einfluss. Eine Folge dieser Entwicklung war, dass im Ostteil Deutschlands nicht Englisch, sondern Russisch die wichtigste Zweitsprache war. Dabei erwies sich für mich das Erlernen der russischen Sprache nicht nur aufgrund der kyrillischen Schriftzeichen und der anders strukturierten Grammatik als schwierig, sondern auch deshalb, weil meine Eltern als Kinder aus Schlesien geflohen waren, weshalb sie sich wie hunderttausend andere Flüchtlinge vor den Soldaten der Roten Armee fürchteten und sich weigerten, im Alltag Russisch zu sprechen. So sprach auch ich Russisch ausschließlich in der Schule. Und ebenso wie meine Eltern, die Eltern meiner Klassenkameraden, meine Klassenkameraden und ich selber mit dem Gebrauch des Russischen fremdelten, lehnte auch die Mehrheit der in Polen und in der Tschechoslowakei lebenden Menschen diese Sprache ab und reagierte gereizt, wenn meine Freunde und ich sie während der sommerlichen Urlaubswochen mit »Sdrastwutje!« oder mit »Iswenitje!« begrüßten oder wenn wir sie mit »Gdje nachoditsa Dostoprimeltschadjenostie?«nach Sehenswürdigkeiten oder mit »Gdje nachoditsa woksal?« nach dem Weg zum Bahnhof fragten.

Ich gehe weiter und erklimme, die Skulpturen im Rücken, einen Hügel. Oben angekommen, breite ich die Arme aus. Der Wind, seiner herbstlichen Kraft bewusst, fegt über die Landschaft, sammelt auf dem Boden liegende Zweige und Blätter und formt sie zu wundersamen Gebilden. Berauscht vom Augenblick und von den hier waltenden natürlichen Kräften verweile ich und bleibe stehen. Die Sonne hat die Umgebung gehegt und farbenfroh gestaltet, so dass sie sich bis zum Horizont mit rotbraunen Äckern und entlang der Alleen mit zur Seite geneigten alten und kahlen Bäumen schmückt. Ich habe die Arme noch immer ausgebreitet und spüre noch immer den Wind, der sich wie ein vertrauter Freund kräftig und zugleich behutsam um meinen Körper legt, als es plötzlich hupt.

Ein Volkswagen rast heran, darin sitzt ein glatzköpfiger Mann, der mit einem auf der Heckscheibe des Autos angebrachten Aufkleber die »Todesstrafe für Kinderschänder« fordert. Der Aufkleber, der die Eigenart hat, sich in der sächsischen Provinz ungewöhnlich rasch zu vermehren, und der kahl geschorene Mann widern mich an. Einige Sekunden lang überlege ich, ob ich nach meiner Heimkehr auf die Heckscheibe meines Autos einen Aufkleber mit der gegenteiligen Forderung »Todesstrafe für Niemand« klebe. Ich verwerfe diese Idee jedoch, da ich die Heckscheibe meines Autos nicht als eine öffentliche Werbefläche für meine politischen Gesinnungen missbrauchen und auch meine Zeit nicht mit unnötigen Gedanken verschwenden will.

In Storcha besichtige ich die Kirche Herz Jesu, deren Grundsteinlegung ein Jahr vor der Gründung des deutschen Kaiserreiches erfolgte. Das im neugotischen Stil errichtete und im Auftrag der bereits zu jener Zeit im Ort bestehenden sorbisch-katholischen Gemeinde nach siebzehnjähriger Bauzeit fertiggestellte Gotteshaus offenbart die im 19. Jahrhundert vorherrschenden Denkstrukturen und den damaligen Zeitgeist: Gotik und die Neugotik symbolisierten die Macht. Die damals in der Oberlausitz lebenden Deutschen und in diesem Fall auch die damals hier beheimateten Sorben waren noch in traditionellen Strukturen, im alten Denken und in den dazugehörigen Stilen verhaftet. Die Zeit war noch nicht reif für radikal neue Stilformen wie Jugendstil oder Expressionismus und auch nicht reif für eine Institution wie das Bauhaus, das nach dem Ersten Weltkrieg – zunächst in Weimar und später in Dessau – in Architektur, Handwerk, Kunst und Pädagogik neue Wege aufzeigte.

Ich verlasse das Gotteshaus, ihm gegenüber steht eine Bäckerei. Ich betrete das Geschäft, bestelle einen Zupfkuchen und Kaffee und frage die Verkäuferin, während sie mir das Gebäck serviert, ob sie in der Oberlausitz geboren worden und ob sie zweisprachig aufgewachsen sei. Sie nickt und fügt hinzu, dass sie mit dieser Fähigkeit hier keine Ausnahme sei. Sie befürchte aber, fährt sie fort, dass die letzten Tage dieser regionalen Besonderheit angebrochen seien, denn viele der nach 1990 hier Geborenen hätten die Heimat verlassen und seien auf der Suche nach Arbeit, um Familien zu gründen oder um sich selbst zu verwirklichen nach Dresden, nach Leipzig oder in den Westen gezogen.

Ich wandere in Richtung Crostwitz, wo mir, wie es scheint, Hermann Hesse begegnet: Der im Garten der Pilgerherberge sitzende vermeintliche Schriftsteller, der – wie ich während des Gespräches erfahre – in Wahrheit Lars heißt, in Niedersachsen lebt, Lehrer ist und eine Nickelbrille trägt, nimmt zur Begrüßung seinen Strohhut vom Kopf. Er lädt mich zu einem Vesper ein, wobei er erklärt, dass er den auf dem Tisch stehenden Kuchen nicht selbst gebacken und auch den Tee nicht selbst gekocht habe. Dies habe die Besitzerin des Hauses getan, die jedoch nicht zu Hause sei. Wir setzen uns an den Tisch und ich frage ihn, ob ihm bewusst sei, dass er wie Hermann Hesse gekleidet sei und ihm ähnele.

Ohne zu zögern entgegnet er mir, dass ihn das nicht wundere, und es klingt, als wolle er damit kokettieren. Immerhin, so fährt er nicht ohne Stolz fort, sei sein Nachname auch Haller, und immerhin fühle er sich tatsächlich als ein Nachfahre des Steppenwolfs – und als solcher habe er mit Freude gehört, dass in der ostsächsischen Steppe seit geraumer Zeit wieder Wölfe leben würden. Bevor ich ihm antworten kann, reißt er das Wort erneut an sich und weist mich darauf hin, dass er tatsächlich überzeugt sei, einer der letzten Morgenlandfahrer zu sein, denn wie ein Morgenlandfahrer dränge es auch ihn ins Freie und zurück zur Natur. Lebensreformerisch klingt auch seine daran anschließende Kritik am gegenwärtigen feuilletonistischen Zeitalter, in dem – wie ja auch Hesse im »Glasperlenspiel« beschrieben und heftig kritisiert hatte – nicht die Tiefe eines Gedankens oder die Wahrheit einer Idee, sondern lediglich die mit einer Buchveröffentlichung verbundenen Verkaufszahlen bedeutsam seien. Die von Hermann Hesse in seinen Romanen beschriebenen Außenseiter, Aussteiger und Fantasten, behauptet der Mann, gäbe es heute nicht mehr, und es fehle auch jene Art der Gemeinschaft, die der Dichter einst beschwor. Im Grunde, ergänzt er, misstraue auch er selbst jeder Art von Gemeinschaft, denn bisher habe es immer mindestens einen Menschen gegeben, der seinen Egoismus über das Wohl der Gemeinschaft stellte und es eines Tages schaffte, die Macht an sich zu reißen.

Heute, setzt Lars seine Ausführungen nach einer kurzen Pause fort, habe er sein Ziel erreicht: Nachdem er von Bautzen kommend bis hierher gepilgert sei, wolle er sich im Garten der Pilgerherberge ausruhen, ein Buch lesen und morgen in der Pilgerherberge des Klosters Sankt Marienstern schlafen. Ich sage ihm, dass ich in dieser Hinsicht auf ihn keine Rücksicht nehmen könne, da das Kloster bereits heute mein Ziel sei. Lars blickt mich ungläubig an. Er bittet mich, hier zu bleiben, da das Kloster einen Schatz beherberge. Morgen nach dem Frühstück, schlägt er vor, könnten wir dann gemeinsam zum Kloster pilgern und in aller Ruhe den Schatz besichtigen. Damit hat der Hermann Hesse gleichende Mann nun endgültig meine Neugier geweckt, so dass ich ihn frage, was für ein Schatz das sei, für den er so schwärme. Er lächelt kurz und gesteht mir, dass ihn meine Unkenntnis verwundere, da ich, wie meinem Dialekt zufolge zu vermuten sei, aus Sachsen käme. In der Schatzkammer des Klosters läge ein Schädel, führt er aus und behauptet, das sei nicht irgendein Schädel, sondern der Schädel des Jakobus. Ich blicke ihn ungläubig an, und ehe ich etwas erwidern kann, behauptet er weiter, dass unmittelbar daneben in einer weiteren Vitrine ein Splitter ausgestellt sei von dem Kreuz, an dem einst Jesus hing.

Ich schlucke und bitte ihn dann, mir keine Märchen zu erzählen. Es sei, entgegne ich, sehr unwahrscheinlich, dass in einem unscheinbaren und mitten in der Oberlausitz stehenden Kloster solche kostbaren Reliquien liegen. Auch würden in der Umgebung die Pulsnitz und die Schwarze Elster fließen, nicht aber der Jordan. Lars, der sich von meinen Worten nicht beeindrucken lässt, bittet mich, ihm zu glauben; schließlich habe er gar keinen Grund, zu lügen. Er erklärt, er habe gelesen, dass das Kloster Sankt Marienstern im Hochmittelalter das Zentrum einer in der Oberlausitz beheimateten Jakobusverehrung gewesen sei. Wenn ich den Schädel des Jakobus sehen wolle, müsse ich aber heute Nacht in der hiesigen Herberge bleiben, da die Schatzkammer des Klosters am Vormittag geschlossen sei. Ich halte kurz inne und entscheide mich dann, trotzdem weiter zu gehen. Vielleicht sei das Glück mir ja hold, sage ich, und die Äbtissin oder eine Nonne zeige mir den Schädel des Jakobus auch außerhalb der Öffnungszeit.

Wenige Minuten später, und nachdem ich fünf Euro in eine auf dem Tisch stehende Spendenbüchse gesteckt habe, verabschiede ich mich von dem am Tisch sitzenden Mann, werfe den Rucksack auf meinen Rücken und gehe los. Unmittelbar vor einem Abzweig und wenige Meter bevor ich auf dem Pilgerweg das Dorf verlasse, bleibe ich stehen und blicke zurück. Ich sehe, dass Lars ein Handy in der rechten Hand hält und telefoniert. Er hat Recht, denke ich: Die Morgenlandfahrer und Glasperlenspieler, die von Hermann Hesse in den 20er und 30er Jahren des letzten Jahrhunderts in seinen Romanen und Erzählungen beschriebenen Aussteiger, Träumer und Fantasten gibt es nicht mehr – und auch er gehört wahrscheinlich nicht dazu.

Ich verlasse das Dorf und wandere in Richtung des in der Mitte des 13. Jahrhunderts von Bernhard von Kamenz gegründeten Klosters, das seit jener Zeit Heimstatt für Nonnen des Zisterzienserordens ist. Ich orientiere mich an der weithin sichtbaren Turmspitze der im spätgotischen Stil erbauten Klosterkirche, die mir den Weg weist. Während des Gehens erinnere ich mich an eine Vorlesung über das Hochmittelalter, die ich während meines Studiums hörte. Ein an der Leipziger Universität lehrender Historiker, wissenschaftlicher Experte für hochmittelalterliche Ordensgründungen, hatte über die besondere Bedeutung der Zisterzienser referiert und dabei auch den Kirchenvater Bernhard von Clairvaux erwähnt, der einen vielschichtigen Charakter besessen haben soll. So soll der Mann, der 1146 mit päpstlichem Segen und mit religiösem Eifer den Zweiten Kreuzzug ausgerufen hat, gleichzeitig ein empfindsamer Mann gewesen sein, der sich gern und oft in die Einsamkeit zurückzog sowie als Mönch und Ordensgründer mystische und spirituelle Texte schrieb. Die Ambivalenz seiner Persönlichkeit soll sich auch in seinem unerbittlichen Kampf gegen Peter Abaelard gezeigt haben. So soll Bernhard von Clairvaux, nachdem er Abaelard 1141 auf dem Konzil von Sens der Häresie angeklagt hatte, diesem eine Disputation verweigert haben.

Es war die Theologie, die Clairvaux und Abaelard entzweite. Während Clairvaux göttliche Erfahrung nur mit mithilfe mystischer Versenkung und mithilfe des Glaubens für möglich hielt, vertraute Abaelard, der 1102 im französischen Melun eine eigene philosophische Schule gegründet hatte, der Vernunft. Sich auf die menschliche Erkenntnisfähigkeit berufend, hatte er – wenn auch vergeblich – zudem versucht, im mittelalterlichen Universalienstreit zwischen Realisten und Nominalisten zu vermitteln. Die von Platon und seiner Ideenlehre beeinflussten Realisten glaubten und glauben an die reale Existenz der platonischen Ideen; die Aristoteles und dessen Ontologie folgenden Nominalisten meinten und meinen, dass Ideen dem menschlichen Kopf entsprungen seien. Es ist ein Streit, der wohl ewig währen wird und der – falls er eines Tages gelöst sein sollte – das menschliche Bewusstsein und den menschlichen Verstand überwindet.

Sachsen und die Zisterzienser: Zwischen diesem Land und dem im 12. Jahrhundert in Frankreich von Bernhard von Clairvaux mit gegründeten Orden gab und gibt es bedeutsame und fruchtbare Beziehungen. Die während des Hochmittelalters von Frankreich nach Mitteldeutschland gezogenen Mönche und Nonnen kolonisierten mit ihren hier gegründeten landwirtschaftlichen Musterbetrieben, mit Obst- und Weinbau, mit Pferde- und Fischzucht sowie mit den in den Klostergärten angepflanzten Heil- und Nutzpflanzen die östlich der Elbe liegenden Gebiete. Der bereits erwähnte Philosoph Rudolf Bahro behauptete in seinem Buch »Die Alternative« sogar, dass der Orden, der bis zur Reformation der mächtigste und einflussreichste Orden des west- und mitteleuropäischen Christentums gewesen war, mit seiner zweckmäßigen und durchdachten Organisation und der gleichzeitigen Hinwendung zur Askese ein Vorbild für die von ihm beschriebene kommunitäre Subsistenzwirtschaft gewesen sei.

Während ich den Innenhof des Klosters Sankt Marienstern betrete, kreuzt zufällig die Äbtissin meinen Weg. Sie erkennt mich als Pilger und führt mich zur Pilgerherberge. Dort angekommen lege ich meinen Rucksack ab und beantworte ihre Fragen. Ich erkläre ihr, dass ich ein gebürtiger Dresdner sei und dass ich beabsichtige, in den nächsten Tagen bis Leipzig zu pilgern. Sie entgegnet mir, dass sie ebenfalls aus der Region käme und ihre vor mehr als 17 Jahren getroffene Entscheidung, im hiesigen Kloster als Nonne zu leben, richtig gewesen sei. Ich erfahre von ihr, dass im Kloster 18 Nonnen leben, die neben der Seelsorge und den täglichen Arbeiten in Haus und Garten auch Menschen mit geistiger Behinderung unterrichten. Danach will sie sich verabschieden. Ich reiche ihr meine Hand und frage sie noch nach den von Lars erwähnten Schätzen und Reliquien. Sie lacht. Die Schädel, erklärt sie nach einer kurzen Pause, die Bernhard von Kamenz von einer Pilgerreise nach Italien mitgebracht habe, gebe es tatsächlich. Entgegen häufiger Behauptungen handle es sich dabei jedoch nicht um die vollständigen Schädel von Jakobus und Johannes dem Täufer, sondern lediglich um mit Edelstein und Gold verzierte Schädelreste. Die in diese eingefügten Reliquien seien jedoch echt: Bernhard von Kamenz sei ein abenteuerlustiger und gleichzeitig gottesfürchtiger Mann gewesen, erklärt sie, und es bestehe kein Grund, seine Aussagen zu bezweifeln. Um ihren scheinbar unerschütterlichen Glauben an den Stifter des Klosters zu bekräftigen, fügt sie noch hinzu, dass sich auch der Name des Klosters auf den umtriebigen Mann zurückführen ließe: Er, der zeitweise der oberste Berater des Königs von Böhmen und am Ende seines Lebens sogar Bischof in Meißen gewesen sei, habe sich eines Nachts verlaufen und in einem Moor verirrt. Um sein Leben bangend, habe Bernhard die Jungfrau Maria um Hilfe gebeten, die sich seiner erbarmt und ihn mithilfe eines Sterns, der ihm den Weg wies, aus dem Moor geführt haben soll.

Die Äbtissin hat die Geschichte kaum zu Ende erzählt, als sie von einer Nonne gerufen wird. Sie verabschiedet sich von mir und geht zum Informationszentrum, wo Touristen auf sie warten. Ich lasse sie gehen, rolle meinen Schlafsack aus und lege ihn auf eine der Matratzen. Diese Nacht, hatte die Äbtissin vor ihrer Verabschiedung noch gesagt, werde eine besondere sein, denn nie wieder würde ich mit Jakobus und Johannes dem Täufer Kopf an Kopf schlafen.

4. Kapitel (Von Sankt Marienstern nach Schwosdorf)

Von Humanismus und Liberalismus, von Unterschieden zwischen sozial und neoliberal gesinnten Pfarrern, von Möglichkeiten der Geschichtsdeutung und von einer Freundschaft »im Geist der Utopie«

Am nächsten Vormittag erreiche ich Nebelschütz. Das 700 Jahre alte Dorf, dessen Bekanntheitsgrad bis in das Dresdner Elbtal reicht, war und ist ein Zentrum des sorbischen Brauchtums und der sorbischen Lebenskultur. Während ich die ersten Häuser des Ortes passiere – und während Lars jetzt wahrscheinlich am Tisch der Pilgerherberge in Crostwitz sitzt und eine Tasse Kaffee trinkt –, denke ich über das zuweilen schwierige Verhältnis zwischen den in der Lausitz beheimateten Deutschen und Sorben nach. Im Reiseführer lese ich, dass im zwischen Neiße und Saale liegenden Gebiet bereits im 8. Jahrhundert Slawen ihre Siedlungen gründeten. Zu jener Zeit lagen die Gebiete verwaist, denn die in den Jahrhunderten zuvor hier lebenden Germanen waren im Zuge der Völkerwanderung in westliche und südliche Regionen gezogen. Während des Hochmittelalters kehrten jedoch germanische Siedler mit ihren Familien zurück – und mit ihnen christliche Eroberer und Missionare. Die während der letzten Jahrhunderte hier heimisch gewordenen Slawen – unter ihnen vor allem Sorben – setzten sich entweder gegen die Rückkehrer zur Wehr, die ihr einst aufgegebenes Land nun erneut als Eigentum beanspruchten, oder sie arrangierten sich mit den Kolonisatoren. Während die sprachliche Vermischung für die sorbische und die deutsche Kultur gleichermaßen fruchtbar war, führte die unmittelbare Nachbarschaft während der folgenden Jahrhunderte häufig zu Streitigkeiten und kriegerischen Konflikten. Als ein besonders dunkles Kapitel im Zusammenleben von Sorben und Deutschen gelten die Jahre unter der Herrschaft der Nationalsozialisten, denn die Nazis hielten die sorbische Sprache und Kultur für minderwertig und sie bekämpften sie im Sinne der Rassenideologie. Nicht frei von Konflikten waren aber auch die Nachkriegsjahre und die Jahre während des real existierenden Sozialismus. Die während des Krieges und der Nachkriegsjahre aus Schlesien und Ostpreußen eingewanderten deutschen Flüchtlinge wurden – den administrativen Anweisungen der sozialistischen Einheitspartei folgend – häufig in den Dörfern und Kleinstädten der Oberlausitz angesiedelt und von den hier lebenden Sorben argwöhnisch betrachtet. Die Sorben widersetzten sich aber auch einer anderen Bestimmung der sozialistischen Einheitspartei: Dem in der DDR staatlich befohlenen Atheismus setzten sie in der Niederlausitz das evangelische und in der Oberlausitz das katholische Christentum entgegen.

Nebelschütz also, denke ich. Die Einwohner des Dorfes, das bis in die 30er Jahre des 19. Jahrhunderts zur Grundherrschaft des Klosters Sankt Marienstern gehörte, sind bekannt dafür, dass sie die österliche Vogelhochzeit und das Osterreiten farbenfroh und gemeinschaftlich gestalten. Die Vorbereitungen zur Vogelhochzeit beginnen bereits am Vorabend des 25. Januar. An diesem Abend stellen die Kinder blank geputzte Teller an die Fenster, damit sie sich über Nacht mit Schokolade füllen. Zur Vermählung am Vormittag führen die Jungen, als Raben verkleidet, die in die Elstern-Kostüme geschlüpften Mädchen zum Traualtar. Und beim Osterreiten, das jährlich zelebriert wird, vermischen sich christliche mit heidnischen Bräuchen, wie zum Beispiel mit der hier einst beheimateten Verehrung der Göttin Ostara. Gegenwärtig verkünden dabei am Vormittag des Ostersonntags mit schwarzem Gehrock, schwarzem Zylinder und weißen Handschuhen gekleidete Reiter die wundersame Auferstehung von Jesus Christus und den damit verbundenen christlichen Glauben. Als ein Fest des Lebens und der Farben offenbart sich auch die in der Oberlausitz beheimatete und die hier zur Kunst erhobene Verzierung der Ostereier. Eine Studienfreundin aus der Oberlausitz, die in Leipzig Slawistik und Germanistik studierte, erklärte mir eines Abends beim Wein auf dem Dach der Moritzbastei, dass Rot die Kreuzigung und das Blut Jesu symbolisiere und Weiß die Reinheit und das Freisein von Sünden. Gelb, so behauptete sie, symbolisiere die Weisheit, Grün die Jugend und Orange Ausdauer und Kraft. Ausdauer, Kraft und Klugheit benötigen auch die Mädchen, die am Morgen des Ostersonntags noch vor Sonnenaufgang in schönen langen Kleidern bis zum Ufer eines in der Nähe des Dorfes fließenden Baches gehen, um Krüge mit Wasser zu füllen. Auf dem Heimweg warten Jungen des Dorfes auf sie, versteckt hinter Bäumen, um sie zu erschrecken. Um die Reinheit des geweihten Wassers zu bewahren, müssen die Mädchen jedoch schweigen – und zudem darf, bis sie das Dorf erreichen, kein einziger Tropfen Wasser ihren Krügen entweichen.

Nebelschütz also: Als ich an jenem sonnigen, aber kühlen Herbstvormittag durch den Ort gehe, spüre ich nichts von der an den Ostersonntagmorgen hier herrschenden Hektik. Die Straßen sind verwaist, und auch an den Fenstern erhasche ich keinerlei Bewegungen der Gardinen und keine hinter den Gardinen hervorlugenden Blicke. Der Ort scheint wie ausgestorben, und auch geöffnete Gaststätten und Kneipen, die es früher hier gab und in denen ich mich hätte ausruhen und ein Bier trinken können, gibt es hier nicht. Dafür aber gibt's hier Gänse! Ja, Nebelschütz ist ein Dorf mit einem Bach und mit Gänsen. Diese Gänse baden in einem kleinen Brunnen, in dem jedoch nur vier von ihnen Platz finden, während die übrigen sie beneiden und durcheinanderschnattern. Plötzlich bricht eine Gans, die wahrscheinlich ebenfalls gern baden möchte, in ein schreckliches Geschrei aus und nimmt, wie aufgescheucht, Reißaus. Die übrigen Gänse erschrecken, auch die im Wasser, und fliehen in wilder Panik, schnatternd und mit den Flügeln schlagend, worauf die listige Gans, die sie hereingelegt hat, rasch in den leer gewordenen Brunnen hüpft. Doch auch sie findet keine Ruhe: Nach einer Weile wird ihr bewusst, dass sie einsam ist, und sie fliegt, die eigene List vergessend, den anderen nach und mir davon.

Ich schaue ihr nach, und nachdem sie meinem Blick entschwunden ist, wird mir bewusst, dass auch ich einsam bin. Ja, die Einsamkeit ist seit geraumer Zeit mein treuer Begleiter. Friedrich Nietzsche nannte die Einsamkeit seinen Schatten – und zu zweit wandern wir ab heute weiter. Wir gehen durch den Ort, als ich eine am Rand der Straße stehende Gaststätte entdecke – aber auch sie ist geschlossen. Ich bin etwas frustriert, und mir kommt der Schriftsteller Karel Čapek in den Sinn, der in seinem Reisebuch »Bilder aus der Heimat« (Böhmen und Mähren) behauptete, dass ein geschlossenes Gasthaus einer geschlossenen Kirche gliche: Sind beide Gebäude geschlossen, dann fehle dem Ort die Möglichkeit zum Asyl. Beide Gebäude symbolisieren für Čapek also Schutz und Zuflucht. Beides benötige ich derzeit jedoch nicht, und so laufe ich weiter, dabei leise eine Liedzeile von Hannes Wader summend – »Heute hier, morgen dort, bin kaum da, muss ich fort« –, ohne eine Kirche oder eine Gaststätte betreten zu haben. Dabei trafen sich in den Oberlausitzer Dorfkneipen einst viele Dörfler, um hier nach der Arbeit oder an den Wochenenden Skat zu spielen und dabei Bier und Schnaps zu trinken. Seit vielen Jahren jedoch stehen die Gaststätten einsam und verschlossen im Dorf und in der Landschaft, und viele der einstigen Dorfbewohner verließen auf der Suche nach Arbeit ihre Heimat. Den Hiergebliebenen aber fehlt sehr oft das Geld für mehr als ein Bier, so dass sie, falls doch eine Gaststätte geöffnet ist, einen Besuch scheuen.

Ohne Aussicht auf eine geöffnete Gaststätte und auf ein Bier erscheint mir das Gehen durch den Ort plötzlich öde, auch schmerzen meine Schultern. Um sie zu entlasten, schiebe ich die Hände unter den Rucksack. Es mag etwas seltsam aussehen, wie ich in leicht gebeugter Haltung und den Rucksack mit meinen Händen haltend mich fortbewege, aber so erreiche ich schließlich die im 18. Jahrhundert erbaute Dorfkirche. Ich mag Kirchen. Ich mag die ihnen innewohnende Ruhe, und ich schätze ihre Fähigkeit, dem Besucher Frieden und Stille, dem Zuflucht Suchenden Schutz und Geborgenheit zu schenken. Ich verlasse aber ein Gotteshaus, sobald ein Pfarrer oder eine Pfarrerin die Kanzel nutzt, um den Gläubigen Wahrheiten zu predigen, die sich bei genauerer Betrachtung als Unwahrheiten erweisen und zum Beispiel die gesellschaftlichen Ursachen für soziale Ungerechtigkeiten und Kriege verschlüsseln und verklausulieren, statt sie klar zu benennen.

Dass eine Kirche trotzdem sogar mir als einem Atheisten einmal Schutz und Obdach bot und mich vielleicht sogar vor einer Verhaftung durch die Polizei bewahrte, erfuhr ich im Herbst 1989. An einem der Abende während der ersten Oktobertage des erwähnten Jahres rettete ich mich, im Sog zahlreicher Demonstranten, vor den mit Helmen und mit Stiefeln ausgestatteten sowie mit Gummiknüppeln und Schilden bewaffneten Polizisten in die Dresdner Kreuzkirche. Dass am Rand des Dresdner Altmarktes ein offenes Gotteshaus steht, das wussten die in Dresden agierenden Oppositionellen, weil Christof Ziemer hier seit Beginn der 80er Jahre als Pfarrer agierte und ein Büro führte, in dem er Hilfe suchende Bürgerrechtler und Bürger, die durch individuelle oppositionelle Aktionen in das Visier der Staatssicherheit geraten waren, juristisch beriet und ihnen theologisch und menschlich beistand. Auch ich hatte ihn schon vor 1989 kennengelernt, denn einer von denen, die von Ziemer im Herbst 1988 in der Kirche empfangen wurden, war ich. Ich erlebte ihn als einen einfühlsamen, weisen Mann, der behutsam und bewusst langsam sprach und der umsichtig dachte und handelte. Ziemer beriet mich und einen Freund in mehreren Gesprächen, nachdem wir beide aufgrund eines von mir erdachten und von meinem Banknachbarn aufgeschriebenen Gedichts von der Abendschule verwiesen worden waren. Meine und die Zukunft meines Banknachbars stand damals auf dem Spiel! Während meine in der Gartenstadt Hellerau wohnende Mutter mir mit Tränen in ihren Augen eine Standpauke hielt und über meine Widerspenstigkeit verzweifelte, da sie befürchtete, dass ich in der DDR keine Zukunft haben würde, und unsere Mitschüler, die noch einen Abend vor unserem Rausschmiss das Gedicht gelobt und gepriesen hatten, nun strebsam weiter lernten und Klausuren schrieben, als hätte es uns nie gegeben, vermittelte der Pfarrer in unserem Namen mit den staatlichen Behören, und er bewirkte nach einer mehrwöchigen Suspendierung vom Unterricht unsere Wiedereingliederung.

Christof Ziemer, der ein Jahr später, am 8. Oktober 1989, mit seiner Ruhe und Besonnenheit maßgeblich dazu beitrug, dass es in Dresden an diesem

Abend, nachdem Demonstranten auf der Prager Straße von der Polizei eingekesselt worden waren, friedlich blieb, und der 2003 zum Ehrenbürger der Stadt ernannt wurde, zog sich – enttäuscht von den innerdeutschen gesellschaftlichen Entwicklungen – bereits 1992 aus der Politik zurück. Sein Entschluss, sich den Prinzipien der Macht und den nach Profit und Einfluss gierenden Parteien zu verweigern, war endgültig und radikal, und er offenbarte seinen christlichen Humanismus. Hat Christof Ziemer, der sich als tiefgründiger Denker und als aufrichtig handelnder Mann oft – zu oft? – dem Zeitgeist in den Weg stellte und der, um nur ein Beispiel zu nennen, die Ruine der Frauenkirche als ein Mahnmal deutete und aus diesem Grund ihren Wiederaufbau ablehnte, früher als viele andere erkannt, dass sich die basisdemokratischen Ideen von 1989 sehr rasch dem westlichen Kapital und dem neoliberalen Denken der neuen wirtschaftlichen und politischen Eliten beugen würden? Hatte er, der in einem nach der Jahrtausendwende geführten öffentlichen Interview den 1990 vom Westen diktierten Beitritt der fünf neuen Bundesländer zum Grundgesetz als eine persönliche Enttäuschung und als eine Enttäuschung vor allem für jene bewertete, die vor und während der ersten Oktobertage des Jahres 1989 in Leipzig, in Dresden und in Plauen ihre Ängste überwanden und den freien und aufrechten Gang wagten, früher als viele andere verstanden, dass die Lufthoheit über den öffentlichen Raum und die Kontrolle über das Denken eines Tages bei jenen liegen würden, die sich als wendiger, weltgewandter, kapitalstärker, angepasster und karrierebeflissener erwiesen als die, die im Herbst 1989 im Osten den Grundstein für die friedliche Revolution legten? Ja, ich bin mir sicher, dass er dies alles frühzeitig erkannte, denn er war sich in seiner Haltung gegenüber den politischen Herrschenden auch nach 1990 treu geblieben.

Ganz anders agierte zum Beispiel Joachim Gauck, der spätere Bundespräsident. Betrachtet man ihre Lebensläufe, dann stellen sich Fragen – zum Beispiel nach der Theodizee, denn obwohl sie beide während der Jahre des real existierenden Sozialismus als Pfarrer Gemeinden der evangelischen Kirche führten, trennt sie viel mehr als sie vereint. Christof Ziemers Weltbild, das den Idealen der sozialen Gerechtigkeit, einer solidarischen Gesellschaft und eines fairen Miteinanders folgt, steht dem von Gauck vertretenen Weltbild diamental gegenüber. Denn während Ziemer sich aus der Öffentlichkeit zurückzog und sich der unmittelbaren politischen Einflussnahme verweigerte, als er bemerkte, dass seine Ideale von den in Westdeutschland sozialisierten Eliten nicht gewollt und nach 1989 in Ostdeutschland alles um jeden Preis privatisiert wurde, feierte Gauck im Sog des über das Land schwappenden Neoliberalismus und der damit verbundenen Privatisierungswelle einen kometenhaften Aufstieg als Politiker und wurde von den öffentlich-rechtlichen Sendern sowie von den auflagenstärksten meinungsbildenden Zeitungen und Zeitschriften protegiert und als Beweis dafür gewertet, dass es auch in Ostdeutschland sozialisierte Menschen mit Beharrlichkeit, Geschick und Intelligenz bis nach ganz oben schaffen können.

Christof Ziemer jedoch entzog sich den Medien und der Politik – und letztlich auch der kirchlichen Institution. Zu Beginn der 90er Jahre verließ er Deutschland und wirkte – mit zwischenzeitlichen kurzzeitigen Aufenthalten in der Heimat – zehn Jahre lang als Entwicklungshelfer in Kroatien und Bosnien. Als er 2003 nach Sachsen zurückkehrte, war nichts mehr so wie zuvor. Joachim Gauck, der im März 1990 als Abgeordneter in die Volkskammer der DDR gewählt worden war und von 1990 bis 2000 die Verantwortung für den Umgang mit den Unterlagen der Staatssicherheit trug, hatte sich in der bundesdeutschen Politik etabliert und wurde 2012 gar zum Bundespräsidenten gewählt. Christof Ziemer hingegen, der als Pfarrer der Dresdner Kreuzkirche und als Superintendent die Friedensbewegung und die soziale Aktion »Kirche von unten« bereits vor 1989 mitbegründet sowie die Friedliche Revolution in Dresden unmittelbar mit vorbereitet und mitgestaltet hatte, bewarb sich nach seiner Rückkehr nach Deutschland vergeblich auf eine Pfarrstelle im Leipziger Stadtteil Connewitz.

Ich bin noch immer in Nebelschütz. Kamenz, wo Lessing 1729 das Licht der Welt erblickte, ist drei Kilometer entfernt von hier. Mich drängt es in diese Stadt, denn Lessings Weisheit und Humanismus werden, so behaupte ich, heute dringender benötigt denn je. Aber noch stehe ich nicht auf dem Marktplatz des Ortes, wo er aufwuchs und bereits als 5-jähriger Bub eifrig in der Bibel gelesen haben soll. Noch gehe ich durch Nebelschütz, und der Pilgerweg, der im Ort auf einem Fußweg parallel zur Hauptstraße verläuft, führt mich, nachdem ich endlich die letzten Häuser passiert habe, auf eine Brücke. Ich überquere eine Fernverkehrsstraße und gelange dann in einen Wald.

Beim Blick auf meine Füße, die fest in den Wanderschuhen stecken und für die der weiche, mit Erde und kleinen Zweigen bedeckte Waldboden ein Labsal ist, frage ich mich, ob im stetigen Wechsel des Gehens auf Asphaltstraßen und weicher Erde im Wald der eigentliche Unterschied zwischen dem Pilgern und dem Wandern liegt. Ich bin mir sicher, dass das Pilgern körperlich anstrengender ist als das Wandern, aber da der Pilger auch durch graue Vorstädte geht, über Parkplätze monotoner Einkaufszentren, durch öde Landschaften und noch ödere Steinbrüche – und zuweilen sogar auf im Wald versteckte verwunschene Müllhalden stößt –, ist das Pilgern sicher abwechslungsreicher als das Wandern ausschließlich im Wald oder Gebirge. Im Grunde ist es aber falsch, einen unnötigen Keil zwischen das Wandern und das Pilgern zu treiben. Schließlich gab es seit dem Pilgern des Buddha und den Wanderungen des zur Legende erhobenen chinesischen Philosophen Laotse bestimmt ebenso viele wandernde Pilger wie pilgernde Wanderer. Da ist zum Beispiel der 1919 im Dresdner Vorort Klotzsche gestorbene Schriftsteller Karl Gjellerup. Noch bevor Hermann Hesse 1922 den Roman »Siddhartha« veröffentlichte, hatte er im Roman »Der Pilger Kamanita« die meditativen Möglichkeiten des einsamen Pilgerns und Wanderns ebenso leidenschaftlich gepriesen wie vor ihm die Philosophen Jean-Jaques Rousseau und Friedrich Nietzsche, die – jeder für sich – einsam und allein durch die Wälder der Schweiz und im alpinen Hochgebirge wanderten. Und war es nicht Nietzsche, der während einer Wanderung durch das Engadin eines Tages einen Schatten sah, der sich zu ihm gesellte, der ihm zuhörte und mit ihm sprach? Und hörte Nietzsche diesem Schatten nicht zu wie ein Jünger seinem Meister? Motivierte der Schatten den Philosophen nicht stetig zu neuen Wanderungen, führte er ihn nicht zu neuen Einsichten und Erkenntnissen? Doch was war und ist der Preis für diese Einsamkeit – wohin führte und führt das Schicksal den Wanderphilosophen? Wartet am Ziel des philosophischen Wanderns vielleicht nicht nur eine weitere Erkenntnis, sondern auch Wahnsinn und Verrücktsein – das Ver-rückt-Sein von den anderen und der bürgerlichen Normalität? Dieses Verrückt-Sein als eine reale Existenz beschrieb und erlebte sowohl der hier im Buch bereits erwähnte Dichter Robert Walser als auch Friedrich Nietzsche – und ich bin mir sicher, dass auch Jean-Jaques Rousseau während des Schreibens seiner »Bekenntnisse« wohl mehr als nur einen Hauch davon verspürte.

Endlich erreiche ich Kamenz. Die Stadt, deren Name »Kamjenc« slawischen Ursprungs ist und übersetzt »Kleiner Ort am Stein« heißt, ist fast achthundert Jahre alt. Bemerkenswert ist, dass die Stadt trotz ihrer unmittelbaren Lage am Jakobsweg über viele Jahrhunderte das ärmste Mitglied des Oberlausitzer Städtebunds war. Heute schmückt sie sich mit sanierten Bürgerhäusern, einem 1848 im Stil der Neorenaissance erbauten Rathaus, einem Lessingmuseum und drei Kirchen. Kamenz offenbart sich jedoch auch als eine derjenigen Städte, in denen ich irgendwann plötzlich auf dem Marktplatz stehe, ohne recht zu wissen, wie ich dahin gelangt bin. Ich blicke auf orange, rosa, grün und braun gestrichene Häuser – das Rathaus jedoch ist eingehüllt in Planen, die lautstark im Wind flattern, sich winden und sich um das Gebäude legen, als wären sie von Christo und seiner Frau geplant und installiert. Falls der Meister und seine Frau auch hier gewirkt haben sollten, würde mich das aber überraschen, denn außer der Tatsache, dass Lessing hier geboren wurde und der sächsische

Kulturminister hier seit einigen Jahren alle zwei Jahre verdienstvollen Persönlichkeiten den Lessing-Preis verleiht, ist Kamenz bisher nicht bekannt für waghalsige avantgardistische Experimente.

Gegenüber dem Rathaus stehen zwei Bänke. Ich setzte mich auf eine, beiße in einen Pfannkuchen und trinke einen Schluck vom ebenfalls in einer Bäckerei gekauften »Coffee to go«, als ein heftiger Windstoß mir die Serviette, mit der ich den Pfannkuchen hielt, aus den Händen reißt. Ich laufe ihr nach, und nach mehreren Fehlversuchen gelingt es mir, sie wieder einzufangen. Als ich zurückkehre, sitzen auf der anderen Bank zwei Männer. Das ist merkwürdig, denn schließlich können sie unmöglich aus dem Nichts gekommen sein.

»Ich bin verrückt!«, rufe ich leise.

»I wo«, antwortet mein Schatten, »du bist nicht verrückt«, und er erklärt die Gestalten zu Reisegeistern.

»Reisegeister?«, frage ich. »Schon wieder?«. Der Schatten nickt. Ich füge mich, setze mich auf die freie Bank und blicke zu den Männern hinüber. Sie sprechen leise miteinander, sind vornehm gekleidet und stammen offensichtlich aus einer anderen Zeit.

»Soll ich einen Knicks machen vor Seiner Majestät, damit Er sich an die Seinigen noch erinnert?«, höre ich den einen Mann vorwurfsvoll fragen. Der Fragende, ist – obschon scheinbar geistig noch immer hellwach – vom Alter gezeichnet, und er sitzt leicht gekrümmt auf der Bank. Der neben ihm sitzende Mann ist bedeutend jünger, von mittelgroßer Statur, und er sitzt nicht gekrümmt, sondern gerade und aufrecht auf der Bank.

»Ich bitte um Verzeihung, Herr Vater«, sagt er nun. »Aber Sie kennen ja meine Abneigung gegenüber der Provinz.«

Diese Antwort regt den älteren Mann so auf, so dass er leicht hustet. »Ja«, sagt er, »Seine Abneigung gegenüber Seiner Heimat kenne ich sehr wohl. Er hat wohl wieder einmal vergessen, woher Er einst kam? Er hat wohl wieder einmal vergessen, dass Ihm erst mein Gesuch beim Kurfürsten ermöglichte, in Meißen in Sankt Afra zu studieren?« Noch bevor der angesprochene Mann – Lessing, wie ich vermute – antworten kann, fährt der andere Mann, der wahrscheinlich sein Vater ist, fort: »Und was war der Lohn für meine Mühe? – Statt eines Lebens in gottgefälliger Rechtschaffenheit, statt eines Studiums ausschließlich der Theologie und daran anschließend der von mir erhofften Nachfolge als Pfarrer der heimatlichen Gemeinde zog es Ihn fort von den Seinen und in die Welt, wo Er, so vernahm ich durch Briefe Seines Bruders, bis jetzt nirgendwo heimisch ist. Und eine Familie hat er noch immer nicht gegründet.« Der Vater schweigt nach diesen Vorwürfen nun, und auch der Sohn schweigt.

Er blickt mitleidig auf seinen alt gewordenen Vater – kann und will ihm jedoch jetzt, in dieser Situation, nicht helfen. Zu groß ist die Scheu vor körperlicher Nähe, zu schwerwiegend sind die unterschiedlichen Auffassungen vom Leben und zu verschieden die gegenwärtigen Lebensumstände, die sie nicht verbinden, sondern trennen. Dann setzt er das Gespräch fort: »Was die von Ihnen angesprochene Familiengründung betrifft, kann ich Sie beruhigen, Herr Vater. Ich habe mich vor einigen Monaten in Hamburg in eine junge, schöne und kluge Frau verliebt.«

»Wieder einmal«, entgegnet der Vater gereizt. »Welche Dame kann ich denn dieses Mal die Glückliche nennen?«

»Die Frau heißt Eva König«, antwortet Lessing. »Sie ist 34 Jahre alt, Witwe und Mutter von drei wunderbaren Kindern«.

Der Vater wird von einem weiteren, noch heftigeren Husten geschüttelt. Nachdem er sich beruhigt hat, sagt er: »Er ist und bleibt im wahren Leben ein Nichtsnutz. Wie will Er – ausgerechnet Er – eine Frau mit drei Kindern ernähren? Zumal – so hörte ich richtig? – die Kinder stammen nicht von Ihm?«

Lessing bleibt trotz der Vorwürfe des Vaters gelassen und ruhig. Er beruhigt ihn mit der Nachricht, dass er seit mehreren Monaten Bibliotheksleiter in Wolfenbüttel sei und aus seiner kleinen und bescheidenen Hamburger Wohnung in eine Wohnung im zweiten Obergeschoss des Schlosses in Wolfenbüttel gezogen. Zudem, ergänzt er, bekäme er seit einigen Monaten ein festes Gehalt.

Der Vater entgegnet, dass er diese Neuigkeiten gern glauben würde, aber zu oft in der Vergangenheit von seinen Sohn enttäuscht worden sei. Mit der Frage »Und wie steht es mit der Religion?«, wechselt er, der seit mehreren Jahrzehnten als lutherisch gesinnter Pfarrer die Kamenzer Mariengemeinde führte, unvermittelt das Thema. »Von Seinem Streit mit Lavater, bei welchem Er sich zu allem Unglück auf die Seite eines Juden stellte, erfuhr ich selbst hier in der Provinz. Die an mich gerichteten Briefe des Hamburger Pfarrers Goetze, in denen er sich mehr als einmal über Ihn, meinen Sohn, beschwerte, zeigten mir, dass Er dem lutherischen Christentum ablehnend gegenübersteht. Statt dem von Luther gezeigten Weg zu folgen und das schriftstellerische Talent in den Dienst der Religion zu stellen, verfasst Er Komödien und Theaterstücke – und Er unterstützt mit Seinen Schriften zudem die Juden, ausgerechnet die Juden!«

Lessing reagiert noch immer gelassen. Er wartet mit einer Antwort, denn er ist sich bewusst, dass ihn dieser Konflikt – die von seinem Vater vehement vertretene Ablehnung des Judentums – besonders schmerzt. Er blickt ihn nachdenklich an, dann fragt er: »War nicht auch Jesus ein Jude?«

»Gewiss war er das«, antwortet der Vater. »Aber ist Ihm auch bewusst, dass es mit Judas auch ein Jude war, der Jesus verriet?«

»So kommen wir nicht weiter, Herr Vater«, beschwichtigt Lessing. »Mit der von Luther und Lavater an die Juden gerichteten Forderung, sich taufen zu lassen, ist das Problem nicht gelöst. Ist es nicht möglich, beide Religionen als gleichberechtigt zu werten? Beide Religionen stammen vom Gott-Vater ab und sind dadurch wie Brüder miteinander verbunden.«

»Was soll diese Polemik?« entgegnet der Vater streng. »Er weiß doch, dass das unmöglich ist. Indem er Jesus, seinen Sohn, zu uns Menschen sandte und ihn für uns opferte, hat Gott das Judentum durch das Christentum ersetzt. Mit der Kreuzigung des Herrn hat das Christentum das Judentum überwunden.«

Obwohl Lessing weiß, dass die nächsten Worte seinen Vater verletzen werden, hält er sie nicht zurück: »Eben, Herr Vater«, entgegnet er. »Gerade in Ihrem Beharren auf der zweifelhaften und nur scheinbaren Einsicht, den einzig möglichen Weg zur menschlichen Glückseligkeit gefunden zu haben, liegt das Problem. So lange das Luthertum den jüdischen Glauben nicht als gleichberechtigte Religion akzeptiert, wird es zwischen Juden und Christen Streit und Zwietracht geben. Ich habe in Berlin«, erklärt er, »mit Moses Mendelssohn einst einen Juden kennengelernt, der weiß Gott toleranter und weiser ist als Sie, Herr Vater, als Lavater und als der mit Ihnen befreundete Pfarrer in Hamburg.«

»Er hat es noch immer nicht begriffen«, widerspricht der Vater. »Er spricht von der Glückseligkeit und vergisst, dass vor dieser der Glaube an Christus und ein gottgefälliges Leben stehen – und nicht Ausschweifungen, Komödien und das Theater.« Nach dieser Bemerkung hustet der Vater erneut. Er erhebt sich, noch immer hustend, und wird von seinem Sohn gestützt. Ich blicke den Männern nach, bis sie meinem Blick entschwinden.

»Du kannst jetzt auch aufstehen und weitergehen«, höre ich den Schatten sagen, „die Geister sind fort.

»Ich weiß«, sage ich. »Ich bin bereit«.

Gefolgt von meinem Schatten gehe ich weiter. Der Weg führt mich zu einer von der Stadtverwaltung aufgestellten Informationstafel mit Straßenverzeichnis. Ich sehe, dass es im Ort zwar eine Lutherhöhe gibt, aber keine Thomas-Münzer-Straße und auch keinen Thomas-Müntzer-Platz. Ja, auch Kamenz erweist Luther, dem bürgerlichen Reformator, die Ehre. Zu der seit 1990 in Mitteldeutschland auch in der Öffentlichkeit ausgelebten Lutherverehrung passt es gut, dass während der letzten drei Jahrzehnte in vielen Dörfern und Kleinstädten Bäume auserwählt und zu Luther-Eichen, Luther-Buchen oder Luther-Linden gekürt wurden und dass Straßen und Plätze den Namen des Reformators erhielten – selbst das mitteldeutsche Kamenz, wo 1729 der freiheitlich gesinnte Lessing geboren wurde, schmückt sich mit seinem Namen. Durch Mitteldeutschland windet sich zudem seit einigen Jahren der mehrere hundert Kilometer lange »Luther-Weg«. Er verläuft kreuz und quer durch Sachsen, Thüringen und Sachsen-Anhalt, und er ist markiert als Pilgerweg! Zumindest das ist absurd, denn nachdem er am 31. Oktober 1517 mit dem in Wittenberg erfolgten Thesenanschlag die Reformation entfacht hatte, mied Luther sowohl Klöster als auch Pilgerwege, und er verachtete Vermarktungen jeglicher Art! Doch: Der Kapitalismus hat gesiegt, und so wird seit 1990 auch in Mitteldeutschland vermarktet, was sich vermarkten lässt. Vor einigen Jahren warben, um ein Beispiel zu nennen, geschäftstüchtige Händler mit Martin Luther als Quietsch-Ente: mit dem Reformator abends in der Badewanne! Der Mann, der einst im Kampf gegen den Papst, den Kaiser und den Ablasshändler Tetzel sein Leben riskierte, verkommt heute zur Werbeikone!

»Das hätte Luther nicht gewollt«, behauptet mein Wanderschatten.

»Das glaube ich auch«, erwidere ich. »Aber, dem Luther geht's wie Müntzer«, fahre ich fort. »Auch der Umgang mit Müntzer spiegelte und spiegelt den jeweiligen Zeitgeist.«

»Müntzer? Wer ist denn Müntzer?«, fragt mich mein Schatten.

Ich stutze. Kann das wahr sein? Mein eigener Schatten kennt Thomas Müntzer nicht?! Aber diese Unwissenheit sei ihm verziehen – schließlich unterrichte ich und nicht er in Sachsen Geschichte, und schließlich weiß ich und nicht er, dass der gegenwärtige Lehrplan vor allem Luther und nicht Müntzer thematisiert. Ich erkläre meinem Schatten, dass Müntzer während der Jahre des real existierenden Sozialismus ein Nationalheiliger gewesen war und in der DDR mit seinem Porträt den Fünfmarkschein prägte. Im Gegensatz zu Luther, der vor 500 Jahren mit seinen Schriften und Predigten die angeblich gottgewollte mittelalterliche Feudalordnung guthieß und stützte, strebte Müntzer jedoch nach sozialer Gerechtigkeit und kämpfte für sie auch mit Gewalt. Dass Müntzer die Anwendung von Gewalt theologisch mit dem Verweis auf alttestamentarische Schriften und auf Aussagen des Heilands rechtfertigte, hatte Luthers Zorn entfacht – schließlich war er einst sein Lehrer gewesen. Dann kam es, wie es kommen musste: Nachdem sich in Schwaben und Mitteldeutschland aufständische Bauern gegen ihre Lehnsherren aufgelehnt und Klöster und Kirchen in Brand gesteckt hatten, erkor Martin Luther Thomas Müntzer zum Hauptfeind. Er gab den Fürsten das Recht, die Aufstände niederzuschlagen und Müntzer gefangen zu nehmen, ihn zu foltern und zu töten.

»Und?«, fragt mich mein Schatten. »Wurde Müntzer überwältigt?« Ich erkläre ihm, dass Müntzer, nachdem er 1525 unter dem vermeintlichen Schutz der Regenbogenfahne ein Bauernheer in die Schlacht bei Frankenhausen geführt hatte, gefangen genommen wurde. Der Markgraf Philipp von Hessen ließ ihn foltern, enthaupten und seinen kopflosen Körper zur Abschreckung auf einen Pfahl stecken. Seine Frau jedoch, fahre ich fort, die tapfere Ottilie, die zwei Jahre zuvor aus dem Kloster Sankt Georgen in Glaucha bei Halle geflohen war, dem Leben als Nonne entsagt und noch im gleichen Jahr Müntzer geheiratet hatte, sah ihren Mann nie wieder. Man weiß bis heute nicht, ergänze ich, was mit ihr und mit ihrem Kind geschah.

»Wer besitzt den Schlüssel zur Wahrheit?«, fragt mich mein Schatten. »Wer besitzt das Recht, die Geschichte zu schreiben und sie zu deuten?«

»Wahrscheinlich sind es die jeweils Mächtigen«, antworte ich. »Wahrscheinlich bildet und fördert jede Gesellschaftsform nach einer gewissen Zeit politisch und wirtschaftlich mächtige kulturelle Eliten, und diese beanspruchen dann das Recht zur Geschichtsschreibung und das Recht, Geschichte in ihrem Sinne zu deuten. Das geschieht wohl immer wieder – und jede Elite ist davon überzeugt, dass sie richtig denkt und handelt. Dabei ändern sich lediglich die Inhalte, nicht aber die Machtstrukturen: Jede Elite beansprucht zu ihrer Zeit die Deutungshoheit und repräsentiert die Macht.«

Luther und Müntzer – warum spuken sie in meinem Kopf herum? Wahrscheinlich liegt es vor allem daran, dass ich 1989 und 1990 mit dem Ende der DDR und der Gründung der fünf neuen Bundesländer ähnliche gesellschaftliche Umwälzungen erlebte wie Müntzer und Luther fünfhundert Jahre zuvor. Ich beobachtete damals, dass sich nach dem Scheitern des real existierenden Sozialismus innerhalb weniger Jahre neue gesellschaftliche Hierarchien bildeten und neue Eliten rasch die alten verdrängten. Damals ahnte ich jedoch noch nicht – ich sollte es einige Jahre später als Geschichtslehrer an verschiedenen Gymnasien und Oberschulen unmittelbar erfahren –, dass die ebenfalls in jenen Jahren aus Baden-Württemberg und Bayern nach Sachsen transformierte neue, bürgerliche Geschichtsdeutung, die sich beispielsweise in neu gedruckten Geschichtslehrbüchern und neuen historischen Atlanten offenbarte, Martin Luther als den bedeutendsten Reformator und als einen Bewahrer der bürgerlich-göttlichen Ordnung preist, während sie Thomas Müntzer als revolutionäres Ungeheuer brandmarkt und als den »Satan von Allstedt« verteufelt. Die in den vergangenen drei Jahrzehnten den Ostdeutschen übergestülpte westdeutsche bürgerliche Geschichtsdeutung, die ihre Wurzeln auch im angelsächsisch und utilitaristisch geprägten Pragmatismus hat, offenbarte sich auch 2003 in dem deutsch-amerikanischen Kinofilm »Luther«, den das sächsische Bildungsministerium den Geschichts- und Religionslehrern zum Einsatz im Unterricht ausdrücklich empfahl: Hier wird Luther nicht, wie es den Tatsachen entsprochen hätte, als spröder und übergewichtiger Mann dargestellt, sondern er ist – gespielt von Joseph Fiennes – jung, dynamisch, schlank und begehrenswert. Im Film bleibt zudem unerwähnt, dass Luther erst in deutscher Sprache predigte, nachdem Müntzer dies vor ihm gewagt hatte und ebenso erst nach Müntzer sich in eine aus einem Kloster geflohene Nonne verliebte. Unerwähnt bleibt auch, dass Luther im Unterschied zu Müntzer gegen Juden und Türken hetzte und sie beschimpfte, und dass Luther die Bauern, die sich gegen soziale Ungerechtigkeiten wehrten und dabei Müntzer folgten, verteufelte und verdammte.

Hat Geschichte einen Sinn? Folgt die Geschichte der Menschheit, wie Luther meinte, einem göttlichen Plan, der soziale Ungerechtigkeiten rechtfertigt und – im Sinn von Augustinus' »Civitas Dei« – die gleichzeitige Existenz von Arm und Reich als gottgegeben sieht? Oder lehrt die Geschichte, wie Müntzer erkannt zu haben glaubte und der marxistisch gesinnte Philosoph Ernst Bloch in seinem 1921 veröffentlichten Buch über den Bauernführer schrieb, dass es letztlich ungelöste soziale Konflikte, gesellschaftliche Ungleichheiten und damit verbundene partikulare Interessen sind, die zu gewalttätigen Unruhen führen und Kriege verursachen?

Über die Frage, ob die Geschichte der Menschheit einem göttlichen oder metaphysischen Ziel folgt oder ob der Mensch als ein vernünftiges Wesen sie gestalten und über sie bestimmen kann, dachte auch Lessing nach. Er, der in der Oberlausitz geboren und – auch dies ein Gegensatz zu Luther und der von ihm entfachten Reformation – ein Weltbürger und agnostisch gesinnter Freigeist gewesen war, war nach dem Abitur, das er in Meißen im Fürstengymnasium Sankt Afra ablegte, nach Leipzig gezogen, um hier Theologie, Medizin und Philosophie zu studieren. In der Messestadt begegnete er der Schauspielerin Caroline Neuber, die ihm aufgrund ihrer Schönheit, vor allem aber aufgrund ihrer besonderen schauspielerischen Fähigkeiten und ihrer Ideen für ein neues bürgerliches Theater den Kopf verdrehte. Lessing hatte sich so sehr für sie begeistert, dass er finanziell für sie bürgte, als sie ihn darum bat. Dies wurde ihm zum Verhängnis, denn als die Neuberin eines Tages – hoch verschuldet – fluchtartig die Stadt verließ, war auch Lessing gezwungen, zu fliehen. Er floh über Wittenberg nach Berlin, wo er mit Moses Mendelssohn dem Mann begegnete, der ihn als Freund bis zum Tod begleitete.

Mendelssohn war – ähnlich wie Lessing – in ärmlichen Verhältnissen aufgewachsen. Er war kleinwüchsig und buckelig, und er soll als Kind gestottert haben. Diese körperlichen Defizite kräftigten jedoch seinen Willen und förderten die Intelligenz. So soll er 1742, dreizehnjährig und gegen dem Willen seines Vaters, seine Heimatstadt verlassen haben und zu Fuß bis zur Spree gewandert sein. Als sich Mendelssohn und Lessing zehn Jahre später in Berlin – der Legende zufolge beim Schach – zum ersten Mal trafen, war Lessing in der Stadt ein geachteter und bekannter Mann, der seine Bekanntheit und seinen Einfluss nutzte, um Mendelssohn zu protegieren und ihn zur Veröffentlichung seiner Schriften drängte.

Als Mendelssohn einige Jahre später den Tod seines Vaters und seines ältesten Sohnes beklagte, tröstete Lessing den Freund und motivierte ihn zum gemeinsamen Schreiben. Die in den folgenden zwei Jahren entstandenen Schriften – Lessings »Laokoon« und Mendelssohns »Phädon« – thematisierten das Sterben und den Tod. Während Lessing jedoch mit seinem Text – in dem er das vergebliche Bemühen des trojanischen Priesters Laokoon beschrieb, die Einwohner der Stadt davon zu überzeugen, den Athenern und dem hölzernen Pferd zu misstrauen – erfolglos blieb, schenkte Mendelssohn, der sich dabei auf die Philosophie des Sokrates berief, dem durch den Rationalismus der Aufklärung verunsicherten Bildungsbürgertum Trost und Hoffnung. Mit diesem Text war auch Mendelssohn endgültig in Berlin angekommen! Jetzt endlich war er in der Berliner Kulturszene anerkannt und akzeptiert und wurde als »Ausnahme-Jude« hofiert! Die von ihm angestrebte und von Lessing geförderte Assimilierung schien geglückt und gelungen, bis eines Tages Johannes Kaspar Lavater – ein aus Genf stammender calvinistischer Pfarrer – sich Berlin zum Wohnort auserkor. Lavater, der behauptete, dass das Christentum eine Überwindung des Judentums bedeute, forderte von Mendelssohn die Taufe, aber Mendelssohn weigerte sich. Im Gegensatz zu Lavater und zur mehrheitlich protestantisch geprägten Bevölkerung Berlins war er überzeugt, dass auch ein Jude ein loyaler Staatsbürger sein und dabei den jüdischen Glauben ausleben und die religiösen Traditionen und Riten befolgen könne. Der Berliner Senat und vor allem Lavater maßregelten ihn jedoch und belegten ihn, der in den Jahren zuvor in Berlin ein anerkannter und geachteter Schriftsteller gewesen war, mit einem mehrjährigen Schreibverbot.

Weihnachten 1777, es ist der 23. Dezember. Lessing, der seit sieben Jahren in Wolfenbüttel lebt, wo er als Bibliothekar der Herzog August Bibliothek eine berufliche Anstellung gefunden hat, empfängt seinen aus Berlin angereisten Freund, und gemeinsam verbringen sie den Vorweihnachtsabend. Nach der am nächsten Morgen erfolgten Abreise Mendelssohns wartet auf Lessing jedoch nicht ein friedliches Weihnachtsfest, sondern die Katastrophe: Sein am Weihnachtstag geborener Sohn Traugott starb nach wenigen Stunden – und auch Eva, seine Frau, starb noch im Januar am Kindbettfieber. Lessing zog sich zurück, ihm blieb nur das Schreiben als Hoffnung und Trost. In den letzten vier Jahren seines Lebens verfasste er das Drama »Nathan der Weise« und die kurz darauf veröffentlichte Schrift »Die Erziehung des Menschengeschlechts« – es sind seine bedeutsamsten Werke.

Ich verlasse die Stadt. Der Weg führt mich durch einen vom Landschaftsgestalter Wilhelm Weiße am Ende des 19. Jahrhunderts angelegten Park und danach auf den Hutberg. Oben angekommen, besteige ich einen Turm, der Lessings Namen trägt und einen prachtvollen Blick ins Tal bietet. Ich blicke auf Kamenz und auf das einige Täler daneben liegende Rammenau. Hier erblickte 1762 Johann Gottlieb Fichte das Licht der Welt.

»Aber Rammenau liegt nicht am Jakobsweg«, ereifert sich, nachdem ich dem Himmel entronnen bin und mit beiden Beinen wieder auf der Erde stehe, mein Schatten. »Du darfst Fichte deshalb in diesem Buch nicht erwähnen.«

»Stimmt!«, antworte ich ihm. »Ich mache es aber trotzdem«, ergänze ich dann trotzig, »ich nehme ihn trotzdem mit rein.« Bevor mein Schatten etwas erwidert, fahre ich ihm in die Parade und erkläre ihm, dass Rammenau erstens in der näheren Umgebung von Kamenz liegt und dass ich es zweitens bemerkenswert finde, dass hier, in der Oberlausitzer Provinz, mit Lessing und mit Fichte ein bedeutender deutscher Dichter und ein bedeutender deutscher Philosoph geboren wurden. Denn Fichte stellte, nachdem er in Jena als Professor Philosophie gelehrt und einige Jahre später in Berlin an der jetzigen Humboldtuniversität der zweite Rektor geworden war, in seiner Philosophie dem passiven »Nicht-Ich« das aktive »Ich« gegenüber. Ärgerlich ist nur, ergänze ich, dass Fichte seine »Reden an die deutsche Nation« während der Befreiungskriege gegen Napoleon schrieb und daher das aktive »Ich« zunächst mit einem patriotischen und später mit einem nationalistischen Deutschtum verband. Diese Zuschreibung hatte zur Folge, dass Fichte bis heute nicht nur zu Recht als einer der bedeutendsten Vertreter des deutschen Idealismus gilt – sondern dass ihn, da er in seiner »Rede an die deutsche Nation« den Begriff der »Kulturnation« prägte, auch Völkische als Gallionsfigur verehren.

Mein Schatten wirkt betroffen. »Was kümmert mich Fichte?«, seufzt er. Ich blicke ihn an und habe Mitleid mit ihm. Er ist schmal geworden und gleichzeitig sehr lang. Er ist mein Schatten – das Produkt aus mir und der untergehenden Sonne.

Ein Weg über eine Wiese führt mich bergab. Ich blicke ins Tal und sehe, dass die Sonne das Gras noch durchschimmert. Über mir fliegen

Vögel, die teils in langen Bögen, teils stracks hin und her die Gegend in derart vollkommenen Flügen durcheilen, dass ich – in der Hoffnung, mitzuwirken – deren Beginn und Verlauf vorherzubestimmen versuche. Nach einiger Zeit erkenne ich jedoch meine Grenzen und füge mich meinen Möglichkeiten: Ich gehe weiter. Dem Weg über die Wiese folgen eine Allee mit kahlen Bäumen. Die Sonne erreicht mit ihren Strahlen zwar noch das am Wegrand stehende Gras, aber ihre Strahlen sind dünn und wärmen nicht mehr. Der Tag verneigt sich nun wirklich vor dem Abend, und auch ich spüre das Ende der heutigen Tour: Mein Nacken ist steif geworden und meine Füße bewegen sich, als gehörten sie nicht zu mir und seien eigene Wesen. Mein Rucksack lässt mich sein Gewicht spüren, und er offenbart sich – als sei er Freund und Feind zugleich – als ein Widerstandszentrum, das am Körper klebt und mich zum Weitergehen motiviert, mich gleichzeitig aber auch am unbeschwerten Gehen und Atmen hindert.

Zum Pilgern gehört auch das Gehen durch Städte. Ich ging bisher durch Orte, die ich kurz und schmerzlos nach wenigen Schritten wieder verließ, und durch Städte, deren Zentrum ich nur mühsam erreichte. Zu diesen letzteren Städten gehören Bautzen und Kamenz: Ihre Rathäuser und Marktplätze sah ich erst, nachdem ich mich am Rand einer Hauptstraße und entlang an endlos scheinenden Häuserreihen, Fabriken, Zäunen und Mauern, Brachflächen und dubiosen Gebäudeansammlungen, deren Daseinszweck mir rätselhaft blieb, stadteinwärts gequält hatte. Ganz anders gestaltete sich dagegen jeweils der Abschied: Dann führten mich schmale Gassen und enge Straßen aus der Stadt, und am Rand der Straßen standen nur vereinzelte Häuser. Der Abschied hatte stets etwas Befreiendes, und ich freute mich darauf, denn ich wusste, dass sehr bald wieder freies Land in Sicht kommen würde, dass Felder und Wiesen auf mich warteten – der erste ungeteerte Weg, Kies, Sand, Erde und Gras.

Eine weitere Besonderheit der in der Oberlausitz liegenden Städte ist, dass sie von Dörfern umkreist sind, die zudem eine wahrscheinlich nicht nur hier existierende Ambivalenz zeigen: Hier gibt es Dörfer, die, ihrer Seele beraubt, von der Entwicklung abgehängt sind und verlassen wirken – und es gibt Dörfer, in den Menschen leben, die ihr Schicksal in ihre Hände nehmen. Zu diesen Dörfern gehört das im Schatten des Hutberges liegende Schwosdorf. Ich erreiche den Ort am frühen Abend, gehe hindurch und gelange zum wenige Meter vor dem Ortsausgang stehenden Haus eines Bürgervereins, der – so lese ich in einem Flyer – die heimatliche Flora und Fauna schützen und insbesondere hier unter der Erde liegende Steine vor der wirtschaftlichen Verwertung als Baumaterial bewahren will.

Im Haus ist ein Büro eingerichtet, in dem ein junger Mann sitzt. Der Mann, der Bier trinkt und Ronny heißt, lädt mich ein zum Trinken, und er erklärt mir, dass der Boden des Ortes und der Umgebung mit Grauwacke – einer mehrere Millionen Jahre alten und darum besonders harten und widerstandsfähigen Gesteinsart – gefüllt sei. Von diesen besonderen Eigenschaften habe vor einigen Jahren ein in Niedersachsen beheimatetes Unternehmen erfahren – und nun, nachdem der zu erwartende materielle Gewinn errechnet worden ist, will das Unternehmen, das bereits Probebohrungen durchführt, Teile des umliegenden Waldes kaufen.

»Bisher«, sagt Ronny, »konnten wir weitere Bohrungen, die das Dorf und die Landschaft verwüsten würden, verhindern.« Aber, fährt er fort, er wisse nicht, ob das so bleibe. Macht und Einfluss der Lobbyisten seien groß, und dem Dorf würde, wie er behauptet, die politische Unterstützung fehlen. Ich proste ihm trotzdem zu und wünsche ihm und seinen Mitstreitern Erfolg. Ronny bedankt sich und zeigt auf ein auf einem Tisch liegendes Blatt Papier. Es ist eine Petition, mit der sich Dorfbewohner gegen die Bohrungen wehren und die sie dem Landtag schicken wollen. Ich lese und unterschreibe.

Einige Minuten später bin ich allein im Haus. Die Sonne ist untergegangen, mit dem Mond kam auch die Dunkelheit, und sie verschluckte die im Garten stehenden Bäume und Sträucher. Im Haus führt eine hölzerne Treppe ins Obergeschoss, und auf einem der in einem Zimmer stehenden Betten lege ich mich in meinen Schlafsack. Es wird jedoch erneut eine unruhige Nacht: Den Schlaf, den ich suche, finde ich nicht, denn das Haus ist erfüllt von den sonderbarsten Geräuschen. Mal knarren die hölzernen Dielen des Flures und mal die ebenfalls hölzerne Treppe, und von irgendwoher weht der Wind herein, der wie auf verbotenen Wegen leise umhergeht, flüsternd – wie etwas suchend und verdrossen, weil er es nicht finden kann. Manchmal jedoch findet und streift er mein Gesicht, das – halb im Schlafsack versteckt und halb offen – umsonst vor ihm flieht. Ich liege lange wach und erinnere mich daran, dass Ronny mir beim Bier von einer älteren Frau erzählte, die viele Jahre in diesem Haus gewohnt hatte und die, so behauptete er, eines Nachts im Schlaf gestorben sei.

5.Kapitel (Von Schwosdorf bis Schönfeld)

Vom Wald als einem Ort des Friedens und als militärischem Truppenübungsplatz, vom Gehen als einer Tugend und von Spukgeschichten im Zauberschloss

Der nächste Morgen: Ich lebe! Obwohl es draußen noch dunkel ist und der Tag noch nicht erwacht, beschließe ich, in meine Wanderkluft zu schlüpfen, den Rucksack aufzusetzen und das Haus, in dem ein reger Bürgerverein beheimatet ist und das mich nicht schlafen ließ, zu verlassen. In der Nacht hat es geregnet. Unter den Bäumen, die am Rand der Straße stehen, atmet es sich jedoch leicht; die Straßen sind noch feucht und nicht staubbedeckt. Am Himmel blinken die letzten Sterne, es dämmert noch nicht, und es ist absolut still. Schließlich entscheide ich mich: Ich gehe los – los in den Wald, der unmittelbar hinter dem Haus beginnt und so viel Geheimnisvolles und Unberechenbares birgt! Los in den Wald – und damit in das noch Dunklere. Ich orientiere mich an der durch ihre gelbe Farbe auffälligen Jakobsmuschel, die mir wie ein vertrauter Freund den Weg weist. Mich begleiten die Stille und die Dunkelheit der Nacht – und dann, nach ungefähr einer halben Stunde, die in den Wald eindringende Dämmerung. Mit ihr ziehen Nebelschwaden über die Wiesen und über den Weg, und mir kommt ein Gedicht von Hermann Hesse in den Sinn: Seltsam, heißt es da, seltsam, im Nebel zu wandern. Einsam, schrieb Hesse, einsam ist jeder Busch und Stein, kein Mensch sieht den andern, jeder ist allein …

Allein und einsam bin, zumindest an diesem Morgen, auch ich. Obwohl, überlege ich, bin ich das wirklich? Vor mir liegen sieben durch den Wald führende Kilometer – und dieser Wald ist nicht irgendein Wald. Nein, es ist der Wald, in dem sich, wenn man regionalen Zeitungsberichten glaubt, seit einiger Zeit ein Wolfsrudel niedergelassen hat. Etwas beunruhigt über die Möglichkeit, in diesem Augenblick von einem erfahrenen erwachsenen Wolf oder von einem die Umgebung erkundenden Jungtier beobachtet zu werden, beschließe ich, meine Unsicherheit nicht zu zeigen und aufrecht und selbstbewusst zu gehen. Es ist doch ein herrlicher Morgen! Noch ist Stille im Wald, noch sind die im Unterholz kriechenden Tiere nicht erwacht. Noch höre ich nur in unregelmäßigen Abständen Vögel zwitschern, das Knarren und Quietschen der Baumstämme, das Ächzen der Äste und Zweige und das Rascheln der Blätter im Wind. Mein Weg führt mich auf weichen Waldboden, auf dem der Untergrund nachgibt und leicht federt. Das Gehen im Wald offenbart sich, im Gegensatz zum Gehen auf dem Asphalt, als ein Labsal für meine Füße!

Nach einer Weile stehe ich auf einem breiten Weg, der mich schnurgerade noch tiefer in den Wald führt, und nur selten öffnet sich eine Lichtung, die einen weiteren Blick ermöglicht. Dann ist aus dem breiten Weg plötzlich ein schmaler Pfad geworden, und plötzlich tappe ich über sehr weichen, nachgiebigen Boden. Die Fußsohlen suchen wie von selbst die besten Tritte, und mir scheint, als wüssten nur sie den Weg. Ich stoße auf altes, seit mehreren Jahren auf der Erde liegendes Laub, das, als wolle es ein Lebenszeichen senden, bei jedem Schritt matscht und noch tiefer in der Erde versinkt. Auf einmal stehe ich – die Jakobsmuschel, der breite Weg und auch der Pfad sind verschwunden – auf einer Lichtung. Obwohl ich mir bewusst bin, dass ich den Weg verloren und mich verirrt habe, bleibe ich ruhig und genieße diesen Augenblick. Hier, mitten im Wald, herrschen eine geradezu feierliche Stille und die absolute Einsamkeit. Ich befreie mich vom Rucksack und setze mich am Rand der Lichtung auf einen Baumstumpf. Ich blicke in den Himmel, genieße Stille und Einsamkeit – und spüre gleichzeitig Heimat und Geborgenheit. Ist es hier, mitten im Wald, das Glück?

Ich atme tief ein und aus und mir kommt Ulrich Grober, der wohl bekannteste aller gegenwärtigen deutschen Wanderphilosophen, in den Sinn. In seinem Buch »Vom Wandern« hatte er behauptet, dass der in der Großstadt lebende Mensch ungefähr neunzig Prozent seiner Lebenszeit in geschlossenen Räumen verbringe. Der urbane Mensch atmet Grober zufolge fast ausschließlich erwärmte oder gefilterte und mit technischen Geräten klimatisierte, regulierte und normierte Luft ein. Die auf diese Weise konditionierte Luft atme der Mensch auch in Räumen ein, in denen er arbeitet, wohnt und seine Freizeit verbringt. Selbst beim Benutzen von Autos, Zügen und Straßenbahnen sei er Tag und Nacht von konditionierter Luft umgeben. Diese ungesunde Luft und diese ungesunde Lebensweise sind Grober zufolge verantwortlich dafür, dass der sogenannte moderne Mensch seelisch erkrankt und in ihm das einst natürliche Gefühl – zum Beispiel für den Wechsel der Jahreszeiten – stirbt. Grober prophezeite zudem, dass der moderne Mensch sich mehr und mehr in die Abhängigkeit der stetig unerklärlicher werdenden Welt der Algorithmen und der »künstlichen Intelligenz« begeben und dabei die ursprüngliche natürliche Luft außerhalb der Zimmer und Räume als lästig und als ein vergleichsweise minderwertiges Produkt wahrnehmen werde. Geradezu absurd erscheint es für Grober daher, dass der im Informatikzeitalter groß gewordene Mensch im Computer – um Kontakt zur Gesellschaft und zu den Mitmenschen herzustellen – ein Programm öffnet, das sich »Windows« nennt. Dabei weht auch nach dem Öffnen dieses Programms keine einzige frische Brise durch den ihn umgebenden Raum. Der Mensch der westlichen Moderne, der medial unaufhörlich die Freiheit preist und sich in seinem Selbstverständnis freier und fortschrittlicher fühlt als jemals zuvor, offenbart in der Öffentlichkeit – indem er zum Beispiel Kopfhörer tragend durch die Stadt geht oder mit ihnen auf ein Fahrrad steigt – seinen (wahrscheinlich unbewussten) eigentlich narzisstischen Gesellschaftscharakter, indem er sich in diesen Augenblicken vor seinen Mitmenschen und der ihn umgebenden Realität verschließt.

Ich bin im Wald und damit weit entfernt vom Aufenthalt in einer Stadt. Ich genieße die Einsamkeit und die hier herrschende Stille – nur manchmal rascheln leise Blätter im Wind. Mein Blick fällt auf die am Rand der Lichtung stehenden Bäume. Ich erinnere mich daran, dass Grober auch behauptet hatte, dass die Luft im Wald eine besondere sei: Die vom Menschen verursachten Verunreinigungen gäbe es im Wald nicht oder nur minimal, und dies sei vor allem das Verdienst der am Waldrand stehenden Bäume, die mit ihren Blättern ein Dach bilden, das einer Krone gleicht. Dieses Wunderwerk der Natur filtere schädliche Staubartikel aus der Luft und schütze die im Wald wachsenden Bäume und Sträucher vor unnatürlichen Abgasen. Die wahren Schätze des Waldes sind Grober zufolge jedoch nicht die am Rand des Waldes stehenden Bäume, sondern die im Inneren, da sie den für den Menschen existenziell wichtigen Sauerstoff produzieren und mit ätherischen Ölen die menschlichen Nerven beruhigen.

Eine Beruhigung für meine Nerven kann auch ich gut gebrauchen, da es just in diesem Augenblick im Unterholz knackt. Ich schrecke auf. Ist vielleicht doch ein Wolf vom Weg abgekommen und hat sich Isegrim, als er mich bemerkte, erschreckt? Unmöglich ist das nicht! In einem Zeitungsartikel stand, dass Wölfe vierzig Kilometer und mehr am Tag zurücklegen. Dabei sei es, so las ich, nicht selten, dass einzelne Tiere das Rudel verlassen und dann alten Routen folgen, die offenbar in den Genen gespeichert seien. Ich bin mitten im Wald, und wenn es stimmt, dass der Wald der Ort ist, an dem die deutsche Seele ruht, dann ist es jetzt der Wolf, der sie wieder in Wallung bringt. Schäfer, Viehhalter und Pferdebesitzer fürchten um das Leben ihrer Tiere, und Jäger sehen, dass der Wolf das Wild dezimiert. In Hotels und Restaurants herrscht die Sorge, die Touristen könnten ausbleiben. Und würde man wohl sein eigenes Kind draußen spielen lassen, wenn man weiß, dass der Wolf im Gebüsch ruht oder ums Dorf schleicht? Doch es gibt auch Romantiker, die den Wolf unbeirrt verteidigen, ihn wie einen Rockstar feiern als unbezähmbaren Vertreter der Wildnis und als Rächer der Natur in einer vom Menschen überformten Welt. Von ihren Gegnern werden sie »Wolfskuschler« genannt, und bevor man diese Bezeichnung voreilig von sich weist, sollte man sich an die Geschichte erinnern, in der sich der Wolf ins Bett der Großmutter legte, um auf Rotkäppchen zu warten.

Ich verharre, da ich mir noch immer nicht sicher sein kann, dass sich kein Wolf in unmittelbarer Nähe aufhält, in vollständiger Bewegungslosigkeit. Leise säuselt der Wind im Geäst. Im Wald ruft ein Kuckuck, aber ansonsten umgibt mich Stille. Ich setze meinen Rucksack auf und gehe langsam und bedächtig weiter. Ich vertraue auf die Erfahrung des Wolfes und auf meine innere Stimme, die mich beruhigt und mir sagt, dass ein Wolf, sollte er sich in meiner Nähe aufhalten, ganz gewiss seinem Instinkt folgen und den unmittelbaren Kontakt mit mir vermeiden würde.

Nach einem über eine Stunde währenden und mich kreuz und quer durch den Wald führenden Marsch erreiche ich Reichenau. Der Weg führt mich zur in den 50er Jahren des letzten Jahrhunderts von Laienschauspielern erbauten und gegenwärtig geschlossenen Naturbühne und danach bis zu einer Konditorei. Ich bestelle eine Tasse Kaffee und einen Zupfkuchen, und ich frage die Verkäuferin, ob es stimmt, dass im Wald Wölfe leben. Die Frau lacht und antwortet mir, dass sie bisher noch keinen Wolf gesehen habe. Sie gehe aber, fügt sie hinzu, stets ohne eine rote Kappe auf dem Kopf zu tragen durch den Wald.

Dem zwischen Schwosdorf und Reichenau liegenden Koitzscher Wald folgt der Königsbrücker Wald. Und wieder habe ich an irgendeiner Stelle den richtigen Weg verpasst und die Jakobsmuschel aus den Augen verloren. Dass mir das an diesem Tag nun bereits zum zweiten Mal passiert, mag ich kaum glauben, und es lässt mich an meinem Orientierungssinn zweifeln. Die Verirrung im Wald führt aber auch – im positiven Sinne – dazu, dass ich zum Nachdenken gezwungen bin und mich an urzeitliche menschliche Erkenntnisse erinnere. Eine dieser Erkenntnisse besagt, dass Flüsse immer abwärts fließen und dass die meisten von ihnen irgendwann eine menschliche Siedlung erreichen. Der Fluss, den ich im Wald tatsächlich nach einer Weile sinnlosen Umherirrens zufällig entdecke, ist – so hoffe ich – die Pulsnitz. Ich folge seinem Ufer und gelange nach Königsbrück.

Bevor Menschen Flüsse, Bäche und Seen auf Brücken oder Stegen überwanden, nutzten sie Fähren oder sie vertrauten Furten. Eine Furt gibt es in Königsbrück nicht mehr, dafür jedoch erhielt der Ort aufgrund einer seit dem 16. Jahrhundert hier stehenden Brücke seinen Namen. Brücken können – wie zum Beispiel im Mai 1945 die Brücke im sächsischen Torgau oder wie seit 2004 wieder die Brücke im bosnischen Mostar –

Menschen verschiedener Nationen und Kulturen miteinander verbinden und versöhnen. Versöhnend wirken soll auch der Papst, der als »Pontifex Maximus« gilt, nämlich als der oberste Brückenbauer – ein Brückenbauer zwischen den Welten. Ich bin jedoch nicht gläubig, und ein Grund dafür ist, dass es in der Geschichte zu viele oberste Brückenbauer gab, die nicht versöhnlich, sondern egoistisch agierten und ihre Macht zum eigenen Vorteil oder zum Vorteil der mit ihnen verbündeten Herrscher und Herrscherinnen missbrauchten. Im Gegensatz dazu besitzt – zumindest was den Jakobsweg betrifft – die in der spanischen Region Navarra stehende Brücke Puente la Reina (deutsch: Brücke der Königin) tatsächlich einen versöhnlichen Charakter. Sie vereint den navarrischen mit dem aragonischen Pilgerweg und ist aufgrund ihres hohen Alters und des geschwungenen Bogens weit bedeutender und bekannter als die Brücke im sächsischen Königsbrück.

Dass Brücken nicht nur versöhnlich, sondern auch trennend wirken können, zeigt seit einigen Jahren der Brückenstreit in Dresden: In der nur 25 Kilometer entfernt von hier liegenden Landeshauptstadt verursachte der Bau der Waldschlößchenbrücke einen so heftigen Disput, dass sich die Stadtbevölkerung aus diesem Grund entzweite und dass Dresden – das heißt: das von Pillnitz bis Übigau reichende Elbtal – den UNESCO-Welterbetitel verlor. An diesen Konflikt, der nicht nur meine Nerven übermäßig strapazierte, mag ich jetzt, während ich als Pilger unterwegs bin, jedoch nicht denken. Viel lieber richte ich meine Gedanken auf die Beantwortung der Frage, warum die hier im sächsischen Königsbrück stehende Brücke nicht Königsbrücke heißt. Denn für die Mark Meißen und den am Ufer der Pulsnitz gegenüberliegenden böhmischen Teil der Lausitz war sie als Grenzfeste und Zollstation allemal bedeutsam. Eine an der Straße stehende Informationstafel klärt mich auf: Hier lese ich, dass die Brücke nach einer im 17. Jahrhundert hier errichteten Badeanstalt benannt wurde und darum Baderbrücke und nicht Königsbrücke heißt. Mit dieser Erklärung gebe ich mich zufrieden, gehe weiter bis zum Markt und von hier in Richtung des nächsten Waldes.

Könnten die in der Laußnitzer Heide stehenden Bäume sprechen, dann könnten sie Bemerkenswertes berichten. Sie könnten zum Beispiel davon erzählen, dass der Wald seit dem frühen 19. Jahrhundert von verschiedenen Armeen als militärischer Truppenübungsplatz genutzt worden war. Der Wald als militärischer Truppenübungsplatz! Bedarf es weiterer Beweise für die Entfremdung des modernen Menschen von sich selbst und der Natur? Dabei robbten hier nicht nur Soldaten der Nationalen Volksarmee, der Wehrmacht und der kaiserlichen Armee durch den Wald – in den 40er Jahren des letzten Jahrhunderts hatte sich auch eine aus Indien stammende Legion nach Königsbrück verirrt. Wer nur gab diesen Befehl? Wer befahl den unter der Flagge eines springenden Tigers kämpfenden Männern, sich zunächst unter das Kommando der Wehrmacht zu stellen und später Heinrich Himmler zu glauben, sie würden hier allen Ernstes – hier, in der Königsbrücker Heide! – für die Unabhängigkeit ihres Landes zu kämpfen? Ihre Spuren verlieren sich, nachdem die Legion noch vor dem Ende des Zweiten Weltkriegs von Königsbrück nach Paris verlegt worden war, nicht im deutschen, aber dafür im französischen Sand. Den in der Königsbrücker Heide stehenden Bäumen war jedoch nur eine kurze Erholungspause gegönnt, denn wenn ein Wald einmal zum militärischen Truppenübungsplatz auserkoren und umgestaltet wurde, dann wartet auf seine Nutzung bereits die nächste Armee. In diesem Fall waren es aus der Sowjetunion stammende Soldaten und Offiziere, die uns zwar als Freunde vorgestellt wurden, aber – abgeschirmt von der Öffentlichkeit – keinerlei Gelegenheit fanden, sich uns als Freunde vorzustellen, sich wie Freunde zu verhalten oder mit uns wie mit Freunden zu kommunizieren.

Als ich Königsbrück verlasse, haben sich dunkle Wolken vor die Sonne geschoben. Von oben droht Ungemach, und um einem drohenden Gewitter zu entkommen nehme ich die Beine in die Hand. Die Wolken gleichen auf einmal Trollen und boshaften Spukgestalten: Wild fetzen sie über den Himmel, kommen – zusammengeschlossen zu dunkler Front – stetig näher und haben mich, nachdem ich in einem Tunnel die von Dresden nach Berlin führende Autobahn unterquert habe, eingeholt. Ich habe dennoch Glück: Den mit Wasser getränkten Ungetümen über mir entweicht zwar kräftiger Regen, das erwartete Gewitter bleibt jedoch aus, und auf einer Wiese entdecke ich eine einsame Scheune. Schon merkwürdig, so ein Regen, denke ich, während ich unter dem Scheunendach hervor nach draußen blicke. Als kleiner Junge war ich, sobald es regnete – die Füße in Gummistiefel gesteckt – jubelnd nach draußen geeilt und mit Begeisterung in großen Sprüngen in jede erreichbare Pfütze gehüpft. Und ein Regen heute? – Er stört mich oft, und ich meide ihn. Dabei gleicht der jetzige Regen einem lächerlichen Tröpfeln, ja einem Nichts gegenüber dem Unwetter, das ich vor einigen Jahren als Rucksacktourist in Thailand erlebte.

Dort war es ein Regen ganz anderer Art. Er ereilte mich, nachdem ich Bangkok – dem hitzigen, nervösen und stinkenden Moloch – glücklich entkommen und mit dem Zug in den südlichen Teil des Landes gefahren war, auf einer Fähre. Gemeinsam mit anderen Rucksacktouristen war ich auf der Überfahrt vom Festland zu einer Insel. Die Reise war fast erfolgreich geglückt und ich sah bereits die Umrisse des zu erreichenden Hafens, als die Fähre doch noch von einer seit geraumer Zeit stetig nähergekommenen grau-schwarzen Wolke eingeholt wurde und drohte, zum Spielball der Mächte zu werden. Um nicht von einer der auf das Boot schwappenden Wellen fortgerissen zu werden, hielt ich mich an einem auf dem Deck angebrachten Geländer fest und hoffte auf eine glückliche Wendung. Im Hafen angekommen, rettete ich mich mit einem gewagten Sprung auf das Land – und der schockartigen Ankunft auf dem Eiland folgte eine Fahrt auf der Ladefläche eines mit einer lädierten Plane nur halb geschützten Kleintransporters. Als ich eine Stunde später das Hotel erreichte, in dem ich die folgenden Nächte schlafen wollte, waren mein Rucksack und ich durchtränkt mit Wasser – und es stürmte und regnete noch immer. Der Thai, der den Kleintransporter fuhr, und auch die Hotelangestellten lächelten jedoch unentwegt. Sie nahmen den Monsunregen zwar ernst, begegneten ihm und uns aber gleichzeitig mit stetigem Lächeln. Sie lächelten, weil sie wussten, dass nach einigen Stunden auch dieser Regen enden würde – und ihm schon am nächsten Tag der nächste folgen konnte. Im Unterschied zu mir, der ich zum ersten Mal in meinem Leben einen Monsunregen erlebte, hatten sie gelernt, schweren Regen und mächtige Gewitter mit stoischer Gelassenheit zu ertragen und die Unwägbarkeiten der Natur zu akzeptieren.

Epochale Naturerscheinungen oder schwere Unwetter sind für mich Grenzerfahrungen. In unseren Breitengraden hat man sich lange – zumindest bis zum Hochwasser der Elbe im Sommer 2002 – zu Unrecht in Sicherheit gewähnt und gemeint, dass in Mitteleuropa, in Deutschland zumal, so etwas nicht passieren würde. Und doch behauptete zum Beispiel Hans Jürgen von der Wense, der in der ersten Hälfte des letzten Jahrhunderts mehrere zehntausend Kilometer quer durch Deutschland gewandert und einer der bedeutsamsten deutschen Wanderphilosophen gewesen war, in seinen »Wetterbüchern«, die er beim Wandern mit sich führte, dass sich am 13. und 14. Mai 1921 bei Warnemünde über der Ostsee ein Nordlicht gezeigt haben soll. Von der Wense war von dem Ereignis so überwältigt, dass er die ganze Nacht in einem Strandkorb sitzend am Meer verbrachte und – überzeugt davon, dass die Erde selbst Schöpferin dieser gewaltigen, violett leuchtenden Strahlen sei – darüber philosophierte. Dass das Nordlicht als ein überwältigendes Naturereignis gedeutet werden und bei den Menschen, die es sehen, eine existenzialistische Grenzerfahrung auslösen kann, hatte auch der dem Expressionismus zugewandte Dichter Theodor Däubler behauptet. In seinem 1910 veröffentlichten gleichnamigen lyrischen Poem pries er es als eine göttliche Erscheinung, welcher der Mensch nur mit Demut begegnen könne und mit der Ahnung, dass er – der Mensch – nicht imstande ist, alles zu begreifen und zu erfassen.

Es regnet. Ich stehe noch immer unter dem schützenden Dach einer Scheune auf einem bei Schönfeld liegenden Feld. Dann endlich wird der Regen schwächer. Ich wage den ersten Schritt und verlasse meinen Unterschlupf. Die Hände auf dem Rücken verschränkt, atme ich die vom verdunsteten Wasser durchtränkte Luft des Waldes kräftig ein. Ich liebe diese Momente auf einem Feld oder im Wald unmittelbar nach dem Regen: Der noch feuchte Erdboden riecht sauber und rein, und es ist, als hätte die Erde ein Bad genommen, als hätte sie Kraft und Mut geschöpft, um Neues zu wagen und mit neuem Schwung zu existieren.

Im Gehen denken – dies wurde bereits in den Jahrhunderten vor unserer Zeitrechnung im antiken Griechenland sowie im alten Indien und China von Philosophen und Religionsstiftern wie Epikur, Buddha und Laotse gepriesen und wertgeschätzt. Damals war das Gehen verbunden mit einem individuellen Willen und einem eigenen Charakter. Dass das Gehen auch Ausdruck eines politischen Bewusstseins sein kann, das erkannte im 18. Jahrhundert in Europa das erwachende Bürgertum. Denn im Gegensatz zum Adel, der sich gehend nur in die Gärten und Parks der Schlösser wagte und sobald es nach draußen ging in eine Kutsche stieg oder von Lakaien in einer Sänfte getragen wurde, erhoben selbstbewusste Bürger das Gehen noch vor dem Ausbruch der Französischen Revolution zu einer Tugend. Bis zur Französischen Revolution und wohl auch in den nachfolgenden Jahren spiegelte das Gehen auch das finanzielle Vermögen des jeweiligen Bürgers, denn der Kauf einer Kutsche war sehr teuer und selbst die Fahrt in Postkutschen, den damaligen öffentlichen Verkehrsmitteln, war ein teures Vergnügen. Den Bürgern blieb daher nur das Gehen, doch immerhin war ihnen diese freie Fortbewegung – im Unterschied zu den Bauern, die durch Lehnseid und Frondienst wirtschaftlich und rechtlich an den Grundherrn gebunden waren – erlaubt. Aber auch das Gehen musste man sich leisten können: Verarmten Handwerkern und Bauern, die der heimatlichen Scholle entkommen wollten und in einer Stadt Glück und Freiheit suchten, war das Gehen nicht vergönnt: Als Landstreicher und Tagelöhner gingen sie nicht durch die Wälder und über die Felder, nein, sie schlichen: Ihre Bewegungen waren unsicher, unaufrichtig und – im Gegensatz zum Gehen des Bürgertums – nicht verbunden mit einem Ausdruck von Selbstbestimmung und Freiheit, sondern mit der Angst vor der Entdeckung und der Verhaftung durch die Polizei.

Der Dichter François Villon, der im 15. Jahrhundert lebte, war einer von ihnen: Obwohl intellektuell hoch begabt, akademisch ausgebildet und vielseitig interessiert, war er ein Lumpenproletarier geworden. Ein Entkommen aus diesem Milieu, das Georg Büchner 300 Jahre später im Drama »Woyzeck« den vierten Stand nannte, war ihm unmöglich. Villon erkannte eines Tages diese bittere Wahrheit, akzeptierte sie und fügte sich dem Schicksal. Schwermütig und zugleich – zumindest mit Worten – doch aufbegehrend beschrieb er in seinen Versen den Schrecken der Armut und die nie enden wollende Heimatlosigkeit. Villon beschrieb offen und unverblümt – wie kein anderer Poet vor und nur wenige Poeten nach ihm –, was es bedeutet, zu denen »ganz unten« zu gehören, im Dreck und in der Gosse gelandet zu sein. Es ist kein Wunder, dass Bertolt Brecht ihn viele Jahrhunderte später zu seinem lyrischen Idol erkor und einige seiner Balladen kopierte.

Während Villon als ein Ausgestoßener durch die Wälder Frankreichs also mehr schlich als ging und dabei unerkannt bleiben wollte, bleibt ein soldatischer Marsch für gewöhnlich nicht unbemerkt. Militärisches Marschieren, ein Gehen im Gleichschritt und auf Befehl, ist die sonderbarste und widerlichste Form der Fortbewegung – sonderbar, weil laut und im Gleichschritt marschiert wird, und widerlich, weil das Marschieren auf Anweisung geschieht und Entfremdung, Abhängigkeit und Unterordnung bedeutet. Auch auf dem Jakobsweg wurde oft marschiert: Napoleons Truppen zum Beispiel nutzten, um im Frühjahr 1813 nach dem Desaster in Moskau zurück in die Heimat zu gelangen, Teile der Via Regia zum Marschieren. Dass Marschieren zur Gleichförmigkeit erzieht, jede menschliche Individualität im Keim erstickt und den Willen des Einzelnen bricht, erlebte auch ich ganz unmittelbar – im Herbst 1989 als Bausoldat und einige Jahre zuvor in einem von der Schule gemeinsam mit Einheiten der Nationalen Volksarmee organisierten und durchgeführten Wehrlager. Meine bis heute bestehende radikale Ablehnung des Militärs und meine pazifistische Gesinnung beruhen auf diesen Erfahrungen als Bausoldat und im Wehrlager. Meine ersten Begegnungen mit dem Militär und den mit einer soldatischen Existenz verbundenen Ohnmachtserfahrungen gegenüber den Befehlen der Vorgesetzten hatte ich jedoch schon viele Jahre früher: Gemeinsam mit Freunden aus der Gartenstadt Hellerau, mit denen ich meine Kindheit und viele Jugendjahre verbrachte, hatte ich sowjetische Soldaten und Soldaten der Nationalen Volksarmee mehrmals dabei beobachtet, wie sie nur wenige hundert Meter entfernt vom Haus meiner Eltern auf einem damals brachliegenden Sandplatz Zelte aufbauten, ihre Waffen putzten, die Munition zählten und manövrierten. Wir gingen damals – die kindliche Narrenfreiheit und die Unbekümmertheit der Soldaten und Offiziere gegenüber uns Kindern nutzend – durch die Lager und gewannen einen Einblick in den Alltag der auf dem Heller stationierten Armeen. Damals sah und erkannte ich, dass das Verhältnis zwischen Soldaten und Offizieren ein ungleiches war: Den zackigen und herrisch klingenden Befehlen der militärischen Vorgesetzten folgten die unsicheren Antworten der einfachen Rekruten – kraftlos, verunsichert und hilflos. Die Vorstellung, dass das Soldatenleben einem Abenteuer gleichen könnte, entlarvte sich mir schon damals, während ich als kleiner Junge durch die Zeltlager schlich und die Soldaten beim Manöverspiel im Wald beobachtete, als eine Lüge – beim Anblick sowohl der mich und meine Freunde angrinsenden Offiziere als auch der in Schutzanzügen und unter Gasmasken schwitzenden Soldaten.

Ich wandere nach Schönfeld, und mich begleiten zaghaft dünne Sonnenstrahlen, die sich trotz der nur allmählich abziehenden Wolken ihren Weg bis zur Erde bahnen. Ich erreiche schließlich den Ort, wo ich – dies verspricht jedenfalls mein Reiseführer – in einem Zauberschloss übernachten werde. Allerdings birgt bereits der Name »Schönfeld« Rätselhaftes und Unerwartetes. Er beruht nämlich nicht, wie vermutet, auf ein einstmals hier liegendes schönes Feld, sondern auf der Existenz eines Adligen mit dem für diese Gegend ungewöhnlichen Namen Tammo de Sconneveldt. Dieser war im 13. Jahrhundert Lehnsherr eines damals hier stehenden Wasserschlosses geworden, und er erlebte nicht mehr, dass bis zum 17. Jahrhundert durch das für das Sächsische typische Verschlucken der Konsonanten aus de Sconneveldt de Schonfeld und irgendwann Schönfeld geworden war. Während ich über diese aus linguistischer Sicht unglückliche Entwicklung nachdenke und überlege, ob und wie ich mich bei den vielleicht noch lebenden Nachfahren der de Sconneveldts für die sächsische Verballhornung ihres Namens entschuldigen kann, kommt mir mit lautem »Tatütata« ein Feuerwehrauto entgegen. Dabei kommt mir Uwe Steimle in den Sinn.

Steimle – ein 1963 in Dresden geborener Schauspieler und Kabarettist, dessen Vater ein Berufsunteroffizier der Nationalen Volksarmee gewesen war und der in den 80er Jahren des letzten Jahrhunderts in Leipzig das Fach Schauspiel studierte – erlangte nach 1990 in insgesamt 31 Filmen innerhalb der Reihe »Polizeiruf 110« als Kommissar Hinrichs große Popularität. Bis 2000 stand ihm dabei mit Kurt Böwe ein Schauspieler kongenial zu Seite, der zu den besten und beliebtesten Schauspielern der DDR gehörte. Gemeinsam lösten beide insgesamt 14 Fälle, wobei Steimle in der Rolle des aus dem Westen stammenden Hauptkommissars brillierte, der neuesten Computertechniken und dem im Studium angelernten Wissen vertraute, während der ihm untergebene und stets einen Dederon-Beutel tragende Kurt Böwe alias Kurt Groth auf seine Lebenserfahrung, seinen Instinkt und seine Menschenkenntnis setzte.

Doch zurück zum von der Feuerwehr eingeschalteten Martinshorn – zurück zum weit hörbaren »Tatütata«, das sich – Steimle zufolge – sehr gut dafür eignet, die Besonderheiten des sächsischen Dialekts aufzuzeigen und zu erklären. Es bedeutet nämlich nicht nur den Notruf der Feuerwehr, sondern ebenso die Frage: »Is dor Dieda da?« (Ist der Dieter da?) und die Feststellung »Da, de Tüte da!« (Da, diese Tüte da!). Der sächsische Dialekt wirkt nach Auffassung Steimles im wahrsten Sinn des Wortes dialektisch, und er ist – obwohl er für nicht in Sachsen beheimatete Menschen banal und leicht dümmlich klingen mag – den anderen Dialekten und erst recht dem Hochdeutschen überlegen, weil er einem Wort oder einer Wortgruppe mehrere Bedeutungen gibt.

Über den sächsischen Dialekt nachdenkend erreiche ich das in Schönfeld stehende Schloss. Als ich es betrete, entdecke ich nichts von dem im Reiseführer beschriebenen Zauber, dafür jedoch zwei aufgeräumte und gepflegte Zimmer für Pilger mit einer separaten Toilette. Ich stelle meinen Rucksack in eines der Zimmer und spaziere in den Ort.

Im »Dorfkurg« trinke ich Bier. Es ist kühl, schmeckt leicht würzig und erinnert mich, da die Brauerei seit mehreren Jahren meinen Fußballlieblingsverein sponsert, an meine Heimatstadt und an meine hier verbrachte Jugend. Ich erinnere mich auch, dass ich das Bier mit dem auf der Flasche abgebildeten Pichelmännel zum ersten Mal zur Jugendweihe offiziell trinken durfte. Die Weihe erhielt ich – ganz im Sinn der vom Staat den Zöglingen aufgezwungenen atheistischen und sozialistischen Ideologie – ohne dass ich hierfür Initiationsriten bewältigen musste. An einem Samstagvormittag im Mai stand ich – eingezwängt in einem zu engen Anzug und mit einer zu großen Fliege am Hals – gemeinsam mit meinen Klassenkameraden auf der Bühne eines in Klotzsche stehenden Kulturhauses und hörte den Schuldirektor reden über den Ernst des Lebens und darüber, dass die Kindheit nun vorbei sei und dass es an der Zeit sei, eine sozialistische Persönlichkeit zu sein. Dieser Feier, an die ich mich nur ungern erinnere und bei der wir unseren im Saal sitzenden Eltern und Verwandten sowie der Öffentlichkeit als vermeintliche Erwachsene präsentiert wurden, fehlte jeglicher Zauber und erst recht alle Magie.

Magisches vermisse ich bisher auch hier, und ich frage mich, warum das im Ort stehende Schloss ein Zauberschloss genannt wird. Vielleicht beruht diese im Reiseführer stehende Bezeichnung auf einem Missverständnis? Vielleicht gibt's hier gar keinen Zauber? Vielleicht folgte die Bezeichnung im Reiseführer der These, der Jakobsweg folge energetischen Strahlen und bilde – wie Luis Buñuel im Filmklassiker »Die Milchstraße« zeigte – die Milchstraße auf der Erde ab? Sollte diese These stimmen, dann würden energetische Felder auf die Menschen wirken, die auf dem Jakobsweg gehen oder in seiner unmittelbaren Nähe wohnen. Immerhin: Die zwischen Moritzburg und Großenhain liegende Landschaft scheint für energetische Strahlen und ein Zauberschloss gut geeignet, denn das in Schönfeld stehende Schloss ist nicht das einzige Gebäude in der Umgebung, das etwas anderes vorgibt, als es in Wahrheit ist. Im zwanzig Kilometer südlich von hier liegenden Moritzburg steht an einem kleinen See, der pikanterweise Großteich heißt, ein Leuchtturm. Dieser Turm gehört zu den schillerndsten Bauten eines barocken und mit viel Geld hergestellten Gesamtkunstwerks, mit dem der sächsische Kurfürst August der Starke im frühen 18. Jahrhundert die Dresdner Hofgesellschaft und den europäischen Adel beeindruckte. Beeindruckt hat er damit auch die DEFA, die den Leuchtturm und ein inmitten eines weiteren Sees stehendes Schloss als Kulissen und Schauplätze nutzte, um in Moritzburg den 70er Jahren des letzten Jahrhunderts den schönsten aller ostdeutschen Märchenfilme zu drehen.

Ich gehe zurück in das Schloss. In einem der Pilgerzimmer sitzt eine Frau, die sich mir als Paula vorstellt. Sie ergänzt, dass sie eine Pilgerin sei und aus dem Vogtland käme. Ich stelle mich ebenfalls vor und frage sie, ob sie wüsste, warum das Schloss ein Zauberschloss sein solle. Paula nickt: Das Schloss, so behauptet sie, beherberge seit mehreren Jahren einen umtriebigen Heimatverein, der sich dem Erlernen und Bewahren der Zauberkunst verpflichtet fühlt. Im Schloss soll es zudem mehrere Merkwürdigkeiten gegeben haben, die bis heute nicht restlos aufgeklärt seien; auch soll es unterirdische Gänge geben – und 1871, fährt sie fast flüsternd fort, habe man in der damaligen Schlossmauer das Skelett eines einbetonierten Kindes entdeckt.

Mich gruselt es tatsächlich und ich frage Paula, ob es nicht besser sei, das Schloss, statt Zauberschloss, Gruselschloss zu nennen. Für einen kurzen Moment überlege ich, sie zu fragen, ob ich im anderen Zimmer bleiben oder hier mit ihr übernachten solle. Da ich die Frau aber erst vor wenigen Minuten kennengelernt habe, entscheide ich mich für die defensivere Variante, packe meine Sachen, wünsche ihr eine gute Nacht und gehe in das Nachbarzimmer. Ich lege meinen Schlafsack auf eine auf dem Boden ausgelegte Matratze und krieche hinein. Es regnet. Tropfen klopfen leise an die Fenster und mir ist, als hörte ich auf dem Hof Schritte. Ich erinnere mich an die unterirdischen Gänge und das einst in der Mauer eingeschlossene Kind. Merkwürdige Gedanken kreisen mir im Kopf und bestimmen, nachdem ich endlich eingeschlafen bin, meine Träume.

6. Kapitel (Von Schönfeld bis Zeithain)

Vom Warten auf Godot, vom Stehen als einer Lebensform und von der Geburt des Dresdner Riesenstollens

Am nächsten Morgen verlasse ich vor Paula das Schloss. Ich bin mir sicher, dass auch sie, wenn sie erwacht, froh ist, nicht allein im Schloss geschlafen zu haben. Vor mir liegen ein neuer Tag und die sich bis zur Elbe erstreckende Großenhainer Pflege. Diese Landschaft unterscheidet sich mit weiten Feldern und mit weit einsehbaren Ebenen deutlich von der Oberlausitzer Hügellandschaft, und sie vereint sich in ihren westlichen Ausläufern mit den Hügeln der Lommatzscher Pflege. Auf dem Weg nach Großenhain ist eine Seite der Straße von einer Baustelle versperrt. In einer Grube, die mit rot-weißen Bändern gekennzeichnet und gesichert ist, stehen zwei Arbeiter. Sie schlagen Spitzhacken ins Erdreich und erweitern die Grube. Beobachtet werden sie von drei Männern, die auf der Straße stehen. Ich werfe ihnen einen kurzen Blick zu und freue mich, weitergehen zu können und nicht zu ihnen zu gehören. Dabei habe auch ich Zeiten erlebt, in denen ich als Lehrling und als Jungfacharbeiter zuweilen täglich schachtete, schwitzend und dreckig in einer Grube stand und allen, die an mir vorbeigingen und zu mir herabblickten, die Freiheit missgönnte. Ich erinnere mich, dass ich damals spätestens nach der Mittagspause die Stunden und Minuten zählte, die mich vom Feierabend trennten. Damals, als mir mein Meister oder ein anderer in der Hierarchie über mir stehender Kollege früh halb sieben eine Spitzhacke oder eine Schaufel in die Hände drückte, mit mir zur jeweiligen Baustelle fuhr und mich zum Schachten in die Grube hinabschickte, dachte ich, dass das, was ich erlebte, so sein müsse. In einer Grube oder in einem Graben stehend erlebte ich die Realität des real existierenden Sozialismus. Ich sah, dass stets mehr Arbeiter nicht arbeiteten, sondern als Vorarbeiter oder Funktionäre auf der Straße neben der Grube standen und miteinander quatschten, als die, die unten im Graben schwitzten und schachteten. Ich erlebte diese Situationen über mehrere Jahre. Damals erlebte ich sie als ausweglos, und ich erfuhr die Tristesse der real existierenden sozialistischen Agonie ganz unmittelbar – mit einer Schaufel oder einer Spitzhacke in meinen Händen.

In jenen Zeiten, als ich nach dem Abschluss der 10. Klasse während der folgenden vier Jahre tagsüber sehr oft mit einer Schaufel oder einer

Spitzhacke in der Hand in einem Graben stand und eine Grube schachtete, nahm mich eines Abends ein Dresdner Freund mit in das im Stadtzentrum stehende »Große Haus«. Gemeinsam schauten wir die von Wolfgang Engel inszenierte Aufführung von Samuel Becketts »Warten auf Godot«. Ich bin mir nicht sicher, aber vielleicht bedurfte es wirklich dieses Abends, damit ich endlich erwachte. Vielleicht wurde mir erst an diesem Abend – ohne dass Beckett dies ursprünglich beabsichtigt hätte – die lähmende Agonie und der Irrsinn der sozialistischen Realität offenbar, die damit verbundene Sinnlosigkeit und Ödnis des täglichen Wartens und die daraus geborene Boshaftigkeit und Langweile: eine Langeweile, die auch und gerade im real existierenden Sozialismus die Abgründe der menschlichen Seele und deren Perversionen gebar. Becketts Stück gilt als beispielgebend für das »absurde Theater« und als Meilensteil des Existenzialismus. Beide, der Existenzialismus und die durch ihn beschriebene Absurdität der gesellschaftlichen Realität, waren den Funktionären der Einheitspartei jedoch zuwider, und sie verbannten sie in das Reich der bürgerlichen Demagogie und des Obszönen. Dass es die Langweile und das sinnlose Warten aber dennoch auch – oder besser: gerade – während der letzten Jahre des real existierenden Sozialismus gab, das machte und macht dieses Stück umso wertvoller. Es spiegelte die gesellschaftliche Gegenwart und die damit verbundenen dystopischen Ausuferungen und Grenzen der menschlichen Psyche.

Ich schaue wieder zu den Männern im Graben und überlege für einen kurzen Moment, sie zu fragen, ob sie Samuel Becketts Stück kennen. Dann entscheide ich mich anders und vermeide diese letzte Konsequenz. Ich gehe weiter und blicke erst zurück, nachdem ich eine sichere Entfernung zwischen ihnen und mir zurückgelegt habe. Beim Blick zurück fällt mir auf, dass die aus fünf Männern bestehende Gruppe einem jener »Kollektive der sozialistischen Arbeit« gleicht, denen auch ich mehrmals angehörte. Auf dem ersten Blick ist kein Unterschied zwischen ihnen und Straßenarbeitern im real existierenden Sozialismus feststellbar – und dennoch gibt es ihn. Es gibt diesen Unterschied, den zum Beispiel Norbert Elias im 1939 veröffentlichten Buch »Über den Prozess der Zivilisation« beschrieb. Der 1897 im schlesischen Breslau geborene Soziologe unterschied dort die höfische Zivilisation von der bürgerlichen. Während ihm zufolge die höfische Gesellschaft von der Ungleichheit der Menschen lebte und diese Ungleichheit mithilfe des bewussten und koketten Auslebens der feudalen Standesunterschiede über mehrere Jahrhunderte zelebrierte, schuf die bürgerliche Gesellschaft durch die Französische Revolution die formale Gleichheit aller Menschen. Elias wies jedoch auch darauf hin, dass diese formale Gleichheit durch die Macht des Marktes, durch gegenseitige wirtschaftliche Konkurrenz, durch wirtschaftlichen Erfolg und Misserfolg oder durch besondere Leistungsfähigkeiten aufgehoben werden kann. Seiner gesellschaftlichen Diagnose und seiner These, dass wirtschaftlicher Erfolg und Misserfolg soziale Ungleichheiten begründen und rechtfertigen können, folgte zum Beispiel Helmuth Plessner in seinem Buch »Grenzen der Gemeinschaft«. Sein hier beschriebenes Menschen- und Gesellschaftsbild gleicht wiederum dem von Erich Fromm im Buch »Haben oder Sein« entworfenen Begriff der bürgerlichen »Charaktermaske«. Beide stellten die These auf, dass sich das bürgerliche Individuum, um sich in der Öffentlichkeit zu behaupten, eine Rüstung anlege – die jedoch nicht sichtbar ist, wie im Hochmittelalter oder während des Absolutismus, und sich nicht schwer trägt, sondern subtiler und feingliedriger, zuweilen unsichtbar, bestimmten Kodierungen folgt, und die der Träger ablegt, sobald er sich nicht den Anforderungen der gesellschaftlichen Öffentlichkeit und der Arbeitswelt unterwirft oder sich nicht in Situationen befindet, die seiner Karriere dienen. Das Ergebnis ist ein Mensch, der in zwei Existenzen lebt – der beruflichen und der privaten –, und der dabei stets darauf achtet, in beiden Existenzen nicht das Gleichgewicht und die Contenance zu verlieren.

Ein Jahr vor der letzten Jahrhundertwende fügte der Soziologe Wolfgang Engler in seinem Buch »Die Ostdeutschen« den von Elias beschriebenen höfischen und bürgerlichen Lebensformen noch die proletarische hinzu. Engler meinte, dass es bisher nur der proletarischen Gesellschaft gelungen sei, die absolute Gleichheit herzustellen – eine Gleichheit freilich, die dem Gesetz der Nivellierung folge und in der das Postulat der Gleichheit zur einzig gültigen Lebensmaxime erhoben werde. Jeder Versuch, sich dieser Gleichheit zu entziehen, würde im real existierenden Sozialismus argwöhnisch beobachtet, und die hauptamtlichen und inoffiziellen Mitarbeiter des Geheimdienstes protokollierten akribisch, wer sich mit wem wie, wann und warum traf. Engler behauptet unter dem Verweis auf die einst in Ostdeutschland existierende proletarische Lebensform zudem, dass unter allen sozialen Erfindungen die Gleichheit sowohl die höchste Bewunderung als auch die schärfste Kritik verdiene: Bewunderung deshalb, weil die Gleichen friedfertig seien, mit sich selbst beschäftigt und vorsichtig; auch würden sie, solange sie nicht herausgefordert würden, niemand anderen herausfordern. Die Arbeits- und Lebenswelt sei für sie die Heimat, in der sie sich behaglich eingerichtet hätten. Kritik ist ihm zufolge aber trotzdem vonnöten, denn die Gleichen dulden Unrecht und Unterdrückung, sobald sie fürchten, dass Recht und Freiheit anderen nützlicher sein könnten als ihnen selbst. Engler schlussfolgerte weitsichtig, dass die während der Arbeit und während des Feierabends existierende

Nivellierung die Menschen dazu bringen könne, sich mit der Tyrannis, die sie vor Armut und vor dem Unbedeutend-Sein schützt, unter Umständen besser abfinden zu können als mit der bürgerlichen Demokratie, die in Krisenzeiten nur einer akademisch gebildeten Oberschicht nutzt und die Gesellschaft sozial spaltet.

»Das denkst du, während du zu den Bauarbeitern blickst?« Mein Schatten hat mich gerufen.

»Ja«, antworte ich, »das denke ich.« Und ich denke auch, fahre ich mit mir selber redend fort, indem ich einen früheren Gedanken wieder aufnehme, dass sich die Bauarbeiter, die ich beobachte, rein äußerlich betrachtet von Bauarbeitern im real existierenden Sozialismus nicht unterscheiden. Sie verrichten die gleichen oder ähnliche Tätigkeiten, und sie verhalten sich so, als ob es die gesellschaftlichen Veränderungen nach 1990 nicht gegeben hätte. Sie wechseln sich bei der Arbeit ab, trinken tagsüber zur Abkühlung Wasser und ab dem Nachmittag Bier. Sie frotzeln sich gegenseitig, und sie pfeifen schönen Frauen hinterher. Und dennoch, so behaupte ich, unterscheiden sich die heutigen Straßenarbeiter von denen, die vor 1989 mit Spitzhacken oder mit Schaufeln in einer Grube hantierten. Die Unterschiede sind begründet in den unterschiedlichen gesellschaftlichen Wahrnehmungen. Denn während sich der Proletarier in einer proletarischen Gesellschaft, wie es im real existierenden Sozialismus der Fall war, beheimatet und geachtet fühlte und dabei Kennzeichen der bürgerlichen Lebensformen bewusst ignorierte und missachtete, blickt der heutige Bürger oder der Funktionsträger einer bürgerlichen Partei hochnäsig auf den Proletarier herab. Sie würden, so behaupte ich, beim Blick in den Graben ihre Nasen rümpfen und danach ihre beschmutzte Kleidung und ihre verschmutzten Hände waschen, denn schwere körperliche Arbeit und tiefgründiges Denken zugleich – das, davon sind sie überzeugt, verträgt sich nicht. Im real existierenden Sozialismus gab es trotz der täglichen Mangelwirtschaft jedoch den Drang zur sozialen Gleichheit. Sie war verbunden mit einer proletarischen Bildungsoffensive, mit ökonomischer Selbstständigkeit und existenzieller Sicherheit, und sie existierte als eine Brücke über alle Gräben hinweg. Diese Brücke wurde nach 1990 jedoch zerstört. Geblieben sind – vor allem im Gebiet der fünf neuen Länder und vor allem in den Kleinstädten und auf dem Land – proletarische Verhaltensweisen, proletarische Traditionen und proletarisches Denken. Die bürgerliche Gesellschaft, die sich fortschrittlich nennt und naturwissenschaftlich-technische Entwicklungen lobpreist und fördert, wertet proletarische Lebensformen jedoch ab. Diese Lebensformen gelten dem heutigen bürgerlichen Denken als rückständig und beschränkt, zudem als kleinbürgerlich und reaktionär. Diese arrogante Haltung gegenüber dem

Proletarier und die damit verbundene offen zur Schau gestellte scheinbare Überlegenheit der bürgerlichen Lebensweise führen dazu, dass der Arbeiter, der bis 1989 nach getaner Arbeit seinen Kollegen, seinen Freunden, seinen Kindern und seiner Frau stolz und mit Würde seine schmutzigen Hände zeigte und sich sogar einem Doktor der Wissenschaften als ebenbürtig, vielleicht sogar überlegen fühlte, heute – ungeachtet des Geldes, das er verdient – in der Gesellschaft als Verlierer sieht und als Versager gilt. Und er trägt schwer an dieser Last.

Ich erreiche Großenhain. Die am Fluss Röder liegende Stadt empfängt Pilger mit einer unmittelbar neben dem Ortseingangsschild aufgestellten Informationstafel, auf der Fußabdrücke und eine Karte mit dem Verlauf des Jakobsweges abgebildet sind. Auch erfährt der Pilger, dass zwischen Großenhain und Santiago de Compostela 3000 Kilometer liegen. Mir reicht ein Bruchteil davon – jetzt will ich ins Zentrum der Stadt und auf dem Marktplatz mich ausruhen.

Ich sitze auf einer auf dem Marktplatz stehenden Bank und blicke auf die im 18. Jahrhundert im spätgotischen Stil errichtete Marienkirche. Auf einmal kommen von überall her Mönche: In braune Kutten gehüllt singen sie den Choral der Pilger aus Wagners Tannhäuser. Ich genieße dieses unerwartete Erlebnis, ahne jedoch, dass die Männer nicht für mich singen. Ich frage mich zudem, warum sie hier in Großenhain auftreten, ausgerechnet in der sächsischen Provinz, und nicht auf der Wartburg oder im Bayreuther Festspielhaus. Plötzlich verlässt ein Mann den Chor, kommt zu mir und setzt sich auf die Bank. Ich nicke ihm zu und sehe, dass er unter seiner Kutte eine Jeanshose trägt. Der Mann erwidert meinen Gruß und fragt, ob ich ein Pilger sei. Ich bejahe und frage ihn, ob er ein Mönch sei. Der Mann lächelt leise und verneint. Die singenden Männer, sagt er, seien in Wahrheit keine Mönche. Sie würden verschiedenen Chören angehören und heute mit ihrem Auftritt der Eigentümerin der Pilgerherberge »Am Sternenfeld« für ihr seit vielen Jahren gezeigtes Engagement danken. Die jetzige Vorstellung sei jedoch nur die Generalprobe für die am Abend stattfindende öffentliche Aufführung, die der Mitteldeutsche Rundfunk aufzeichne und demnächst im Fernsehen zeige. Ja, ergänzt der Mann, ohne dass ich ihn gefragt habe, er lebe gern in Großenhain. Großenhain sei eine musikalische Stadt, erklärt er, schließlich sei auch Heino hier einst zur Schule gegangen. Ich kenne den Sänger mit der blonden Perücke und der dunklen Brille zwar nicht persönlich, habe aber Probleme mit einigen seiner Lieder. Um zu verhindern, dass einer der singenden Männer die Gelegenheit nutzt, seine Kutte ablegt und sich mir als Heino vorstellt, verabschiede ich mich rasch und verschwinde.

Ich gehe zum Rathaus, wo mich ein Mann in grauem Anzug mit weißem Hemd und Krawatte anspricht und mich fragt, ob ich ein Pilger sei. Ich nicke. »Sehr gut«, sagt er – und ohne dass ich ihn darum gebeten hätte, erklärt er mir, dass sich Großenhain den Pilgern verpflichtet fühle, denn das Schicksal der Stadt sei seit vielen Jahrhunderten eng mit dem Jakobsweg verknüpft. Ich antworte ihm, dass ich zwar als Pilger unterwegs sei, in Wahrheit aber aus Dresden käme, und dass ich Großenhain bisher weniger als ein Pilgerzentrum, dafür aber als Garnisonsstadt kennen würde. Auch dies sei richtig, sagt der Mann, die militärische Nutzung der Stadt habe ihre Wurzeln aber erst im Kaiserreich. Damals seien die ersten Kasernen gebaut worden, und ihnen sei nach dem Ersten Weltkrieg der Bau eines Flugplatzes gefolgt. Da ich aber als Pilger unterwegs und bestimmt hungrig sei, würde er mir zum Mittag eine Kamenzer Knackwurst empfehlen. Ich willige ein, und einige Minuten später stehe ich mit dem Mann in einer Fleischerei. Während die Verkäuferin zwei Würste in das Wasserbad legt, erklärt er mir die Geschichte und das Rezept dieser regionalen Spezialität: Diese Wurst habe in der Mitte des 19. Jahrhunderts ein Fleischermeister aus Kamenz kreiert, sagt er, und während des jährlich stattfindenden Forstfestes in Großenhain erstmals zum Verkauf angeboten. Das Besondere an der aus Rind- und Schweinefleisch bestehenden Wurst sei ihre knackige Haut und das durch Salz, Pfeffer, Kümmel, Zimt und Paprika erzeugte würzige Aroma. Der Mann hat seine Erklärungen gerade beendet, als die Verkäuferin die Würste serviert. Ich titsche meine Wurst in eine auf der Theke stehende Senfschale und beiße in die Wurst, ohne zu bedenken, dass die Siedetemperatur des Wassers die Wurst besonders knackig und fast zum Platzen prall werden ließ. Ein kleiner, aber kräftiger Wasserstrahl spritzt in Richtung meines Gönners und verfehlt ihn nur um wenige Zentimeter. Erleichtert darüber, dass der Strahl nicht sein weißes Hemd traf, zwinkert der Mann mir zu, und wir beißen weiter zu, jeder für sich in seine Wurst.

Großenhain führt den Pilger, bevor er die Stadt verlässt, durch den am Ende des 19. Jahrhunderts als Volkspark angelegten Stadtpark. Der Weg ist bequem und behaglich, und ich schöpfe Kraft und Mut für die weiteren Kilometer, während ich auf der Promenade spaziere und am Wegrand stehende seltene Gehölze wie Tulpenbaum, Amberbaum, Flügelnuss und Rhododendron betrachte. Diese Erholung ist notwendig, denn nachdem ich den Park verlassen habe, führt mich die Jakobsmuschel auf eine große Ebene. Die »Mühen der Ebenen«, das erkannte nach dem Zweiten Weltkrieg beispielsweise der aus den USA über die Schweiz nach Ostdeutschland gezogene Bertolt Brecht, bedeuten oft ungeahnte Anstrengungen, denn das Gehen auf einer Ebene kann Monotonie und

Langweile erzeugen. Der französische Philosoph Jean-Paul Sartre, der im letzten Jahrhundert die Quellen seiner Ideen und die Inspirationen zum Schreiben nicht während des Wanderns, sondern in einem Pariser Straßencafé fand, setzte dieses existenzielle Phänomen mit dem »Ekel« gleich. Er meinte jedoch nicht den ästhetischen Ekel und auch nicht den Ekel, den der Dramatiker Heiner Müller angesichts des existenziellen Ausgeliefertseins des Einzelnen in einer von »Gier, Ungerechtigkeit, Arroganz und Asozialität, [...] vor allem aber [...] selbstzufriedenen, vulgären Sattheit« gekennzeichneten bürgerlich-kapitalistischen Warenwelt empfand, sondern den Ekel, der einen Menschen angesichts der (vermeintlichen) Sinnlosigkeit der eigenen Existenz eines Tages befällt. Dieser Ekel kann jedoch auch – dialektisch gedeutet – zu unerwarteten Einsichten führen und ungeahnte schöpferische Kräfte freisetzen. Diese existenziellen Fähigkeiten und Erkenntnisse sind dem Pilger und dem Wanderer vertraut, da beide sich auf die selbst gewählte Einsamkeit, auf körperlichen Anstrengungen, vielleicht sogar auf Schmerzen und auf das Nachdenken über sich selbst einlassen.

Dass das Wandern und das Pilgern die Seele und den Körper befreien und sogar das eigene Überleben sichern können, das erkannte und bestätigte auch der bereits erwähnte Hans Jürgen von der Wense. Eigenen Aussagen zufolge erlebte er 1932, 37-jährig, am Ufer der Weser seine Initiation. Fortan wanderte er bis zu seinem 1966 erfolgten Tod mehrmals kreuz und quer durch Deutschland, insgesamt mehr als 40.000 Kilometer. Von der Wense, der täglich nie mehr als 22 Kilometer ging, nutzte die »einsamsten und abgelegensten Wege«, er entzog sich mit seinen Wanderungen der bürgerlichen Norm und während der Zeit des Nationalsozialismus auch der Willkür und dem Zugriff der staatlichen Behörden. Er, der erkannt hatte, dass das Wandern, weil es die Unabhängigkeit gebiert und zelebriert, in Diktaturen verpönt und verdächtig ist, feierte in einer Zeit, als das Marschieren in geschlossenen Sturmabteilungen und das Antreten an einer Linie zu den höchsten Formen der Bewegung erhoben wurde, das unangepasste Leben und das Schweifen in freier Natur. Der Philosoph, der Stille und Einsamkeit über das Geschwätz und den Lärm der Massen stellte, war – wie ein halbes Jahrhundert vor ihm Friedrich Nietzsche – lieber allein als zu zweit unterwegs. In seinen späten Lebensjahren lebte er ausschließlich als Freigeist, freigeistig agierte er jedoch bereits in den Jahren zuvor. So besuchte er – lebensreformerisch gesinnt – im Mai 1919 auch die Gartenstadt Hellerau. In der vor den Toren Dresdens gelegenen Siedlung beeindruckte er in der Villa des 1914 von Hellerau nach Genf gezogenen Musikpädagogen Émile Jaques-Dalcroze Klavier spielend die Bildhauerin Hedwig Woermann. Die 1879 in Hamburg geborene Künstlerin hatte vor ihrem Umzug in die Gartenstadt einige Jahre in Worpswede und danach in Paris gelebt, wo sie als Meisterschülerin Rodins brillierte. Von der Wense muss sie an jenem Tag, als er in der Dalcroze-Villa am Klavier saß und Kompositionen von Buxtehude spielte, so für sich eingenommen haben, dass sie sich ihm als Mäzenin anbot und ihn bis 1945 finanziell unterstützte. Vielleicht hatte sie sich sogar in ihn verliebt? Fest steht allerdings, dass sie an jenem Tag, als sie von der Wense zum ersten Mal traf, bereits seit zehn Jahren mit dem Bildhauer Johann Jaenichen verheiratet war – und dieser stammte aus Großenhain.

Ich frage mich, warum mir gerade jetzt, während ich den Park verlasse und die Ebene der Großenhainer Pflege betrete, Hans Jürgen von der Wense in den Sinn kommt. Gewiss: Er deutete das Wandern philosophisch und setzte es gleich mit einer natürlichen, ursprünglichen und selbst gewählten Existenz. Indem der Mensch wandert, schrieb er in einem seiner Essays, bricht er mit Gewohnheiten, und alle möglichen Dinge erscheinen ihm plötzlich neu. Von der Wense behauptete auch, dass das Wandern das beste und einzige Mittel sei, der Krankheit der Moderne zu entgehen: der Überschätzung des »Geistigen« – das jedoch nicht zu verwechseln sei mit dem »Welt-Geist«. Zur gleichen Erkenntnis war vor ihm auch Friedrich Nietzsche gelangt. Doch während Nietzsche im alpinen Hochgebirge wanderte, hier die klare, frische Luft und die Anstrengungen beim Besteigen eines Berges pries und gleichzeitig über die flache deutsche Landschaft und über das hier beheimatete begrenzte und kleingeistige Denken spottete, schätzte von der Wense das Wandern in den deutschen Wäldern und Mittelgebirgen. Ich frage mich, ob es möglich ist, dass es vor und nach ihm nie einen durch Deutschland wandernden Philosophen gab, der wie er Heimatverbundenheit mit Weltoffenheit verband und die Entdeckung und Beschreibung des Biederen und Banalen nicht mit wirklicher Erkenntnis und ebenso nicht mit dem Gespür für das Besondere und Erhabene verwechselte? Vielleicht wanderte seit von der Wense nie wieder ein Philosoph durch die deutschen Täler und Wälder, der sich wie er bewusst den akademischen Zwängen und den Grenzen des Universitätsbetriebes entzog und beim Wandern das Selbst suchte, um sich gleichzeitig ebenso vom alltäglichen Geschrei der Masse zu lösen und vom Profanen und Biederen fernzuhalten – und der dabei das Ich, die eigene Kraft und das mit dem Leib verbundene Denken, entdeckte? Gemeint ist das Selbst, das eigene Ich – jedoch nicht in einem egoistischen oder ökonomischen Sinn, wie es gegenwärtig der politische und wirtschaftliche Liberalismus fördert und propagiert, sondern das Selbst im Sinn einer meditativen Erlösung und philosophischen Erkenntnis.

Auf die Suche nach dem existenziellen Ich begaben sich im 19. Jahrhundert auch Arthur Schopenhauer und Søren Kierkegaard. Beide waren Reisende, und beide verknüpften das Reisen mit dem Streben nach philosophischer Erkenntnis: Schopenhauer – der behauptete, dass ein Ur-Wille jegliche Existenz begründe und der daher das Mitleid, weil es den Willen anerkennt und akzeptiert, zur höchsten ethischen Lebensweise und die Musik aufgrund ihrer meditativen Fähigkeit zur ästhetischsten Kunstform erhob – als junger Mann in der Kutsche durch Europa fahrend und Kierkegaard – der gegen die im frühen 19. Jahrhundert vom Bürgertum forcierte Ökonomisierung und Rationalisierung der Welt sowie gegen die bürgerliche Doppelmoral, vor allem jedoch gegen das zur Institution verkommene Christentum rebellierte – durch Kopenhagen flanierend. Ihre Rigorosität in ihrer jeweilen Suche nach dem Selbst, die sie zu den ersten bedeutsamen Kritikern der europäischen Moderne und zu Mahnern gegenüber der nivellierenden Macht der dekadenten Massenkultur werden ließ, machte sie gleichzeitig zu den bedeutsamsten Wegbereitern und Ideengebern des im 20. Jahrhundert in Deutschland und in Frankreich populär werdenden Existenzialismus.

Dass das Wandern – wenn es philosophischen Anspruch erhebt – zunächst vor allem existenzialistisch gedeutet werden müsse, behauptete auch Stephen Graham. In seinem 1926 veröffentlichten Buch über das »stilvolle Wandern« stellte der schottische Schriftsteller zudem die These auf, dass sich das »philosophische« Wandern vom gewöhnlichen Spaziergang unterscheide, da es eine »Kunst« sei. Diese Kunst, meinte er, könne man jedoch durch Übung erlernen. Zu den von Graham beschriebenen Übungen, die zum »stilvollen«, das heißt »philosophischen« Wandern führen, gehören: die Fähigkeit des Müßiggangs, die Lust am Sich-treiben-Lassen und die Bereitschaft, Neuem und Unerwartetem nicht mit Angst und Furcht, sondern mit Neugier und Gelassenheit zu begegnen. Grahams Zeitgenosse Hans Jürgen von der Wense fügte mit der Kunst des Stehens eine weitere Übung hinzu: Ihm zufolge ist das Stehen eine Leistung, und er vermutet, es müsse einen Grund haben, dass es heißt, etwas sei be-standen und über-standen. Das Stehen besitzt nach von der Wense zudem eine energetische und vegetabile Bedeutung, denn ebenso wie eine Pflanze in Wahrheit nicht steht, sondern zum Licht und nach oben treibt, ströme aufsteigende Energie auch beim Menschen nach oben, werde erst im Kopf gebremst und dort, bevor sie explodiere, über die Augen, die Nase und den Mund nach außen geleitet. Die Welt stehe dem stehenden Menschen dadurch als ein Bild gegenüber, das einerseits auf ihn einwirkt und andererseits durch die Bewegung sich verändert. Da die Welt dem stehenden Menschen als eine sich verändernde, mobile gegenübersteht und an seinen Augen vorüberzieht, bedeutet das, dass der Mensch – indem er sich bewegt und damit den Akt des Stehens beendet und als Wanderer oder als Pilger existiert – sich auf die ihn umgebende Welt einlässt und sich in ihrem Bilderfluss bewegt. Besonders bedeutsam ist, dass selbst der Akt des Stehens von der Wense zufolge nichts Starres ist, sondern eine Leistung, eine Bewegung. Denn um aufrecht zu stehen, muss das Gleichgewicht gehalten und der aufrechte Gang geübt werden, und nur wenn ein Mensch krank ist oder greis wird oder sich vor Schmerzen krümmt, sinkt er, wird kleiner und fällt in sich zusammen. Van der Wense hatte auch behauptet, dass das Stehen die Grundlage für die Existenz jeglicher Gattung sei, denn nur ein erigiertes Glied macht die Paarung möglich und ermöglicht die menschliche und tierische Fortpflanzung. Stehen ist aber noch mehr: Etwas zu wider-stehen symbolisiert zum Beispiel auch gesellschaftlichen Protest. So widerstand Martin Luther, als er im Frühjahr 1921 während des Reichstages in Worms aufgefordert wurde, seine Thesen zu widerrufen, den Drohungen des Kaisers. Er widerstand und widerrief nicht.

Und dennoch sind auch dem Wider-Stehen Grenzen auferlegt. Eine solche Grenze offenbarte sich zum Beispiel auch mir und mehreren hundert Menschen am 8. Oktober 1989 in Dresden, als mit schweren Stiefeln und Helmen ausgerüstete sowie mit Schlagstöcken und Schutzschilden bewaffnete Polizisten auf der Prager Straße stehende Demonstrierende einkreisten und wahrscheinlich nur das spontane und gemeinsame Hinsetzen der Demonstranten einen Gewaltexzess verhinderte. Und beim Militär bedeutet das Strammstehen auf Befehl den höchsten Ausdruck der Ohnmacht des einfachen Soldaten gegenüber dem Offizier oder den höchsten Ausdruck des einseitigen Herrschaftsverhältnisses zwischen einem allmächtig agierenden Herrn und dem ihm untergebenen Knecht. Dieses Stehen, das weder etwas Energetisches noch etwas Vegetabiles besitzt, ist jedoch gleichzusetzen mit einem Still-Stehen – einem Stehen, das ein Sterben bedeutet, indem es die Persönlichkeit bricht.

Gegen die Auflösung der Persönlichkeit in der Moderne wehrte und wehrt sich der Existenzialismus. Als einer ihrer Ahnen gilt der bereits mehrfach erwähnte Philosoph Martin Heidegger, der im Schwarzwald wanderte und dort in einer kleinen, im Wald stehenden Hütte seine Heimat fand. »Das Wesen des Daseins«, schrieb Heidegger, »liegt in seiner Existenz«. Dieser Satz ist so zu verstehen, dass das menschliche Leben nicht durch objektive Eigenschaften bestimmbar ist. Das mag zunächst seltsam klingen und doch ist es wahr: Das Leben, mein Leben, ist nicht dazu da, von »außen« geformt und beschrieben zu werden; es ist nicht dazu da, dass man etwas aus ihm macht. Nein, mein Leben existiert, es hat eine Existenz, und zu dieser Existenz kann sich der einzelne Mensch Heidegger zufolge »eigentlich« oder »uneigentlich« verhalten. Ich kann mich zu meiner Existenz selbst verhalten, indem ich die Einzigartigkeit meines Lebens als wichtigstes Kriterium für dieses ansetze. Ich kann mich aber auch den allgemein üblichen Lebensweisen anpassen, mich den jeweils geltenden Normen und Werten unterordnen, mich fügen. Heidegger verknüpfte diese unterschiedlichen Existenzweisen mit dem Bewusstsein der Endlichkeit. Ihm zufolge lebt ein Mensch in der »eigentlichen« Existenz, wenn er sich mit dem Tod konfrontiert und akzeptiert, dass das Leben seit der Geburt ein »Sein zum Tod« ist. Erst die Gewissheit, dass das menschliche Leben endlich ist, macht es einzigartig und wertvoll, und dies ermöglicht es, zwischen einer »eigentlichen« und einer »uneigentlichen« Existenz zu unterscheiden. Heidegger schrieb nach dem Zweiten Weltkrieg – nachdem er erkannt hatte, dass die Nationalsozialisten seinen Begriff der »Geworfenheit« völkisch und sein philosophisches Aufbegehren gegen rationalistische und vernünftige Bürgerlichkeit nationalsozialistisch umgedeutet hatten – den Begriff Existenz als »Ek-sistenz«. Da das lateinische Verb »sistere« »zum Stehen bringen« bedeutet, sei die Ek-sistenz, so schrieb er, gleichbedeutend mit einem »Stehen in der Lichtung des Seins.« Schrieb so oder so ähnlich über »das Stehen« nicht auch Hans Jürgen von der Wense? Was beide, Heidegger und von der Wense jedoch voneinander unterschied, war ihre Haltung gegenüber dem Nationalsozialismus und ihr Verhalten in diesem System. Denn während von der Wense das Wandern als Möglichkeit erkannte, sich innerhalb einer Diktatur den geltenden Normen und Werten zu entziehen und sich als freier Mensch ungezwungen fortzubewegen, folgte Heidegger – die nach dem Krieg veröffentlichten Schwarzen Hefte haben es bewiesen – der durch die »nationalsozialistische Revolution« möglich gewordenen »nationalen Bewegung« und dem mit ihr verbundenen Antisemitismus.

Ich stehe noch immer im Großenhainer Park und habe die Stadt im Rücken. Auch Städte haben, erfuhr ich an der Leipziger Universität während eines Seminars zur urbanen Soziologie, einen Charakter, und als soziale Organismen fördern sie bei ihren Bewohnern ganz besondere, den jeweiligen Metropolen und Orten zugehörige Mentalitäten. In Deutschland entstanden die meisten Städte im Mittelalter, und sie warben für sich mit dem Slogan »Stadtluft macht frei!« Viele Jahrhunderte lang war die Möglichkeit, hier als freier Mensch leben zu können, das wichtigste Kriterium, das Menschen dazu bewog, vom Land in eine Stadt zu ziehen, aber erst die in England im 18. Jahrhundert und in Deutschland im 19. Jahrhundert einsetzende Phase der Industrialisierung erweiterte Spielraum und Gestaltungsmöglichkeiten der Städte erheblich. Während zum Beispiel Berlin in der ersten Hälfte des 19. Jahrhunderts von der im Wiener Kongress erfolgten Gründung des Deutschen Bundes profitierte und sich – auch mithilfe von Bodenschätzen aus dem Ruhrgebiet – von einer langweiligen preußischen Kasernenstadt zu einer modernen und pulsierenden Großstadt entwickelte, die 1871 sogar Hauptstadt des Kaiserreiches wurde, kam Großenhain nie über den Rang einer in der Provinz liegenden Kleinstadt hinaus. Bis heute ist diese Stadt, die Pilger und Wanderer überaus freundlich begrüßt, ihnen Aufmerksamkeit und Gastfreundschaft schenkt, zudem als eine vom Militär geprägte Stadt bekannt. Ich erinnere mich an die Bestätigung des Stadtangestellten, dass Großenhain auch eine Garnisonsstadt sei, und während ich mich daran erinnere, kommt mir die Albertstadt am nördlichen Rand Dresdens in den Sinn. Als ich während der 80er Jahre des letzten Jahrhunderts mehrere Jahre lang zunächst als Lehrling und später als Jungfacharbeiter täglich mit dem Moped, dem Fahrrad oder der Straßenbahn von Hellerau in das Stadtzentrum und von hier bis fast nach Heidenau fuhr, wusste ich noch nichts von der Geschichte der die Königsbrücker Landstraße umgebenden Bauten. Zwar sah ich die in den Kasernen untergebrachten sowjetischen Soldaten und Offiziere beim Exerzieren und beim Marschieren, und ich erfuhr – ganz nebenbei –, was es bedeutet, ein Offizier oder ein Soldat zu sein. Nämlich: dass dieses Verhältnis des einfachen Rekruten gegenüber einem Offizier ein einseitiges und ungleiches Machtverhältnis offenbart. Dass sich dieses Verhältnis jedoch auch in der Architektur der Kasernen und auf den zum Exerzieren und Marschieren angelegten Plätzen spiegelt, das erkannte ich erst viele Jahre später. In den Jahren, als ich auf der Königsbrücker Landstraße früh am Morgen in die Stadt zur Arbeit fuhr und abends zurück, ahnte ich lediglich, dass die Armeen des Kaiserreiches, des Nationalsozialismus, der DDR und der Sowjetunion – also von diktatorischen und autoritären Staaten – einen Sonderstatus besitzen, da ihre Machtstrukturen hier dem Verhältnis des Staates gegenüber seinen Untertanen entspricht. Ebenso erkannte ich erst viele Jahre später, dass jener Staat – den Karl Marx im »Kommunistischen Manifest« abzuschaffen forderte und den Nietzsche in seiner Schrift »Also sprach Zarathustra« als »das kälteste aller Ungeheuer« bezeichnete, weil er die natürlichen Rechte und Entfaltungsmöglichkeiten des Individuums begrenzt sowie freies Denken und Handeln mit juristischen und mit militärischen Mitteln sanktioniert – auch in der Architektur der Kasernen seinen Charakter offenbart. Angesichts dieser Überlegungen erscheint es beinah logisch, dass die meisten der während des Kaiserreiches erbauten Schulen, die bis heute genutzt werden, Kasernengebäuden glichen. Der Staat benötigte (und benötigt) keine kritischen Geister. Die Schulabgänger – darunter auch spätere Soldaten, Offiziere, Angestellte, Wirtschaftsmanager und Funktionäre – sollten vielmehr auf dem Schlachtfeld erfolgreich sein oder heute im Wirtschaftsleben funktionieren.

Ich frage mich, ob Großenhain, das seit 1875 auch eine Garnisonsstadt ist, eine ähnliche Geschichte und einen ähnlichen Charakter besitzt wie die Dresdner Alberstadt. Bestimmt das Unbewusste, das Sigmund Freud in seinem Instanzenmodell mit dem »Es« gleichsetzte und das ihm zufolge dem menschlichen Denken und Handeln zugrunde liegt, auch hier die Psyche der Stadt? Ist es möglich, dass sich die Einwohner und die Stadtoberen Großenhains gegenüber mir und den anderen Pilgern und Wanderern deshalb so gastfreundlich und uneigennützig verhalten, weil sie ahnen, dass in ihrer Stadt auch etwas Strenges und Unheilvolles, etwas militärisch Gebieterisches beheimatet ist, und weil sie wissen, dass – im krassen Gegensatz dazu – das Pilgern und Wandern den freien Geist gebiert? Wahrscheinlich ist es so, und ebenso wahrscheinlich ist es kein Zufall, dass die am nördlichen Rand von Dresden erbaute Albertstadt einst bis zum Heller reichte – jener großen Sanddüne, die in Dresden bis heute den inneren Stadtbezirk mit den nördlichen Stadtteilen verbindet und an deren nördlichem Ende 1909 die Gartenstadt Hellerau entstand. In jener Siedlung war in den Jahren vor und nach dem Ersten Weltkrieg eine humanistisch gesinnte »Pädagogische Provinz« beheimatet, in der erfolgreich das freie, natürliche, ungezwungene und ursprüngliche Leben erprobt wurde. Diese Existenzform, die sich diamental vom soldatischen Gehorsam und der militärischen Unterordnung und Disziplin unterscheidet und unterschied, stand jenen Verhaltensweisen unmittelbar gegenüber.

In Gedanken versunken habe ich den Park verlassen und gehe am Rand einer Straße, als plötzlich eine Getränkedose vor meine Füße rollt. Ich schrecke auf. Mir kommen drei Männer entgegen – ihre Köpfe sind kahl geschoren und mit ihren kurzen Bomberjacken trotzen sie mannhaft der herbstlichen Kälte. Unsere Blicke kreuzen sich. Sie glauben wohl, dass ich ein harmlos umherwandernder Volksgenosse sei, und lassen mich passieren. Dabei hätten sie allen Grund gehabt, sich für mich zu interessieren: Als ich 2007 an der Universität Halle-Wittenberg meine Promotion verteidigte, referierte ich auch über die vor dem Ersten Weltkrieg und in den 20er Jahren des letzten Jahrhunderts zunächst im Königreich Sachsen und später im sächsischen Freistaat beheimatete Völkische Bewegung. Diese existierte schon damals vor allem in den Kleinstädten und auf dem Land, und sie verstand sich – mit antisemitischen und fremdenfeindlichen Stereotypen behaftet – als nationalistische und kulturelle Gegenbewegung zum in den Großstädten herrschenden liberalen Zeitgeist mit seiner Überdehnung der libertären Ideen und dem ihm zugrunde liegenden angelsächsischen Utilitarismus. Diese Erinnerung führt mich zu der Frage, ob es möglich ist, dass die Völkische Bewegung und der mit ihm verbundene Nationalsozialismus erstarkt und vielleicht sogar wiederkehrt. Mich beunruhigt diese Begegnung, denn sie zeigt mir, dass Geschichte – wenn man sich nicht für sie interessiert oder nicht fähig oder willens ist, Lehren aus ihr zu ziehen – durchaus die Fähigkeit zu haben scheint, sich zwar nicht eins zu eins, aber strukturell zu wiederholen.

Ich gehe weiter. Die Straße führt mich in Richtung Zeithain und zu einer vor der Stadt stehenden Jugendhaftanstalt. Ich setze mich auf eine Bank und starre auf das von einem elektrisch geladenen Stacheldrahtzaun umschlossene Gebäude. Es regnet wieder, es ist kalt und die Sonne scheint nur matt. In der Anstalt sind straffällig gewordene Jugendliche eingesperrt, und es ist unklar, ob dem Herbst, den sie hier erleben, ein dunkler, langer und kalter Winter folgt, oder ob der Winter kurz sein wird – und ob im Frühling oder Sommer die Entlassung und Rückkehr in die Gesellschaft auf sie warten oder noch nicht. Beim Blick auf das Gebäude wird mir bewusst, dass es wohl kaum etwas Gegensätzlicheres gibt als einen Pilger oder Wanderer, der auf ein Gefängnis blickt. Die vor mir stehende Haftanstalt verdeutlicht in krasser Weise den Gegensatz der hier Eingesperrten gegenüber meiner Möglichkeit, zu gehen wann und wohin immer ich will. Hier sitze ich als ein freier Mann auf einer Bank, und mir gegenüber steht ein Gebäude, in dem Wärter darauf achten, dass die Inhaftierten die Regeln und Normen strikt einhalten, sie kontrollieren und bei Nichteinhaltung der Regeln bestrafen und sanktionieren.

Mir kommt Michel Foucault in den Sinn. In der 1975 veröffentlichten Schrift »Überwachen und Strafen« hatte der französische Philosoph – sich dabei vor allem auf Nietzsches 1887 veröffentlichten Text »Genealogie der Moral« berufend – behauptet, dass die sozialisierende Wirkung moderner moralischer Normen vor allem auf Schuldbewusstsein beruhe. Zumindest das Bewusstsein dafür, etwas juristisch Falsches getan zu haben, soll bei den hier Inhaftierten entwickelt werden. Foucault behauptete weiter, dass das erst im späten 18. Jahrhundert erfolgte Aufkommen von Strafvollzugsanstalten eng verknüpft sei mit der Entstehung bürgerlicher Nationalstaaten und der damit einhergehenden Überwachung und Disziplinierung der hier lebenden Bürger. Ihm zufolge haben die Herrschenden in der frühen Neuzeit und im Absolutismus öffentliche Hinrichtungen und Disziplinierungen zelebriert, um das auf dem Marktplatz versammelte Volk abzuschrecken und zu belehren, wohingegen die bürgerliche Gesellschaft – in der zum Beispiel Landstreicherei über viele Jahrzehnte zu den schlimmsten, weil der Arbeitsmoral abträglichen Delikten gehörte und Diebstahl noch immer dazu gehört – das Gefängnis zum Standard im Umgang mit Delinquenten machte. In einem Gefängnis sollte der in die Anstalt überführte Körper eingeschlossen, überwacht und im Sinne der Gesellschaft transformiert werden. Geradezu paradox erscheint in diesem Zusammenhang, dass es mit Jeremy Bentham (der um 1800 gemeinsam mit John Stuart Mill den Utilitarismus begründete, welcher bis heute die marktwirtschaftliche Idee des angelsächsischen Kapitalismus ethisch legitimiert) ein bekennender und überzeugter Liberaler war, der zu Beginn des 19. Jahrhunderts mit seinem »Panopticon« ein Instrument schuf, das allen späteren Überwachungsgesellschaften und -institutionen als Vorbild diente. Nachdem es im 19. Jahrhundert in Gefängnissen erfolgreich erprobt worden war, sollte diese Schreckgespenst oberster menschlicher Effizienz auch in Krankenhäusern, Fabriken und sogar in Schulen eingesetzt werden, um Effektivität und Funktionalität zu erzeugen, indem ständige Transparenz und Selbstüberwachung durch Unsichtbarkeit des alles kontrollierenden Machtzentrums gewährleistet war.

Foucault verwies zudem auf die Gefahren im Zeitalter von elektronischer Datenverarbeitung und kommender Digitalisierung: Ihm zufolge könnte die totale Überwachung und Kontrolle durch das Panopticon im zukünftigen technisierten Zeitalter noch viel effektiver und mächtiger sein als jemals zuvor. Foucault meinte eine Überwachung und Kontrolle, die sich jenen Institutionen entzieht, welche sich fortschrittlich, wissenschaftlich und positivistisch nennen, und die dennoch die Würde und die Freiheit des Individuums in einer nie dagewesenen Art und Weise einschränken und manipulieren. Eng damit verbunden ist der im neoliberalen Zeitalter von den politischen und wirtschaftlichen Eliten gern und oft verwendete sogenannte »negative« Freiheitsbegriff, der sich als eine »Freiheit von« vom »positiven« Freiheitsbegriff, der »Freiheit zu«, unterscheidet. Dem neoliberalen Freiheitsbegriff, der sich in der Abwesenheit von staatlichen Einflüssen und Reglementierungen begründet und darauf achtet, dass der Schutz des Eigentums und die Marktfreiheit – als vermeintlich oberste Prämisse und oberste Grundlage des menschlichen Zusammenlebens – gewährleistet bleiben, steht somit der politisch-demokratische Freiheitsbegriff gegenüber, der sich zum Beispiel im Sozialliberalismus des späten 19. und frühen 20. Jahrhunderts zeigte.

Der von Großkonzernen angeregten und organisierten Überwachungspraxis in der gegenwärtigen bürgerlich-kapitalistischen Gesellschaft, die den Interessen und Regeln des freien Marktes folgt und – im schmeichelnden Gewand des vermeintlich ausschließlich progressiv wirkenden technischen Fortschritts daherkommend – subtil wirkt, steht jedoch die administrative Überwachung der totalitären Herrschaft gegenüber. Diese Ohnmacht des Individuums gegenüber den Instanzen eines totalitären Staates beschrieben zum Beispiel Alexander Solschenizyn in »Der Archipel Gulag« und Arthur Koestler in »Sonnenfinsternis«. Diese absolute und jeglicher Kontrolle enthobene Überwachungspraxis, die nicht das Anpassen an und das Einfügen des Individuums in das System, sondern seine Auslöschung zum Ziel hatte und in diktatorischen Gesellschaften noch immer hat, analysierten – um zwei weitere Beispiele zu nennen – der Schriftsteller Manès Sperber im Essay »Die polizistische Geschichtsauffassung« und die Philosophin Hannah Arendt in ihrem 1955 in Deutschland veröffentlichten Buch »Elemente und Ursprünge totaler Herrschaft«. Hier bestimmte sie das Führerprinzip, die hierarchische Gliederung des Staates, das Stiften von organisatorischem Chaos und die Umformung einer Partei zu einer Bewegung als grundlegende Eigenschaften dieser neuen und gleichzeitig modernen Herrschaftsform. Arendt begründete mit der erwähnten Schrift die Theorie der totalitären Herrschaft, und sie ergänzte damit die bisherige marxistisch-dogmatische Faschismustheorie, die sich auf eine mechanische Geschichtsdeutung und eine damit verbundene einseitige Analyse ökonomischer Gesellschaftsverhältnisse begründet.

Mein Schatten meldet sich und fragt mich nach dem Sinn meiner finsteren Gedankenspiele. Den Gefangenen hälfen sie jedenfalls nicht, behauptet er. Da habe er wohl Recht, antworte ich, ich wisse aber, dass Zeithain auch andere Zeiten erlebt habe. Ich weise meinen Schatten darauf hin, dass vor dreihundert Jahren hier, in der Nähe der Stadt, der Dresdner Riesenstollen das Licht der Welt erblickte. Sein Geburtshelfer, erkläre ich, sei August der Starke gewesen. Dieser habe im Frühsommer 1730 – neun Jahre nach dem Ende des Nordischen Krieges und zehn Jahre bevor Friedrich der Große mit seiner Armee zum ersten Mal in Schlesien einmarschierte – 48 europäische Fürsten zu einem Fest der besonderen Art eingeladen. Das illustre Treffen der Monarchen habe sich als eine zwar martialische, aber dennoch friedvolle Truppenschau offenbart und als eines der prächtigsten und üppigsten Barockfeste, die der sächsische Kurfürst jemals feierte. Besondere Höhepunkte der mehrwöchigen Feier seien ein am Abend des 28. Juni bei Riesa entzündetes fünfstündiges Feuerwerk, pompöse Wasserspiele auf der Elbe und eben jener vom Dresdner Bäckermeister Johann Andreas Zacharias in Moritzburg gebackene Riesenstollen gewesen, der auf einem von acht Pferden gezogenen Wagen bis in das Lager bei Zeithain gebracht worden sei. Ich weise meinen Schatten auch darauf hin, dass das 1730 zum ersten Mal praktizierte feierliche Anschneiden des Stollens erst wenige Jahre vor der letzten Jahrhundertwende wiederbelebt worden sei. Diese Zeremonie habe in einer Zeit stattgefunden, in welcher der höfische Absolutismus und die in Sachsen damit verbundene Herrschaft Augusts des Starken nicht mehr sozialistisch und auch nicht kommunistisch, sondern nun wieder bürgerlich und sogar im Sinne der einst hier herrschenden Wettiner gedeutet worden sei. Die Idee, diese Praxis wiederzubeleben, habe jedoch kein Sachse, sondern mit Peter Mutscheller ein nach der Wende aus Baden-Württemberg nach Dresden gezogener Kunsthistoriker gehabt. Auch finde der Anschnitt des Gebäcks nun nicht mehr im Frühsommer in der Provinz, sondern zur Weihnachtszeit auf dem Dresdner Striezelmarkt statt.

Ich erinnere mich, dass ich, als ich als Ausstellungstechniker mehrere Jahre lang im Dresdner Zwinger und im Albertinum arbeitete, eines Tages gemeinsam mit einem Kollegen das vom Hofmaler Johann Alexander Thiele 1730 gefertigte Gemälde mit dem Titel »Lager bei Zeithain« in die Restaurationswerkstatt trug. Das Bild zeigt ein in die Landschaft gestelltes Zeltlager mit nach osmanischem Vorbild genähten, mit orientalischen Mustern verzierten und in quadratischer Formation aufgestellten Zelten sowie zwischen den Zelten in Reih und Glied stehenden Offizieren und Soldaten. Blickt man auf das Gemälde, dann ahnt man, dass es nur einen Ausschnitt des Lagers zeigt: Man ahnt, da war noch mehr, ahnt das Kolossale: die barocke Verquickung von Militär und Kulinarik. So mussten zum Beispiel der von August dem Starken eingeladene preußische Soldatenkönig und sein Sohn, der spätere Friedrich der Große, dabei zusehen, wie ihr Vetter unter klingendem Spiel die neu strukturierte und modernisierte, 30.000 Mann starke Armee vorführt, und wie in einem zehn Kilometer entfernten und eigens für das Fest erbauten Opernhaus der Hof sich selber feierte und das Leben genoss.

Das Lustlager bei Zeithain war das letzte unter der Ägide Augusts des Starken gefeierte Fest. Sein Tod kam drei Jahre später – er starb am 1. Februar 1733 um vier Uhr morgens in Warschau an Diabetes, einer Folge seines ausschweifenden Lebens – ganz unerwartet und plötzlich, und er stürzte Kursachsen in eine Krise. Fast gleichzeitig mit ihm starben der Architekt Matthäus Daniel Pöppelmann, der Bildhauer Balthasar Permoser, der Goldschmied Johann Melchior Dinglinger und August Christoph Graf von Wackerbarth, der dem Kurfürsten als Generalfeldmarschall gedient und ihn militärisch beraten hatte, während er zugleich als oberster Bauminister zum Regisseur des Dresdner Barock avancierte. Augusts Sohn – Kurfürst Friedrich August II. – war zum Herrschen ungeeignet. Er kümmerte sich nicht um die Politik, sondern widmete sich als Kunstliebhaber und Mäzen lieber der Erweiterung des Grünen Gewölbes und dem Ausbau der Gemäldegalerie sowie als Opernliebhaber dem barocken und höfischen Gesang. Zur Politik berufen fühlte sich jedoch der bereits unter August dem Starken zum Ministerpräsidenten aufgestiegene Heinrich von Brühl. Jede Schwäche und politische Interessenlosigkeit des Thronfolgers steigerte seinen Einfluss und seine Macht. Auch die von August dem Starken mit Akribie organsierten Feste wurden nicht fortsetzt. Sie blieben aber in Erinnerung, und vom einst bei Zeithain aufgebauten Lustlager zeugen bis heute noch vier von Pöppelmann entworfene und aus Sandstein hergestellte Obeliske sowie zwei osmanischen Staatszelten nachempfundene Kampiere, die im Dresdner Schloss in der Türckischen Cammer ausgestellt sind. Das einst bei Streumen errichtete Opernhaus wurde abgerissen und ebenso alle auf der einhundert Hektar großen Fläche stehenden hölzernen Konstruktionen. Sachsens Glanz, der Glanz des höfisch-sächsischen Absolutismus, leuchtete also am Abend des 28. Mai 1730 bei Riesa an der Elbe ein letztes Mal. Er leuchtete so hell und so grell wie nie zuvor und nie wieder seitdem. Geblieben sind nur Erinnerungen an ein barockes Spektakel unfassbaren Ausmaßes und an horrende Rechnungen, die selbstverständlich nicht der Hof beglich.

Eine für Kursachsen besonders unangenehme historische Bedeutung erlangte das Zeithainer Lustlager jedoch nicht – wie anzunehmen wäre – durch die kostspielige Vergnügungssucht des Hofes und die bis zum Exzess ausgelebte höfische Verschwendungssucht, sondern vor allem durch eine Begebenheit, die das Kommende – den Sieg des preußischen Militärs über die sächsische Armee und den Triumph des aufgeklärten Absolutismus über das verschwenderische höfische Pendant – zwar nicht vorwegnahm, zumindest aber andeutete. Gemeint ist ein während des Festes ausgetragener Streit zwischen dem Soldatenkönig und dem damaligen Kronprinzen, der die zukünftigen sächsisch-preußischen Beziehungen schwer belastete. Nicht unschuldig an diesem Verhängnis war der bereits erwähnte Heinrich von Brühl, der am sächsischen Hof unter August dem Starken innerhalb kürzester Zeit vom einfachen Pagen zum wichtigsten kursfürstlichen Berater aufgestiegen war. Sich seiner Macht, seines Einflusses beim Kurfürsten und seiner rhetorischen und strategischen Fähigkeiten bewusst, suchte Brühl während des Festes die Nähe zum kursächsischen und zum preußischen Hof. Hier erfuhr er, dass Friedrich den Plan habe, nach Frankreich zu fliehen, um sich der väterlichen Kontrolle und Disziplinierung zu entziehen. Brühl zögerte nicht: In der Hoffnung, einen Keil zwischen König und Kronprinz zu treiben und damit die preußische Monarchie zu schwächen, verriet er die Fluchtpläne dem preußischen Monarchen, worauf dieser seinen Sohn während des Festes – im Beisein von Untergebenen und im Beisein von Brühls – mehrmals brutal schlug. Öffentlich gezüchtigt und gedemütigt verließ Friedrich daraufhin das Fest und zog sich in das an der Elbe stehende Schloss Pommritz zurück.

Nur wenige Tage später weihte er seinen Freund, den musisch und literarisch gebildeten Leutnant Hans Hermann von Katte, in seine Fluchtpläne ein. Katte, der zunächst versucht haben soll, Friedrich von der Flucht abzuhalten, ließ sich von ihm überreden und unterstützte ihn. Diese Loyalität gegenüber dem freundschaftlich mit ihm verbundenen Kronprinzen kostete ihn das Leben: Friedrichs Flucht misslang, und während er am 5. August in einem württembergischen Quartier bei Steinsfurt von preußischen Truppen verhaftet wurde, verurteilte Friedrich Wilhelm I. Katte zum Tod. Friedrich wurde von seinem Vater gezwungen, am 6. November in Küstrin der Enthauptung seines Freundes beizuwohnen und fiel in Ohnmacht, als er den blutenden und kopflosen Leichnam seines Freundes sah. Die vom Vater gegenüber dem Sohn ausgeübte Brutalität zeigte dennoch die beabsichtigte Wirkung. Denn als Friedrich aus der Ohnmacht erwachte, war er ein anderer: ein geläuterter, aber auch gebrochener Mann. Es gibt Historiker und Dramaturgen, die behaupten, dass Friedrichs Psyche nach der Enthauptung seines Freundes krank gewesen sei. Über die Art und die Heftigkeit der Erkrankung wird bis heute gestritten, aber fest steht, dass er viele Jahre später – als preußischer König Friedrich der Große – zwei Gesichter besaß: Dem der Literatur, der Philosophie und der Musik zugeneigten Monarchen stand der andere Mann gegenüber, der sich bedingungslos dem Staat unterwarf, von seinen Untertanen das gleiche erwartete und sich am Militär und an Kriegen berauschte. Fest steht auch, dass Friedrich nach dem zeitweiligen Arrest und der ebenso zeitweiligen Aberkennung des Kronprinzentitels ein Jahr lang ein in der Provinz stationiertes Regiment kommandierte und dass er 1731 die von seinem Vater für ihn bestimmte Herzogin Elisabeth Christine von Braunschweig heiratete.

Nach dieser unglücklichen und vom Vater aufgezwungenen Hochzeit zog er sich nach Rheinsberg zurück, wo er fürstlich und zugleich politisch aufgeklärt im Schloss residierte. Hier spielte er Flöte, komponierte und traf sich mit Voltaire. Als sein Vater 1740 starb, hofften die europäischen Monarchen und die preußischen Untertanen, dass dem sperrigen und strengen Monarchen mit Friedrich nun ein Philosoph und ein den Ideen der Aufklärung zugeneigter Herrscher folgen würde. Und Friedrich erfüllte zunächst die Erwartungen: Am ersten Tag seiner Regierung schaffte er die Folter ab, in den nächsten Tagen erklärte er Religionsfreiheit und Pressefreiheit. Er berief einen Freidenker an die Spitze der Berliner Akademie der Wissenschaften und machte sie zu einer der besten Akademien Europas. Zudem musizierte er und komponierte, nannte Philosophen seine Freunde und interessierte sich für Literatur und Architektur. Gleichzeitig jedoch führte er Kriege, und der Bellizismus diente ihm als legitimes Mittel zum Erreichen seiner politischen Ziele. Und Heinrich von Brühl – dem Mann, der einst seine Fluchtpläne an den Vater verraten hatte und Zeuge der öffentlichen Züchtigung gewesen war – verzieh er die Blöße nie: Er schwor ihm lebenslange Feindschaft. Als Friedrich im Juni 1756 die kursächsische Grenze widerrechtlich überquerte, trieb er den sächsischen Kurfürsten und Heinrich von Brühl – beide flohen nach Polen – vor sich her und eröffnete siegessicher und sich der Stärke seiner Armee bewusst den Siebenjährigen Krieg.

Zurück zum höfischen Barock! Zurück in das Zeitalter des höfischen Absolutismus, als in Sachsen an der Elbe eine ganze Stadt zu einem Gesamtkunstwerk um- und ausgebaut wurde, in die Landschaft gestellte Schlösser die Macht von Kurfürsten und Hofadel präsentierten und am Hof die Anbetung von Kurfürsten und Ministern wichtiger war als Eucharistie und Sakramente. Zurück in die Zeit der Reifröcke und gepuderten Perücken, als auch am sächsischen Hof bewusst französisch gesprochen wurde und die einzige Aufgabe des Hofadels darin bestand, den Speichel des jeweiligen Monarchen zu lecken, während man sich – selbstverliebt und arrogant – selbst genügte und betrog. Dieses Zeitalter nennt man Barock – über mehr als zweihundert Jahre prägte es die europäische Geschichte und bestimmte – sich dabei den französischen Sonnenkönig Ludwig XIV. zum Vorbild nehmend – die Einstellungen der jeweiligen Eliten zu Kunst, Mode, Wirtschaft und Politik.

Es gibt die These, dass der Barock die in Wahrheit kriegerische und grauenhafte Wirklichkeit deshalb mit üppigen und detailverliebten Verzierungen überzeichnete, weil der menschliche Geist Kunst und Kultur benötigte und benötigt, um die Realität des alltäglichen Schreckens auszuhalten und sich, wenigstens für einige Augenblicke, von der Gewissheit und Allgegenwärtigkeit des Todes zu befreien. Stimmt die These, dann ist erklärbar, warum – im dialektischen Sinne – ausgerechnet der Barock die Ideen der Aufklärung gebar. Denn sie, die Ideen der Aufklärung, bildeten das geistige Fundament für seinen Untergang und die philosophischen Grundlagen der modernen bürgerlichen Gesellschaft. Das barocke Zeitalter, das paradoxerweise im späten 16. Jahrhundert aus der bürgerlichen Stadtkultur der Renaissance hervorging, endete mit der Französischen Revolution. Es endete gewaltsam und schrecklich. Ihm folgte die europäische Moderne und das lange, bis zum Ersten Weltkrieg währende bürgerliche Jahrhundert. Und dennoch – dennoch überlebte der Barock. Er überlebte zum Beispiel in der Liebe der jeweils Herrschenden zu Gold und Geld und ihrem Hang zum Glamour, in der Sucht nach höfischen Ausschweifungen und Verzierungen, im Drang der Herrschenden zu einem dekadenten Lebensstil – verbunden mit der Neigung, sich an der Macht zu berauschen und sich selbst zu betrügen.

Friedrich Nietzsche beschrieb und kritisierte in seinen Spätschriften die seit dem Zerfall des Römischen Reiches in Europa stetig wiederkehrende Dekadenz. In seinem 1882 veröffentlichten Buch »Die fröhliche Wissenschaft« stellte er – um nur ein Beispiel zu nennen – dem dekadenten Lebensstil, den er als sittlichen Verfall und Vorzeichen eines kommenden kulturellen Niedergangs bewertete, die Idee der »ewigen Wiederkehr des Gleichen« entgegen. Seine Ontologie lässt sich existenzialistisch deuten. Existenzialistisch in dem Sinn, dass jedes einzelne menschliche Leben so gelebt werden soll, so dass es zu jeder Zeit und in jeder Situation »noch einmal und noch unzählige Male« gelebt werden könnte. Die Idee der »ewigen Wiederkehr des Gleichen« lässt sich jedoch auch kulturkritisch deuten, weil sich Nietzsche zufolge die Formen verändern mögen, wohingegen deren Inhalt sich immer gleicht. Und hatte Nietzsche nicht recht? Gleichen die pompösen und luxuriösen, von August dem Starken im frühen 18. Jahrhundert ausgerichteten Feste – wie zum Beispiel die Kostümbälle im Dresdner Zwinger oder das erwähnte Lustlager bei Zeithain – nicht den bürgerlichen Hofbällen in der Semperoper, die von 1925 bis 1939 stattfanden und seit 2006 hier wieder jährlich stattfinden? War es nicht so, dass sich in den barocken höfischen Festen die absolutistisch herrschenden Fürsten gegenüber dem Volk repräsentierten, wobei sie sich selbst feierten und nach Anerkennung und Lobhudelei gierten? Im Zeitalter des Barock und des höfischen Absolutismus fehlte jedoch die bürgerliche Öffentlichkeit: Es gab keine Bürger, die das notwendige Kapital besaßen, um als Sensationstouristen den Spektakeln beiwohnen zu können, und ebenso gab es keine oder nur wenige Journalisten, die König und Hofadel entweder schmeichelten oder sie kritisierten. Die adlige Elite blieb damals unter sich, und lediglich den Hofmalern und den Narren wurde gestattet, den Hoffesten und den Bällen beizuwohnen. Ganz anders und doch wieder gleich: die höfische Festkultur im bürgerlichen Zeitalter. Hier sind die Bürger, die es sich leisten können und wollen, ganz nah dran an den Eliten aus Politik und Wirtschaft, und zudem werden die Feste von Rundfunk, Fernsehen, Presse und Onlinemedien medial aufbereitet und begleitet. Theodor W. Adorno beschrieb dieses Treiben im Buch »Dialektik der Aufklärung«, und er nannte es einen »Absatzmarkt im Sinne der spätkapitalistischen Kulturindustrie«. Absolutistisch agierten in der Spätphase des real existierenden Sozialismus jedoch auch die Mitglieder des Politbüros der SED: Als sei das Waidmannsheil ein Signum des Kommunismus, trafen sie sich in für die Öffentlichkeit nicht zugänglichen Wäldern zu höfischen Jagdgesellschaften, wo sie sich mit Gewehren in ihren Händen martialisch präsentierten und im Wald lebende Tiere exekutierten. In ihren selbstherrlichen und patriarchalischen Manieren mutierten sie, ohne es zu merken, zu feudalen Fürsten, die – abgehoben vom Volk – in absolutistischer Art und Weise das Land regierten.

Der Gedanke an den 1730 vom Dresdner Bäckermeister Johann Andreas Zacharias gebackenen Riesenstollen macht mich hungrig. Mein Magen knurrt, auch schmerzt plötzlich mein rechter Fuß. Hungrig humpele ich in die Stadt und zur unmittelbar neben der Michaeliskirche stehenden Pilgerherberge. Darin sind zwei Frauen, und ich werde ihnen – ohne dass wir es an diesem Abend ahnen oder planen – bis Leipzig noch häufig begegnen. Nachdem wir uns begrüßt und gegenseitig vorgestellt hatten, gesteht mir eine der Frauen, die Birgit heißt, dass sie aus den alten Bundesländern kämen und zum ersten Mal den Osten besuchen würden. Ich entgegne ihr, dass mir das im Augenblick egal sei, da mich – ich zeige auf meinen rechten Fuß – eine Blase quäle. Außerdem, ergänze ich, sei ich mir sicher, dass sie nicht des Geldes oder der Karriere wegen im Osten seien, und sie würden auch nicht dem westdeutschen Menschentyp gleichen, der nach 1990 – in Windeseile und in der Hoffnung auf gewinnbringende Geschäfte oder billig zu erwerbende Immobilien – in Gutsherrenmanier in das Gebiet der ehemaligen DDR eingefallen sei.

Maria, die im Gegensatz zu Birgits Pferdeschwanz ihr langes blondes Haar offen trägt, reagiert nicht auf meine Vorwürfe. Stattdessen entschuldigt sie sich für die, wie sie meint, zu spät erfolgte Reise in die ostdeutsche Provinz. Dabei, so sagt sie, seien sie vor einer Fahrt nach Sachsen gewarnt worden: Eine solche Tour, hätten viele Freunde gesagt, würde sich nicht lohnen, und zudem sei es aufgrund hier beheimateter Neonazis gefährlich, hier zu wandern. Ich bin kurz davor, darauf etwas zu erwidern, als sie fortfährt und bemerkt, dass der angeblich gottverlassene Osten gar nicht so gottlos sei – auch hätten sie während des Pilgerns viele freundliche Menschen kennengelernt und viel Sehenswertes zu Gesicht bekommen. Zudem sei sie zuversichtlich, dass es hier bald aufwärts gehen werde, zumal der Großteil des Solidarzuschlages ja dem Osten zukommen würde.

Ich weise sie darauf hin, dass ich den Solidarzuschlag auch bezahle, und ergänze – dabei die Stimme senkend –, dass ich zur Behandlung meiner Blase heute Hilfe aus dem Westen nicht ablehnen würde. Um die Frauen für mich einzunehmen, übertreibe ich etwas: Mit wehleidigem Blick zeige ich erneut auf meinen rechten Fuß und behaupte, die hier entstandene Blase sei so groß geworden und schmerze inzwischen so heftig, dass ich ernsthaft überlegen würde, die Tour hier zu beenden. Maria lässt sich erweichen. Sie bittet mich, den Schuh auszuziehen und den Fuß vom

Strumpf zu befreien. Ich folge ihrer Bitte, lege mich auf ein Bett und warte darauf, dass sie mit einer desinfizierten Nadel in die Blase sticht. Statt einer Nadel holt sie aus ihrem Sanitätsbeutel jedoch ein durchsichtiges Pflaster und klebt es liebevoll, fast schon zärtlich auf die Blase. Ich danke ihr und erkläre, dass ich eine Nadel erwartet und das von ihr benutzte Pflaster noch nie gesehen hätte. Maria beruhigt mich: Das Pflaster werde mir helfen, indem es während der Nacht mit der Blase verschmelzen und deren Feuchtigkeit absorbieren würde. Bereits morgen früh, so prophezeite sie, würde es mir besser gehen, ich würde wieder lachen und das Leben hätte dann auch für mich wieder einen Sinn.

7. Kapitel (Von Zeithain nach Dahlen)

Von der Bekanntschaft mit einem Geistheiler, vom Ende des Zweiten Weltkrieges und von einem ganz besonderen Wirt

Als ich am nächsten Morgen erwache, sind Birgit und Maria bereits unterwegs. Auf dem Tisch in der Küche liegt ein Zettel. Darauf steht, dass sie mir einen schönen Tag und ein schmerzfreies Pilgern wünschen. Gut gelaunt dusche ich, trinke Kaffee und schlüpfe in meine Sachen. Danach ziehe ich vorsichtig und behutsam die Wanderschuhe an und teste die von Maria versprochene heilende Wirkung des Pflasters. Sie hatte recht: Obwohl ich am rechten Fuß einen leichten Druck spüre, ist der Schmerz erträglich. Hungrig zwar, aber dennoch frohen Mutes verlasse ich die Herberge und gehe bis zum Ufer der Elbe.

Es ist früher Vormittag, und ich blicke – als Pilger – zum ersten Mal auf den Fluss, der mir seit frühesten Kindheitstagen vertraut ist und zur DNA eines gebürtigen Dresdners gehört: den mächtigsten sächsischen Strom. Im Vergleich zu den schmalen, wendigen und unruhig durch Sachsen fließenden Mulden und auch zur durch Leipzig fließenden Pleiße sowie zur ebenfalls durch die Messestadt fließenden Weißen Elster kommt die Elbe ruhig daher und fließt majestätisch. Beim Blick auf den Fluss scheint es mir unvorstellbar, dass er noch Mitte der 90er Jahre des letzten Jahrhunderts an manchen Tagen stank, gelblich schimmerte, schäumte oder weiße Flocken und Unrat mit sich führte. Unvorstellbar scheint mir auch, dass die Elbe sich vor zehn Jahren plötzlich in einen unberechenbaren breiten Strom verwandelt hatte, der Landschaften, Dörfer und Städte überschwemmte und das Leben von Tieren und Menschen bedrohte und zerstörte.

Ich wandere flussabwärts, als mehrere hundert Meter vor mir plötzlich ein Pilger auf dem Weg erscheint. Das überrascht mich, denn schließlich kann er unmöglich aus dem Nichts gekommen sein. Ich folge ihm, und nach einigen Minuten beharrlichen Gehens erkenne ich, dass er einen Rucksack trägt, einen Strohhut auf dem Kopf und einen Pilgerstab in der Hand. Ich gehe weiter und schließlich trennen uns nur noch wenige Meter. Ich sehe nun, dass er ein weißes Leinenhemd und eine hellbraune Leinenhose trägt, und dass am Rucksack eine Jakobsmuschel befestigt ist. Schließlich hole ich ihn ein, und als ich neben ihm gehe, blickt er zu mir und begrüßt mich mit einem mürrischen »Hallo«. Er ist etwas größer als ich, scheint aber gleichaltrig zu sein. Ich erwidere seinen Gruß, und wir gehen mehrere Minuten schweigend nebeneinander.

Schließlich unterbricht er das Schweigen: Woher ich käme, will er wissen, und seit wann ich auf dem Jakobsweg wandern würde. Ich sei ein gebürtiger Dresdner, erkläre ich, seit einigen Jahren würde ich jedoch in Leipzig wohnen. Vor einigen Tagen sei ich in Görlitz aufgebrochen und beabsichtige, bis in die Messestadt zu pilgern. Ich will ihn meinerseits fragen, woher er käme und wie lange er auf dem Jakobsweg wandern würde, als er mir zuvorkommt und mir erklärt, dass er ebenfalls aus Dresden käme und beabsichtige, den Jakobsweg bis Vacha, vielleicht sogar bis Frankreich und danach bis nach Spanien zu wandern. Beruflich habe er eine Auszeit genommen, sagt er, aber eigentlich sei das nicht wichtig, denn er sei auch während des Pilgerns als praktizierender Geistheiler unterwegs. Ich schaue ihn verwundert an und frage ihn, was ein Geistheiler sei. Statt mir eine Antwort zu geben, dreht er sich um und bittet mich, einen auf seinem Rucksack angebrachten Aufnäher zu lesen. Ich lese: »HelleRAUM – Praxis für Geistheilung, sensitive Massage und Gesang«. Einem Geistheiler, gestehe ich, sei ich noch nie begegnet – wisse aber, dass Geistheiler ihr spirituelles Handwerkszeug dem einst und vielleicht noch immer in Südamerika und Sibirien praktizierten Animismus und den hier beheimateten Schamanen verdanken.

»Warum«, frage ich, »pilgerst du in Sachsen auf dem Jakobsweg und nicht in den Anden in Peru oder am Baikalsee in Sibirien?«

Der Geistheiler zögert mit der Antwort, und wir gehen weiter. »Weißt du nicht«, fragt er mich dann nach einigen Schritten, »dass der Jakobsweg ein Abbild der Milchstraße auf der Erde ist?«

»Nein«, antworte ich, »das weiß ich nicht. Ich weiß aber«, fahre ich fort, »dass Luis Bunuel in den 60er Jahren des letzten Jahrhunderts einen Film über den Jakobsweg drehte und dass der Film ›Die Milchstraße‹ heißt.«

»Genau!«, ruft der Geistheiler, dessen Namen ich noch immer nicht kenne, erregt. »Das ist ja toll, dass du diesen Film kennst! Und? Was fiel dir auf, als du ihn sahst?« Ich blicke ihn an und zucke mit den Schultern. »Die Milchstraße«, erklärt er – dabei mit den Händen gestikulierend –, »die Milchstraße ist der Jakobsweg! Hier und nur hier existiert das Surreale! Hier und nur hier siegt das Absurde! Hier und nur hier geschieht Seltsames, gepaart mit Ungeheuerlichkeiten!«

Diesen Worten folgt eine Pause. Wir gehen schweigend weiter, als er plötzlich und unvermittelt erneut stehen bleibt und mich fragt, ob ich mehr über Luis Buñuel wüsste. Ich antworte ihm, dass ich Bunuel in Verbindung zum Surrealismus bringen würde, bisher aber lediglich den

Film »Die Milchstraße« gesehen hätte. Mir sei aber bewusst, ergänze ich, dass Buñuel mit Salvador Dalí mehrere surrealistische Filme gedreht habe und der bekannteste dieser Filme »Ein andalusischer Hund« heißen soll.

»Gut«, lobt mich daraufhin der Geistheiler, »ich sehe, du bist informiert. Diesen Film, einen Meilenstein des Surrealismus, drehten beide 1929 in einem Filmstudio in Le Havre innerhalb von zwei Wochen. Aber schon fünf Jahre zuvor hatte der Schriftsteller André Breton das Manifest des Surrealismus verfasst und hier die Ziele und ideellen Grundlagen des Surrealismus genannt: eine radikale Kritik des bürgerlichen Lebens und eine tiefenpsychologische Bloßlegung des oberflächlichen bürgerlichen Seins mithilfe von Kunst und Traumdeutung.«

»Das klingt«, erwidere ich spontan, »nach einer Fortführung des Dadaismus.«

Der Geistheiler blickt mich überrascht an. »Du hast Recht.«, stimmt er mir zu. »Dieser Zusammenhang war mir bisher noch nicht bewusst. Ich frage mich, wieso du darauf kommst, den Dadaismus in einen Zusammenhang zum Surrealismus zu bringen.«

Ich erkläre ihm, dass ich zwar in Dresden geboren sei, in Wahrheit aber in einer Gartenstadt aufgewachsen – einer am nördlichen Stadtrand liegenden Siedlung. Hellerau, so behaupte ich, sei in den Jahren vor und nach dem Ersten Weltkrieg die bedeutsamste deutsche Gartenstadt gewesen. Hier hätten reformorientierte Architekten, Pädagogen, Handwerker und Künstler gelebt und gewirkt, und 1910 sei auch die Tänzerin Suzanne Perrottet nach Hellerau gezogen. Perrottet, ergänze ich, habe die Gartenstadt jedoch bereits drei Jahre später verlassen und sei Rudolf von Laban gefolgt, der auf dem Monte Verità als Tanzpädagoge wirkte. 1917 wiederum finden sich ihre Spuren in Zürich, wo sie im Cabaret Voltaire mit Hugo Ball und Hans Arp den Dadaismus ins Leben rief.

»Ich sehe, du bist auch hier gut informiert«, lobt mich der Geistheiler. »Der Dadaismus«, bestätigt er, »das war die Hoffnung, dem Wahnsinn des bürgerlichen Lebens, der strikten Normierung mit der damit verbundenen Funktionalität – und letztlich auch dem Wahnsinn des Krieges etwas Friedvolles und Sinnvolles entgegenstellen zu können: eine ideologiefreie und kindlich-naive Kunst.« Ich will ihm zustimmen und gleichzeitig etwas erwidern, als der Geistheiler das Wort wieder an sich reißt und fortfährt: »Aber ich finde etwas anderes beinahe ebenso interessant wie die Gründung des Dadaismus: Ich finde es unglaublich, dass auch du aus Hellerau kommst.« Bevor ich ihn fragen kann, was er damit meint, behauptet er, dass auch er in der Gartenstadt aufgewachsen sei.

»Das kann nicht sein«, erwidere ich. »Wie ich sehe, scheinst du etwa gleich alt wie ich, und ich kenne die Jungs meines Alters.«

»Gewiss«, antwortet er, »auch ich kenne die Jungs, die mit mir in Hellerau Fußball gespielt haben. Ich kenne auch dich.« Diese Behauptung sitzt!

»Du meinst«, frage ich, »du weißt, wie ich heiße?«

»Natürlich«, antwortet er. »Du heißt Thomas und kommst aus Hellerau.« Ich bin verwirrt und frage ihn, woher er mich kennt. »Du gingst in die gleiche Schule wie ich«, antwortet er, »allerdings trennt uns ein Jahr.«

Der Mann beunruhigt mich. Um vom Thema Hellerau und ihn von meiner Unsicherheit abzulenken, weise ich ihn darauf hin, was für ein seltener Zufall es sei, dass wir uns ausgerechnet hier, ausgerechnet auf der Via Regia getroffen haben. Das sei kein Zufall, entgegnet er. Für ihn könne es unmöglich ein Zufall sein, dass zwei Männer, die als Schüler einst in der gleichen Schule lernten, 30 Jahre nach der Beendigung der Schule völlig unabhängig voneinander auf die Idee kämen, auf dem Jakobsweg zu pilgern – und dass sie sich dann auch noch treffen. Wenn dies ein Zufall wäre, dann würde es das Schicksal nicht geben, behauptet er. Auch dieses Argument sitzt! Ich schweige betroffen, denn der Mann scheint mir überlegen zu sein.

Wir gehen weiter. Da ich schweige, ergreift der Geistheiler erneut das Wort und merkt an, dass der Jakobsweg spirituellen Energien folgen würde, den sogenannten Ley-Linien, und dass es für ihn daher kein Wunder sei, dass wir uns hier getroffen hätten. Die Ley-Linien, so behauptet er, würden Lebensenergien mit sich führen, auf ihnen seien Menschen zu besonderen Leistungen fähig und zu Kunst und Kultur motiviert. Weltweit bekannte Phänomene dieser entlang der Ley-Linien verlaufenden Kraftfelder seien die Pyramiden in Gizeh, der Monolith in Mekka, Teotihuacán, die von den Azteken verehrte Ruinenstadt, und das peruanische Machu Picchu. In Europa seien das britische Stonehenge, die Kathedrale Notre-Dame de Paris sowie der Jakobsweg die bekanntesten Beweise für die Existenz der Linien. Mit der Bemerkung, dass Santiago de Compostela ja nicht zufällig mit »Heiliger Jakobus vom Sternenfeld« übersetzt werden könne, beendet der mir immer geheimnisvoller werdende Mann seine Erklärungen zur Milchstraße, dem Jakobsweg und den damit verbundenen Ley-Linien.

Beeindruckt von seinen Kenntnissen benötige ich einige Minuten, um meine Gedanken zu ordnen. Ich schweige noch immer, als er mich mit einer weiteren Frage aus meinen Gedanken reißt: Er fragt mich, seit wie vielen Tagen ich unterwegs sei, und ich antworte ihm, dass ich vor sieben Tagen in Görlitz aufgebrochen sei.

»Sieben«, wiederholt er für sich und hakt dann nach: »Wirklich sieben?«

»Ja«, bestätige ich.

Das wundere ihn nicht, entgegnet er, denn die Zahl sieben würde viel mehr bedeuten als die sieben Zwerge im Märchen vom Schneewittchen oder die sieben Geißlein. »An sechs Tagen«, fährt er fort, »erschuf Gott die Welt …«

»… und am siebenten Tag ruhte er sich aus«, ergänze ich.

Von meinem Einwand ungerührt weist der Geistheiler mich darauf hin, dass in der von Rudolf Steiner begründeten Anthroposophie die Sieben die Anzahl der Weltzeitalter symbolisiere. Der gegenwärtige Mensch, erklärt er, lebe im fünften Weltzeitalter, und um das siebente Weltzeitalter zu erreichen und sich mit dem geistigen und göttlichen Prinzip zu vereinigen, habe er noch einen weiten Weg vor sich. Ich frage ihn, ob er damit auch meine, dass auch ich zwangsläufig sechs Tage alleine pilgern musste, um ihm, dem Geistheiler und Anthroposophen, eben jetzt, am siebten Tag, zu begegnen. Der Geistheiler lächelt und schweigt. Bevor ich ihn fragen kann, was sein Schweigen zu bedeuten habe, wendet er sich von mir ab und geht weiter.

Ich lasse ihn gehen und atme kräftig ein und aus. Ich benötige eine Pause. Ich blicke auf die Elbe – sie ist Teil einer mich umgebenden romantischen Herbstlandschaft. Die von den Bäumen zur Erde fallenden und die bereits auf der Erde liegenden Blätter bilden mit den vom Fluss sanft aufsteigenden Nebelschwaden ein beeindruckendes Ambiente. Ich lasse mich mehrere Minuten vom Herbstwind und dem über Fluss und Weg schwebenden Nebel treiben, um wenige Kilometer später erneut dem Geistheiler zu begegnen, der offenbar auf mich gewartet hatte. Er verzichtet auf eine erneute Begrüßung und gesteht mir stattdessen, dass er Stefan heiße. Ich entgegne ihm, dass er meinen Vornamen ja bereits wisse, und gemeinsam wandern wir bis Lorenzkirch. Dort angekommen, weise ich Stefan darauf hin, dass ich in einer Broschüre über die Elblandschaft las, nicht in Torgau, sondern hier in Lorenzkirch seien sich am 25. April 1945 die Russen und die Amerikaner zum ersten Mal begegnet.

»Der Zweite Weltkrieg wurde also hier und nicht in Torgau beendet?«, fragt der Geistheiler.

»Ja«, antworte ich. »In Lorenzkirch soll es bis zum 22. April 1945 eine Pontonbrücke gegeben haben – für die zwischen Riesa und Torgau lebenden Menschen und die aus den Ostgebieten nach Sachsen Flüchtenden die einzige Möglichkeit, den Fluss zu Fuß zu überqueren. Obwohl am 22. April mehrere hundert Flüchtlinge und auch Ortsansässige auf der Brücke waren, wurde sie von Wehrmachtssoldaten gesprengt. Das Ergebnis war ein entsetzliches, grauenhaftes und blutiges Massaker, und da auch drei Tage später noch Leichen auf den Elbwiesen, den Brückenteilen und am Ufer lagen, wurde der für die Weltöffentlichkeit bedeutsame Moment, in dem sich ein amerikanischer und ein sowjetischer Soldat in friedlicher Absicht die Hände reichen, am 25. April nicht hier in Lorenzkirch, sondern im 30 Kilometer entfernten Torgau fotografisch dokumentiert.«

»Aber den ersten Handschlag zwischen den Russen und den Amerikanern, den gab es wirklich hier?«, fragt mich der Geistheiler.

»Ja«, bestätige ich.

»Der Zweite Weltkrieg wurde also, wenn man so will, nicht in Torgau, sondern hier beendet?«

»Ja«, wiederhole ich.

»Und«, fragt Stefan weiter, »liegt Lorenzkirch nicht am Jakobsweg?«

»Du meinst wegen der hier existierenden energetischen Strahlen?« Stefan schmunzelt. Er lässt meine Frage unbeantwortet und geht zur Anlegestelle, wo er vor mir die Fähre betritt.

Am anderen Ufer angekommen, vereinbaren wir, den Rest des Tages getrennt zu pilgern und uns erst am Abend in Dahlen wieder zu treffen. Wir sind uns einig, dass das einsame Pilgern dem Pilgern zu zweit vorzuziehen ist, und glauben beide, dass es sich allein besser pilgert. Während Stefan sich von mir verabschiedet und losgeht – in der Hoffnung, ausschließlich mithilfe der gelben-blauen Markierung und der energetischen Strahlen den Weg zu finden –, suche ich am Ufer der Elbe einen geeigneten Platz, um mich auszuruhen.

Ein Fluss kann ein Mythos sein – wie zum Beispiel der Ganges in Indien, der Nil in Ägypten oder der Amazonas im brasilianischen Regenwald. Ich frage mich, ob auch die Elbe, die im Februar 1945 während und nach der Zerstörung Dresdens durch britische und amerikanische Luftangriffe mehrere Tage und Nächte lang gebrannt haben soll und während der Jahre des real existierenden Sozialismus einem gelben stinkenden Rinnsal glich, eine solche Kraft besitzt. Als gebürtiger Dresdner, der die Elbe sozusagen sein Eigen nennt und sich sein Leben und viele seiner Träume ohne die Anwesenheit dieses Flusses nicht vorstellen kann und mag, hoffte ich viele Jahre, dass dem so sei. Und ebenso hoffte ich einst, der Name der Elbe leite sich von im Fluss schwimmenden Elfen ab. Ein Blick in ein Reisebuch über Sachsen belehrte mich vor einiger Zeit jedoch eines Besseren: Das Wort »Elbe«, las ich, ist nicht von Naturgeistern, sondern vom lateinischen Wort »Albia« abgeleitet. Die Elbe, die im Riesengebirge oberhalb von Špindlerův Ml□n dem Erdreich entspringt und nördlich von Hamburg in die Nordsee mündet, bedeutet demnach »heller« oder »weißer« Fluss.

Dass in der Elbe möglicherweise dennoch Elfen leben und dieser Fluss durchaus das Potenzial hat, ein Mythos zu werden oder bereits zu sein, zeigt eine in der Umgebung von Strehla beheimatete Legende, die berichtet, dass in der Nähe von Strehla eine Nixe ihr Unwesen treibe. In grauen Vorzeiten habe sie unvorsichtige oder übermütige Fischer und am Ufer des Flusses spazierende Männer ins Wasser gelockt und mit sich fortgerissen. Dieses ebenso verführerische wie verderbliche Spiel mit den Menschen währte viele Jahrhunderte, bis sich die Nixe während der 30er Jahre des letzten Jahrhunderts zu einer neuen, ganz gewaltigen Tat entschloss: Bauarbeitern, die mehrmals versuchten, einen im Fluss bei Strehla liegenden großen Granitfelsen zu sprengen, soll sie eine so hohe Wassersäule entgegengeschleudert haben, dass diese, um ihr Leben bangend, nur mit Mühe der Flut entkamen und sich ans Flussufer retteten. Dass die Nixe – nach der Legende und den Berichten Einheimischer – tatsächlich noch immer in den Felsteilen schlummert und sich an jedem rächt, der an ihrer Existenz zweifelt oder sie ihrem Schlaf stört, zeigt zum Beispiel ein Ereignis während des letzten Elbhochwassers: Bewohner der Stadt und der hiesigen Umgebung berichten, dass die Elfe während der Flut einen in den Trümmern des Felsens gebildeten Strudel in Richtung der umliegenden Dörfer gelenkt haben soll. Der Strudel soll so groß und mächtig gewesen sein, dass er den Deich an mehreren Stellen überwand und dahinter liegende Häuser, Straßen und Plätze zerstörte.

Das 1002 erstmals urkundlich erwähnte Strehla offenbart sich mir – eingedenk der Ereignisse, die hier vor siebzig und vor zehn Jahren stattfanden – als ein in sich ruhender und verträumter Ort. Als ich ihn betrete, empfängt mich die typische kleinstädtische Behäbigkeit, und mir bleibt nichts anderes übrig als den Bewohnern der Stadt angesichts der in der sächsischen Provinz oft beheimateten Scheu und Feindlichkeit gegenüber dem Fremden zu wünschen, dass sie – wie es zum Beispiel Heinrich Mann im vor dem Ersten Weltkrieg veröffentlichten Roman »Die kleine Stadt« beschrieb – kleingeistige Provinzialität und den damit verbundenen stumpfen Nationalismus frühzeitig erkennen und sich stattdessen an Weltoffenheit orientieren, gepaart mit Toleranz, Respekt und Achtung vor grundehrlicher Handwerksarbeit sowie vor ehrlicher und geschickter Kaufmannskunst. Mit der Hoffnung, dass der Stadt in Zukunft Weltoffenheit und Lebensfreude beschieden sein mögen und die Bürger sich nicht von reaktionären und rückwärtsgewandten Losungen beeinflussen lassen, gehe ich bis zum Marktplatz.

Im Café Behnisch bestelle ich ein Bier und entdecke auf einem Tisch liegende ältere Ausgaben einer überregionalen Tageszeitung. Ich lese einige Seiten und stoße auf eine Karikatur. Ich liebe Karikaturen. Ich liebe es, wenn kluge und intelligente Karikaturisten die gesellschaftliche Wirklichkeit mit Absicht verzerren und dabei Politiker und politische Ereignisse mit Witz und Humor persiflieren. Mir ist zum Beispiel bis zum heutigen Tag eine Karikatur aus den 80er Jahren des letzten Jahrhunderts in Erinnerung geblieben. Auf ihr war der Berliner Bär abgebildet, der – auf dem Alexanderplatz neben dem Berliner Fernsehturm stehend – in seiner linken Tatze eine Banane hält und sie mit der rechten Tatze schält. Die Schalenreste wirft der Bär, der lacht, sich offensichtlich wohl fühlt und auf seinem Kopf eine Krone trägt, mit einer arroganten Geste in die um ihn gezeichneten Provinzen. Ich bin mir bis heute sicher, dass der Karikaturist die damalige Bevorzugung der in Ostberlin lebenden Menschen gegenüber den Menschen in den Bezirkshauptstädten und der Provinz nicht besser hätte zeichnen können. Er hätte nicht besser erklären und darstellen können, warum die friedliche Revolution im September und Oktober 1989 nicht in Ostberlin, sondern im vogtländischen Plauen und in den sächsischen Bezirkshauptstädten Dresden und Leipzig begann.

Die vor mir liegende Karikatur zeig jedoch keinen gekrönten Bären, sondern einen Mann, der mühsam einen Berg besteigt. Dabei blickt der Mann, der weiß, dass unter ihm der Abgrund lauert, hoffnungsvoll und zugleich skeptisch nach oben in Richtung Gipfel. Über ihm steht auf einem Felsvorsprung ein zweiter Mann. Im Unterschied zum Kletterer, der schwitzt und angestrengt wirkt und den zu allem Unglück ein übergroßer Rucksack mit der Aufschrift »Ossi« in die Tiefe zu ziehen droht, steht der zweite Mann breitbeinig da und grinst. In der rechten Hand trägt er einen Geldkoffer mit der Aufschrift »D-Mark«, während sein linker Arm mit einer verlegenen und gleichzeitig gönnerhaften Geste in Richtung des unter ihm kletternden Mannes weist. Ein unmittelbar neben dem Geldkoffer stehender Wegweiser, auf den das Ziel »Weg zur deutschen Einheit« geschrieben ist, vervollständigt die Karikatur.

Ich interessiere mich für den schwitzenden und um den seine Existenz kämpfenden Mann. Im Gegensatz zu dem über ihm stehenden, der sich seiner Existenz sicher ist und sich dem Kletterer überlegen fühlt, kämpft er mit sich selbst – aber auch mit dem vollgepackten und sperrigen Rucksack, der ihn nach unten zieht. Angesichts seiner Aussichtslosigkeit frage ich mich, ob der Rucksack, den er trägt, nicht gleichzusetzten ist mit dem Stein des Sisyphos. Denn jedes Mal, wenn der in der Antike beschriebene mythische Held mit seinen Händen einen großen Stein auf einen Berg gerollt hatte, setzte sich dieser von selbst in Bewegung und rollte wieder bergab. Sisyphos, dem damit vom Göttervater Zeus Bestraften, blieb nichts anderes übrig, als sich der ihm auferlegten Plage zu fügen und die anstrengende und eintönige Tätigkeit – den Stein unten anzupacken und ihn wieder auf den Berg zu rollen – immer und immer wieder zu wiederholen. Der französische Philosoph Albert Camus, der in einer seiner Schriften das Absurde als die größte auf der Welt bestehende Ungerechtigkeit bezeichnete, behauptet in einem seiner bekanntesten Essays, dass Sisyphos – trotz der beschwerlichen, immer wiederkehrenden und eintönigen Tätigkeit – ein glücklicher Mensch gewesen sei. Denn immer dann, wenn Sisyphos nach unten lief – für kurze Augenblicke vom Stein und von der Arbeit befreit –, sei er sich seiner selbst bewusst geworden und damit über sich hinausgewachsen. Und immer dann, wenn Sisyphos sich selbst und das Absurde seiner Situation erkannte, soll er Camus zufolge glücklich gewesen sein. Hatte Camus mit dieser Behauptung nicht Recht? Hielt Sisyphos, indem er die Existenz des Absurden erkannte und akzeptierte, damit leben zu müssen, nicht die Freiheit in seinen Händen? »Darin besteht«, schrieb Camus, »die verborgene Freude des Sisyphos. Sein Schicksal gehört ihm. Sein Fels ist seine Sache. Der absurde Mensch sagt ja, und seine Anstrengung hört nicht mehr auf.«

Ich blicke ein weiteres Mal auf die in der Zeitung abgebildete Karikatur und suche die hier versteckte Absurdität. Ich frage mich, ob sie vielleicht darin begründet liegt, dass es letztlich offenbleibt, ob der Mann, der den Berg hochklettert, auf die Hilfe des auf dem Felsvorsprung stehenden Mannes angewiesen ist oder ob er den Aufstieg auch allein schaffen könnte. Dessen nur halbherzig angedeutetes Hilfsangebot steht jedenfalls in Widerspruch zu dem ungewöhnlich großen Rucksack, der den Kletterer nach unten zieht und den er wie Sisyphos' Stein auf seinem Rücken trägt. Und, frage ich mich weiter, was steckt in dem mit Absicht überzeichneten Gepäck wohl alles drin? Das Leben in einem Einparteienstaat, die Zahlungen der Reparationskosten nach dem Krieg an die Sowjetunion, den angeblich freundschaftlich mit der DDR verbundenen großen Bruder, die täglichen Lügen und der Kampf bis zur Selbstzerfleischung mit der allgegenwärtigen und allmächtigen Staatssicherheit – vor allem jedoch steckt in dem Rucksack das Eingeständnis, dass der Traum vom Aufbau eines sozialistischen Staates und vom Leben in einer sozial gerechten und trotzdem freien Gesellschaft sich nicht erfüllte. Dieser Schmerz über das Scheitern eines sozialistischen Experiments, verbunden mit der Gewissheit, nach dem Zweiten Weltkrieg aus Sicht eines vom Markt verwöhnten Konsumenten sozusagen zufällig auf der »falschen« Seite geboren worden zu sein, macht den am Berg hängenden Mann klein und leidend gegenüber dem auf der Plattform stehenden, der – sich seiner finanziellen und scheinbar auch moralischen Stärke bewusst – sich ihm offensichtlich überlegen fühlt. Seine gedrückte und geschwächte Haltung kann der Bergsteiger auch nicht mit dem Bewusstsein des eigenen Freiheitserwerbs ausgleichen – zumal die Karikatur offenlässt, ob der auf dem Felsvorsprung stehende Mann, der grinst und blank geputzte Schuhe sowie einen Anzug trägt, dem unter ihm schwitzenden nicht helfen will oder nicht helfen kann. Ein Treffen auf Augenhöhe ist das, was sich da auf der Plattform abspielt, jedenfalls nicht. Und hatte der Karikaturist damit nicht Recht? – Schließlich bedeutete die am 3. Oktober 1990 in Berlin vollzogene Wiedervereinigung der beiden deutschen Staaten in Wahrheit keine Einheit, sondern lediglich den Beitritt der fünf neuen Länder zum Grundgesetz der BRD nach Artikel 23.

Auf diese Unstimmigkeit und die damit verbundenen negativen Folgen für den bis heute schwierigen Einigungsprozess wiesen in Ostdeutschland sozialisierte Persönlichkeiten – wie zum Beispiel die Malerin Bärbel Bohley, der Liedermacher Gerhard Gundermann, der Schriftsteller Stefan Heym und der Politiker Gregor Gysi – frühzeitig hin. Sie alle waren Kassandra. Ein besonders infames Erlebnis widerfuhr jedoch Heym während seiner im November 1994 zur Eröffnung des Bundestages als Alterspräsident gehaltenen Rede: Er, der als deutsch-jüdischer und sozialistisch gesinnter Schriftsteller einst vor den Nationalsozialisten über Prag in die Vereinigten Staaten fliehen musste und am Ende des Krieges in der Uniform der amerikanischen Streitkräfte in Deutschland gegen die Nationalsozialisten kämpfte, hatte in der Rede »Achtung und Respekt« vor den in der DDR groß gewordenen Menschen und der Idee des Sozialismus eingefordert. Alle konservativen und einige liberale Abgeordnete reagierten darauf mit höhnischen Bemerkungen und mit offener Missachtung und verweigerten ihm nach der Rede Anerkennung und Applaus. Zu den Mahnern, die die Unstimmigkeit im Einigungsvertrag frühzeitig erkannten und öffentlich vor nicht absehbaren negativen Folgen eines ungleichen Einigungsprozesses warnten, gehörte zum Beispiel auch Christof Ziemer, der bereits erwähnte ehemalige Pfarrer der Dresdner Kreuzkirche. Zu den frühen Kritikern der vom Herbst 1989 bis zum dritten Oktober 1990 in hastiger Eile und unter Vormundschaft Helmut Kohls, des christdemokratischen Bundeskanzlers, hergestellten Wiedervereinigung gehörte auch der 1962 in Dresden geborene Schriftsteller Ingo Schulze. In einem 2006 veröffentlichten Essay stellte er resignierend fest, dass die friedliche Revolution von 1989 nicht, wie von ihm erhofft und erwartet, zu einer reformierten DDR, sondern zu einer größeren BRD geführt hatte. Zu den Künstlern und Intellektuellen, die die Art der 1990 vollzogenen Wiedervereinigung frühzeitig kritisierten, gehörte auch der 1941 im südlich von Leipzig liegenden Meuselwitz geborene Schriftsteller Wolfgang Hilbig. Er, der unter ärmlichsten Verhältnissen mit einem analphabetischen Großvater in einer Bergarbeiterstadt aufwuchs und dem die Liebe zur Sprache und die Fähigkeit zum Schreiben das Überleben sicherte, ließ sich in seiner 2007 in Kamenz gehaltenen Dankesrede zum Erhalt des Lessingpreises dazu hinreißen, die Wiedervereinigung mit Kolonialismus gleichzusetzen und forderte dazu auf, den Akt der Wiedervereinigung als eine »Art Unzucht mit Abhängigen« zu bezeichnen. Aber auch Wolfgang Hilbig, der in seinem Text »Alte Abdeckerei« zudem prophezeite, dass derjenige, der es wage, den Osten zu betreten, damit rechnen müsse, nicht ungestraft davonzukommen, warnte mit seinen Texten wie viele andere vergeblich vor einer überheblichen und einseitig westdeutschen Geschichts- und Zuschreibung. Zwar wurden die Texte der erwähnten Autoren gelesen, und im Fernsehen und im Radio wurde in Talkshows und in Politikerrunden über sie und mit ihnen diskutiert, aber letztlich erzeugten sie nur kurzes, oberflächiges mediales Aufsehen. In Wahrheit wurden sie – wie um Aufmerksamkeit haschende Außenseiter, wie vom Licht vergessene und im Schatten wachsende Mauerblümchen – von der meinungsbildenden Öffentlichkeit arrogant verlacht und mit gutmütigen pädagogischen Gesten eines vermeintlich Besseren belehrt. Letztlich blieben sie – wie zum Beispiel auch das dadaistisch wirkende Clownspaar Wenzel und Mensching und die rhetorisch begabte und sozialdemokratisch gesinnte Politikerin Regine Hildebrand – nur eine Randnotiz in der gesellschaftlichen Debatte.

Dies alles kam jedoch nicht plötzlich und auch nicht über Nacht. Diese für die Ostdeutschen – die sich, im Unterschied zu den Westdeutschen, einen demokratischen Verfassungsstaat mit den dazugehörigen Grundrechten selbst erkämpft hatten – unselige Entwicklung bahnte sich frühzeitig an. Helmut Kohl, der als Bundeskanzler im Dezember 1989 vor der Ruine der Dresdner Frauenkirche zu einer ihm begeistert huldigenden Menge gesprochen hatte, war spätestens an diesem Abend bewusst geworden, dass in Dresden der Kairos der Revolution lag und es an ihm war, die Entwicklung in die von ihm gewünschten Bahnen zu lenken. Als erfahrener Politiker wusste er, dass die Mehrheit der in Ostdeutschland lebenden Menschen mit dem politischen Geschäft des bürgerlichen Parlamentarismus nicht vertraut war und mit Parolen wie »Deutschland einig Vaterland« zunächst und vor allem auf den Erhalt der westdeutschen Währung abzielten. Motiviert von diesen Rufen schmiedete er als Vorsitzender der westdeutschen Christdemokraten und mit Unterstützung der einstigen ostdeutschen Blockpartei unter dem Banner »Allianz für Deutschland« eine beispiellose Wahlkampagne. Das Ergebnis war ein aus seiner Sicht und aus Sicht der konservativen Christdemokraten unerwartet deutlicher Erfolg: Bei der im März 1990 erfolgten Wahl zur Volkskammer der DDR siegte die konservative Allianz haushoch vor der im Herbst 1989 im brandenburgischen Schwante neu gegründeten ostdeutschen Sozialdemokratie und noch deutlicher vor den Bürgerrechtsparteien – also denjenigen, die im September und im Oktober 1989 den Mut zum aufrechten Gang gehabt und die die friedliche Revolution entfacht hatten. Für den Kanzler hatte sich sein Kalkül erfüllt.

Zwar berief er sich, gerissen wie er war, in seinen Reden und Kommentaren auf die von den Bürgerrechtlern vorgetragenen Losungen, aber in Wahrheit meinte er etwas ganz anderes, als er vor der Ruine der Frauenkirche stand und zu »seinen« Dresdnern sprach. Die neue Verfassung, die das Grundgesetz ablösen und ersetzen sollte, wurde nicht geschrieben – und ebenso keine neue Hymne. Die am 1. Juli 1990 von den west- und ostdeutschen Christdemokraten gemeinsam gefeierte Einführung der D-Mark und der damit verbundene Umtausch eins zu eins bedeuteten in Wahrheit das Todesurteil für die ostdeutsche Industrie. Den wirtschaftlichen Kollaps hatten die zu jener Zeit noch in Bonn sitzenden politisch Verantwortlichen einkalkuliert und in dieser Form vielleicht sogar so gewollt. Selbst die von ostdeutschen Bürgerrechtlern im Frühjahr 1990 entwickelte Idee zur Gründung einer treuhändisch wirkenden Gesellschaft, die den ostdeutschen Arbeitern Anteile am Vermögen ihrer Betriebe zukommen lassen sollte, pervertierten sie in ihr Gegenteil: Statt, wie zunächst angestrebt, die Anteile zu errechnen und unter den Arbeitern gerecht zu verteilen, also wirklich treuhänderisch zu agieren, verhökerte die im Juni 1990 von bürgerlich-liberalen Politikern umstrukturierte Treuhandanstalt in den folgenden Jahren tausende ostdeutsche Firmen und Betriebe – unter ihnen auch einige wenige, die konkurrenzfähig gewesen wären – an in Westdeutschland beheimatete Investoren. Die Deutungshoheit des Westens über den Verlauf des Einigungsprozesses spiegelte sich auch in den auflagenstärksten meinungsbildenden Medien und den nach 1990 neu geduckten Geschichtslehrbüchern. In Überschriften und Kommentaren wurde die Wiedervereinigung als ein gerechter und selbstbestimmter Akt gepriesen und die DDR – eindimensional – als ein diktatorischer Unrechtsstaat beschrieben, der eines Tages nicht mehr als eine Fußnote in der Geschichte sein wird.

Fest steht, dass die vom Herbst 1989 bis zum Frühjahr 1990 gegebene Chance, etwas gesellschaftlich vollständig Neues zu wagen und zu beginnen, leichtfertig vergeben wurde. Fest steht auch, dass – wie zum Beispiel auch Bertolt Brecht schrieb und erkannte – die Geschichte stets der Sieger schreibt. Dabei ist die Idee des Sozialismus älter als das von Marx entworfene dialektische Modell des historischen Materialismus und auch älter als das von ihm 1848 gemeinsam mit Friedrich Engels geschriebene Kommunistische Manifest. Der Sozialismus hatte es jedoch bei seinen bürgerlichen Kritikern – den Vertretern von Liberalismus und Konservativismus – von jeher schwer, weil sie meinten, dass er ihre Freiheitsrechte einschränken würde. Entweder wurde der Begriff des Sozialismus, wie

Marx zum Beispiel 1851 im Essay »Der achtzehnte Brumaire des Louis Bonaparte« schrieb, von bürgerlichen Politikern und der bürgerlichen Presse inflationär verwendet und damit entwertet und weichgespült, oder er wurde, obwohl zumeist ungelesen und unverstanden, als revolutionäre Bestie verteufelt und als bösartiger Dämon verdammt. Unerwähnt ließen solche Triaden natürlich die Tatsache, dass die bürgerliche Gesellschaft einst – 1789 – selbst revolutionär gewesen war, und dass sie, um sich zu behaupten und zu entwickeln, sehr oft moralisch anstößig agierte und agiert. Spätestens nach dem Ende des Zweiten Weltkrieges – des schrecklichsten aller bisherigen Kriege – galt der Sozialismus jedoch tatsächlich als eine reale und erstrebenswerte Alternative zur bürgerlichen Gesellschaft – und damit zu derjenigen Gesellschaft, die sich stets aufs Neue der Macht des Kapitals beugt, die den Liberalismus einseitig deutete und deutet, nämlich rein ökonomisch, und die in den frühen 30er Jahren des letzten Jahrhunderts in Deutschland die Herrschaft des Nationalsozialismus nicht verhinderte.

Gewiss: Im Osten Deutschlands herrschte nach dem Ende des Krieges unter Führung der »Gruppe Ulbricht« der von Moskau nach Ostberlin transformierte Stalinismus. Die Hoffnung, in einem neu zu gründenden Staat dennoch die Idee des Sozialismus gesellschaftlich umzusetzen und zu etablieren, erfasste zahlreiche Künstler und Intellektuelle und motivierte sie zum Umzug nach Ostberlin. Zu ihnen, die sich einerseits seit der Gründung der DDR mit den politischen Verhältnissen im Osten Deutschlands arrangierten und sich andererseits bis zum Ende ihres Lebens an ihnen rieben, gehörten zum Beispiel der Schriftsteller Johannes R. Becher, der Musiker Hanns Eisler und der Dramatiker Bertolt Brecht. Der schwierige und zuweilen unmöglich werdende Spagat zwischen einer Idealisierung der sozialistischen Idee und dem pragmatischen politischen Handeln war für Becher – der zunächst in der Sowjetischen Besatzungszone und später in der DDR durchaus widersprüchlich dachte und handelte, während er als Partei- und Staatsfunktionär Karriere machte – ebenso kennzeichnend wie für Eisler, der die Musik für die von Becher im Herbst 1949 geschriebene Hymne »Auferstanden aus Ruinen« komponierte und bis zu seinem Tod die österreichische Staatsbürgerschaft behielt. Zu diesen Künstlern, die den ihnen aufgezwungenen Spagat wagten, sich an den politischen Realitäten zu orientieren und diese gleichzeitig zu kritisieren, gehörte auch Bertolt Brecht, der 1950 die sogenannte Kinderhymne schrieb.

Es gehört zu den Paradoxien der Geschichte, dass Brechts Hymne zweimal eine Alternative zu den jeweils bestehenden Nationalhymnen hätte sein können: Die erste Möglichkeit ergab sich 1974, als die Nationalhymne der DDR, weil sie in der ersten Strophe die Einigkeit

Deutschlands paraphierte, nur noch vertont und ohne Text aufgeführt werden durfte; die zweite Möglichkeit bestand 1990, als – dem Auftrag des Grundgesetztes folgend – eigentlich eine neue, gesamtdeutsche Verfassung hätte geschrieben werden müssen. Stattdessen wurde die DDR aufgelöst und die fünf neuen Länder gegründet, die am 3. Oktober dem Grundgesetz der BRD beitraten. Der damaligen Bundesregierung, welche die von ostdeutschen Bürgerrechtlern vorgeschlagene Kinderhymne Brechts arrogant mit der süffisanten Bemerkung ablehnte, dass er Kommunist gewesen sei, fehlte die Einsicht, dass es einem wiedervereinigten Deutschland allein aus demokratietheoretischen und symbolischen Erwägungen heraus gut angestanden hätte, sich eine neue gemeinsame Verfassung zu geben und eine neue gemeinsame Hymne, statt die in den ersten beiden Strophen chauvinistisch verseuchte beizubehalten. Beides – neue Verfassung und neue Hymne – wären symbolisch wichtige Schritte auf dem Weg zu einer tatsächlichen Wiedervereinigung gewesen. Der Westen jedoch hatte 1990 den im Kalten Krieg ausgefochtenen Zweikampf gegen den Osten gewonnen, und nun dachte er, dass er so bleiben könne wie er war und den Osten, der zunächst positiv und hoffnungsvoll in Richtung Westen blickte, arrogant und von oben herab behandeln könne. Dabei sind die Ideen des Sozialismus Teil des seit Renaissance und Aufklärung in Europa existierenden humanistischen Erbes.

Zu den Schriftstellern, die nach dem Krieg in der DDR das bessere Deutschland sahen und hier eine vollständig neue Gesellschaftsform aufbauen und etablieren wollten, hätte auch Heinrich Mann gehört. Er, der 1949 in Ostberlin zum ersten Präsidenten der Akademie der Künste gewählt worden war, starb jedoch 1950 in Santa Monica. Sein Tod hinterließ viele offene Fragen – zum Beispiel die, wie er als einer der bekanntesten und einflussreichsten Schriftsteller seiner Zeit die Kulturpolitik des neuen Staates mitgestaltet und geprägt hätte, und ob er als ein sozialistisch gesinnter Schriftsteller, der sich Zeit seines Lebens dennoch zu Nietzsche und zu seinen Schriften bekannte, die in der DDR bis 1989 andauernde Verteufelung und Verdammung des Philosophen hätte verhindern können.

Vielleicht hat es den für den Aufbau des Sozialismus notwendigen neuen Menschen noch nie gegeben – oder falls doch, dann nur vereinzelt. Wahrscheinlich wird es ihn auch zukünftig nie oder nur vereinzelt geben. Und ganz bestimmt gab es ihn, wie Hannah Arendt in ihrem 1950 veröffentlichten Essay »Besuch in Deutschland« (gemeint war Westdeutschland) feststellte, nicht in der damaligen BRD. Statt dem Willen zum gesellschaftlichen Neubeginn herrschten nach dem Krieg hier Geschichtsvergessenheit, Verdrängung und die Fixierung auf das persönliche und familiäre Vorankommen im alltäglichen Leben. Wahrscheinlich gab es ihn, den sogenannten neuen Menschen, nach dem Krieg auch in der DDR nicht (oder wenn, dann nur vereinzelt), denn – auch dies erkannte Hannah Arendt – es wäre doch naiv, wie sie schrieb, zu glauben, dass aus einem Volk, das während der Herrschaft des Nationalsozialismus zum Großteil aus überzeugten Nazis und willfährigen Mitläufern bestand, sozusagen über Nacht im Westen überzeugte Demokraten und im Osten zunächst Sozialisten und später Kommunisten werden könnten. Und doch hat es seit jeher den Traum vom neuen, vom werdenden Menschen gegeben. Diesen Traum hegten nicht nur die in der DDR zu Märtyrern erhobenen und von der sozialistischen Einheitspartei zu übermenschlichen Ikonen stilisierten Kommunisten Rosa Luxemburg und Karl Liebknecht, diesen Traum hegte zum Beispiel auch der Anarchist Gustav Landauer, der 1911 einen »Aufruf zum Sozialismus« verfasste und den Sozialismus als ein »Bestreben« beschrieb, »mithilfe eines Ideals eine neue Wirklichkeit zu schaffen«. Diesen Traum von einem humanistischen Sozialismus hegte nach dem Ersten Weltkrieg, um ein Beispiel eines zunächst der bürgerlichen Reformarchitektur zugewandten Architekten zu nennen, auch Walter Gropius. Mit dem von ihm 1919 in Weimar gegründeten Bauhaus erhoffte er sich – in Anlehnung an die einst in den mittelalterlichen Bauhütten existierende Symbiose von Künstlern und Handwerkern – eine völlig neue Form des Bauens, der Architektur und der damit verbundenen sozialen Gemeinschaft mit dem Ziel, den kommenden »neuen Menschen« humanistisch zu erziehen und die Menschheit in diesem Sinn veredeln. »Das heutige Geschlecht«, betont er auf einer im März 1919 im »Arbeitsrat für Kunst« gehaltenen Rede, »muss von Grund auf neu beginnen, sich selbst verjüngen, erst eine neue Menschlichkeit, eine allgemeine Lebensform des Volkes erschaffen.«

Der nach dem Zweiten Weltkrieg in der DDR und den Ostblockstaaten praktizierte real existierende Sozialismus nach sowjetischem Vorbild endete jedoch spätestens am Ende des zwanzigsten Jahrhunderts in einem Alptraum, er führte in eine ideologische Sackgasse und in den wirtschaftlichen Ruin. Dass der Traum von einer besseren und sozial gerechteren Gesellschaft nun, das heißt nach dem Scheitern des realsozialistischen Experiments, endgültig ausgeträumt sein würde, das ahnte einige Jahrzehnte zuvor auch der Sänger Rio Reiser und das schrieb der Dichter Durs Grünbein in einem gleichnamigen Essay. Rio Reiser konstatierte in einem Lied, dass der Traum aus sei, und Durs Grünbein fügte dieser Erkenntnis den historischen Hinweis hinzu, dass es nur wenige Tage nach dem Ende des Ersten Weltkriegs, in dem die vor allem in Europa und in den Vereinigten Staaten beheimatete Rüstungsindustrie ihre erste Hochphase gefeiert hatte, einen kurzen Augenblick auch in Deutschland die Gelegenheit zur radikalen Umwälzung aller Verhältnisse gab. Diese Gelegenheit, die nur einige Wenige – wie zum Beispiel die Philosophen Ernst Bloch und Walter Benjamin und die Politiker, Künstler und Unterstützer der in einigen Ländern kurzzeitig regierenden Räterepubliken – erkannten, verstrich jedoch und blieb ungenutzt. In die Annalen ist diese Gelegenheit als Novemberrevolution eingegangen und Walter Benjamin schrieb dazu: »Sie haben die große Chance des Besiegten, die russische, den Kampf in eine andere Sphäre zu verlegen, versäumt, bis der Augenblick verpasst war und in Europa die Völker wieder zu Partnern von Handelsverträgen gesunken waren.«

Die nach den beiden Weltkriegen kurzzeitig existierenden emanzipatorischen Ideen einer mündigen und aufgeklärten Gesellschaft verwandelten sich durch alte, fortdauernde, aber auch durch neu entstandene Institutionen in Ideologien und diese sind, um Marx zu zitieren, »falsches Bewusstsein«. Auch die nach 1990 in Ostdeutschland und Osteuropa vollzogenen politischen und gesellschaftlichen Veränderungen folgten mit dem Mantra eines Liberalismus einer Ideologie, die sich vor allem wirtschaftlich und ökonomisch definiert und nach der – als hätte es das nach dem Ersten Weltkrieg begonnene liberalistische Experiment und das damit verbundene politisch katastrophale Ende nicht gegeben – erneut staatliche Handelsverträge und finanzielle Interessen von Aktiengesellschaften und Konzernen als wichtiger und bedeutsamer bewertet wurden und werden als die Interessen des sogenannten »kleinen Mannes«. Der mit dem wirtschaftlichen System des Kapitalismus einhergehende Neoliberalismus verspricht Freiheit für jede Frau und jeden Mann, faire Bedingungen und Chancengleichheit für jedes Kind. Die Realität jedoch ist eine andere: In Wahrheit verursachen die den Regeln des Marktes überlassene Gesellschaft und die denselben Regeln bedingungslos folgende Wirtschaft soziale Ungleichheiten innerhalb der Großstädte sowie zwischen Stadt und Land. In Wahrheit sind – um ein weiteres Beispiel zu nennen – die Bildungschancen nicht für alle Kinder gleich, sondern hängen – insbesondere in Deutschland! – ab vom Bildungsstand, der Höhe des Einkommens und dem Vermögen der Eltern.

Ich verlasse das Café und gehe bis zur im 15. Jahrhundert im spätgotischen Stil erbauten Kirche. Auf dem Hof der unmittelbar neben dem Gotteshaus stehenden Pilgerherberge treffe ich Birgit und Maria. Sie trocknen ihre Wäsche und sagen, sie würden heute hier in Strehla übernachten. Ich bleibe einige Minuten bei ihnen, um danach – dabei auf die heilende Wirkung des Pflasters hinweisend – weiterzuziehen.

Die unmittelbar hinter Strehla beginnende Altmoränenlandschaft offenbart sich als ein hügeliges Gelände, das seine Gestalt den während der letzten Eiszeiten bis hier sich erstreckenden Gletschern verdankt. Ein über einen Hügel führender Höhenweg, der im Tal liegenden Sümpfen und Teichen ausweicht, führt mich in Richtung eines Dorfes. Ich bin dabei, mich zu setzen und mich auf einer Wiese auszuruhen, als ein Pfiff mich aus meinen Gedanken reißt. Dem Pfiff folgt der Ruf meines Vornamens, so dass ich weiß, dass es der Geistheiler ist, der mich ruft. Er steht unter einem Scheunendach und winkt aufgeregt mit den Armen. Da ich zögere und auf seine Gesten verständnislos reagiere, ruft er mir zu, dass ich nach oben, in Richtung Himmel, schauen soll. Ich folge seinem Rat, blicke zum Himmel und sehe, dass eine dunkle Wolke sich vor die Sonne schiebt. Angesichts des zu erwartenden Regens packe ich meine Sachen und laufe zu ihm.

Der Liebschützer Berg, den wir gemeinsam besteigen, ist mit zweihundert Metern über dem Meeresspiegel die zweithöchste Erhebung in der Umgebung. Vom Gipfel blicken wir in südwestlicher Richtung auf die im Tal liegende Stadt Oschatz und sehen dahinter, am Horizont, das Muldental.

»Hier, im Muldental«, erkläre ich dem Geistheiler, »liegt Grimma. Hier wohnte einst Johann Gottfried Seume, und er ging im Dezember 1801 eines Tages von hier einfach los. Er wanderte von Grimma bis Syrakus und begründete mit dem zwei Jahre später veröffentlichten Buch ›Spaziergang nach Syrakus‹ die moderne Reiseliteratur.«

»Ist er die Strecke wirklich zu Fuß gegangen?«, fragt Stefan.

»Ich glaube schon«, antworte ich, »Züge und Autos gab es damals jedenfalls noch nicht.«

Der Geistheiler gesteht mir, dass er von Seume noch nie etwas gehört habe. Er glaube aber, sagt er, dass der Typ ganz bestimmt ein interessanter und aufgeweckter Zeitgenosse gewesen sei, und gibt zu, dass er sich für ihn interessiere. Ich erwidere ihm, dass ich lange auch nichts über Seume wusste, vor einigen Jahren aber das bei Grimma stehende Göschenhaus und die hier eingerichtete Gedenkstätte entdeckte; auch habe mir ein Freund einen Nachdruck des erwähnten »Spaziergangs« zum Geburtstag geschenkt. Seume, so behaupte ich, habe viele Schriftsteller zum Reisen inspiriert. Auf seinen Spuren seien in der ersten Hälfte des 19. Jahrhunderts – um nur zwei Beispiele zu nennen – die Dichter Ferdinand Freiligrath und Levin Schücking gewandelt, und auch der zeitgenössische Schriftsteller Friedrich Christian Delius habe sich in seiner Erzählung »Der Spaziergang von Rostock nach Syrakus« von ihm beeinflussen lassen.

»Dabei«, bemerke ich, »beruht seine Erzählung auf einer wahren Begebenheit. Delius hat die tatsächlich stattgefundene Flucht des 1941 in Dresden geborenen Klaus Müller, der Ende der 80er Jahre des letzten Jahrhunderts mit einem Segelboot von der Insel Hiddensee in den Westen geflohen war und dort in den nächsten Monaten bis nach Sizilien wanderte, zur Grundlage seiner Geschichte gemacht. Das Besondere an der Erzählung und an der Wirklichkeit ist jedoch das jeweilige Ende. Denn Müller ist, ebenso wie der Held in Delius' Geschichte, nachdem er in Sizilien gewesen war und sich damit seinen Traum erfüllt hatte, freiwillig in die DDR zurückgekehrt.«

»In die DDR freiwillig zurückgekehrt?«, fragt Stefan. »So blöd kann man doch nicht sein.«

»Und doch war es so«, erwidere ich. »Vielleicht erkannte er, dass es sich in der DDR, wenn man sich anpasst, sicherer und leichter leben lässt; vielleicht hatte er aber auch einfach Sehnsucht nach seiner Frau. Ich weiß es nicht. Fest steht jedoch«, ergänze ich, »dass er ein gebürtiger Dresdner war und« – ich blicke zu ihm – »du weißt ja, was das manchmal bedeutet.«

Beim Abstieg vom Liebschützer Berg weise ich den Geistheiler darauf hin, dass es gut möglich sei, dass auch Seume hier einst wanderte. Der Jakobsweg, behaupte ich, würde hier einer Salzstraße folgen und in Poserna – Seumes Geburtsort – soll es einst eine Saline gegeben haben.

»Ja, das Salz«, bestätigt Stefan. »Es war und ist das wohl wichtigste und begehrteste Gewürz, und ich glaube, dass uns Europäern heute oft nicht bewusst ist, dass es einst wichtiger und begehrter als Zucker war. Aber während Zucker mit Annehmlichkeiten, mit dem süßen und bequemen Leben, mit Ausschweifungen und Dekadenz in Verbindung gebracht wird, ist und bleibt Salz lebensnotwendig.«

Ich denke über diese Aussage nach, und ehe ich antworten kann, fragt mich Stefan, ob Seume auch die Entstehung eines Gewitters beschrieben habe. Ich gestehe ihm, dass ich Seumes Buch vor einiger Zeit nur in Auszügen gelesen habe und mir nicht sicher sei. »Du hättest besser lesen oder dir den Text besser merken sollen,« ermahnt mich Stefan. »Ich jedenfalls«, fährt er fort, »bin mir sicher, dass es hier sehr bald sehr heftig blitzt und kracht.«

Beunruhigt durch seine Worte blicke ich zum Himmel. Dort hat sich tatsächlich eine große Gewitterwolke gebildet – ein Kumulonimbus. »Zum Glück«, rufe ich, »sind wir nicht mehr auf dem Hügel. Wir sollten uns aber trotzdem beeilen!«

Das mir bis zu diesem Tag unbekannt gebliebene Lampertswalde wird der magische Höhepunkt meiner Pilgertour. Als ich am Nachmittag des siebenten Tages meiner Reise – auf dem letzten Ausläufer des Liebschützer

Höhenzuges stehend – gemeinsam mit Stefan, dem Geistheiler, zum ersten Mal auf den winzigen und unscheinbaren Ort blicke, deutet noch nichts darauf hin, dass wir nur wenige Minuten später im Schlosspark mit dem enthusiastischen Betreiber des Cafés ein wahres Feuerwerk von Entladungen meteorologischer und geistiger Energien erleben werden. Die wahren Gründe für die an jenem Nachmittag uns beide erfassende und berührende Stimmung zu finden, fällt mir jetzt, da ich darüber schreibe, noch immer schwer. Fest steht, dass nicht nur mir – als wir vom Liebschützer Berg kommend, vor einem Gewitter fliehend und vom Regen durchnässt den Park und das Café erreichen – scheint, als würden in der Luft schwebende Schwingungen und Energien den Ort dominieren, als hätten sie uns tatsächlich den Weg gewiesen und uns bis an diese Stelle geführt. Auch Stefan bestätigt mir später, dass er, als er gemeinsam mit mir den Park betrat, energetische Schwingungen spürte, und dass auch er in diesen Augenblicken – vom Sturm am aufrechten Gehen gehindert und vom Regen durchnässt bis auf die Haut – fühlte, hier geschähe Ungewöhnliches. Vielleicht liegen die Ursachen für die im Park herrschende besondere Stimmung und für die uns begleitenden besonderen Empfindungen aber nicht nur am sich über dem Park und über dem Café vollständig und mit ganzer Kraft entladenden Gewitter, sondern auch oder vor allem am ungewöhnlichen Verhalten des Wirts von Lampertswalde.

Der Wirt, der eine hellbraune lange Lederhose und ein weißes Leinenhemd trägt und der, was sein Agieren innerhalb der Gaststube und sein Verhalten gegenüber den Gästen betrifft, einer mittelalterlichen Klosterstube entstiegen sein könnte, offenbart sich uns an jenem Nachmittag als ein würdiger Vertreter seines Berufes. Wir werden von ihm begrüßt und an einen Tisch geführt – und kaum haben wir uns gesetzt, serviert er uns Bier. Danach setzt er sich ebenfalls an den Tisch und fragt uns, dabei Stefans Pilgerstab mit einem Blick fixierend, ob wir Pilger seien. Wir bejahen seine Frage und fügen hinzu, dass wir beide aus Dresden kommen. Das sei toll, entgegnet er, denn wenn wir aus Dresden kämen, sei uns sicher Christian Friedrich Exner ein Begriff.

»Exner«, überlege ich, »kenne ich nicht.« Auch Stefan gibt zu, den Mann nicht zu kennen. Der Wirt reagiert nur einige Sekunden verwirrt. Dann steht er auf und sagt, dass wir auf ihn warten sollten, er käme gleich wieder. Damit verlässt den Tisch. Sein Verschwinden überrascht uns und wir wissen nicht, welche Reaktion jetzt angemessen ist. Also greifen wir einfach zum Bier, während große Regentropfen und dicke Hagelkörner an die Fensterscheiben knallen und es draußen außergewöhnlich laut und ebenso ungewöhnlich häufig blitzt und kracht.

Es vergehen einige Minuten, bis der Wirt – eine Mappe in seinen Händen haltend – wieder erscheint. Er setzt sich und zieht ein Dokument hervor. Christian Friedrich Exner, liest er laut vor, habe 1718 in Lampertswalde das Licht der Welt erblickt, gestorben jedoch sei er 1798 in Dresden. In Dresden, erklärt er – dabei Zeilen aus dem vor ihm liegenden Dokument zitierend – habe Exner als Bauaufseher gewirkt, auch sei er Professor an der Kunstakademie gewesen. Als solcher habe er sowohl als Wissenschaftler gearbeitet als auch Kunstgeschichte und Architektur gelehrt und für die Stadt bedeutende Bauwerke entworfen, zum Beispiel den Ostflügel des Taschenbergpalais. Dem Wirt zufolge soll sich Exner zudem am Wiederaufbau der Dresdner Kreuzkirche und am Umbau des Japanischen Palais beteiligt haben, auch beruhe der in Pillnitz errichtete Seitenflügel des Bergpalais auf seinem Entwurf. Beeindruckt vom Wissen des Wirtes und von Exners Leistungen für Dresden hebt Stefan sein Glas und bittet uns, auf Christian Friedrich Exner anzustoßen. Der Wirt hebt ebenfalls sein Glas, bittet uns jedoch darum, bevor wir anstoßen und trinken, darauf hinweisen zu dürfen, dass Lampertswalde mit Christian Gottlob Frege noch einen zweiten großen Sohn besäße.

»Frege kenne ich«, behaupte ich. »Er war Philosoph, lehrte Logik und gilt als Ideengeber der Informatik.« Der Wirt reagiert überrascht und mir scheint, er hätte meine Antwort nicht erwartet. Er atmet kurz durch und entgegnet mir nach einer kurzen Pause, dass der Frege, den er meine, kein Philosoph gewesen sei, sondern der Sohn des 1753 in Lampertswalde gestorbenen Pfarrers. Nach dieser Feststellung trinkt er endlich den ersten Schluck Bier und ermuntert uns, mitzutrinken. Während wir unsere Gläser in die Hand nehmen und Bier trinken, blättert er in der auf dem Tisch liegenden Mappe und sucht ein weiteres Dokument. Dann setzt er seine Erklärungen fort und weist uns darauf hin, dass der Frege, der er meine, 1728 gegen den Willen seines Vaters und mit dem Ziel, Kaufmann zu werden, nach Leipzig gezogen sei. Dem Wirt zufolge war die Ausbildung erfolgreich: Zehn Jahre nach dem Verlassen der Provinz habe Frege im Zentrum der Stadt eine Bank eröffnet, sei innerhalb kürzester Zeit reich und vermögend geworden und habe – auch bedingt durch seine außerordentlichen numismatischen Kenntnisse – zu den einflussreichsten Leipziger Bürgern gehört. Als solcher habe er 1752 die Leipziger Münze neu gegründet, und acht Jahre später sei er es gewesen, der – mit dem Ziel, universitäre Kenntnisse wirtschaftlich zu nutzen – die Leipziger Ökonomische Sozietät ins Leben rief.

»Vielleicht war Frege«, mutmaße ich, »das Leipziger Pendant zum in Dresden zur gleichen Zeit wirkenden Brühl.«

»Da widerspreche ich«, entgegnet der Wirt. »Obwohl sich beide kannten und Frege als Münzmeister für Brühl tätig war, verdankte Brühl seine Karriere Lobhudelei und den höfischen Ränkespielen. Frege hingegen verkörperte den Typ des modernen Leipziger Bürgers, der – ganz im Sinne des Liberalismus – durch die Liebe zum Geld und zum Handel sowie durch Weltoffenheit, Ehrgeiz und Geschick Macht und Einfluss erlangt.« Der Wirt behauptet, dass diese Eigenschaften und Mentalitäten die Stadt Leipzig – die ihr Wissen der Universität und ihre wirtschaftliche Stärke und Weltoffenheit der Messe verdanke – bis heute prägen würden. Dresden, so behauptet er, würde hingegen im Konservativismus und in der selbstbezogenen Liebe zum Altbewährten, dem Barock, versinken; auch habe er die hier stets vorhandene Nähe zum Hof immer als Ärgernis empfunden.

Ich möchte ihm etwas erwidern, bleibe jedoch stumm, da seine Argumente stimmen. Da auch der Geistheiler schweigt, fährt der Wirt mit seinen Erklärungen fort: Nachdem Frege 1781 in Leipzig gestorben war, habe sein ältester Sohn die in Marseille stehende Bank fortgeführt, während sein zweitältester Sohn in Leipzig geblieben sei und das auf der Katharinenstraße stehende, später nach ihm benannte Fregehaus erwarb. Nach dieser Bemerkung atmet der Wirt durch und trinkt hastig einen Schluck Bier.

Aber noch ehe wir etwas sagen können, reißt er, den Humpen noch in der Hand, erneut das Wort an sich und fragt uns, ob wir wüssten, wie Campino, der Sänger der Toten Hosen, in Wahrheit heißen würde. Wir verneinen und schütteln unsere Köpfe, als der Wirt triumphierend aufsteht, noch immer seinen Humpen Bier in den Händen, uns mitteilt, dass Campino, der Sänger der Toten Hosen, in Wahrheit Andreas Frege heiße und zur erwähnten Familie gehört. »Campino ist ein Leipziger!«, ruft der Wirt laut. Diese Behauptung sitzt!

»Ich hätte niemals eine Verbindung von Frege – einem Kaufmann und Bankier – zu Campino, dem Sänger der Toten Hosen, hergestellt!«, sage ich verblüfft.

»Und doch ist es so«, erwidert der Wirt und blättert ein weiteres Mal in der Mappe. Auch zum hiesigen Schloss gebe es viel zu erzählen, sagt er, nachdem er die passende Seite offenbar gefunden hat. So soll es seit dem Ende des 17. Jahrhunderts im Besitz eines Adligen mit dem Namen Hans Gottlieb von Thielau gewesen sein. Von Thielau jedoch sei mit August dem Starken eng befreundet gewesen, den er, bevor August Kurfürst wurde, auch auf seiner Kavalierstour durch Europa begleitete. Nachdem er das hiesige Gut als Schenkung erhielt, seien, wenn auch nur kurzzeitig, der Architekt Matthäus Daniel Pöppelmann und der Bildhauer Balthasar Permoser nach Lampertswalde gezogen.

Ich unterbreche den Wirt und frage ihn, ob er sich sicher sei und das wirklich stimme. »Waren die beiden wirklich hier?«, frage ich, »hier in der Provinz?«

Der Wirt lächelt genüsslich. »Natürlich waren sie hier«, antwortet er, und fügt hinzu, er wüsste nicht, was es ihm bringen würde, mich zu belügen.

Ich blicke zum Geistheiler. Er wirkt erschöpft, während es draußen noch immer heftig blitzt und kracht. Um der aufkommenden Müdigkeit zu entgehen, greifen wir erneut nach unseren Humpen und trinken Bier. Der Wirt, der eigenen Angaben zufolge aus Halle stammt, sich aber bereits als junger Mann in den Ort Lampertswalde und das Wasserschloss verliebte, gönnt uns die Erholung. Er geht in die Küche und kehrt erst nach einigen Minuten zurück.

Von Thielau habe, erzählt er uns dann, mithilfe der in die Provinz gekommenen Bildhauer und Steinmetze das Kirchenschiff verändert und mit dem Bau einer Familiengruft dafür gesorgt, dass er und seine Nachfahren hier beerdigt wurden. Mit den Worten, dass er hoffe, uns die Geschichte des Ortes und des Schlosses näher gebracht zu haben und mit dem Hinweis, dass Lampertswalde nicht nur geografisch, sondern mit von Thielau, Exner und Frege sozusagen auch personell die Mitte zwischen Dresden und Leipzig symbolisiere, schließt er die auf dem Tisch liegende Mappe. Wir bedanken uns bei ihm und wünschen ihm und seiner Familie viel Glück und alles Gute.

Dieser Wirt bleibt im Gedächtnis! Ich behalte ihn in guter Erinnerung als einen aufmerksamen Gastgeber sowie bescheidenen, humorvollen und kreativen Mann. Es tut gut, so einen in der Provinz zu wissen! Und es tut gut, zu wissen, dass die ländliche Abgeschiedenheit und die hier oft vorherrschende Enge im Denken und im Handeln einen so umtriebigen Menschen wie ihn nicht davor abschreckten, hierher zu ziehen und hier – nur auf sich, seine Familie und Freunde gestellt – Neues zu wagen und Neues zu beginnen.

Inzwischen ist das Gewitter abgezogen und wir folgen wieder der Jakobsmuschel. Am Ortsausgang führt uns der Weg an einem Friedhof vorüber, und Stefan, der während unseres Aufenthaltes in Lampertswalde und der Gespräche mit dem Wirt erstaunlich oft und lange geschwiegen hatte, fragt mich nun beim Blick auf die hinter der Mauer liegenden Gräber, ob ich gläubig, agnostisch oder atheistisch sei. Ich antworte ihm, dass mir es schwerfalle, an einen gütigen Vater im Himmel zu glauben; auch habe sich die Institution Kirche in der Geschichte nur allzu oft mit Kräften und Personen verbündet, die gesellschaftliche Ungerechtigkeiten bewusst auslebten oder sie gar mithilfe religiöser Erklärungen rechtfertigten. Stefan gibt mir Recht, behauptet jedoch, dass ihn meine Antwort stark an den Marxismus-Leninismus erinnere und meint, dass für einen wie mich, einen in der DDR sozialisierten Menschen, es keine Kunst sei, das im Staatsbürgerkundeunterricht Erlernte zu wiederholen. Ich stimme ihm zu – und beziehe mich dann trotzdem auf Marx: Dieser habe, so behaupte ich, mit seiner Religionskritik und ebenso mit vielen seiner gesellschaftlichen Analysen nicht gänzlich Unrecht gehabt; auch habe er, wie man sagt, mit dem von ihm begründeten historischen Materialismus Hegels Idealismus und Hegels Weltgeist entzaubert und ihn vom ideellen Kopf auf die materiellen Füße gestellt. Zudem erwähne ich die Religionskritiken von Schopenhauer und Nietzsche, die beide – ebenso wie Marx – atheistisch gewesen seien und beide vor allem das Christentum heftig kritisierten.

Stefan nickt, merkt aber an, dass er meine Antworten für eurozentristisch halte; auch gesteht er mir, weder mit Schopenhauers noch mit Nietzsches Philosophie vertraut zu sein. Ich will ihn darauf hinweisen, dass Schopenhauer als einer der ersten Denker den Buddhismus in Deutschland bekannt gemacht und in sein philosophisches System integriert hat, als er mir zuvorkommt und mir erzählt, dass er sein Wissen über Tod und Vergehen einem einjährigen Aufenthalt bei einem in Peru lebenden Schamanen sowie der von Rudolf Steiner vor einhundert Jahren entwickelten Anthroposophie verdanke. In Peru, fährt er fort, habe er gelernt, in allem Irdischen – in jeder Pflanze, jedem Tier und jedem Menschen, ja sogar in den Steinen, im Wind und im Regen – eine Allbeseeltheit zu sehen und zu erkennen, dass alles mit allem zusammenhängt. Das Interessante am Animismus und dem Glauben an eine immaterielle Anderswelt, behauptet Stefan, sei, dass sie oft unterschätzt und belächelt würden, obwohl sie die Menschheit bisher am längsten begleitet hätten. Erst die vor zehntausend Jahren im Nahen Osten beginnende Sesshaftigkeit und der damit verbundene Übergang vom nomadischen Jagen und Sammeln zu Ackerbau und Viehzucht habe die ersten Hochkulturen im Zweistromland, am Indus und am Nil hervorgebracht. Mit dieser neolithischen Revolution sei nicht nur ein Fortschrittsglaube entstanden, in jener Zeit habe auch der Glaube an mehrere Götter oder an einen Gott den Animismus verdrängt und die Menschen damit von sich, von ihren Ahnen und von der Natur entfremdet. Einzig die Musik, behauptet Stefan, einzig die Fähigkeit der menschlichen Stimme zum Gesang und die Fähigkeit des Menschen zum Tanz hätten sich als eine Ursprache der Menschheit erhalten. In spirituellen Tänzen und Gesängen, wie zum Beispiel im islamischen Sufismus oder in den von

Georges Gurdjieff kreierten magischen Tänzen, sei eine übermenschliche Kommunikation mit den beseelten Dingen bis heute erhalten geblieben.

Ich will Stefan fragen, ob ihm bewusst sei, dass auch Gurdjieff in den Jahren nach dem Ersten Weltkrieg eine kurze Zeit in Hellerau gewesen sei, als er unvermittelt stehen bleibt. Er holt tief Luft, breitet die Arme weit auseinander, schließt die Augen und singt. Es ist ein Singen, wie ich es nie zuvor und auch danach nie wieder hörte. Mir gegenüber steht ein Mann, der in diesem Augenblick mit seiner Stimme nach dem Universum greift. In seiner Stimme höre ich die Sonne, den Mond, die Menschen und die Sterne. Ich höre das langsame, beinah unsichtbare Wachsen der Bäume, das Rauschen eines Baches, und ich rieche den wohltuenden Duft des Waldbodens nach einem Regen. Es ist, wie ich später erfahre, ein meditativer Gesang. Ich genieße diese Minuten, blicke Stefan – der das Abitur an der Dresdner Kreuzschule erwarb und hier als Kruzianer das Singen lernte – demütig an und schweige.

Dahlen, das wir später als erwartet erreichen, enttäuscht uns. Zum Zeitpunkt unserer Ankunft ist es hier bereits so dunkel, dass das Rathaus und die auf dem Marktplatz stehende Skulptur des »Sackhuppers« nur schemenhaft erkennbar sind. Obwohl es Samstagabend ist, zeigt die Stadt sich uns als eine von Gott verlassene Siedlung. Nur vereinzelt leuchten in den Häusern Lichter, und eines davon gehört dem einzigen Restaurant der Stadt, das sich – Es leben die Sonderbarkeiten und Absurditäten in der Provinz! – »Neu-Delhi« nennt. Wir sind froh darüber, die Gaststätte entdeckt zu haben, und in freudiger Erwartung eines abendlichen, scharf gewürzten indischen Gerichts drücken wir auf die Klinke. Im Raum, den wir betreten, riecht es jedoch nicht nach Curry und Kurkuma, sondern nach gebackener Pizza, gebratenem Fleisch und in der Pfanne erhitztem Fett. Neu-Delhi ist eine Pizzeria – jedoch: es gibt auch Bier, und der Wirt, ein Inder, zeigt sich als ein guter Gastgeber. Dem Abendmahl folgt der gemeinsame Weg zu einer in der Nähe des Marktes stehenden Pension. Dort angekommen, fallen wir in die Betten und schlafen sofort ein.

8. Kapitel (Von Dahlen nach Nepperwitz)

Von den Krisen der Demokratie, vom Expressionismus und von einem Tisch, der sich selber deckt

Das 1188 erstmals urkundlich erwähnte Dahlen enttäuscht mich auch am nächsten Morgen. Der Ort erinnert mich an die während der letzten Jahre der DDR über dem Land liegende Agonie. Nachdem ich mit Stefan gefrühstückt habe und er sich mit dem Ziel, dass wir uns am Abend in Wurzen wiedersehen, von mir verabschiedete, schaue ich mir die auf dem Markt stehende Skulptur genau an und rätsle über die hier dargestellte Anomalie. Denn: obwohl die Legende behauptet, dass einst ein Junge – nachdem er von im Wald hausenden Sorben in einen Sack gesteckt worden sei – im Sack nach Hause gehüpft sein und König Heinrich II. vor einem Mordkomplott gewarnt haben soll, zeigt die Skulptur einen alten Mann, der einen Sack hält, in dem er steht oder mit dem er hüpft. Ich misstraue dieser Legende: Merkwürdig scheint mir nicht nur die Tatsache, dass die auf dem Marktplatz stehende Skulptur keinen Jungen, sondern einen älteren Mann zeigt, sondern auch, dass den Sorben die Rolle von mordlustigen Räubern zugeschrieben wird, die im Wald hausen – dabei waren es sorbische Siedler und nicht deutsche, die Dahlen im 12. Jahrhundert gründeten.

Von Dahlen weist mich die Pilgermuschel über mehrere Felder bis zum Ort Börln. Ich gehe durch den Park eines im 18. Jahrhundert im spätbarocken Stil erbauten Schlosses und gelange dann in einen Wald. Nur wenige Meter bevor ich den Wald wieder verlasse, weist mich der Wegweiser auf einem vom Hauptweg abzweigenden Pfad. Ich folge ihm und gelange nach mehreren hundert Metern an den Rand eines Steinbruchs. Der im Sonnenlicht rötlich schimmernde Porphyr und ein inmitten des Bruchs liegender See wirken unwirklich und fremd. Im Bruch wird trotzdem noch gearbeitet, und in der Umgebung nutzt man die hier gehauenen Steine noch heute zum Bau von Straßen, Kirchen und Häusern.

Dem Steinbruch folgt das Dorf Dornreichenbach und diesem die Stadt Wurzen. Joachim Ringelnatz, der in Wahrheit Hans Gustav Bötticher hieß, erblickte hier am 7. August 1883 das Licht der Welt. Ringelnatz und Wurzen – diese Beziehung besitzt einen ambivalenten Charakter. Der Dichter, der nur seine ersten drei Lebensjahre in der Stadt verbrachte und der – abgesehen vom Spottgedicht »Ehrgeiz«, in dem er darum bittet, man möge nach seinem Tod eine Gasse nach ihm benennen – in seinen Gedichten und Erzählungen seine Geburtsstadt nur beiläufig erwähnte, hasste die Provinz. Er, den es Zeit seines Lebens umhertrieb und der als Seemann und als dichtender Clown viele Häfen betrat und wieder verließ, hätte hier in Wurzen wohl auch nicht den passenden Anker gefunden.

Als ich die Stadt von östlicher Richtung betrete, suche ich vergeblich das mir vertraute Wegzeichen. Ich lasse mich jedoch nicht beirren, orientiere mich stattdessen an den Straßenschildern und gelange auf der Jakobsgasse und über den Jakobsplatz bis zum Marktplatz mit dem 1983 errichteten Denkmal für den Dichter. Hier nehme ich den Rucksack ab, setze mich und gönne mir eine Pause. Mein Blick fällt auf das im 19. Jahrhundert nach einem Brand neu erbaute Alte Rathaus, auf am Rand des Platzes stehende Geschäfte und auf das unmittelbar mir gegenüberstehende griechische Restaurant »Kreta«.

Kreta! Diese Insel, auf der einst Anthony Quinn im Film »Alexis Sorbas« in der Rolle eines in die Jahre gekommenen lebenshungrigen Anarchisten brillierte und die seitdem das bildungsbürgerliche Ranking der begehrtesten Urlaubsorte mit anführt, beherbergt die Wiege der europäischen Zivilisation. Folgt man dem Mythos, dann soll die Erdgöttin Gaia auf Kreta ihren Sohn Zeus vor ihrem Mann Kronos versteckt gehalten haben, und auf Kreta soll Zeus von Prometheus – welcher der Legende zufolge auf dieser Insel den Menschen aus Lehm und Ton erschuf und den Menschen später das Feuer brachte – erzogen worden sein. Der Mythos berichtet auch, dass Zeus in der Gestalt eines Stieres die phönizische Königstochter Europa nach Kreta entführte. Gewiss: Diese Geschichten beruhen auf prähistorischen Mythen. Tatsache aber ist, dass es mit den Minoern wirklich ein sagenumwobenes Volk gab, das auf Kreta die erste europäische Hochkultur entwickelte. Sie währte über eintausend Jahre. Von ihrem bis heute nicht gänzlich aufgeklärten Untergang profitierte zunächst das auf der Halbinsel Peleponnes liegende Mykene und danach das auf dem griechischen Festland liegende Athen. In Athen, das in vorattischen Zeiten eine Monarchie und danach die Oligarchie erlebte, regierte ab 500 v. Chr. die Polis und es entwickelte sich die damit verbundene Demokratie.

In dieser Zeit – in der in Wahrheit eine politisch einflussreiche männliche Minderheit über eine aus Frauen, Fremden und Sklaven bestehende Mehrheit regierte – lebte in Athen mit Sokrates ein Mann, der die Bürger der Stadt und ihre Repräsentanten mit seiner Haltung und seinen philosophischen Erkenntnissen herausforderte. Dabei wollte Sokrates – dem das Orakel von Delphi geweissagt hatte, dass er der weiseste Athener sei – lediglich die Prophezeiung überprüfen. Als Bürger der Stadt war er aufgrund seiner mutigen Einsätze in mehreren Kriegen und seiner beruflichen Tätigkeit als Steinmetz hochgeachtet; als Philosoph verwickelte er jedoch seine Mitbürger, während er auf der Agora mit ihnen sprach, in unlösbare Widersprüche und bewies ihnen mithilfe der von ihm entwickelnden Elenktik, dass eine Meinung zu haben noch lange nicht bedeutet, im Besitz der Erkenntnis zu sein. Sokrates, der erkannt hatte, dass die Erkenntnis »ich weiß, dass ich nichts weiß« die höchste Stufe der Wahrheit ist, forderte seine Gesprächspartner dazu auf, sich um wirkliche Erkenntnis zu bemühen oder auf ihre Meinungen, die letztlich auf Scheinwissen beruhten, zu verzichten. Einige der von ihm angegriffenen und in der Polis hoch angesehenen Bürger wehrten sich und klagten ihn an. Sie warfen ihm vor, er würde die Jugend verführen und sich über die Götter lustig machen. Es kam zum Prozess. Sokrates, der sich vor Gericht selber verteidigte, widerlegte alle Anklagen, wurde aber dennoch zum Tod verurteilt. Er, den sein Schüler Platon den »aufrechtesten«, »ehrlichsten« und »weisesten« Menschen nannte, akzeptierte das Urteil, und er verweigerte – da er lieber als ein aufrechter statt als ein vor der staatlichen Autorität sich versteckender Mann sterben wollte – die mögliche Flucht. Dieses Unrecht geschah vor mehr als zweitausend Jahren, und es geschah in der weltweit ersten Demokratie!

Mit dem Wissen, dass Sokrates' bedeutendster Schüler Platon den Athenern das an seinem Lehrer vollstreckte Todesurteil nie verzieh, der Demokratie sodann auch im philosophischen Sinne misstraute und ihr deshalb in seinem Werk »Politeia« einen hierarchischen Philosophenstaat gegenüberstellte, betrete ich das Restaurant und bestelle Gyros mit Pommes frites.

Nach dem Essen gehe ich zur Touristikinformation. Hier fällt mein Blick auf ein Plakat des in Wurzen ansässigen Netzwerkes für demokratische Lebenskultur. Ich frage eine vor mir an einem Tisch sitzende Stadtangestellte nach der Bedeutung des Plakats. Sie sei, antwortet sie, froh über meine Frage. Das Netzwerk sei wichtig für die Stadt, weil in Wurzen und in der Umgebung wohnende Neonazis über mehrere Jahre Bewohner der Stadt und der außerhalb der Stadt stehenden Flüchtlingswohnheime terrorisiert und gewalttätig angegriffen hätten. Erst seit der Gründung des Netzwerkes, behauptet sie, sei die Zahl der Straftaten geringer geworden; auch würde es jetzt für die Angegriffenen Schutz und Beratung geben. Ich höre der Frau ergriffen zu, und ohne dass ich sie gefragt habe spricht sie über die Gewalt in Wurzen und in der Umgebung: Die Hauptursache für die häufige Fremdenfeindlichkeit in der sächsischen Provinz sieht sie in der Angst vor dem Fremden, denn den Umgang mit Fremden und mit fremden Kulturen seien viele auf dem Land lebende Menschen nicht gewohnt. Hinzu käme eine seit der Wende stetig wachsende Arbeitslosigkeit, verbunden mit Zukunftsängsten und Perspektivlosigkeit, die vor allem junge Männer anfällig für Fremdenhass und Naziparolen machen würden. Vom wirtschaftlichen Aufschwung, den die regierenden Parteien propagierten, würden nur die Bewohner der Städte profitieren, behauptet die Frau – vor allem jedoch Banken, Konzerne, Kaufhausketten, Immobilienbesitzer und Makler. Aber letztlich, fährt sie fort, hätten es die Menschen, die sich jetzt abgehängt fühlen und resignieren, selbst so gewollt: Sie hätten nach der Wende ja auch andere Parteien wählen können als die, die diese Entwicklung verursachten – freilich außer den Nazis. Nicht auszudenken, meint sie, wenn die an die Macht kommen würden ... Die Frau will in ihren Erklärungen noch fortfahren, als ein weiterer Gast den Raum betritt. Sie blickt entschuldigend zu mir und begrüßt dann den hinzugekommenen Gast. Ich danke ihr für das Gespräch und verlasse – einen Prospekt des Netzwerkes in meinen Händen – den Raum.

Ich gehe zum Dombezirk. Gegenüber dem Dom hängt an der Eingangstür eines Hauses ein Plakat des hier ansässigen Netzwerkes. Im Büro des Vereins, das sich im ersten Stock befindet, sitzt ein junger Mann. Ich stelle mich als Pilger vor und bitte ihn – da ich im normalen Leben im sozialen und im pädagogischen Bereich tätig sei und mich deshalb für das Netzwerk interessiere –, mir dessen Arbeit vorzustellen.

»Das mache ich gern«, entgegnet der Mann, und er weist mich zunächst darauf hin, dass es dem Verein in Zusammenarbeit mit dem Bürgermeister und mit vielen Wurzener Bürgern gelungen sei, die Nazis aus der Stadt zu vertreiben. Ganz weg seien sie natürlich nicht, meint er, aber Menschen wie er und auch die Bewohner der Flüchtlingsheime bräuchten tagsüber in der Stadt keine Angst mehr zu haben und könnten die Straßen auch nach Einbruch der Dunkelheit unbehelligt betreten. Ich freue mich mit ihm und will ihm von meiner Begegnung mit den Neonazis in der Großenhainer Pflege erzählen. Aber ohne auf meine Bemerkung einzugehen reißt der Mann das Gespräch wieder an sich mit der entrüsteten Bemerkung, dass es unfassbar sei, dass die derzeit in Sachsen allein regierenden Christdemokraten die Existenz des Netzwerkes gefährden würden. Aufgeregt ereifert er sich, dass das Netzwerk – weil er es dem linken Spektrum zugordnet und dadurch dem sogenannten Extremismusbeschluss unterliege – vom Verfassungsschutz beobachtet würde und zudem verpflichtet sei, zahlreiche Adressen preiszugeben sowie sich – schriftlich – zur Demokratie zu bekennen. »Das ist unfassbar!«, ruft der Mann. »Dabei sind wir es«, behauptet er, »die die Demokratie schützen – und wir sind es«, fährt er fort, »die wir unsere Köpfe hinhalten, wenn irgendwo Neonazis erscheinen und es irgendwo knallt und kracht.« Das sei wirklich schlimm, schimpft er erneut und drückt mir ein Blatt Papier in die Hand. Mit meiner Unterschrift, erklärt er, könnte ich gegen die von Christdemokraten und Verfassungsschutz angeordneten Maßnahmen protestieren. Ich lese den Text und unterschreibe.

Ich verabschiede mich von dem Mann und gehe zum Dom. Hier installierte der 1872 in München geborene Bildhauer Georg Wrba, der viele Jahre in Dresden wirkte und der 1939 in der Stadt an der Elbe starb, in den 30er Jahren des letzten Jahrhunderts im Altarraum eine Kreuzigungsgruppe, die in ihrer Mitte einen bis auf die Rippen abgemagerten Schmerzensmann zeigt. Der im spätexpressionistischen Stil dargestellte Erlöser offenbart den Gegensatz zu bürgerlichen Formen und zur bürgerlichen Ästhetik. Letztere – geprägt von der Liebe zur Ordnung und vom Streben nach Wohlempfinden – wies Wrba bewusst zurück und ersetzte sie durch das Abbilden des Hässlichen und des Schmerzes. Der lebensreformerisch gesinnte Künstler kannte die dunkle, die unbürgerliche Existenz. Aber, so frage ich mich, ist sein Werk als ein Protest oder als eine Warnung zu verstehen? Ahnte er, als er zu Beginn der 30er Jahre im Wurzener Dom einen dem Wahnsinn nahen Erlöser kreierte, die kommende Barbarei?

Der Abschied aus Wurzen ist kurz. Die Jakobsmuschel führt mich steil abwärts bis ans Ufer der Mulde. Ich überquere den Strom und gelange einige Kilometer weiter nach Nepperwitz. Dieses Dorf kannte ich bis zu jenem Abend noch nicht, und als ich die durch den Ort führende Straße betrete, kann ich auch noch nicht wissen, dass ich hier wenige Stunden später die zum Jakobsweg gehörende Magie ein weiteres Mal erfahren und im Märchen »Tischlein deck dich« die Hauptrolle spielen werde. Aber Geduld! Alles will erzählt sein – und alles von Anfang an.

Der einem Theaterstück gleichende Abend beginnt, nachdem ich an dem Haus geklingelt habe, das im Pilgerführer als Herberge gekennzeichnet ist. Die Tür öffnet eine ältere Frau, die ihren Körper beugt und sich beim Gehen auf einen Stock stützt. Sie wünscht mir einen guten Abend und fragt nach meinem Pilgerausweis. Ich erwidere ihren Gruß und zeige ihr das Dokument. Sie lächelt und bittet mich, ihr zu folgen. Gemeinsam gehen wir über ihren Hof und gelangen in ihre Wohnung, wo sie mich in ihr Wohnzimmer führt. Ich lege den Rucksack ab, und die Frau bietet ein neben einem Tisch im Zimmer stehendes Sofa zum Ausruhen an. Das lasse ich mir nicht zweimal sagen, lege mich sogleich auf das Kanapee und entspanne, während die Frau in die Küche geht. Einige Zeit später – ich muss wohl eingeschlafen sein, denn ein leises, zaghaftes Husten hatte mich geweckt – ist die Bäuerin wieder im Zimmer und sagt, dass das Abendbrot fertig sei. Ich stehe auf und sehe, dass der Tisch mit einer Flasche Bier, Schwarzbrotscheiben, Käse und Schinken sowie mit geschnittenen Tomaten und Gurken im Glas gedeckt ist. Ich bin überwältigt und möchte mich für die Gastfreundschaft bedanken, als sie mir zuvorkommt und mir gesteht, dass sie dankbar sei, einen Pilger im Haus zu haben und sich darüber freue, mich zu bewirten. Ich greife beherzt zu und genieße das Essen und das Bier, als es erneut klingelt. Die Frau bittet um Entschuldigung und geht zur Tür.

Als sie zurückkehrt, sind Birgit und Maria bei ihr. Die beiden Frauen begrüßen und umarmen mich, und während sie sich zu mir an den Tisch setzen, geht die Hauseigentümerin erneut in die Küche. Als sie zurückkehrt, hat sie ein Tablett in ihren Händen – darauf steht für die Frauen ein weiteres Pilgermahl und für mich eine zweite Flasche Bier. Von Birgit, die am vorgestrigen Abend das wundersame Pflaster auf meinen Fuß geklebt hat, erfahre ich, dass die heutige Tour für die Frauen ein Wahnsinn gewesen sei: Gemeinsam seien sie am frühen Morgen in Strehla gestartet und hätten mehr als dreißig Kilometer bewältigt. Durch Lampertswalde und durch Dahlen seien sie geeilt und auch für die Besichtigung von Wurzen habe ihnen die Zeit gefehlt.

Ich nicke verständnisvoll und erzähle ihnen von dem umtriebigen Wirt in Lampertswalde und davon, dass dort die Freges gelebt hätten – und dass auch Campino, der Sänger der Toten Hosen, ein gebürtiger Frege sei. Die Frauen blicken mich einige Sekunden lang ungläubig an. Dann weisen die ebenfalls mit am Tisch sitzende Hauseigentümerin darauf hin, dass sie gläubige Christen seien und daher – als Akt der Fürsorge und Nächstenliebe – darauf bestehen würden, nach dem Essen das Geschirr in die Küche zu tragen und abzuwaschen. Die Gastgeberin will sich bedanken, als es erneut an der Haustür klingelt. Noch ehe die Frau sich erhebt, nach ihrem Stock greift und an diesem Abend zum dritten Mal zur Hoftür wankt, habe ich die Situation erfasst und stürze – wohl auch, um dem drohenden Abwasch zu entgehen – aus dem Haus. Ich öffne die Tür, und mir gegenüber steht Stefan. Wir blicken uns überrascht an, und dann folgt der für einige Sekunden ebenso sprachlos wie ich gewordene Geistheiler mir ins Haus, wo ich ihn den drei Frauen vorstelle.

Während Stefan und ich uns auf das Sofa setzen und uns mit der Frau, die auf einem Stuhl Platz genommen hat, unterhalten, sind Birgit und Maria in die Küche geeilt und bereiten nun Stefan ein Pilgermahl. Der Geistheiler gesteht, dass er, seit er Dahlen im Morgengrauen vor mir verließ, mehrmals die Jakobsmuschel aus den Augen verloren habe – auch habe er, sagt er, den bei Dornreichenbach liegenden Steinbruch nicht gesehen. Jetzt aber sei er hier und könne mit mir und den anderen den Abend genießen.

Stefan hat recht: Es wird ein langer und lustiger Abend. Von Birgit und Maria erfahren wir, dass sie den Osten gar nicht so grau wie erwartet, sondern lebenswert und interessant finden würden – auch wirke, so behaupten sie, der Jakobsweg auf schräge Typen wie uns offenbar wie ein Magnet. Auch die mit uns am Tisch sitzende alte Frau lacht mehrmals herzlich und bekennt verlegen, dass sie sich an solch einen verrückten Abend nicht erinnern könne; dass sie froh und dankbar dafür sei, dass es uns gebe und sie uns kennenlernen dürfe.

9. Kapitel (Von Nepperwitz nach Leipzig-Sommerfeld)

Von den Hoffnungen und Risiken des Liberalismus, vom bürgerlichen Lebensstil und von der Annäherung an eine Heldenstadt

Am nächsten Morgen – Birgit und Maria sind vor uns aufgestanden und schon unterwegs – besichtigen wir die Dorfkirche. Überregional bekannt geworden ist sie, da sie seit 2006 ein vom Leipziger Künstler Michael Fischer-Art entworfener Flügelaltar schmückt. Wobei: Schmücken ist vielleicht das falsche Wort, denn das Bild zeigt einen in der Gestalt einer Comicfigur gemalten Jesus. Ich weise Stefan darauf hin, dass der Maler in einem Interview seine Kunst als »marktwirtschaftlichen Realismus« bezeichnet hat und dass er beabsichtige, dem vom »sozialistischen Realismus« geprägten Osten mit seinen oft grauen Bildern und der Ideologie folgenden Figuren seine kindlich naiv gezeichneten Figuren mit und Farbe und Bewegung entgegenzusetzen.

»Für mich«, erwidert Stefan, »ist das keine Kunst.« Es sei Kitsch, behauptet er, und es offenbare narzisstische Züge. In diesem Sinn habe Fischer-Art, der dem Geistheiler zufolge mit seinen Figuren und Zeichnungen vor allem auffallen will, sogar recht. Denn jede Auffälligkeit würde – ganz im Sinn der freien Marktwirtschaft – Käufer anziehen und den Preis erhöhen. Ich stimme Stefan zu und frage ihn, ob er im Wurzener Dom die von Georg Wrba geschaffene Kreuzigungsgruppe besichtigt habe. Natürlich sei er dort gewesen, antwortet er, und natürlich kenne er sie. Das, sagt er, sei wahre Kunst. Im von Wrba in Wurzen ausgestellten Schmerzensmann erkenne er die Sozialkritik, die er bei Fischer-Art vergeblich suche: Bei Fischer-Art sei alles bunt und sozialkritische Analysen, wenn überhaupt, nur vage in den Gesichtern der Comicfiguren angedeutet. Und auch der hier gezeigte Erlöser, ereifert sich Stefan, wirke zwar ungewöhnlich, doch in Wahrheit vor allem komisch. Aber genau das entspräche dem von Fischer-Art vertretenen marktwirtschaftlichen Denken: Alles ist bunt und alles ist in Bewegung. Alles wirkt, als gäbe es hier anscheinend keine gesellschaftlichen Zusammenhänge, und alles entspreche den Mechanismen des Marktes. Das Ziel sei ein Auffallen um jeden Preis – eine ehrliche, wahrhaftige und mit Argumenten begründete Sozialkritik sei da aber nicht enthalten, dessen sei er sich sicher.

Auf Nepperwitz folgt Machern. Hier herrscht bereits das Städtische: Die Atmosphäre im Ort ist hektisch – ganz im Kontrast zu den bei Wurzen und in der Dahlener Heide liegenden Dörfern. Nur das am Rand des Ortes stehende Schloss mit dem im späten 18. Jahrhundert von Carl Heinrich August von Lindenau angelegten englischen Landschaftsgarten bietet Ruhe und Behaglichkeit. Während wir den Park betreten, klärt mich Stefan darüber auf, dass er mehrmals in England gewesen sei und die Engländer für ihre Landschaftsgärten bewundere. Diese vom Adel und vom Großbürgertum angelegten Gärten hätten sich in einen bewussten Kontrast zu den französischen Barockgärten gestellt. Der englische Garten, erklärt Stefan, solle sich in die umgebende Landschaft harmonisch einfügen und vorhandene Wege, Hügel kleine Wäldchen und Seen nutzen, statt Gewässer trockenzulegen, Wiesen zu entfernen und Wege unnatürlich zu begradigen oder gar vollständig zu zerstören.

Wir gehen durch den Park und gelangen bis zu der in einen Tempel eingefügten Statue der Hygieia. Beim Blick auf die Göttin in einem eng sich an den Körper anschmiegenden Kleid, die in der griechischen Mythologie als Asklepios' Tochter hoch geachtet und aufgrund ihres ärztlichen Wissens sowie ihrer Heilkräfte bewundert worden war, hätte es mich nicht verwundert, wenn sie in jenem Augenblick – dabei (man verzeihe mir den kühnen Gedankensprung) die Gestalt der Schriftstellerin Jane Austen annehmend – vom Sockel gestiegen wäre. Doch alles bleibt still, Hygieia bleibt auf ihrem Sockel und auch Jane Austen bleibt Teil meiner Fantasie. Ein ziemlich wildes schönes Traumbild, gewiss – aber es wäre dem besonderen Augenblick gerecht geworden. Denn: Jane Austen, die viele Jahre ihres Lebens in einem Pfarrhaus im südenglischen Chawton verbrachte und die dort auf dem Land stehenden Herrenhäuser und Schlösser sowie die sie umgebenden Landschaftsgärten zu Schauplätzen und natürlichen Kulissen ihrer Romane erkor, war es gelungen, das Leben junger Damen aus dem gehobenen ländlichen Bürgertum, der Gentry, mit deren Ängsten, Hoffnungen und Zweifeln, ihren glücklichen und unglücklichen Lieben, ihren politischen Einstellungen und ihren finanziellen und gesellschaftlichen Abhängigkeiten realistisch nachzuempfinden und literarisch eindrucksvoll zu beschreiben. Austen lebte und schrieb in einer Zeit, in der das tatkräftig und risikofreudig unternehmerische sowie nach Aufklärung strebende Bürgertum tatsächlich noch progressiv wirkte und gegen den auf dem Land im öden Nichtstun verweilenden Adel aufbegehrte und revoltierte. Diese Veränderungen spiegelten sich im Denken und Handeln, in der Mode – und auch in der Gestaltung der Gärten, die sich, wie bereits beschrieben, in die Landschaften einfügten, statt sie gewaltsam zu verändern und sie nach mathematischen Regeln und geometrischen Formen neu zu konstruieren. Alles wurde, schrieb Austen in einem ihrer Romane, »heller und weiter« – und auch die Kleider, die die Frauen nun trugen, schränkten die Schritte nicht mehr ein und ermöglichten das freie Atmen, schenkten Kraft für freie Ideen.

Wir gehen weiter und gelangen zum hinter dem Schloss liegenden Marktplatz. Stefan zeigt auf ein an einer Straße stehendes Schild mit der Aufschrift »Zur Gartenstadt«.

»Eine Gartenstadt?«, frage ich ihn. »Hier in Machern? Eine wie Hellerau«?

»Keine Ahnung«, antwortet er und fügt hinzu, dass er davon bisher nichts wusste. Ohne uns abzusprechen sind wir uns einig, dass wir – zwei gebürtige und bekennende Hellerauer – den Jakobsweg verlassen und dem Schild folgen werden. Die Siedlung, die wir einige Minuten später erreichen, erweist sich jedoch nicht als eine Gartenstadt, wie wir sie kennen, sondern als eine im Grünen aus dem Boden gestampfte Eigenheimsiedlung.

»Ich ahnte es«, stöhnt Stefan. »Es konnte nicht anders sein: In dieser Gesellschaft dient alles dem Markt. Sinnvoll und nützlich ist, was sich verkaufen lässt. Man baue für diejenigen, die genug Geld haben und von der Stadt aufs Land ziehen wollen, auf einer Wiese stehende Häuser, grenze die Grundstücke mit Zäunen und Hecken voneinander ab, gebe den durch die Siedlung führenden Straßen die Namen einheimischer Vögel oder hier wachsender Blumen und Bäume, kennzeichne einige Straßen zu Spielstraßen, baue zwei, drei Spielplätze – und fertig ist der Lack. Dabei«, fährt er fort, »bedeutete der Begriff Gartenstadt einst eine kulturelle und soziale Revolution. Aber sieh dir an, was sie daraus machen: Schick, richtig und wichtig sind heutzutage allein die Fassaden. Alles wirkt genormt und geordnet, und nichts stört die kleinbürgerliche Ruhe. Was kümmert es die, die einst die Eigenheime planten und bauten, und was kümmert es die, die jetzt hier wohnen, dass der Begriff Gartenstadt einmal zu den Kernstücken der Lebensreform gehörte und früher etwas völlig anderes bedeutete als heute?«

»Sie, die hier wohnen, wissen das nicht«, sage ich, »und wahrscheinlich wollen sie es auch gar nicht wissen. Der Begriff Gartenstadt wird wie der Begriff des Bauhauses und die von Fischer-Art gezeichneten Figuren als Marke genutzt und ist zum Kassenschlager degradiert. Schick ist, was den Leuten gefällt – allein der Markt entscheidet.«

Stefan gibt mir recht und bittet mich, nicht daran zu verzweifeln. »Mach dir nichts daraus«, tröstet er mich, »du wirst die Menschen nicht ändern. Die Mehrheit von ihnen pfeift auf die hinter den Dingen stehenden Ideen – ja, sie weiß oft nicht und ahnt nicht einmal, dass es diese Ideen gibt. Die Mehrheit sehnt sich nach Ruhe, Ordnung und Sicherheit, und sie strebt nach materiellen Gütern. Das war schon immer so, und so wird es immer bleiben. Das ist der Lauf der Welt, und diesen gilt es zu akzeptieren.«

Ich halte inne. Soll ich, überlege ich, das wirklich akzeptieren? Soll ich wirklich akzeptieren, dass die Mehrheit der in Westeuropa lebenden Menschen lieber im – wie Heidegger in seinem 1927 veröffentlichten Werk »Sein und Zeit« schrieb – gewöhnlichen »Man-Sein« verharrt, statt den existenziellen Schritt in das ontologisch begründete, darum authentische und nicht vorhersehbare »Da-Sein« zu wagen?

Ich denke über Heideggers neue Ontologie nach, als ich mich beim Blick auf die Siedlung und den dahinter liegenden Sorgenberg auch an Jean-Jaques Rousseau erinnere: Als einer der ersten und radikalsten Denker hatte er das bürgerliche Eigentumsrecht kritisiert und dagegen polemisiert, weil er in ihm die Ursache für gesellschaftliche Ungleichheiten und die daraus entstehenden Konflikte sah. Sein 1753 veröffentlichter Diskurs zu der Preisfrage »Welches ist der Ursprung der Ungleichheit unter den Menschen und ist sie durch ein Naturgesetz gerechtfertigt?« beginnt mit den berühmt gewordenen Worten: »Der erste, der ein Stück Land mit einem Zaun umgab und auf den Gedanken kam zu sagen, ›Das gehört mir‹, und der Leute fand, die einfältig genug waren, ihm zu glauben, war der eigentliche Begründer der bürgerlichen Gesellschaft.« Und Rousseau fuhr fort: »Wie viele Verbrechen, Kriege, Morde, wieviel Elend und Schrecken wäre dem Menschengeschlecht erspart geblieben, wenn jemand die Pfähle herausgerissen und seinen Mitmenschen zugerufen hätte: ›Hütet euch, dem Betrüger Glauben zu schenken; ihr seid verloren, wenn ihr vergesset, dass die Früchte allen gehören und die Erde niemanden.‹«

Die vor mir liegende Siedlung, die sich eine Gartenstadt nennt, verbindet – außer, dass sie aus Werbezwecken den Namen »Gartenstadt« trägt – nichts mit den Ideen Rousseaus und auch nichts mit Ebenezer Howard, dem Ideengeber für den Bau von Gartenstädten. Statt Gemeineigentum herrscht hier das Recht des Privaten, statt der Verhinderung von Bodenspekulation werden dem Markt und dem Erbrecht an Kapital und Vermögen Tür und Tor geöffnet, statt in Gemeinschaft und trotzdem natürlich und frei zu leben unterwerfen sich die hier wohnenden Menschen freiwillig dem kleinbürgerlichen Leben mit den dazugehörigen Werten, Normen und Zwängen. Jean-Jaques Rousseau jedoch hätte – da bin ich mir sicher –

beim Blick auf die Siedlung seine Schuhe geschnürt und wäre davongeeilt. Fort, nur fort von hier!

Doch das Fortkommen misslingt. Ein hinter der Siedlung auf einem Hügel – dem Sorgenberg – stehender Funkturm erinnert uns daran, dass hier einst der Nachrichtendienst einquartiert war und dass sich Rousseau auch darüber – über das gegenseitige Beobachten und Überwachen – Gedanken gemacht hatte. In seinem 1762 veröffentlichten politischen Hauptwerk »Vom Gesellschaftsvertrag« hatte er den moralischen Gemeinwillen (Volonté générale) vom Willen Aller (Volonté de tous) unterschieden und den ersten über den zweiten gestellt. Rousseau, der an die Fähigkeit des Menschen zur Vernunft glaubte und daran, dass die menschliche Vernunft eines Tages über egoistische Einzelinteressen und über die Interessen des Staates siegen würde, bereitete mit der Begründung des Volonté générale – ob gewollt oder nicht, bleibt ungewiss – jedoch auch totalitären Despoten und totalitären Gesellschaften den Weg: Wer berief sich nicht alles auf ihn? In der Französischen Revolution war es Robespierre, ein scharfsinniger und überdurchschnittlich intelligenter Anwalt, der als bekennender Jakobiner dem bürgerlichen Streben nach Luxus sowie Alkohol und Ausschweifungen aller Art entsagte und trotzdem zu einem Massenmörder wurde, der tausende Hinrichtungen zu verantworten hatte. Er, der sich mit Inbrunst auf Rousseau berief und dabei tugendhaftes Handeln auch mit Gewalt erzwingen wollte, starb am Ende selbst durch die Guillotine. In Russland war es Lenin, der sich mehr als 100 Jahre später auf ihn berief. Auch hier hatte alles hoffnungsvoll begonnen. Nachdem der Führer der russischen Kommunisten im Oktober 1917, unmittelbar nach dem für die Bolschewiki erfolgreich verlaufenden Staatsstreich, mit dem Dekret über den Frieden zumindest für Russland den Krieg beendete und mit weiteren Dekreten dem einfachen Volk, den Arbeitern und Bauern, Brot, Land und das Recht auf kostenlose Bildung schenkte, schuf er jedoch mit der zur gleichen Zeit von ihm gegründeten Tscheka ein Ungeheuer, das sich als eine Hydra offenbarte und grausamer und skrupelloser war als alle bisherigen Geheimdienste. Erwiesen ist auch, dass sich die nach dem Zweiten Weltkrieg in der DDR gegründete Staatssicherheit diesen Geheimdienst zum Vorbild nahm.

Wir verlassen die Siedlung und kehren zurück auf den Jakobsweg. Ich bin noch immer in Gedanken versunken, als Stefan mich fragt, wie man sich einer Stadt nähert, die man nicht – wie zum Beispiel Dresden – von oben sieht, bevor man sie betritt. Ich antworte ihm, dass dann vielleicht die Suche nach in der Stadt wohnenden Helden weiterhelfen könne, denn Leipzig würde sich bestimmt nicht grundlos eine Heldenstadt nennen. Ich erkläre Stefan, dass mir als Helden zunächst die 70.000 Leipziger und

Leipzigerinnen einfallen, die am 9. Oktober 1989 ihre Ängste überwanden und sich trotz der Warnungen der Parteisekretäre am späten Nachmittag in der Nikolaikirche und am Abend auf dem Augustusplatz trafen.

»Vielleicht«, unterbricht mich Stefan, »hast du recht. Vielleicht lag und liegt hier der Unterschied zwischen Leipzig und Dresden? Denn anders als der Dresdner Reichtum, der trotz des auch hier vorhandenen bürgerlichen Engagements vor allem auf den Residenzcharakter der Stadt zurückzuführen ist, beruhte und beruht der Reichtum der Stadt Leipzig einzig und allein auf der Zivilcourage, dem Einfallsreichtum und dem Handelsgeschick seiner Bürger.«

Ich stimme ihm zu und behaupte, dass es sogenannte »Leipziger Helden« bereits vor dem 9. Oktober 1989 gegeben habe und dass einer von ihnen der 1807 in Köln am Rhein geborene und in ärmlichen Verhältnissen aufgewachsene Robert Blum gewesen sei. In Leipzig sei der in der Öffentlichkeit anerkannte Mann, der als Theaterkritiker liberal gesinnte Texte schrieb, von den Bürgern der Stadt im Mai 1848 in die erste deutsche Nationalversammlung gewählt worden. In der Paulskirche jedoch habe Blum erfahren, was es heißt, sich in das Haifischbecken der modernen Politik zu begeben. Er, der voller Zuversicht als linksliberaler Abgeordneter nach Frankfurt gefahren war, habe hier, im Parlament, die politische Ohnmacht gegenüber der selbstgefälligen Arroganz und Ignoranz der konservativ und national gesinnten Abgeordneten erfahren. Diese – sich ihrer parlamentarischen Mehrheit bewusst – lehnten radikaldemokratische Ideen aus Prinzip ab und amüsierten sich über ihn, den Idealisten. Der 13. Oktober 1848 wurde für ihn schließlich zum Schicksalstag. An diesem Tag – nicht ahnend, dass er seine Frau und seine Kinder zum letzten Mal sehen sollte – war er am Morgen in Leipzig in den Zug gestiegen, um über Dresden und Breslau nach Wien zu reisen. Hier soll er sich aufständischen Arbeitern und Studenten angeschlossen haben, um, wie er hoffte, die Revolution zu retten. Nach anfänglichen Erfolgen – am 6. Oktober hatte beispielsweise ein in einem Arbeiterbezirk stationiertes Grenadierregiment gemeutert – siegte jedoch die besser ausgerüstete und zahlenmäßig überlegene kaiserliche Armee. Blum wurde verhaftet und am 9. November 1848 exekutiert. Seine widerrechtliche Erschießung – als Abgeordneter der deutschen Nationalversammlung besaß er parlamentarische Immunität – glich einem Affront der adligen und konservativen Reaktion gegenüber den Revolutionären, und sie offenbarte die Ohnmacht der deutschen Nationalversammlung gegenüber dem in Berlin wieder fest auf dem Thron sitzenden preußischen König und dem in Wien noch immer oder schon wieder absolut herrschenden Kaiser. Robert Blum, der als liberaler Abgeordneter und dank seiner rhetorischen Begabung zu den führenden Persönlichkeiten der deutschen Nationalversammlung gehörte, hatte – nachdem er erlebte, dass die von ihm angeführten Demokraten in der Nationalversammlung bei fast allen Abstimmungen Niederlagen erlitten – spätestens im Spätsommer 1848 das politische Lager gewechselt. Aus dem sich anfänglich um einen politischen Ausgleich bemühenden Liberalen war im Verlauf der Revolution ein gemäßigter Linker geworden, der weder das Taktieren der Liberalen noch die politische Ohnmacht seiner Weggefährten verhindern konnte. Als ein überzeugter Demokrat, der sich vergeblich gegen die Übermacht von Monarchisten und Konservativen wehrte, hatte er zu spät erkannt, dass der Liberalismus, wenn er sich der sozialen Frage verweigert, zur formlosen Attitüde verkommt, weil ihm dann die politische Grundlage fehlt.

Bevor Stefan etwas erwidern kann, fahre ich – meinen Redefluss nutzend – fort und weise ihn darauf hin, dass nur zwölf Jahre nach Blums gewaltsamem Tod mit Friedrich Naumann im nur wenige Kilometer von Leipzig entfernten Dorf Störmthal ein Mensch das Licht der Welt erblickte, der im Verlauf seines Lebens vom einfachen Pfarrer zu einem der bedeutendsten Liberalen seiner Zeit werden sollte. Ich erkläre Stefan, dass Naumann – nachdem er bereits in jungen Jahren das Feld der Theologie verlassen hatte, sich als Publizist für einen sozialen Liberalismus engagierte und dabei sogar zeitweilig mit der Idee eines christlichen Sozialismus sympathisierte – früh bewusst geworden war, dass sein Ideal einer liberalen Gesellschaft den Ideen eines sozial unempfindlichen Eliten-Liberalismus widerspricht. Bis zum Ausbruch des Ersten Weltkrieges, den Naumann – dabei im Einklang mit dem damaligen Zeitgeist – begrüßte, hatte er den Nationalsozialen-Verein und die sozialliberal gesinnte Zeitschrift »Die Hilfe« gegründet. Er hoffte, die seit der verlorenen Revolution von 1848/49 erlebte politische Ohnmacht des Liberalismus zu überwinden und ihn als politische Macht im monarchisch-konservativen Kaiserreich zu etablieren. Gleichzeitig befürwortete er die im letzten Jahrzehnt des 19. Jahrhunderts begonnene Phase der Hochindustrialisierung und verknüpfte den Kapitalismus mit sozialen Forderungen sowie mit der Forderung nach einer Ästhetisierung und Demokratisierung der sich neu formierenden Arbeitswelt. Naumann, fahre ich fort, begründete mit dem 1915 veröffentlichten Buch »Mitteleuropa« den Begriff des »liberalen Imperialismus« und, gestehe ich, er verfolgte auch nationale Ziele. Ihm aber deshalb, wie zum Beispiel der Historiker Götz Aly in einer 2011 in der Frankfurter Zeitung veröffentlichten Kolumne, nationalsozialistisches Gedankengut vorzuwerfen und ihn gar für die spätere nationalsozialistische Außenpolitik verantwortlich zu machen, wird Naumanns Werk und der von ihm vertretenen Idee eines sozial handelnden und national gesinnten Liberalismus nicht gerecht. Das Gegenteil ist der Fall: Naumann, der sich Zeit seines Lebens gegenüber antisemitischen Äußerungen und Aktionen abgrenzte, gehörte nach dem Ende des Ersten Weltkrieges zu den Mitgründern der liberal gesinnten Deutschen Demokratischen Partei und zu den Vätern der 1919 in Weimar verabschiedeten Verfassung.

Robert Blum und Friedrich Naumann: Beide sind mit der Stadt Leipzig verbunden und beide symbolisieren die mehrmals erlebten Krisen – vielleicht sogar das mehrmalige Scheitern? – der liberalen Idee. Während Blum dieses Scheitern selbst erlebte und dafür mit seinem Leben bezahlte, blieb Naumann – der 1919, 59-jährig, in Travemünde nach einem Schlaganfall starb – ein solches tragisches Ende erspart. Der 1884 im württembergischen Brackenheim geborene Theodor Heuss jedoch, der in jungen Jahren Friedrich Naumann sein politisches Idol nannte und nach dem Zweiten Weltkrieg zum ersten Bundespräsidenten der BRD gewählt wurde, hatte am 23. März 1933 – 14 Jahre nach Naumanns Tod – gemeinsam mit vier weiteren Abgeordneten der Deutschen Demokratischen Partei dem von Hitler geforderten Ermächtigungsgesetz zugestimmt und damit mitzuverantworten, dass der Reichstag sich an diesem Tag dem Druck der Nationalsozialisten beugte und sich selber entmachtete. Heuss' Zustimmung zum Ermächtigungsgesetz stellt bis heute ungelöste Fragen. Sie ist besonders unverständlich und tragisch, weil sich Heuss der vom Nationalsozialismus ausgehenden Gefahr bewusst war und zuvor in mehreren Reden und Schriften vor ihr gewarnt hatte. Letztlich versagten die von ihm vertretene bürgerliche Mitte und der durch ihn vertretene Liberalismus ausgerechnet in jenem Augenblick, als sie dringender als jemals zuvor gebraucht wurden. Letztlich war es die von Otto Wels geführte Fraktion der Sozialdemokratischen Partei – die einst im Reichstag sitzenden Abgeordneten der Kommunistischen Partei waren bereits verhaftet worden oder aus Deutschland emigriert –, die an jenem Tag geschlossen gegen das Ermächtigungsgesetz stimmte und damit die Würde und Integrität des Parlaments wahrte.

»Ich sehe«, stellt Stefan fest, »dass in dir auch ein Historiker steckt.« Aber», fährt er fragend fort, «was ist denn nun mit Leipzig? Wie nähert man sich dieser Stadt?"

»Ich weiß es nicht«, antworte ich. »Ich weiß nur, dass ich seit 30 Jahren hier lebe und mich nach anfänglichen Problemen inzwischen doch auch als Leipziger fühle«.

Eine Annäherung an Dresden würde ihm bestimmt leichter fallen, meint Stefan, da hier die im Osten in der Sächsischen Schweiz stehenden Felsen oder die im Westen bis zur Elbe reichenden Weinberge die Ankunft versüßen. Und trotzdem, behaupte ich, lohne es sich, auch nach Leipzig zu reisen. Es lohne sich, obwohl Leipzig, was die geografische Lage und den architektonischen Charakter betrifft, einen krassen Gegensatz zu Dresden bilde. Nach Leipzig zu reisen, behaupte ich, lohne sich vor allem wegen der Flüsse und Seen sowie der besonderen hiesigen Mentalität. Die Unterschiede zwischen Leipzig und Dresden seien jedoch nichts Neues, sie seien historisch begründet – und auch während der Jahre des real existierenden Sozialismus habe sich Leipzig anders entwickelt als Dresden.

Nach einer kurzen Pause greife ich den Vergleich zwischen Dresden und Leipzig wieder auf und behaupte, dass es jedoch auch vieles gebe, was die Städte miteinander verbinde: Beide Städte seien sächsische Metropolen und in beiden habe sich zum Beispiel auch Friedrich Schiller zu Hause gefühlt. Folgt man den in Leipzig kursierenden Behauptungen dann wohnte er von Mai bis September 1785 in einem Bauernhaus im Stadtteil Gohlis, wo er die Ode an die Freude schrieb. Es sei natürlich klar, fahre ich fort, dass die Dresdner eine andere Wahrheit kennen: Ihnen zufolge hat Schiller die Ode, die er seinem Freund und Mäzen Christian Gottfried Körner widmete, zwar von Mai bis September 1785 in Leipzig begonnen, aber erst im November in Dresden in einem Loschwitzer Weinberghaus vollendet.

Diese Variante sei ihm die liebste, meint der Geistheiler. Es sei doch egal, ob Schiller die Ode in Leipzig geschrieben oder nur begonnen und in Dresden vollendet habe – wichtig sei doch, dass es in Sachsen geschah.

In unsere Überlegungen vertieft und durch diese abgelenkt, sind wir durch Panitzsch geeilt. Erst am Ortausgang wird uns bewusst, dass wir die Besichtigung einer hier stehenden Wehrkirche und den Besuch der Gaststätte »Zum Blauen Engel« verpasst haben. Wir verlassen den Ort in westlicher Richtung, als uns eine am Straßenrand stehende Frau unerwartet anspricht. Sie fragt uns, woher wir kämen und, da sie einen Imbiss betreibe, ob wir durstig seien. Wir antworten ihr, dass wir aus Nepperwitz kämen und bestätigen ihre Vermutung. Die Frau, die diese Antwort wohl erwartete, bittet uns, ihr zu folgen. Während des Gehens weist sie uns darauf hin, dass sie unseren Durst gespürt habe und dass sie uns kühles Bier mit Kartoffelsalat und Wiener Würstchen servieren könne.

Am Imbiss angekommen, setzt sich die Frau, nachdem sie zwei Flaschen Bier geöffnet und uns im Wasserbad aufgewärmte Würste mit dem versprochenen Salat serviert hat, zu uns an den Tisch. Das Geschäft laufe gut, sagt sie, in einigen Wochen jedoch würde es kalt werden und vielleicht sogar schneien. Dann müsse sie den Imbiss schließen und warten, bis der Frühling anbricht. Wir wünschen ihr Glück und fragen sie, warum sie auf Werbung verzichte. Werbung, antwortet die Frau, sei gut und wichtig – aber ihr fehle der passende Spruch. Das sei kein Problem, erwidert

Stefan, denn immerhin würde ihr Imbiss ja am Jakobsweg stehen. »Am Jakobsweg?«, fragt die Frau. Das, gesteht sie, habe sie nicht gewusst. Beim Jakobsweg würde sie an Hape Kerkeling, an die Pyrenäen und an Spanien denken, aber nicht an Leipzig und die sächsische Provinz. An Kerkeling und an Santiago de Compostela habe er bis vor kurzem auch gedacht, bestätigt Stefan. Sie bräuchte aber, fährt er fort, nicht nach Spanien zu reisen, um zu pilgern – ihr Imbiss stehe wirklich auf dem Jakobsweg, und er sei der einzige weit und breit. Die Frau bedankt sich für diesen Hinweis – ein Werbeschild »Imbiss auf dem Jakobsweg« sei eine gute Idee und sie würde es sich überlegen, versichert sie.

Dem Imbiss folgt das heutige Ziel: Sommerfeld. Ein Blick in die Chronik des Ortes könnte eine stolze und bewegte Geschichte aufzeigen – und eine wundersame Namensänderung, denn der Ort hieß im 13. Jahrhundert nicht Sommerfeld, sondern Svmuelt und war er unter diesem Namen von aus dem Flämischen nach Sachsen gezogenen Siedlern und Farmern gegründet worden. Bis zum Ende des 14. Jahrhunderts war der Ort im Besitz eines bei Meißen an der Elbe stehenden Benediktinerklosters, danach wurde er Eigentum des einst in Leipzig an der Weißen Elster stehenden Augustinerklosters. Dem Kloster, dem einst auch die im Stadtzentrum stehende Jakobsmühle gehörte, sei nach der Reformation als neuer Eigentümer die Stadt Leipzig gefolgt, die Sommerfeld aber über mehrere Jahrhunderte stiefmütterlich behandelte, so dass der Ort ungewöhnlich lange seine Eigenständigkeit behielt.

Wir erreichen Sommerfeld am frühen Nachmittag. Es ist laut geworden und stickig. Stefan ist müde und geht zur Pilgerherberge im Ort, um sich auszuruhen. Ich steige in eine Straßenbahn und fahre durch den grau gefärbten und proletarisch geprägten Leipziger Osten bis ins Zentrum der Stadt.

10.Kapitel (Von Leipzig nach Kleinliebenau)

Von großen und kleinen Geschichten, von Bäumen im Rosental und vom Wunder von Kleinliebenau

Es ist eine historische Tatsache, dass die Jahre nach 1990 für die in Ostdeutschland geborenen und hier groß gewordenen Menschen geprägt waren von radikalen gesellschaftlichen Umbrüchen und nie zuvor erlebten existenziellen Unsicherheiten. Alles was bisher galt – wie zum Beispiel die auf Gemeinschaft und Kollektivismus getrimmte, sogenannte sozialistische Persönlichkeit –, zählte plötzlich nichts mehr. Der Mehrheit der im Westen Aufgewachsenen ignorierten jedoch diese Erfahrungen. Mehr noch: Sie fühlten sich in ihrer Gesellschaftsform bestätigt. Sie waren nicht, wie die nach dem Krieg in Ostdeutschland Geborenen, sozialistisch erzogen worden und auch nicht lebensreformerisch, sondern kapitalistisch und mit dem Wissen oder dem Gefühl, vermeintlich richtig erzogen worden zu sein und auf der vermeintlich richtigen Seite zu stehen, erhoben sie nun das eindimensional nach Gewinn und Profitmaximierung ausgerichtete Streben zum neuen gesamtdeutschen Narrativ.

Verbunden damit war eine drei Jahrzehnte währende und das Land und jeden Bereich erfassende Privatisierungswelle gigantischen Ausmaßes. Für die in Ostdeutschland sozialisierten Menschen änderte sich dadurch alles radikal und sozusagen über Nacht. Althergebrachte Gewohnheiten und langjährig einstudierte Denkmuster erwiesen sich auf einmal als unnütz und taugten höchstens noch zur Erheiterung bei langweiligen Fernsehabenden und noch langweiligeren Familientreffen. Die Folgen dieses wirtschaftlichen und kulturellen Zusammenbruchs waren verheerend, und sie wirken bis heute. Der Westen hatte den Osten besiegt – und fast alles, was aus dem Osten kam, wurde ignoriert, belächelt oder gegenüber dem Westen als nicht ebenbürtig abgewertet.

Gegen diese Abwertung der in Ostdeutschland vollbrachten Lebensleistungen und der auch hier geschaffenen Kunst wehrten sich frühzeitig – um nur vier Beispiele zu nennen – die ostdeutschen Schriftsteller Thomas Rosenlöcher, Volker Braun, Wolfgang Hilbig und Ingo Schulze. In nach 1990 veröffentlichten Erzählungen, Romanen, Essays und Gedichten schrieben sie über ihre Erlebnisse und Ängste, ihre Hoffnungen und

Erfahrungen. Gemeinsam war ihnen, dass sie sich als Künstler verstanden und von der unmittelbaren Mitarbeit an der neuen, gesamtdeutschen Politik fernhielten.

Peter Sodann aber – ein 1936 in Weinböhla bei Meißen geborener Schauspieler und Theaterintendant, der zu DDR-Zeiten regimekritische Texte schrieb, mit denen er gegen die Allmacht der SED aufbegehrte, und 1961 wegen angeblich staatsgefährdender Hetze zu einer mehrjährigen Haftstrafe verurteilt worden war – hatte 2009, weil er noch immer an die Idee des Sozialismus glaubte und sich noch immer für sie engagierte, für die Partei »Die Linke« für das Amt des Bundespräsidenten kandidiert. Seit 1990 sammelt Sodann zudem mit einer an den Titanen Atlas erinnernden Beharrlichkeit und Kraftanstrengung – und als läge es an ihm, das literarische Erbe der DDR zu erhalten und das durch die Auflösung der DDR und der Ostblockstaaten entstandene Ungleichgewicht zwischen einem sich nun enthemmt und alternativlos gebenden Kapitalismus und einem nur noch als Idee existierenden Sozialismus wieder gerade zu rücken – Bücher aus der Sowjetischen Besatzungszone und der DDR. Beheimatet ist die gegenwärtig auf zwei Millionen Bände angewachsene Sammlung und eine mit ihr verbundene Bibliothek in einem in Stauchitz bei Lommatzsch stehenden ehemaligen Rittergut, und es steht bereits jetzt fest, dass sie einen besonderen Zugang zur Geschichte der DDR und den dort erzählten Geschichten ermöglicht.

Eine von diesen Geschichten, die in den Büchern geschrieben stehen und die über den Alltag während des real existierenden Sozialismus und während der Nachwendezeit berichten und die beweisen, dass auch hier Unerwartetes, Überraschendes und zum Teil Skurriles geschah, erlebte auch ich. Die Geschichte, die ich im Folgenden erzähle, beginnt mit einem samstäglichen Frühstück im Haus meiner Eltern und damit, dass mein Vater während des Frühstücks beiläufig erwähnt, dass einer seiner Kollegen seinen Wartburg – auf den der tapfere Mann einst über zehn Jahre gewartet und der über 10.000 DDR-Mark gekostet hatte – für eine Mark verkauft. Eine Mark für ein fast neues Auto! Es ist Frühling im Jahr 1994, und eine Woche zuvor hatten die im Hellerauer Festspielhaus seit fast fünfzig Jahren stationierten sowjetischen Offiziere und Soldaten während ihres letzten Marsches durch die Gartenstadt meinen vor dem Haus meiner Eltern geparkten Lada sozusagen zu ihrem Eigentum gemacht und in die Heimat mitgenommen. Ich besaß seit einer Woche kein eigenes Auto mehr, und daher freute ich mich über die unerwartete Gelegenheit. Eine Mark für einen Wartburg! Ich frohlockte und dachte, dieses Schnäppchen sei etwas für die Ewigkeit – unmöglich zu übertreffen. Dass ich mich täuschen sollte, konnte ich damals, als ich das Auto eine

Woche nach dem erwähnten Frühstück wirklich kaufte, noch nicht ahnen – und ebenso ahnte ich nicht, dass ich einige Jahre später einen Menschen kennenlernen und zum Freund gewinnen würde, der mit dem gleichen Kaufpreis etwas viel Gewaltigeres und Erhabeneres erwarb als einen Wartburg.

Den zukünftigen Freund sollte ich am vorletzten Abend meiner Tour kennenlernen. Begonnen hatte es damit, dass ich – nachdem ich mich am Nachmittag in Sommerfeld von Stefan verabschiedete und mit der Straßenbahn bis in die Leipziger Südvorstadt gefahren war – mich am Abend nochmals aufraffte und mit dem Fahrrad in den Stadtteil Gohlis gefahren war. Nachdem in einer Kneipe die Gläser geklirrt und wir den ersten Schluck Bier getrunken haben, erzähle ich meinen Freunden die Geschichte von meinem für eine Mark gekauften Wartburg. Danach lehne ich mich – im Glauben, soeben die Story des Abends erzählt zu haben – entspannt zurück. Ein mit am Tisch sitzender Mann – ein mit mir befreundeter Sozialpädagoge – erwidert jedoch, dass meine Geschichte zwar durchaus bemerkenswert und beeindruckend sei, aber er kenne noch eine bessere: Er habe von einem Mann gehört, der vor einigen Jahren für einen Euro kein Auto, sondern eine Kirche gekauft habe. Diese Geschichte saß wirklich! Eine Kirche für einen Euro! Das sei unglaublich, sage ich.

Daraufhin steht ein weiterer am Tisch sitzender Mann, der beruflich als Religionslehrer tätig ist, auf und uns bittet uns, ihn zu entschuldigen: Er wolle nach Hause gehen, um etwas zu holen, und käme gleich zurück. Wir lassen ihn gehen und trinken Bier. Nach einigen Minuten kehrt der Mann, der in der Nähe der Kneipe wohnt, zurück und legt eine große Mappe auf den Tisch. Er nimmt sein Bierglas, trinkt und gesteht uns dann, dass er die erwähnte Person sei: Er habe tatsächlich in der Umgebung von Leipzig eine Kirche für einen Euro gekauft. Seiner Meinung nach sei jedoch nicht der Kauf des Gotteshauses das eigentliche Wunder. Das eigentliche Wunder sei, so behauptet er, dass es ihm – mit Unterstützung vieler Vereine und der Städte Schkeuditz und Leipzig – tatsächlich gelungen sei, diese dörfliche Kirchenruine nicht nur vor dem Zerfall zu retten, sondern ihr auch neues Leben einzuhauchen, sie zu einem stattlichen Gotteshaus aufzubauen und als Kultur- und Pilgerzentrum in das Kulturleben der Messestadt zu integrieren.

Ich schaue meinem zukünftigen Freund ins Gesicht und erinnere mich in diesem Moment an den Wirt in Lampertswalde. Dass mir der Wirt in diesem Augenblick in den Sinn kommt, liegt vermutlich daran, dass beide Männer ein ruinöses Gebäude vor dem Abriss retteten, ihm Leben einhauchten und mit Leidenschaft darüber berichten. Beide haben zudem Mappen angelegt und das Geschehene darin festgehalten und dokumentiert. Auch der Religionslehrer legt seine Mappe auf den Tisch, zieht einen Zeitungsartikel aus einer Folie und bittet den neben mir am Tisch sitzenden Freund, einen Soziologen, diesen laut vorzulesen.

»Durch die wenigen nicht zugenagelten Teile der bunten Fenster«, liest er, »fällt spärliches Licht auf den zerbrochenen Taufstein, die Bänke, die einst bunt bemalte Empore und auf den von marodierenden Jugendlichen zerstörten Altar. Aus der Decke der hölzernen Tonnendecke hängt Stroh, an einer Stelle kann man bis zum Dachfirst sehen.«

An dieser Stelle unterbricht der Religionslehrer den Soziologen. Er bitte uns, die Unterbrechung zu entschuldigen, sagt er, diese sei jedoch wichtig, denn er wolle uns darauf hinweisen, dass er bereits an jenem Tag, als er die Kirche während einer Fahrradtour zufällig entdeckte und durch das Schlüsselloch zum ersten Mal in ihr Inneres blickte, erkannt habe, dass trotz des damaligen erbarmungswürdigen und ruinösen Zustandes sein Schicksal zukünftig mit diesem Gotteshaus verbunden sei. Er habe damals, behauptet er, sogar so etwas wie ein Erweckungserlebnis gespürt. Denn bereits beim ersten Blick in das Innere der Kirche sei ihm das in Stein gehauene Porträt eines Ritters aufgefallen. Spätere Nachforschungen, fährt er fort, hätten ergeben, dass der Stein aus dem frühen 17. Jahrhundert stammt und als Epitaph den damaligen Lehnsherrn, einen gewissen Henrig von Kaneworff, abbildet. Dieser Name, frohlockt der Mann, würde seinem eigenen Vornamen bis auf einen Buchstaben gleichen, und dies habe er bereits damals, als er das Epitaph zum ersten Mal erblickte, sozusagen als ein Zeichen von oben gedeutet.

Der Abend wird lang. Vom Religionslehrer erfahren wir, dass dem Kauf der Kirche die Gründung des Pilger- und Kulturvereins gefolgt sei, nachdem er sich beim Kauf der Kirche zu ihrem Erhalt und zur Sanierung verpflichtet hatte. Dieses sei ihm dann mit Unterstützung zahlreicher Vereine wie zum Beispiel des in Worms beheimateten internationalen Bauordens, der Leipziger Musikhochschule und des Sächsischen Denkmalschutzes sowie vieler Dorfbewohner gelungen. Dass das Projekt innerhalb kürzester Zeit überregionale Bedeutung erlangt habe, sei ihm zum Weihnachtfest 2006 bewusst geworden, als das sächsische Regierungspräsidium gemeinsam mit der Deutschen Stiftung Denkmalschutz eine finanzielle Förderung der Kirchturmsanierung zusicherte. Aber eigentlich, so gesteht er, habe er in all den Jahren seit dem Kauf der Kirche 2005 nur ein einziges Mal an dem von ihm begründeten Projekt gezweifelt. Dies sei im Juli 2007 gewesen, als dem Verein trotz vorheriger finanzieller Zusagen mehrere tausend Euro fehlten, um mit der Sanierung des Turmes zu beginnen. Die fehlende Summe hätten jedoch private Sponsoren ausgeglichen, und zudem sei damals auch der Kontakt zur Capella Via Regia hergestellt worden, die seitdem hier regelmäßig musiziert.

Unsere Gläser klirren an diesem Abend oft – und ebenso häufig ziehen der Religionslehrer und der Sozialpädagoge Zeitungsartikel, Urkunden und Fotos aus der auf dem Tisch liegenden Mappe. Irgendwann – es ist spät geworden, und der Wirt bedient uns als seine letzten Gäste – zieht der Religionslehrer eine letzte Seite aus dem Ordner: In der Hand hält er ein Blatt mit einer von französischen Künstlern gezeichneten Skizze. Er weist uns darauf hin, dass die Skizze einen damals geplanten, aus hölzernen Brettern bestehenden Steg zeige, der seit 2010 die Kirche fast vollständig umrunde. Nur hinter der Kirche – da, wo der Steg das Friedhofsgelände erreicht – hätten die Künstler mit Absicht eine Lücke eingebaut. Er mahnt uns, auf diese Lücke zu achten, falls wir nach einem Konzert oder nach durchzechtem Abend die Absicht hätten, die Kirche im Dunkeln auf dem Steg zu umrunden. Erneut hebt er sein Glas und bittet uns, mit ihm anzustoßen. Wir trinken mit ihm auf das von ihm begründete Projekt und auf die Kleinliebenauer Rittergutskirche. Wir trinken auch darauf, dass die fixe Idee eines in der Umgebung von Leipzig umherradelnden Enthusiasten, ein ruinöses Gotteshaus vor dem Zerfall zu retten, es aufzubauen und als ein anerkanntes kulturelles Zentrum zu etablieren, innerhalb weniger Jahre Wirklichkeit geworden ist. Seit diesem Abend unterstütze ich das Projekt und begleite es bewundernd und staunend – und wenn ich nicht indirekt Zeuge dieser Geschehnisse geworden wäre, dann würde ich gewiss behaupten, dass dieses Wunder von Kleinliebenau unmöglich wahr sein kann.

Es ist der zehnte Tag meiner Pilgertour, und Kleinliebenau ist das letzte Ziel meiner Reise. Ich fahre nach dem Mittagessen mit dem Fahrrad dorthin, weil ich Stefan hier treffen und danach zurückfahren will. Die Tour führt mich zunächst von der Südvorstadt bis zur Universität im Stadtzentrum, wo in den 50er Jahren des letzten Jahrhunderts im legendären Hörsaal 40 der Philosoph Ernst Bloch, der Literaturwissenschaftler Hans Mayer, der Historiker Walter Markov und der Romanist Werner Krauss versuchten, die Forderung von Marx – die Gesellschaft nicht nur zu interpretieren, sondern sie zu verändern – umzusetzen und über Bedingungen und Möglichkeiten gesellschaftlicher Utopien diskutierten. Von der Universität sind es nur wenige hundert Meter bis zur Nikolaikirche. Hier treffe ich Birgit und Maria, die ihre Tour in Leipzig beendet haben und sich die Stadt anschauen, bevor sie heimfahren. Ich erzähle ihnen, dass ich nun nach Kleinliebenau fahre, um mich mit Stefan zu treffen. Birgit lacht und bemerkt, dass Stefan und ich ein merkwürdiges Gespann seien, denn fast jedes Mal, wenn sie auf uns träfen, sei ich allein und würde Stefan suchen oder umgekehrt. Ich lache ebenfalls und gebe ihr Recht, ergänze jedoch, dass dies egal sei, denn bisher hätten wir uns immer wiedergefunden. Wir verabschieden uns, und ich verweise sie auf den auf der Grimmaischen Straße stehenden Jahrhundertschritt. Diese von Wolfgang Mattheuer geschaffene Skulptur zeigt eindrucksvoll das angepasste und zur Konformität neigende Verhalten von Menschen während Diktaturen. Mit der Zusicherung, dass sie sich die Skulptur anschauen werden, winken die Frauen ein letztes Mal und verschwinden im Gemenge.

Ich radle ins Rosental. Auf den Wegen, auf denen ich fahre, schritt einst – vor mehr als fünfzig Jahren – auch der Lyriker Georg Maurer. Sein bekanntestes Gedicht erzählt von den hier und im mich umgebenden Auenwald stehenden Bäumen. »Bäume im Rosental«, hatte er geschrieben, »ihr überlebt mich, aber ich hab' euch genannt. Und findet ein Enkel im Antiquariat einen Band, holzfrei, so findet er das Holz, wo ich wandelte – und geht meine Wege.« Diese Zeilen schrieb er am Ende der 60er Jahre im letzten Jahrhundert. 1907 in Siebenbürgen geboren, irrte er auf vielen Wegen, bevor er in Leipzig seine Heimat als Dichter fand. Dabei soll er, wie sein Schüler Heinz Czechowski 1977 in einem Essay über ihn urteilte, alles andere als ein Utopist gewesen sein. Czechowski meinte auch, dass Maurer bereits Mitte der 20er Jahre im letzten Jahrhundert, während er als Student zum ersten Mal in seinem Leben in Leipzig weilte, ein Dichter geworden war – und ein solcher blieb er bis zum Schluss. Das Schreiben war für ihn existenziell, denn er war ein Getriebener, ein unglücklich in die Zeiten Geworfener – einer, der an menschlichen Entfremdungen und an gesellschaftlichen Missständen litt, der daran zweifelte und verzweifelte; einer, der im Kampf gegen sich selbst und gegen die Verhältnisse oft verlor und der dank der Poesie dennoch, wenn auch mit Anstrengungen und Mühen, die richtigen Worte und dadurch stets wieder zu sich selber fand. Georg Maurer, der nach dem Ersten Weltkrieg als Student in Leipzig seine erste existenzielle Krise erlebt und den Zweiten Weltkrieg als Wehrmachtssoldat nur mit Glück überlebt hatte, hoffte nach 1945 auf einen substanziellen und radikalen gesellschaftlichen Neubeginn. Er, der zwei Diktaturen unmittelbar miterlebt hatte, deutete 1933 nicht als einen Betriebsunfall der Geschichte und auch nicht als ein schreckliches Ergebnis moralischer Verfehlungen Einzelner. Die Ursachen für den Aufstieg des Nationalsozialismus waren ihm zufolge gesellschaftlich-strukturell bedingt und lagen daher tiefer begründet, als es die bürgerliche Geschichtsschreibung bis heute wahrhaben will. Dabei offenbart auch seine eigene Existenz Widersprüchliches – gewiss. Doch wenn man verstehen will, warum ein Freigeist wie er so handelte und warum er sich nach der Gründung der

DDR in den Dienst einer vom Staat verwalteten Institution stellte – bis zu seinem Tod 1971 lehrte er am 1955 gegründeten und nach Johannes R. Becher benannten Literaturinstitut –, dann sollte man damit beginnen, dieses untergegangene und nicht mehr existierende Land, das Deutsche Demokratische Republik hieß, eben nicht vom gescheiterten Ende, sondern von seinem Anfang her beurteilen und kritisieren.

Abschiede können heilsam sein, wie zum Beispiel die Trennung einer zerrütteten Beziehung. Sie können sich aber auch als grausam erweisen – zunächst harmlos, kurz und schmerzlos scheinen und erst im Nachhinein ihre wahre hässliche Fratze zeigen. Als ich Stefan, den Geistheiler, am Nachmittag des zehnten Tages meiner Pilgertour nach einer einstündigen Fahrt mit dem Fahrrad in der Pilgerherberge in Kleinliebenau treffe und mit ihm Bier trinke, ahne ich nicht, dass ich an diesem Abend zum letzten Mal zu ihm sprechen und zum letzten Mal seine Stimme hören sollte. Ich sollte auch erst später von Dresdner Freunden erfahren, dass er seit einigen Jahren mit Olaf Böhme – einem 1953 im Elbtal geborenen Theatermacher, Kabarettisten und promovierten Mathematiker – eng befreundet war und mit ihm dadaistische Kurzfilme drehte und künstlerisch experimentierte. Das Schicksal hat es mit beiden nicht gut gemeint: Böhme ist seit drei Jahren schwer erkrankt, und mein meditativ singender Reisebegleiter nahm sich wenige Wochen nach unserer Begegnung in Kleinliebenau das Leben.

Ich steige auf mein Fahrrad und fahre am Ufer der Luppe zurück nach Leipzig. In meiner Radtasche liegen leere Bierflaschen neben meinem Notizheft mit vollständigen und unvollständigen Texten und Skizzen zur Tour. Es regnet und es ist kalt. Letzte Blätter fallen von den Bäumen, und auch für mich ist es Zeit, mich von unnützem Ballast zu befreien und mich auf die wichtigen Dinge im Leben zu besinnen. Es ist Zeit, sich – der zunehmenden Dunkelheit und der herbstlichen und gesellschaftlichen Kälte zum Trotz – ein Beispiel am sozialen Engagement des Kirchenkäufers, an Olaf Böhmes Lebensmut und an Stefans Weisheiten zu nehmen. Es ist Zeit, sich am Abend an den Schreibtisch zu setzen, um die Gedanken und Notizen zu ordnen; Zeit, in der Nacht aufzustehen und – während draußen alles schläft und nur die Eule der Minerva wacht – ein Buch zu schreiben.

Ich flog nicht übers Mittelmeer

Rimbaud floh vor Europa im trunkenen Schiff nach Afrika
und kehrte als Krüppel zurück.
Albert Schweitzer heilte – mitten im Dschungel –
Menschen und Tiere.
Christoph Schlingensief flog nach Burkina Faso
und gründete dort eine Schule.

Ich flog nicht übers Mittelmeer,
mein innerstes Afrika, mit Fremdheit und Exotik,
ist die ostdeutsche Provinz.
Ich wäre, wenn ich geflogen wäre,
im wirklichen Afrika ebenso fremd wie der schwarze Flüchtling,
der allein und wie von Gott verlassen
vor der Edeka-Kaufhalle in Kamenz
am Eingang steht.

Zeitgeist

Am Mahnmal für die Opfer der Weltkriege

saßen früher Jugendliche.
Sie tranken Bier aus Flaschen und
hörten gemeinsam laut Radio.

Heute sitzen hier wieder Jugendliche.
Sie trinken Bier, in Büchsen entweiht,
und blicken auf Handys – jeder ist für sich allein.

Und dann ging ich durch das nächste Dorf

Und dann ging ich durch das nächste Dorf
und wurde begrüßt
von einem fast zahnlosen Mann,
der – einen Traktor fahrend –
die Felder der ehemaligen LPG düngt.
Dem Mann folgte eine Frau,
die – eine Kittelschürze tragend –

Milch kaufte im Kaufmannsladen »Allerlei«
und Zeitungen, getragen vom Geist der Vergangenheit.
Ja, damals war's!
Dem Mann und der Frau
folgten junge Männer in Springerstiefeln und Bomberjacken,
mit markanten Glatzen oder Kurzhaarfrisur,
dabei war es doch Herbst,
der Wind streifte durch den Ort, es war kalt
und das Bellen der Hunde,
die ich nicht sah,
begleitete mich.
Ich fror.

Globalisierung

Globalisierung ist,
wenn es, zum Beispiel,
in einer sächsischen Kleinstadt
– nennen wir sie Dahlen –
ein Rathaus, doch keinen Ratskeller mehr gibt
und auch keinen Wirt,
der in lederner Schürze und mit einem Schwank
die Gäste begrüßt und zum Bleiben verführt.

Im Ort gibt es auch keine Schule,
keine Poliklinik und keinen Laden am Markt.
Die Menschen, die hier leben,
kaufen ein – im Discounter,
weitab vom Zentrum der Stadt

Dafür jedoch gibt es eine Pizzeria,
die sich Neu-Delhi nennt.
Es ist Samstagabend,
und nur hier ist noch Licht.

Sächsische Freigeister

Da ist einer,
der bindet sich eines Tages die Schuhe

und geht nach Süden.
Er überwindet Grenzen und Schranken
und kennt keine Kriege.

Ein anderer
wagt eines Tages das freie Denken.
Er wandert einsam mit seinem Schatten,
schreibt die Genealogie der Moral
und geht sich und Europa bis auf den Grund.

Das Meer in Sachsen

Auf sicherem Grund bewege ich mich,
der Wind streift über die Felder.
Blätter wogen über flaches, tiefgrünes Land –
weit unter der Zeit lauerten einst eherne Ungeheuer,
ein Dichter verfiel in Agonie – ist heute unbekannt.

Zwischenbilanz

Spektakulär Neues
gelingt mir nicht.

Einmal im Boot über die Elbe gesetzt,
Lorenzkirch im Rücken
und Strehla vor der Brust.

Mit an Bord ein Geistheiler aus Hellerau
und verschwommene Wünsche.
Aufgeben
– hier und jetzt?

Ziellos
und doch nicht ohne Hoffnung.

Erst fuhren keine Züge mehr

Erst fuhren keine Züge mehr,

dann schlossen die Schulen
und dann die Polikliniken,
danach die Bibliotheken
– und die Gasthäuser,
in denen die, die auf dem Land leben,
einst Bier tranken und diskutierten,
sind Ruinen und trotzen
dem Regen und Wind.

Ich wanderte von einem Ort zum anderen

Ich wanderte von einem Ort zum anderen,
sah die Dörfer in der Lausitz,
auch Dornreichenbach bei Wurzen,
wo mir ein alter Mann
einen tief im Wald liegenden Steinbruch zeigte,
in dem Senkrecht die Felsen ins Wasser stürzten
– und nicht nur die.
In Nepperwitz traf ich eine alte Frau,
die mich zu sich nach Hause einlud
und mir, als sei sie in Wahrheit eine gute Fee,
ein Abendbrot bereitete, das köstlich schmeckte.

Ich schätze dich, mein gutes, altes Ländchen,
das Sachsen heißt,
und die lebenden Menschen hier.
Hinter den Wäldern stehen Dörfer
und davor stehen Fabriken,
in denen – ob verkauft oder nicht –
einst produziert wurde für den Sieg des Sozialismus
oder für was weiß ich.

Ich habe ein Heft in der Hand,
zum Schreiben, doch ich schreibe nicht.
Immer wieder kommen Gedanken zu mir
und wollen gleich wieder fort.
Mit wem soll ich reden,
wenn ich auf Wanderschaft bin?
Wer hört mir zu und wer erkennt meine Worte?
Die Gedanken treiben mich hinaus

auf die Straßen, in die Wälder und in fremde Orte.

Fast vergeblich suche ich hier Freunde,
denen ich mich anvertrauen kann.
Ich möchte reden über den Zwiespalt in diesem Land,
über die Trennung in Stadt und Dorf
und in Arm und Reich.
Doch mit wem soll ich sprechen,
wenn nicht mit mir allein?
Wer hört mich reden und wer spricht mit mir?

Literaturverzeichnis: Band 1

Vorwort

Böttger, Fritz: Hermann Hesse. Leben, Werk, Zeit. Berlin: Verlag der Nation 1975

Chomsky, Noam: Profit over People – Neoliberalismus und globale Weltordnung. Hamburg: Europa Verlag 2003

Crouch, Colin: Das befremdliche Überleben des Neoliberalismus. Frankfurt/Main: Suhrkamp Verlag 2011

Fukuyama, Francis: Das Ende der Geschichte, aus dem Amerikanischen von Helmut Dierlamm, Ute Mihr und Karlheinz Dürr. München: Kindler Verlag 1992

Horkheimer Max und Theodor W. Adorno: Dialektik der Aufklärung. Philosophische Fragmente. Frankfurt/Main: S. Fischer Verlag 1969

Kerkeling, Hape: Ich bin dann mal weg. Meine Reise auf dem Jakobsweg. München: Malik Verlag 2006

Martens, Gunter: Friedrich Hölderlin. Reinbeck bei Hamburg: Rowohlt Verlag 1996

Michael Hardt und Antonio Negri, Empire von Martin Saar in: Geschichte des politischen Denkens. Ein Handbuch. Herausgegeben von Manfred Brocker. Frankfurt/Main: Suhrkamp Verlag 2012

Ross, Werner: Der ängstliche Adler. Friedrich Nietzsches Leben. München: Deutsche Verlagsanstalt 1980

Seume, Gottfried: Spaziergang nach Syrakus. Herausgegeben und mit einem Nachwort von Jörg Drews. Frankfurt/Main: Insel Verlag 2002

1. Kapitel

Bahro, Rudolf: Die Alternative. Zur Kritik des real existierenden Sozialismus. Berlin: Tribüne Verlag 1990.

Benjamin, Walter: Kaiserpanorama, in: Fundbüro. Kurzwaren aus der Einbahnstraße. Wiesbaden: marixverlag 2012.

Berlin, Isaiah: Freiheit. Vier Versuche. Aus dem Englischen von Reinhard Kaiser. Frankfurt/Main: Fischer Verlag 1995

Böhme, Jakob: Aurora oder die Morgenröte im Aufgang. Hg. v. Gerhard Wehr. Frankfurt/Main und Leipzig: Insel Verlag 2013.

Böhme, Jakob: Theosophische Sendbriefe. Hg. v. Gerhard Wehr. Frankfurt/Main und Leipzig: Insel Verlag 1996.

Brecht, Bertolt: Dreigroschenoper, in: Dramen. Hörspieledition. Bremen: Audio Verlag 2010.
Canetti, Elias: Masse und Macht. Frankfurt/Main: Fischer Taschenbuch Verlag 2003.
Haffner, Sebastian: Von Bismarck zu Hitler. Ein Rückblick. München: Droemer-Verlag 1987.
Hauff, Wilhelm: Das kalte Herz. Stuttgart: Klett Verlag 2009.
Heidegger, Martin: Sein und Zeit. Tübingen: Max Niemeier Verlag 2006.
Hempel, Hans-Peter: Heideggers Holzwege. Würzburg: Verlag Königshausen und Neumann 2009.
Marx, Karl: Das Kapital. Kritik der politischen Ökonomie. Köln: Anaconda Verlag 2009.
Marx, Karl: Das Manifest der kommunistischen Partei. Berlin: Dietz Verlag 1953.
Meister Eckhart: Das Buch der göttlichen Tröstung. Frankfurt/Main: Insel Verlag 1987.
Safranski, Rüdiger: Romantik. Eine deutsche Affäre. München: Carl Hanser Verlag 2007.
Schmidbauer, Wolfgang: Das kalte Herz. Von der Macht des Geldes und dem Verlust der Gefühle. Hamburg: Murmann Verlag 2011.
Schreiner, Patrick: Unterwerfung als Freiheit. Leben im Neoliberalismus. Köln: Papy Rossa Verlag 2018.

2. Kapitel

Adorno, Theodor W.: Minimal Moralia. Reflexionen aus dem beschädigten Leben. Frankfurt/Main: Suhrkamp Verlag 2001.
Anders, Günther: Die Antiquiertheit des Menschen. Band I: Über die Seele des Menschen im Zeitalter der zweiten industriellen Revolution. München: Beck Verlag 1980.
Bahro, Rudolf: Die Alternative. Zur Kritik des real existierenden Sozialismus. Berlin: Dietz Verlag 1980.
Benjamin, Walter: Über den Begriff der Geschichte, in: Gesammelte Schriften, Band 1–2, Frankfurt/Main: Suhrkamp 1980.
Bernhard, Thomas: Auslöschung. Ein Zerfall. Frankfurt/Main: Suhrkamp Verlag 1988.
Bernhard, Thomas: Gehen. Frankfurt/Main: Suhrkamp Verlag 1971.
Brězan, Jurij: Krabat oder die Verwandlung der Welt. Frankfurt/Main: Suhrkamp Verlag 2004.
Cervantes, Miguel de: Don Quijote. Köln: Anaconda Verlag 2010.

Czechowski, Heinz: Die Pole der Erinnerung. Autobiografie. Düsseldorf: Grupello Verlag 2006.

Coelho, Paulo: Auf dem Jakobsweg. Tagebuch einer Pilgerreise nach Santiago de Compostela. Zürich: Diogenes 1999.

Cooper, James Fenimore: Der letzte Mohikaner. Übersetzung von Clemens August Fischer. Illustrationen von Max Slevogt. Hamburg: Dressler Verlag 1999.

Fromm, Erich: Das Menschenbild bei Marx. Mit den wichtigsten Teilen der Frühschriften von Karl Marx. Frankfurt/Main: Europäische Verlagsanstalt 1963

Fromm, Erich: Die Furcht vor der Freiheit. München: Deutscher Taschenbuchverlag 1993

Gross, Rainer: Geschichte Sachsens. Edition Leipzig. Leipzig: Seemann-Hentschel Verlag 2001.

Gundermann, Gerhard: Gedichte. Ausgewählt von Hans Dieter Schütt. Poesiealbum 338. Wilhelmsdorf: Märkischer Verlag 2008.

Hegel, Friedrich Wilhelm: Phänomenologie des Geistes. Stuttgart: Reclam Verlag 1987.

Janka, Walter: Schwierigkeiten mit der Wahrheit. Essay. Reinbek bei Hamburg: Rowohlt Taschenbuch 1989.

Kerkeling, Hape: Ich bin dann mal weg. Meine Reise auf dem Jakobsweg. München: Malik Verlag 2006.

Martens, Ekkehard: Platon. Stuttgart: Reclam Verlag 2009.

Mit Hegel dem Weltgeist auf der Spur. Hg. v. Hans Joachim Neubauer und Christiane Seiler. Freiburg: Herder Verlag 2007.

Meyer Dietrich: Zinzendorf und die Herrnhuter Brüdergemeine. Göttingen: Vandenhoeck und Ruprecht 2009.

Nietzsche, Friedrich: Der Wanderer und sein Schatten. Köln: Anaconda Verlag 2012.

Popper, Karl Raimund: Die offene Gesellschaft und ihre Feinde. Band 2. Falsche Propheten: Hegel, Marx und die Folgen. 8. Auflage. Tübingen: Mohr Siebeck Verlag 2003.

Rousseau, Jean-Jaques: Der Gesellschaftsvertrag. Stuttgart: Reclam Verlag 1977.

Sauvat, Catherine: Vergessene Weiten. Eine Robert Walser-Biographie. Frankfurt/Main: Suhrkamp Verlag 1995.

Theile, Martin: Die weltweite Brüder-Unität – ein Überblick. Bautzen: Neues Lausitzer Magazin. Neue Folge 4, 2001, S. 115–122.

Trotzki, Leo: Stalins Verbrechen. Berlin: Dietz Verlag 1990.

Werner, Klaus: Schriftsteller und Gesellschaft. Beiträge zu ›östlichen‹ deutschen Literaturen. Dresden, Wroclaw: 2011.

3. Kapitel

Braun, Volker: Training des aufrechten Gangs. Gedichte. Halle: Mitteldeutscher Verlag 1979.

Grünbein, Durs: Jenseits der Literatur. Berlin: Suhrkamp Verlag 2012.

Hesse, Hermann: Das Glasperlenspiel. Zürich: Suhrkamp Verlag 1996.

Hesse, Hermann: Die Morgenlandfahrt. Frankfurt/Main: Suhrkamp Verlag 1982.

Hesse, Hermann: Steppenwolf. Frankfurt/Main: Suhrkamp Verlag 2005.

Kuppeler Andreas: Kleine Geschichte der Ukraine. München: C. H. Beck Verlag 1994.

Müller, Ludolf: Die Taufe Russlands. München: Erich Wedel Verlag 1987.

4. Kapitel

Bloch, Ernst: Thomas Müntzer. Leipzig: Reclam Verlag 1978.

Čapek, Karel: Bilder aus der Heimat. Berlin: Aufbau Verlag 1988.

Fichte, Johann Gottfried: Reden an die deutsche Nation. Philosophische Bibliothek. Hamburg: Felix Meiner Verlag 1978.

Forester, Vera: Lessing und Mendelssohn. Geschichte einer Freundschaft. Darmstadt: Lambert Schneider Verlag 2010.

Gjellerup, Karl: Der Pilger Kamanita. Ein Legendenroman. Köln: Anaconda Verlag 2007.

Hesse, Hermann: Siddhartha. Eine indische Dichtung. Frankfurt/Main: Suhrkamp Verlag 1974.

Keine Gewalt! Revolution in Dresden 1989. Hg. v. Holger Starke. Dresden: Sandstein Verlag 2009.

Klugist, Johanna und Lücht, Christian: Luther und die Reformation. München: GRIN Verlag 2009.

Lessing, Gotthold Ephraim: Die Erziehung des Menschengeschlechts und andere Schriften. Stuttgart: Klett Verlag 2005.

Lessing, Gotthold Ephraim: Nathan der Weise. Stuttgart: Klett Verlag 1981.

Müntzer, Thomas: Schriften und Briefe. Hg. v. Gerhard Wehr. Zürich: Diogenes Verlag 1989.

Nietzsche, Friedrich Wilhelm: Der Wanderer und sein Schatten. Köln: Anaconda Verlag 2012.

Rousseau, Jean-Jaques: Bekenntnisse. Frankfurt/Main: Insel Verlag 1985.

Ziemer, Christof: Ein »offener und gewaltfreier Dialog«. Zur Rolle des Dialogs am Beginn der Friedlichen Revolution in Dresden 1989, in:

Begleitheft zur vom 22. Juli 2009 bis 10. Januar 2010 im Stadtmuseum Dresden gezeigten Ausstellung. Dresden: Sandstein Verlag 2010.
Zitelmann, Arnulf: »Ich will donnern über sie!« Die Lebensgeschichte des Thomas Müntzer. Weinheim und Basel: Beltz Verlag 1989.

5. Kapitel

Bayertz, Kurt: Wandern. Symbol für die Freiheit des Menschen. In: Wandern. Philosophie Magazin. Sonderausgabe. Berlin: Philomagazin Verlag 2018.
Büchner, Georg: Woyzeck. Studienausgabe. Stuttgart: Reclam Verlag 1999.
Däubler, Theodor: Das Nordlicht. Hg. v. Stefan Nienhaus, Dieter Werner, Paolo Chiarini und Walter Schmitz. Dresden: Thelem Verlag 2004.
Grober, Ulrich: Vom Wandern. Neue Wege zu einer alten Kunst. Frankfurt/Main: Zweitausendeins Verlag 2006.
Steimle, Uwe: Meine Oma, Marx und Jesus. Aus dem Leben eines Ostalgikers. Gütersloh: Gütersloher Verlagshaus 2012.

6. Kapitel

Adorno, Theodor W.: Dialektik der Aufklärung. Frankfurt/Main: Suhrkamp Verlag 2012.
Arendt, Hanna: Elemente und Ursprünge totaler Herrschaft. Frankfurt/Main: Piper Verlag 2003.
Brecht, Bertolt: Schriften zur Politik und Gesellschaft. Band 2. Berlin und Weimar: Aufbau Verlag 1968.
Czock, Karl: August der Starke. Leipzig: Koehler und Amelang Verlag 1987.
Elias, Norbert: Über den Prozess der Zivilisation. Soziogenetische und psychogenetische Untersuchungen. Frankfurt/Main: Suhrkamp Verlag 1976.
Engler, Wolfgang: Die Ostdeutschen. Kunde von einem verlorenen Land. Berlin: Aufbau Verlag 1999
Foucault, Michel: Überwachen und Strafen. Die Geburt der Gefängnisse. Frankfurt/Main: Suhrkamp Verlag 1976.
Fromm, Erich: Haben oder Sein. Die seelischen Grundlagen einer neuen Gesellschaft. München: dtv Verlag 1976.

Graham, Stephen: Die Kunst des stilvollen Wanderns. Ein philosophischer Wegweiser. Hamburg: Verlagsgruppe HarperCollins 2021.

Grobner, Ulrich: Vom Wandern. Neue Wege zu einer alten Kunst. Frankfurt/Main: Zweitausendeins Verlag 2006.

Hahn, Peter-Michael: Friedrich II. von Preußen. Feldherr, Autokrat und Selbstdarsteller. Stuttgart: Kohlhammer Verlag 2012.

Koestler, Arthur: Sonnenfinsternis. Roman. Frankfurt/Main: Ullstein Verlag 1979.

Luckner, Andreas: Martin Heidegger: »Sein und Zeit«. Paderborn: Schöningh Verlag 2007.

Müller, Heiner: »Werteverfall«, in: Werke, Band 8: Schriften, herausgegeben von Frank Hörnigk in Zusammenarbeit mit der Stiftung der Akademie der Künste. Frankfurt/Main: Suhrkamp Verlag 2005.

Nietzsche, Friedrich: Also sprach Zarathustra, in: Das Hauptwerk. Band 3. München: Numphenburger Verlag 1990.

Nietzsche, Friedrich: Die Fröhliche Wissenschaft, in: Das Hauptwerk. Band 2. München: Nymphenburger Verlag 1990.

Nitschke, Thomas: Die Gartenstadt Hellerau als pädagogische Provinz. Dresden: Hellerau Verlag 2003.

Plessner, Helmut: Grenzen der Gemeinschaft. Eine Kritik des sozialen Radikalismus. Neuauflage. Frankfurt/Main: Suhrkamp Verlag 2002.

Sartre, Jean-Paul: Der Ekel. Reinbek bei Hamburg: Rowohlt Verlag 2005.

Sperber, Manès: Essays zur täglichen Weltgeschichte. Wien: Europaverlag 1981.

Tietz, Udo: Heidegger. Stuttgart: Reclam Verlag 2005.

Thiele, Johann Gottlieb: Das Lustlager bei Zeithain (Gemälde). Dresden 1730.

»Warten auf Godot« von Samuel Beckett am Staatsschauspiel Dresden, Regie Wolfgang Engel. »Ein deftiges Clownsspiel«. Berlin: Neues Deutschland. 07. Mai 1987.

Wense, Hans-Jürgen von der: Das lose Werk. Mappe Nr. 02: Wandern. Hg. v. Valeska Bertoncini und Reiner Niehoff. Berlin: blauwerke Verlag 2012.

Wense, Hans-Jürgen von der: Über das Stehen. Hg. v. Reiner Niehoff. Berlin: blauwerke Verlag 2012.

Wotschikowski, Ulrich: Wölfe, Jagd und Wald in der Oberlausitz. Auftraggeber: Staatliches Museum für Naturkunde Görlitz. Oberammergau: Valme Verlag 2006.

7. Kapitel

Arendt, Hannah: Besuch in Deutschland. Berlin: Rotbuch Verlag 1993.

Braun, Matthias: Kulturinsel und Machtinstrument – Die Akademie der Künste, die Partei und die Staatssicherheit. Göttingen: Vandenhoeck und Ruprecht Verlag 2007.

Breton, André: Die Manifeste des Surrealismus. Reinbek bei Hamburg: Rowohlt Verlag 1993.

Buñuel, Luis: Die Milchstraße (Film). Leipzig: Kinowelt und Arthaus 2010.

Buñuel, Luis: Ein andalusischer Hund (Film). Leipzig: Kinowelt und Arthaus 2010

Camus, Albert: Der Mythos von Sisyphos. Ein Versuch über das Absurde. Reinbek bei Hamburg: Rowohlt 2004.

Delius, Friedrich Christian: Der Spaziergang von Rostock nach Syrakus. Reinbek bei Hamburg: Rowohlt 1995.

Dittrich, Peter: Gemischte Seilschaft (Karikatur). Dresden: Sächsische Zeitung vom 02./03.10.2010.

Happel, Reinhold und Birgit Schulte (Hg.) Karl Ernst Osthaus und Walter Gropius. Der Briefwechsel 1908-1920. Essen: Klartext Verlag 2019

Hilbig, Wolfgang: Die Weiber. Alte Abdeckerei. Die Kunde von den Bäumen, Werke. Band 3 Frankfurt/Main: S. Fischer Verlag 2010.

Hilbig, Wolfgang: Kamenzer Rede zur Verleihung des Lessing-Preises des Freistaates Sachsen. Januar 1997. Leipzig: Leipziger Bibliophile 1997.

Kozljanic, Robert Josef: Lebensphilosophie. Eine Einführung. Stuttgart: Kohlhammer Verlag 2004.

Landauer, Gustav: Der werdende Mensch. Aufsätze zur Literatur. Leipzig und Weimar: Kiepenheuer Verlag 1980.

Mann, Heinrich: Die Kleine Stadt. Frankfurt/Main: S. Fischer Verlag 2006.

Marx, Karl: Der achtzehnte Brumaire des Louis Napoleon Bonaparte. Frankfurt/Main: Suhrkamp 2007.

Menchén, Georg: Romantische Reise durch Sachsen. Leipzig: Brockhaus Verlag 1989.

Müller, Klaus: Gehen, um zu bleiben. Halle: Mitteldeutscher Verlag 2013.

Nietzsches unsterbliche Gedanken. Eingeleitet von Heinrich Mann. Ausgewählt von Golo Mann. Berlin: Aufbau Taschenbuch Verlag 1992.

Schulze, Ingo: Was wollen wir? Essays, Reden, Skizzen. Berlin: Berlin Verlag 2009.

Seume, Johann Gottfried: Spaziergang nach Syrakus im Jahre 1802. Frankfurt/Main: Insel Verlag 2002.

8. Kapitel

Bemmann, Helga: Daddeldu, ahoi. Leben und Werk des Dichters, Malers und Artisten Joachim Ringelnatz. Frankfurt/Main: Fischer Taschenbuch 1982.

Böttcher, Arndt: Hubertusburg – Dahlen – Oßmannstedt. Drei mitteldeutsche Orte. Versuch einer kulturhistorischen Verknüpfung. Frankenberg: Druckerei Schönweiß 2012.

Campbell, Joan: Der Deutsche Werkbund 1907–1934. Übersetzt von Toni Stolper. Stuttgart: Klett-Cotta Verlag 1981.

Ein Stadtspaziergang mit Ringelnatz. Hg. v. Netzwerk für demokratische Kultur e. V. Wurzen. 5. Auflage 2008.

Georg Wrba (1872–1939). Im Schatten der Moderne. Hg. v. Thomas Pöpper, Leipzig: Plöttner Verlag 2007.

Günther, Herbert: Joachim Ringelnatz in Selbstzeugnissen und Bilddokumenten. 7. Auflage. Reinbek bei Hamburg: Rowohlt 2001.

Martens, Ekkehard: Die Sache des Sokrates. Stuttgart: Reclam Verlag 1992.

Menchen, Georg: Romantische Reise durch Sachsen. Leipzig: Brockhaus Verlag 1989.

Nietzsche, Friedrich: Die Geburt der Tragödie aus dem Geist der Musik oder: Griechentum und Pessimismus. Stuttgart: Reclam Verlag 1993.

Platon: Apologie des Sokrates. Kriton. Übersetzt von Manfred Führmann. Stuttgart: Reclam Verlag 1987.

9. Kapitel

Aly, Götz: Die Leiche im Keller der FDP. In: Frankfurter Rundschau. 24. Januar 2011.

Bruch, Rüdiger vom: Friedrich Naumann in seiner Zeit. Berlin/New York: De Gruyter Verlag 2000.

Becker, Ernst Wolfgang: Theodor Heuss. Bürger im Zeitalter der Extreme. Stuttgart: Kohlhammer Verlag 2011.

Bloch, Ernst: Das Prinzip Hoffnung. Frankfurt/Main: Suhrkamp Verlag 1985.

Damm, Sigrid: Das Leben des Friedrich Schiller. Frankfurt/Main: Insel Verlag 2004.

Dohrn, Wolf: Die Gartenstadt Hellerau und weitere Schriften. Dresden: Hellerau Verlag 1992.

Gartenstadt. Geschichte und Zukunftsfähigkeit einer Idee. Hg. v. Thomas Will und Ralph Lindner. 1. Auflage. Dresden: Thelem Verlag 2008.

Grawe, Christian: »Darling Jane«. Jane Austen, eine Biographie. Stuttgart: Reclam Verlag 2010.

Heidegger, Martin: Sein und Zeit. Berlin: De Gruyter Verlag 2006.

Interview mit Michael Fischer-Art im Deutschlandfunk Kultur am 21.12.2010: »Der hat auf mich einen völlig relaxten Eindruck gemacht«. Moderation: Jan-Christoph Kitzler.

Kampffmeyer, Hans: Die Gartenstadtbewegung. Leipzig: B. G. Teubner Verlag 1909.

Mayer, Hans: Stadtansichten. Berlin, Köln, Leipzig, München, Zürich. Frankfurt/Main: Suhrkamp Verlag 1989.

Mielke, Heinz: Graf Carl von Lindenau vor 250 Jahren in Machern geboren: Jubiläumsgeburtstag 2005. Machern: Eigenverlag 2004.

Müller, Volker: Robert Blum – ein Demokrat, Revolutionär und Freigeist. Neustadt: Angelika Lenz Verlag 2008.

Na, Inho: Sozialreform oder Revolution. Gesellschaftspolitische Zukunftsvorstellungen im Naumann-Kreis 1890–1903/04. Marburg: Tectum Verlag 2003.

Reichel, Peter: Robert Blum. Ein deutscher Revolutionär 1807–1848. Göttingen: Vandenhoeck und Ruprecht 2007.

Rousseau, Jean-Jaques: Vom Gesellschaftsvertrag oder Grundsätze des Staatsrechts. Stuttgart: Reclam Verlag 1986.

Wais, Barbara: Die Schiller-Chronik. Frankfurt/Main: Insel Verlag 2005.

10. Kapitel

Bloch, Ernst: Der Geist der Utopie. Frankfurt/Main: Suhrkamp Verlag 2018.

Böhme, Olaf: Der betrunkene Sachse. Highlights aus zwei Jahrzehnten. Dresden: Olaf Böhme Media. Film 2010.

Böhme Olaf: Herrn Pichmanns Gedichte. Dresden: Olaf Böhme Media 2009.

Böhme, Olaf und Martin, Stefan: Frauen. Dresden: Olaf Böhme Media. Film 2009.

Czechowski, Heinz: Maurers Selbstbildnisse. Zum 70. Geburtstag des Dichters. In: Sinn und Form, Heft 4, Berlin: Juli/August 1977.

Klein, Alfred: Heimat auf Zeit. Hans Mayer an der Universität Leipzig. Berlin: UTOPIE kreativ, Heft 77, März 1997.

Maurer, Georg: Bäume im Rosental. Gedichte. Leipzig: Reclam Verlag jun. 1987.

Münster, Arno: Ernst Bloch. Eine politische Biografie. Berlin: Philo Verlag 2003.

www.kulturpilger.de

Abbildungen zu Teil 1

Abb.1 Vor Jakob Böhmes Wohnhaus (heute ein Museum)

Abb.2 Auf dem Weg zum Hochstein

Abb.3 Schloss Krobnitz

Abb.4 Windräder bei Melaune

Abb.5 Auf dem Weg zum Lebensgut

Abb.6 Schloss Schönfeld

Abb.7 Willkommensgruß für Pilger in Großenhain

Abb.8 Im Wald

Abb.9 Pizzeria in Dahlen

Abb.10 Auf dem Weg zum Liebschützer Berg

Abb.11 Rast in der Leipziger Tieflandbucht

Abb.12 Ringelnatz-Denkmal in Wurzen

Abb.13 Kirche in Kleinliebenau

Teil II

Kulturphilosophisch Wandern

Essays auf dem Jakobsweg
in Sachsen (2022)

Prolog

Ein nicht beabsichtigtes, aber schließlich doch notwendig gewordenes Vorwort

Der Sozialismus scheiterte
an zu wenig Demokratie.
Die Demokratie scheitert
an zu viel Kapitalismus.

(Thomas Nitschke, 2022)

Es ist Oktober 2022. Ich bin im 55. Lebensjahr und damit in einer Phase, in der es sich lohnt, persönliche und gesellschaftliche Bilanz zu ziehen. Ich lebte 23 Jahre im real existierenden Sozialismus und 32 Jahre in der real existierenden Bundesrepublik. Ich verbrachte also weniger als die Hälfte meines bisherigen Daseins in einem Einparteienstaat und mehr als die Hälfte in einer freien, liberalen und gleichzeitig kapitalistischen Gesellschaft. Und obwohl ich es mir sehr wahrscheinlich nur wünschen kann, 110 Jahre alt zu werden, kommt mir Hölderlins Gedicht »Hälfte des Lebens« in den Sinn. Dass ich mich daran erinnere, liegt wahrscheinlich auch an der Jahreszeit, denn draußen ist es herbstlich geworden, ungemütlich und kalt, und vielleicht eignet sich der Herbst zur Bilanzierung besonders gut, da es jetzt, nachdem Stürme und Regen den Sommer wegfegten und wegspülten, jeden Tag zeitiger dunkler wird und sich die Menschen und Tiere und die Natur auf den Winter vorbereiten.

Ich sitze am Schreibtisch in meiner Wohnung und blicke durch das geschlossene Fenster auf die Straße. Grauer Nebel zieht über den Asphalt. »Weh mir«, heißt es bei Hölderlin, »wo nehm' ich, wenn es Winter ist, die Blumen, und wo den Sonnenschein, und Schatten der Erde?«. Ich frage mich, ob Hölderlin, ohne es zu ahnen, auch über die heutige Zeit schrieb? Hatte er erkannt, dass in Zeiten gesellschaftlicher Krisen, in Zeiten der Umbrüche und Transformationen sich das Zusammenleben der Menschen immer schwieriger als sonst gestaltet und dass liebgewonnene Gewissheiten und Sicherheiten, die noch wenige Jahre zuvor als für alle Zeiten fest in Stein gehauen galten, brüchig werden und an Bedeutung verlieren? Gewiss: Die Behauptung, dass Hölderlin auch das Heute beschrieb, ist eine gewagte These, denn er lebte ja vor 200 Jahren. Fest steht jedoch, dass im sächsischen Freistaat bis zum Herbst 2022 – im Vergleich zur 10 Jahre zuvor erfolgten Bestandsaufnahme – sich vieles nicht zum Positiven verändert hat und dass das friedliche Miteinander der hier lebenden Menschen, das über viele Jahrzehnte Bestand hatte, ernsthaft auf dem Prüfstand steht.

Ich wende mich vom Fenster ab, gehe zum Schreibtisch, setze mich und öffne das oberste Schubfach. Darin liegt meine vor 15 Jahren an der Universität Halle erfolgreich verteidigte Dissertation. In ihr hatte ich die Genese und Entwicklung der in der Gartenstadt Hellerau und in Sachsen vor und nach dem Ersten Weltkrieg beheimateten Völkischen Bewegung analysiert und beschrieben. An jenem Freitagvormittag, als ich meine in Hellerau wohnende Mutter vom Leipziger Hauptbahnhof abholte und gemeinsam mit ihr nach Halle zur Promotionsverteidigung weiterfuhr, glich sie, die Völkische Bewegung, einem historischen Phänomen, das einst ideologisch den Nationalsozialismus mit vorbereitete, zumindest flächendeckend aber überwunden schien und in der einstigen Form nicht mehr existierte. Nun aber – 15 Jahre später – haben die Völkischen wieder Konjunktur! Menschen, die diesen Ideen folgen, haben – motiviert und beeinflusst durch die von Pegida und AfD verbreitete Propaganda – politisch an Einfluss gewonnen, und sie bestimmen zunehmend den auf dem Land und in den Kleinstädten herrschenden Diskurs. Ich erinnere mich an meine 2012 unternommene erste Tour: Als ich vor 10 Jahren zum ersten Mal auf dem Jakobsweg durch Sachsen pilgerte, begegnete ich in einigen Ortschaften hier beheimateten Neonazis, und ich sah in Gärten und Grundstücken Fahnen wehen mit den deutschen Farben, mit den Farben des sächsischen Freistaates, aber auch mit Farben des Kaiserreiches. Mir war bewusst, dass es auf dem Land bereits damals vereinzelt rückwärtsgewandte, sich verschließende, ins Nationalistische und Chauvinistische abgleitende Tendenzen gab. Damals zeigten sie aber noch nicht wie heute die sich flächendeckend ausbreitende völkische Gesinnung.

Ich stöbere in meiner Promotion. Beim Lesen der Kapitel über die zunächst im Kaiserreich und später auch in der Weimarer Republik existierende Völkische Bewegung entdecke ich viele beunruhigende Parallelen zwischen ihrer vor über 100 Jahren erfolgten Entstehung und ihrer gegenwärtigen Wiedergeburt.

Eine Parallele meine ich in den individuellen und kollektiven Schwierigkeiten bei den Bewältigungen langfristiger und größerer gesellschaftlicher Veränderungen zu entdecken. Zur besseren Veranschaulichung sei an dieser Stelle auf die Zeit nach dem Ersten Weltkrieg hingewiesen: Vor mehr als 100 Jahren trug der verlorene Krieg – vor allem jedoch der Artikel 231 des Versailler Vertrages, der Deutschland die Alleinschuld am Ausbruch des Ersten Weltkrieges zuschrieb – in Deutschland dazu bei, dass große Teile der Bevölkerung verunsichert und mit Skepsis auf das demokratische Staatsmodell blickten. Und ebenso wie sich damals – sowohl nach dem Ersten als auch später nach dem Zweiten Weltkrieg – für die in Deutschland lebenden Menschen plötzlich und sozusagen über Nacht buchstäblich alles änderte, war auch für die Ostdeutschen in den Jahren nach 1989 und 1990 die bisherige politische Ordnung zusammengebrochen. Im Unterschied zur Mehrheit der in Westdeutschland lebenden Menschen, die in den vier Jahrzehnten zuvor in Freiheit gelebt, vom Marschallplan und dem damit verbundenen Wirtschaftswunderjahren profitiert und sich dabei materiell oft gut situiert hatten – indem sie Vermögen aufbauen und Erbschaften erwerben konnten -, gab und gibt es für die hiesigen Menschen weniger zu gewinnen. Hinzu kommt, dass nach 1989 die bisherige eigene Lebensführung hier zum Teil als sinnlos wahrgenommen wurde und dass bisher gültige Werte entwertet wurden – materieller Besitz sogar buchstäblich. Der Journalist Steffen Greiner zog in seiner 2022 veröffentlichten Zeitreise ähnliche Schlussfolgerungen. Auch er blickt bei der Betrachtung der deutschen Geschichte im letzten Jahrhundert zunächst auf den verlorenen Ersten Weltkrieg und auf die Weimarer Jahre, und er behauptet, dass diese heute einseitig verbunden werden mit der von 1924 bis 1929 in Berlin – der damals als Welthauptstadt pulsierenden Metropole – rauschhaft zelebrierten Freiheit. Die TV-Serie »Babylon Berlin« habe ebenfalls dieses Klischee bedient, meint Greiner und kritisiert, dass sie zwar einige Schattenseiten des damals in Deutschland herrschenden politischen Systems zeige, aber im Ganzen dennoch eine Erzählung der Städte und einer zu großen Teilen privilegierten sozialen Schicht bliebe. Greiner meint auch, dass diese Erzählung kaum antimoderne Tendenzen thematisiere, die bereits damals völkische Gedanken auf dem Land gebaren, und auch den Widerstand der auf den Dörfern lebenden Menschen gegen die in den Städten gelebte Säkularisierung und Individualisierung verschweige.

Dass das liberalistische System – welches sein Versprechen der Chancengleichheit nicht oder nur ungenügend einlöst, weil es statt Kooperation gegenseitige Konkurrenz zum Lebensprinzip erklärt und die götzenartige Verehrung des Geldes zur Grundlage des Denkens und Handelns macht – auf die ihm innewohnenden Krisen nicht oder nur oberflächig reagiere und dass die in den Großstädten lebenden Menschen – im Gegensatz zur Mehrheit der auf dem Land lebenden Bevölkerung – von diesem System zwar finanziell profitieren, von ihrem ursprünglichen Dasein aber trotzdem entfremdet werden, das behaupteten im 19. Jahrhundert die philosophischen Antipoden Karl Marx und Friedrich Nietzsche. Einen rein ökonomisch ausgerichteten Liberalismus kritisierten im frühen 20. Jahrhundert zudem – um auch Vertreter der bürgerlichen Kulturkritik zu nennen – der Soziologe Georg Simmel mit dem 1900 veröffentlichten Buch »Die Philosophie des Geldes«, der Volkswirtschaftler Werner Sombart mit dem zwei Jahre später erschienenen Buch »Der moderne Kapitalismus« und der Kulturphilosoph Theodor Lessing mit einer 1908 veröffentlichten »Kampfschrift gegen die Geräusche unseres Lebens«. Zu den Kritikern der bürgerlichen Moderne und des damit verbundenen Kapitalismus gehörte auch der Philosoph Martin Heidegger mit seinem 1927 erschienenen Hauptwerk »Sein und Zeit«, und auch der Religionsphilosoph Martin Buber, der 1923 mit der in jenem Jahr veröffentlichten Schrift »Ich und Du« zum Klassiker der modernen Kommunikationswissenschaft avancierte, kritisierte die ökonomische Fixiertheit der liberalen Gesellschaft: Da alles zur Ware verkomme und letztlich dem Verkaufen diene, könne die Lüge hier leicht zur Wahrheit werden, indem der Verkaufswert eines gesprochenen Wortes oder einer behaupteten Meinung über deren Wahrheitsgehalt stünde.

Bemerkenswert ist zudem, dass auch Karl Polanyi – ein ungarisch-österreichischer Wirtschaftshistoriker und Sozialwissenschaftler – im 1944 veröffentlichten Buch »Die große Transformation« meinte erkannt zu haben, dass ein ungezügelter Kapitalismus und ein damit verbundenes Spiel der freien Kräfte nur eine begrenzte Zeit gesellschaftlich stabilisierend wirke. Ist diese Zeit der Stabilisierung jedoch vorbei, würde, behauptete er, die Gesellschaft ein Doppelgesicht zeigen und es bestünde die Gefahr, dass sie sich – da vom erwirtschafteten Reichtum nur eine privilegierte Oberschicht profitiert – faschistoid entwickelt. Ich bitte dem mir zugeneigten Leser oder der mir zugeneigten Leserin, dass er oder sie mir glauben möge, dass ich auf die Erwähnung Polanyis und auch auf die Erwähnung der anderen Kapitalismuskritiker im Prolog zum zweiten Band des kulturphilosophischen Wanderbuches gern verzichten würde, wenn es nicht so wäre, dass sich viele ihre Erkenntnisse und Voraussagen erneut zu bestätigen scheinen und geradezu paradox erscheint es mir, dass – obwohl ihre Schriften und Bücher bekannt sind und es möglich wäre, ihre Analysen ernst zu nehmen und sich an ihnen zu orientieren – die Mehrheit meiner Zeitgenossen sie noch immer ignoriert und weiter existiert und wirtschaftet wie bisher.

Aber selbst der vom Religionsphilosophen Martin Buber zuvor erwähnte und bereits vor 100 Jahren beschriebene Triumph der puren Meinungen über das nachprüfbare Wissen bzw. über den Wahrheitsgehalt eines bestimmten Sachverhaltes ist im Grunde nichts Neues: Bereits im antiken Athen, als sich um 500 v. Chr. mit der attischen Demokratie die weltweit erste überhaupt herausbildete und sich für mehr als 200 Jahre als die vom Volk anerkannte Staatsform bewährte, verzweifelte der Philosoph Sokrates mit seiner Mäeutik und der darauf aufbauenden ehrlichen Suche nach den jeweiligen Wahrheiten an der Arroganz, den Machtgelüsten und der Eingebildetheit der Mehrheit seiner Mitbürger. Wir wissen, wie es endete. Sokrates – der vor Gericht alle Anschuldigungen zurückwies und widerlegte – wurde wegen angeblicher Gotteslästerei und ebenso angeblicher Verführung der Jugend 399 v. Chr. vom höchsten Athener Gericht trotzdem zum Tod verurteilt. Sein bedeutendster Schüler Platon polemisierte seitdem in seinen Schriften gegen eine nur materiell ausgerichtete Demokratie und stellte ihr mit dem in seinem Werk »Politeia« beschriebenen Philosophenstaat ein idealistisches Prinzip mit einem hierarchischen Staatsmodell gegenüber. Mehr als zweitausend Jahre später stürzte die nach dem Ersten Weltkrieg in Deutschland etablierte Demokratie nach dem am 25. Oktober 1929 in den USA erfolgten »Schwarzen Freitag« – gemeint ist der Zusammenbruch der New Yorker Börse – in eine so schwere innenpolitische Krise, dass sich die Gesellschaft davon nicht mehr erholte und das auf übersteigertem Nationalismus und rassistisch begründeter Volksgemeinschaft beruhende Denken über die Freiheit siegte.

Kulturphilosophische und gesellschaftskritische Einwände gegen einen rein ökonomisch ausgerichteten Liberalismus gab und gibt es viele. Hinzugekommen ist in der gegenwärtigen Debatte die seit 2015 auch in Sachsen wahrgenommene Migrationsbewegung. Seitdem die im Freistaat lebenden Menschen unmittelbar davon betroffen sind und erkennen, dass Europa nicht abgeschottet von der Welt existiert und es außerhalb dieses Kontinents – der sich in seiner Geschichte mehr als einmal selbst zerfleischte und mit anderen Kontinenten noch rigoroser verfuhr – Flüchtlingsbewegungen mit biblischen Ausmaßen gibt, haben nationalistische und fremdenfeindliche Parolen und Verschwörungstheorien an Einfluss gewonnen. Dabei sind auch sie nichts Neues. Bereits vor 100 Jahren ermöglichten sie und ermöglichen heute wieder – seien sie auch noch so absurd – jeder Frau und jedem Mann ein Mitreden über alles Mögliche, vor allem jedoch über Politik, Wirtschaft und Kultur. Verschwörungstheorien gab es zu allen Zeiten, es wird sie wohl auch in Zukunft geben – und in Zeiten gesellschaftlicher Umbrüche und Krisen finden sie verstärkten Zulauf, das ist in der Geschichtswissenschaft eine anerkannte These. Eine Besonderheit im jetzigen Diskurs sind seit einigen Jahren die Proteste gegen die Corona-Maßnahmen: Die unterschiedlichen Haltungen gegenüber den vom Staat auferlegten Pflichten spalteten und spalten das Land, und sie bilden – oft verbunden mit fremdenfeindlichen und antisemitischen Ressentiments sowie reaktionär konservativen und nationalistischen Gesellschaftsentwürfen – für viele auf dem Land lebende Menschen eine wesentliche Zutat für ein ziemlich unbekömmliches Gebräu.

Eine weitere Besonderheit im Vergleich der gegenwärtigen Diskussion mit den Ereignissen in Deutschland vor 100 Jahren ist der seit mehr als drei Jahrzehnten in Ost und West unterschiedlich diskutierte und unterschiedlich wahrgenommene Einigungsprozess. Denn entgegen der von führenden Politikern, Wirtschaftslobbyisten und den auflagenstärksten Medien einem Mantra gleich wiederholten Behauptung, dass die 1990 erfolgte Wiedervereinigung der beiden deutschen Staaten geglückt und nun bald erfolgreich abgeschlossen sei, offenbart die Gegenwart eine andere Realität. Der 1962 in Dresden geborenen Schriftsteller Ingo Schulze, dem betont sächsisches oder gar landmannschaftliches Denken fremd ist und der – ebenso wie der gleichaltrige Durs Grünbein – die Entwicklungen in seiner Heimatstadt seit dem Aufkommen von Pegida zunächst mit nach Verständnis suchendem Interesse, mittlerweile aber mit wachsendem Befremden betrachtet, nannte in seiner vor einem Jahr im Dresdner Schauspielhaus gehaltenen »Dresdner Rede« die bestehende Ungleichheit zwischen Ost und West »skandalös«. Zur Begründung dieses Vorwurfs wies er darauf hin, dass es im gegenwärtigen Europa kein Land gebe, in dem einer Bevölkerung so wenig an Grund und Boden, an Immobilien und Betrieben gehöre wie im Osten Deutschlands. Keine Bevölkerung habe dort, wo sie lebe, so wenig Führungspositionen inne wie die Ostdeutschen – sei es in den Fabriken, den Medien, den Verwaltungen, den Banken; in Militär und Polizei, an Gerichten und Universitäten. Und diese Entwicklung, ergänzt Schulze, setze sich fort: Es gebe keine Tendenz zur Angleichung oder Wiedergutmachung, und für die Ostdeutschen wüchsen weder der Besitz an Wohneigentum, Grund und Boden oder Unternehmen noch die Belegung von Führungspositionen. Schulze beendete seine Rede mit der ernüchternden Prophezeiung, dass keine Besserung absehbar sei, da der nach 1990 erfolgte Austausch der Eliten nachhaltig gewesen sei und die Aufteilung dessen, was den Ostdeutschen als Startkapital hätte zukommen müssen, längst abgewickelt.

Betrachtet man die Geschichte von ihrem Anfang an, dann gelangt man schnell zu der Erkenntnis, dass die am 3. Oktober 1990 vollzogene angebliche Wiedervereinigung der beiden deutschen Staaten eben nicht auf Augenhöhe erfolgte und erst recht nicht gleichberechtigt gewesen war. Was an diesem Tag in Wahrheit geschah, war ein Beitritt der fünf neuen Bundesländer zum Grundgesetz nach dem damaligen Artikel 23. Tatsächlich wurde derjenige Artikel aktiviert, der 1957 auch die politische Wiedereingliederung des Saarlandes in die BRD ermöglicht hatte. Als ob man das Saarland in politischer Hinsicht mit der DDR gleichsetzen könnte! Nach dem im Oktober 1990 vollzogenen Beitritt der fünf neuen Länder zum Grundgesetz wurde zudem weder eine neue Verfassung geschrieben, wie es der Artikel 146 eigentlich fordert, noch wurde die Idee einer neuen Hymne ernsthaft in Erwähnung gezogen. Der von ostdeutschen Linken und politisch links gesinnten Bürgerrechtlern eingebrachte Vorschlag, Brechts mit den Worten »Anmut sparet nicht noch Mühe« beginnende »Kinderhymne« als neue Hymne in eine neue Verfassung zu integrieren, wurde von den konservativen Abgeordneten und den Abgeordneten der bürgerlichen Mitte mit dem Argument, dass Brecht ein Kommunist gewesen war, demonstrativ ignoriert. In dieser oder ähnlicher Form verläuft der vom Westen mit dem und über den Osten geführte Diskurs seit drei Jahrzehnten: monolithisch und einseitig geprägt. Der Westen, der oft, gerne und stets positiv über die Vielfalt der Welt spricht, bestimmt die Form und den Charakter der Diskussion und hält dabei stets seine eigene Perspektive für die einzige mögliche. Und mit diesem Monopol der Perspektive verbindet er nur allzu oft auch Monopole auf Wahrheit und Moral.

Das hat beispielsweise zur Folge, dass in den Leitmedien die Geschichte zuweilen umgeschrieben und der Osten per se als für die Moderne nicht bedeutsam, als kulturlos und als nicht identitätsstiftend wahrgenommen wird, um die Agenda nach den eigenen Zielen und dem eigenen Profit auszurichten. So erhielt – um ein Beispiel aus der Hochkultur namentlich zu benennen – 2021 die Darmstädter Mathildenhöhe mit der Begründung, eine besondere und herausragende Siedlung im Sinne der Lebensreform gewesen zu sein, den UNESCO-Titel eines Welterbes. Die Stiftung, die 1899 ein Adliger, der hessische Großherzog, gründete und die lediglich bis 1918 bestand, kreierte kurzzeitige kulturelle und ästhetische Genüsse, wirkte aber nur begrenzt sozialreformerisch. In der Abstimmung hatte sie sich gegenüber der im Osten von Deutschland, am nördlichen Rand von Dresden liegenden Gartenstadt Hellerau durchgesetzt – einer Siedlung, die nicht nur die erste Gartenstadt in Deutschland gewesen war und von der Deutschen Gartenstadtgesellschaft in einer 1909 veröffentlichten Programmschrift als Prototyp hierfür geführt wurde, sondern der es zudem in den Jahren vor und nach dem Ersten Weltkrieg – im Unterschied zur Mathildenhöhe – gelang, Kultur, Ästhetik und Sozialreform im Dreiklang harmonisch miteinander zu vereinen. 2021 veröffentlichte zudem der in Baden-Baden ansässige Nomos-Verlag unter Mitwirkung namhafter, in Westdeutschland und in Westberlin sozialisierter Historiker und Politikwissenschaftler die neuesten Forschungen zum Wirken des 1860 in Störmthal bei Leipzig geborenen Politikers Friedrich Naumann. Im Buch bleibt Naumanns Freundschaft mit Karl Schmidt – der 1907 den Werkbund mitgegründet und im selben Jahr die Dresdner Werkstätten für Handwerkskunst in »Deutsche Werkstätten« umbenannt und diese ein Jahr später zur finanziellen und organisatorischen Grundlage der 1908 gegründeten Gartenstadt Hellerau gemacht hatte – jedoch unerwähnt. Auch behauptet Anne C. Nagel, eine an der Universität Gießen lehrende Historikerin, in ihrem Artikel, dass der Werkbund seinen Sitz nach der in München erfolgten Gründung in Darmstadt gehabt habe. Diese Behauptung ist jedoch falsch: Der Werkbund, 1907 tatsächlich in München gegründet, hatte seine Geschäftsstelle von 1909 bis 1912 in Hellerau, bevor er nach Berlin verlegt wurde. In Darmstadt jedenfalls, wo ihn die Wissenschaftlerin gern verortete, war der Werkbund bisher noch nicht.

2021 war auch das Jahr, in dem führende Politiker der christdemokratischen Partei in öffentlichen Interviews die im Osten während der Jahre des real existierenden Sozialismus sozialisierten Menschen mit der Begründung, sie seien diktaturgeschädigt und diktatursozialisiert, die Fähigkeit zum demokratischen Denken und Handeln absprachen. Diese Behauptung ist obszön, demütigend und absurd! Sie ist ebenso absurd wie die in Filmen, Satiresendungen und Zeitungsartikeln oft und gern verbreitete einseitig negative Zuschreibung, der in Sachsen gesprochene Dialekt – das Sächsische – habe per se einen kleingeistigen Charakter und klinge von Natur aus naiv und dümmlich. Abgesehen davon, dass diese Zuschreibungen so natürlich nicht stimmen können, zeugen sie wiederum bei denen, die sie verwenden, von gesellschaftlicher Arroganz und historischer Unwissenheit. Denn die friedliche Revolution 1989 hatte zunächst nicht irgendwo, sondern tatsächlich gerade in Sachsen – in Leipzig, Dresden und Plauen – ihre Zentren. Und überhaupt waren es Ostdeutsche, die sich vom Herbst 1989 bis zum Frühjahr 1990 erfolgreich gegen eine allmächtig herrschende Partei auflehnten und sich (im Unterschied zu den Westdeutschen, die die Demokratie nach dem Krieg quasi als Mitgift von den Amerikanern erhielten) die Demokratie unter teilweise erheblichen persönlichen Risiken selbstständig erkämpften.

Es gibt aber noch eine andere mögliche Deutung des Unterschieds der seit 1990 von Ost und West erzählten Geschichte. Sie behauptet, dass diejenigen, die in der DDR bis zum 9. Oktober 1989 mit der Aussicht auf Verlust ihrer Freiheit und unter Gefährdung ihrer Gesundheit auf den Straßen demonstrierten und riefen »Wir bleiben hier, Reformen wollen wir!« und »Kommt herunter, reiht euch ein!« eine andere Geschichte erzählen als diejenigen, die damals in ihren Wohnungen saßen, sich hinter den Gardinen versteckten und sich erst auf die Straßen trauten, als in Dresden am Hauptbahnhof, in Leipzig auf dem Augustusplatz und später in Berlin am Prenzlauer Berg die Panzer und Wasserwerfer abgezogen wurden und es kein Risiko mehr war, sich in die Demonstrationen einzureihen, um sich plötzlich als Revolutionär zu fühlen. Sobald es – zunächst am 8. Oktober in Dresden und einen Tag später auch in Leipzig – keine Gefahr mehr bedeutete, öffentlich auf den Straßen zu demonstrieren, und man nicht mehr befürchten musste, verhaftet zu werden, war sie, die Mehrheit, plötzlich da. Gemeint ist jener Teil des Volkes, der sich zu großen Teilen erst nach dem 9. Oktober und erst recht nach dem Fall der Mauer bildete, der nach 1989 ohne zu zögern in die Sozialsysteme des Westens einwanderte und sich heute über den Zuzug von Flüchtlingen beklagt. Zu diesem Teil des Volkes gehören auch jene Menschen, die im November und Dezember 1989 die vom Westen in den Osten transportierten und nagelneuen schwarz-rot-goldenen Deutschlandfahnen in die Höhe hielten und nur wenige Tage vor dem Weihnachtfest, als Helmut Kohl in Dresden vor der Ruine der Frauenkirche zu »seinen« Dresdnern sprach, dem Kanzler das Gefühl gaben, die schnelle und unkomplizierte Wiedervereinigung sei das Ziel aller Ostdeutschen. Diese Mehrheit trug dann – ganz im Sinne der von Kohl im Dezember 1989 dem Volk zugerufenen politischen Versprechen und Losungen – auch dazu bei, dass im März 1990 zur letzten Volkskammerwahl in der DDR die konservativ geprägte und von den Christdemokraten geführte »Allianz für Deutschland« mit großem Vorsprung vor der erst im Herbst 1989 wieder gegründeten ostdeutschen Sozialdemokratie gewann und gleichzeitig die Bürgerrechtsbewegungen – also jene Teile der Bevölkerung, die mit ihrem Mut die Revolution vorbereitet und sie erst ermöglicht hatten – zu einer lächerlichen Fußnote der Geschichte degradiert wurden. Die in der ostsächsischen Provinz sich selbst stolz »Wutbürger« nennende Mehrheit rächt sich nun an den einst von ihnen gewählten Politikern. Es sind auffällig viele Handwerker und Vertreter des gewerblichen Mittelstandes dabei – nicht immer, aber oft sind es Kleinbürger, die ahnen oder bereits wissen, dass sie den Folgen der Globalisierung, die alle und alles erfasst, nicht mehr gewachsen sind und deshalb zu Patrioten werden: Patrioten, die vor allem ihr Revier, ihre Firma und ihre Familie vor allem Fremden verteidigen und sich dabei das Recht herausnehmen, selbst zu entscheiden, wer zur Gemeinschaft dazugehört und wer nicht.

Der im ersten Band des Wanderbuches bereits mehrfach erwähnte Dichter Durs Grünbein setzt dieses alte und neue Kleinbürgertum, das sich stolz – als sei es progressiv gestimmt – Wutbürger nennt und sich des eigenen Mutes brüstet, auf eine Stufe mit dem sogenannten modernen Massenmenschen, der als Sklave der Konsumindustrie um nichts so viel Angst hat wie um seinen Besitz: das Auto, den Fernseher, die Couchgarnitur und das Abo für das Fußballstadion. Dieser Kleinbürger, der sich beispielsweise in den USA einem Hochstapler und Betrüger politisch unterwarf und ihn, als sei dies der politischen Dummheit nicht genug, 2017 zum Präsidenten der Vereinigten Staaten wählte, entblödete sich auch in Deutschland – genauer: in Dresden – nicht, einem Mann wie Lutz Bachmann, der wegen Körperverletzung, Drogenhandel und Diebstahl vorbestraft ist und 2016 auch wegen Volksverhetzung verurteilt wurde, das Gefühl zu geben, dass die Zeit reif sei für eine neue, von ihm geführte »nationale« Bewegung. Dieser neue und gleichzeitig alte Typ des »Kleinbürgers«, der bekanntlich schon einmal in Deutschland ungezügelt und brutal am Rad der Geschichte drehte, folgte und folgt auch dem im Freistaat Thüringen agierenden Björn Höcke – einem faschistoid gesinnten ehemaligen Gymnasiallehrer.

Indem der Kleinbürger sich nun ein weiteres Mal bereitwillig neuen, selbst ernannten Führern und Autoritäten unterwirft, gleicht er dem vom Psychoanalytiker Wilhelm Reich bereits 1948 beschriebenen »Kleinen Mann«. Dieser zum selbstbestimmten Denken und Handeln unfähige Menschentyp machte und macht alles und jeden – vor allem Fremde, Andersdenkende und Andersaussehende – verantwortlich für sein Unglück. Dieser »Kleine Mann« hat in der Geschichte bisher immer zu spät gemerkt und wird auch dieses Mal sehr wahrscheinlich zu spät merken, dass die von ihm gewählten Volksvertreter ihn für egoistische Interessen und Machtspiele nur benutzen. Aufgrund seiner historischen Unwissenheit und seiner psychologischen Naivität ist er jedoch sehr gefährlich. So trägt er zum Beispiel auch dafür die Hauptverantwortung, dass sich die vom tschechischen Schriftsteller Karel Čapek 1936 in literarischer Form beschriebenen »Molche« in der sächsischen Provinz seit fast einem Jahrzehnt aufs Neue vermehren und dass sie die Demokratie und die damit verbundene offene Gesellschaft erneut gefährden, als hätte es die Völkischen vor 100 Jahren und den Nationalsozialismus nie gegeben.

Doch zurück zur – meiner Meinung nach berechtigten – Kritik an einem einseitig ökonomisch ausgerichteten Liberalismus und zurück zu dem ihm bereits vor 100 Jahren innewohnenden Kardinalfehler: sein oberstes Versprechen – Chancengleichheit für jedes Kind, jede Frau und jeden Mann zu gewähren – nicht einzulösen. Der Philosoph Otto-Peter Obermeier glaubt zudem, im ungleichen Kampf der am Spiel der freien Kräfte Beteiligten einen weiteren Fehler des »realen« Kapitalismus erkannt zu haben. Letzterer offenbart sich Obermeier zufolge, seit es mit dem Fall der Mauer auch den real existierenden Sozialismus nicht mehr gibt, als ein »Bastard, ein Mischling völlig unterschiedlicher Geister«: Auf der einen

Seite wüten die »Räuber- und Abenteuernaturen« und die »legalen Finanzschwindler« mit ihrem »rücksichtslosen Spekulantengeist, mit der Lust am Spiel und der dazugehörigen Spekulantenpsyche«. Auf der anderen Seite versuchen die Vertreter des sogenannten »ehrlichen« Kapitalismus – Obermeier nennt sie das mittelständische »biedere Bürgertum« –, in diesem Spiel der freien Kräfte mitzuhalten und zu bestehen. Doch obwohl diese »tüchtige Art des Kapitalismus« sehr oft einen redlichen Charakter besitzt und von »vernünftigen und von vorsichtigen ökonomischen Aktivitäten von hoher Solidarität, von Fleiß und Disziplin« getragen wird, bleibt jeglicher Erfolg hier aus. Obermeier zufolge hat sich der gegenwärtige Kapitalismus, indem er sich mit politisch einflussreichen Wirtschaftsliberalen verbündete, von den Grundlagen der Fairness und des gegenseitigen Vertrauens losgelöst und lässt die Spekulanten – nach dem Motto, »dass Beschiss und Betrug sich am besten eignen, um Geschäfte zu machen« – triumphieren.

Zu diesen dem Liberalismus und dem Kapitalismus innewohnenden Schwächen und zur ebenfalls bereits erwähnten Entkopplung des Lebens auf dem Land von dem in der Stadt gesellt sich der bereits erwähnte, seit mehreren Jahrzehnten bestehende unfair geführte Diskurs über die und mit den Ostdeutschen. In diesen Debatten beansprucht der Westen – wie bereits erwähnt – die Deutungshoheit über die in der DDR erlebte Vergangenheit, womit er die Ostdeutschen, die diese Vergangenheit ja wirklich erlebten, abwertet. Diese Abwertung und die damit verbundene vermeintliche moralische Überlegenheit desjenigen, der die Deutungshoheit im Diskurs beansprucht und auch die materiellen Mittel zur medialen Beeinflussung besitzt, bilden die Substanz für ein gefährliches, die Gesellschaft spaltendes Gemisch. Man könnte es verharmlosen, ignorieren oder es wie die Ziele der heutigen Völkischen – verbunden mit den bereits erwähnten und oft abstrus anmutenden Verschwörungstheorien – als krude und weltfern abtun, wäre dieses Ideengebräu nicht nach 1918 in der erstarkenden Völkischen Bewegung der Weimarer Jahre auf fruchtbaren Boden gefallen, um damit letztlich dem Nationalsozialismus den Boden zu bereiten.

Dass sich diese Entwicklung wiederholen kann, davor warnten zum Beispiel die der Kritischen Theorie und der Frankfurter Schule nahestehenden Philosophinnen Nancy Fraser und Rahel Jaeggi in ihrem 2020 veröffentlichten Buch über den Kapitalismus. Während eines hier abgedruckten Streitgespräches kamen sie – sich dabei auf Horkheimer und Adorno und auch Polanyi berufend – gemeinsam zu der Erkenntnis, dass Liberalismus und Faschismus nicht wirklich zwei getrennte Phänomene sind, von denen das eine gut und das andere schlecht ist, sondern »zwei tief miteinander verbundene Seiten des kapitalistischen Weltsystems«. Denn ebenso wie der Liberalismus einst als progressive Gegenbewegung wirkte – im 19. Jahrhundert zum in Europa seit dem Wiener Kongress herrschenden Konservativismus und in der zweiten Hälfte des 20. Jahrhunderts zum real existierenden Sozialismus in den Ostblockstaaten – und aus Freiheitsimpulsen entstand, entwickelten sich aus ihm, bedingt durch das Wirken kapitalistischer Strukturen, neue ökonomische Abhängigkeiten und neue Formen der Knechtschaft.

Dass mit dem Begriff der Freiheit – der einst die Urformel aller Emanzipationsbestrebungen prägte und mit Brüderlichkeit und Gleichheit zu den Losungen der Französischen Revolution gehörte – im gegenwärtigen neoliberalistischen System etwas nicht stimmt, das meint auch der Dichter Durs Grünbein erkannt zu haben. In einem 2019 veröffentlichten Essay schreibt er: »Was für die besten europäischen Geister seit den Zeiten der Aufklärung das heiligste aller Güter war, gilt vielen heute nur noch als Zynismus und Pornographie, Synonym für grenzenlosen Konsum und das Gewinnstreben Einzelner.« Auch der Philosoph Max Horkheimer hatte einst auf die dem Kapitalismus innewohnenden Fehler und Schwächen hingewiesen und sich zu der folgenden Aussage hinreißen lassen: »Wer aber vom Kapitalismus nicht reden will, sollte auch vom Faschismus schweigen«. Und auch Theodor W. Adorno, sein kongenialer Mitstreiter und Partner, war sich sicher, dass ein ausschließlich wirtschaftlich und ökonomisch gedeuteter Liberalismus als Gegenreaktionen zunächst völkisches und später faschistoides Denken und Handeln hervorruft. Und beide Ismen – Liberalismus und Faschismus – sind, so Adorno, in Wahrheit zwei Seiten einer Medaille. In der nach dem Zweiten Weltkrieg veröffentlichten Schrift »Minima Moralia« schrieb er im achten Kapitel des ersten Teils unter dem Titel »Wenn dich die bösen Buben locken«: »Das intellektuelle Gewissen, in dem sie sich zusammenfassen, hat ein gesellschaftliches Moment so gut wie das moralische Überich. Es bildet sich eine Vorstellung von der richtigen Gesellschaft und deren Bürgern. Läßt einmal diese Vorstellung nach – wer könnte noch blind vertrauend sich ihr überlassen –, so verliert der intellektuelle Drang nach unten seine Hemmung. Und aller Unrat, den die barbarische Kultur im Individuum zurückgelassen hat, Halbbildung, sich Gehenlassen, plumpe Vertraulichkeit, Ungeschliffenheit kommt zum Vorschein.« Adorno hatte also tatsächlich – ohne es wissen zu können, dass es sie eines Tages wirklich geben würde – einige der bei Demonstrationen von Pegida und AfD hochgehaltenen Plakate und Transparente vorausgesehen. Und mir wird bewusst, dass die Träger der oft überzogen und schamlos wirkenden Forderungen und Losungen damit nicht spielen, sondern es ernst damit meinen.

Die Ahnung, dass es einen dialektischen Zusammenhang zwischen einem rein ökonomisch ausgerichteten Liberalismus und völkischem oder faschistoidem Gedankengut gibt, beunruhigte auch den amerikanischen Journalisten John Feffer, der im Frühjahr 1990 mehrere Monate lang durch Osteuropa wanderte und diese Tour dann fünfundzwanzig Jahre später wiederholte. Auf seiner ersten Wanderung 1990 war Feffer 26 Jahre alt und er hoffte, das Geheimnis um die postkommunistische Zukunft der Region zu entschlüsseln. Während seiner Reisen ließ er sich auf die Landschaften, die Dörfer und Städte ein und redete mit möglichst vielen Menschen aus allen Gesellschaftsschichten. Schließlich war er ebenso fasziniert wie verwirrt von den Widersprüchen, auf die er überall stieß. Die Osteuropäer, die er traf, waren optimistisch, aber besorgt. Viele seiner Gesprächspartner blickten hoffnungsvoll in Richtung Westen. Im Frühjahr 1990 erwarteten sie, dass sie in fünf oder spätestens zehn Jahren wie die Menschen in Wien, Zürich oder Paris leben würden. In die sehr oft unrealistischen und überzogenen Hoffnungen und Forderungen mischten sich jedoch auch ängstliche Vorahnungen und die Gewissheit, dass letztlich das Vorhandensein von Kapital sowie die gesellschaftliche Stellung, Netzwerke oder gesellschaftliche Einflüsse darüber entscheiden würden, wer reich sein würde und wer arm, wer mächtig und wer ohnmächtig den Mächtigen gegenüber.

Feffer veröffentlichte ein Buch, und 25 Jahre später wiederholte er seine Reise. Diese war gefüllt mit Erzählungen von erlebten Misserfolgen und Enttäuschungen vielfältiger Art. Zwar wirkte Osteuropa – seine Bewohner, die Landschaften und die Städte – im Gegensatz zum Einheitsgrau der kommunistischen Ära bunter, jugendlicher und in Anbetracht der sanierten Fassaden auch schöner. Feffer stieß aber während seiner Wanderung und der Gespräche, die er mit den Menschen führte, auch auf unerwartet viel Verbitterung und sogar Verachtung gegenüber den »liberalen« Werten des Westens und dem vom Westen gepriesenen kapitalistischen System. Eine der Ursachen für diese Abkehr vom Liberalismus, den viele Osteuropäer – ebenso wie viele Ostdeutsche – in den Jahren um die Jahrtausendwende noch bewundernd nachzuahmen versuchten, sieht Feffer darin, dass eine wirkliche demokratische Mitgestaltung, welche die Osteuropäer (und die Ostdeutschen) erhofften, von den westlichen Eliten gar nicht gewollt war und letztlich auch nicht realisiert wurde. Statt einer demokratischen Mitgestaltung verlangte der Westen von den Osteuropäern – und, bezogen auf das vorliegende Buch, auch von den Ostdeutschen – lediglich eine »Nachahmung« ihres liberalen Systems, ohne jedoch die Führungspositionen in Politik, Wirtschaft, Verwaltung und Wissenschaft in Frage zu stellen und ohne sie an die nachwachsenden einheimischen

Generationen zu übergeben. Dieser Nachahmungsdruck, der über zwei Jahrzehnte als »alternativlos« galt, in Verbindung mit einer tatsächlich erlebten Ohnmacht im Sinne der erhofften politischen Mitgestaltung bei gleichzeitigem Eingeständnis, mit der wirtschaftlichen Leistungsfähigkeit des Westens nicht mithalten zu können, erzeugte bei vielen in Osteuropa und Ostdeutschland lebenden Menschen zunächst eine schleichende Skepsis gegenüber den Normen und Werten des Westens. Ab 2008, mit der durch den Zusammenbruch der Lehman-Bank ausgelösten globalen Finanzkrise, und ab 2015 mit der sogenannten »Flüchtlingskrise« steigerte sich die Skepsis zu einer Abwehrhaltung, welche die Grundlage und den Nährboden bildete für die in Dresden und der ostsächsischen Provinz um Einfluss bemühte, rechtspopulistisch agierende Pegida-Bewegung. Diese jedoch steht – wie Feffer, ohne sie zu rechtfertigen, zeigt – in einem unmittelbaren Zusammenhang zu dem heute in vielen osteuropäischen Ländern wie zum Beispiel Polen und Ungarn zu beobachtenden populistischen Widerstand.

Es ist Herbst 2022 – Herbst in Sachsen. Ich werde nicht durch Osteuropa, wohl aber durch die ostdeutsche Provinz wandern. Ich will wissen, wie die Menschen mehr als 30 Jahre nach der friedlichen Revolution von 1989 in der Oberlausitz, an den Ufern von Mulde und Elbe und in der Leipziger Tieflandsbucht leben – ich wiederhole meine Pilgertour. Ich werde die gleiche Strecke, die ich bereits zehn Jahre zuvor gewandert bin – von Görlitz über Bautzen, Großenhain, Strehla und Wurzen bis Leipzig und von hier bis Kleinliebenau – nochmals gehen und mich mit Pilgern unterhalten, mit Herbergseltern und mit Menschen, die am Jakobsweg wohnen. Ich werde erneut physisch und psychisch in die Rolle eines Pilgers schlüpfen, denn ich will wissen, ob die von Feffer beschriebenen globalen Veränderungen in Osteuropa auch im »lokalen« Bereich der sächsischen Provinz zu beobachten sind. Ich werde mich ein zweites Mal auf die sächsische Provinz und die hier lebenden Menschen einlassen, und ich bin gespannt, ob die Bewohner der ost- und mittelsächsischen Städte und Dörfer, die sich seit 2015 als Zentren rechtspopulistischer und fremdenfeindlicher Bewegungen deutschlandweit einen unrühmlichen Ruf erwarben, dem westdeutschen bildungsbürgerlichen Klischee von »sich abgehängt fühlenden« und »jammernden« Ostdeutschen entsprechen und ob sie die von Feffer für Osteuropa beschriebenen Entwicklungen bestätigen. Dabei bin ich mir bewusst, dass meine Deduktion von globalen, in Osteuropa seit 1990 beobachtbaren Entwicklungen auf lokale Prozesse in der sächsischen Provinz der soziologisch-empirischen Exaktheit nicht entspricht. Ich bin mir dennoch sicher, dass diese Analogie existiert – ja, ich bin davon überzeugt, dass das in Deutschland zwischen Ost und West bestehende Herrschafts- und Kommunikationsgefälle das Gefälle zwischen West- und Osteuropa spiegelt.

Dass die Krisen von 2008 und 2015, verbunden mit der globalen Klimaerwärmung, nicht nur zufällige unangenehme gesellschaftliche und ökologische Begleiterscheinungen sind, sondern systemimmanente Ursachen haben und letztlich Krisen des politischen Systems des Liberalismus und des damit verbunden kapitalistischen Produzierens sowie kapitalistischer Herrschafts- und Besitzverhältnisse sind, das behaupten Nancy Fraser und Rahel Jaeggi. »So lange sich die Eigentumsverhältnisse in Eigentümer und Produzent trennen lassen«, schreiben sie in ihrem Buch über den Kapitalismus, »so lange sich Lohnarbeit institutionalisiert vermarkten und kommodifizieren lässt und so lange allein der Markt entscheidet, wer produktive Inputs und gesellschaftliche Überschüsse verteilt und wie und in welcher Form sie verbraucht werden, so lange wird es grenzenloses wirtschaftliches Wachstum-, gesellschaftliche Ungleichheiten-, ökologische Krisen und soziale Konflikte geben.«

Vor den negativen Folgen des Glaubens an die Allmacht des Marktes, verbunden mit einem einseitig wirtschaftlich definierten Liberalismus und einem nach 1990 vor allem in Westeuropa nicht überwundenen alten Denken, hatte bereits vier Jahre nach dem Fall der Berliner Mauer der tschechische Dichter und Dramatiker Václav Havel, der im Dezember 1989 zum Präsidenten der Tschechoslowakei gewählt worden war, gewarnt: »Trotz der allgemeinen Übereinstimmung hinsichtlich der Werte, auf denen die europäische Integration fußen sollte«, schrieb er im Oktober 1993, »stößt sie heute, vier Jahre nach dem Fall des Eisernen Vorhangs, auf zahlreiche Hindernisse. Von vielen wird sogar ihr Erfolg in Zweifel gezogen, das heißt die Möglichkeit, dass diese Integration zu einem Europa führen könnte, in welchem sich alle wohl fühlen, keiner sich unterdrückt oder bedroht sehen und keiner einen Grund zu einer Konfrontation haben wird. [...] Worin liegen diese Widersprüche begründet? Wie ist es möglich, dass wir so kurz nach dem Ende der bipolaren Teilung Europas und in einer Zeit, in der sich alle nach demselben zu sehnen schienen, plötzlich so viele Zweifel verspüren? Warum wirkt das, was Anfang 1990 so greifbar nah zu sein schien, heute so weit entfernt? Ich habe das sichere Gefühl, dass all die unterschiedlichen Gründe für diesen Zustand auf einen gemeinsamen Nenner zurückzuführen sind: den trügerischen Eindruck, dass die vor uns liegende große europäische Aufgabe rein technisch, rein administrativ oder rein systemimmanent zu lösen sei.«

Justyna Schulz, Direktorin des Instytut Zachodny in Poznań, nimmt fast 30 Jahre später die von Václav Havel geäußerten Gedanken und Warnungen auf. In einer 2020 veröffentlichten Schrift stellt auch sie ernüchtert fest, dass das neoliberale Weltbild und das von dieser Ideologie geprägte westliche Entwicklungsmodell davon ausgingen, dass die als alternativlos dargestellten westlichen Ideen und Lösungsansätze lediglich in den Osten importiert werden müssten, und schon würde es hier aufwärtsgehen. Diesem positivistischen und einseitig pro-westlichen Ansatz standen und stehen jedoch das lokale Wissen und die Erfahrungen der Einheimischen gegenüber. Dieses Wissen und diese Erfahrungen wurden und werden vom Westen aber marginalisiert und nur ungenügend beachtet. Die daraus folgende Abwertung der einheimischen Führungsschicht zugunsten internationaler technokratischer Eliten habe, schreibt Schulz, zwangsläufig eine hierarchische und paternalistische Schüler-Lehrer-Beziehung herausgebildet und das bereits zuvor bestehende Ungleichgewicht zwischen Ost und West eher verstärkt als gemindert. Schulz weist zudem darauf hin, dass im Westen – in bester Tradition der von Max Weber beschriebenen protestantischen Arbeitsethik – der »wirtschaftliche Erfolg fast zu einer moralischen Kategorie erhoben« wurde, und sie stellt fest, dass derjenige, der Geld hat, die Macht hat und den Diskurs bestimmt. Das Ergebnis dieser unseligen Entwicklung ist, dass diejenigen, die die Herrschaft ausüben, sich als moralisch überlegen fühlen und tatsächlich glauben, der Umfang des eigenen Vermögens wäre einzig und allein das Ergebnis redlicher Arbeit und stünde tatsächlich in direkter Korrelation zur überlegenen Wertigkeit der eigenen Moral. Diese moralische Selbstüberhöhung, verbunden mit einer zur Schau getragenen Anmaßung gegenüber den Erfahrungen und Werten der in Osteuropa – und in Ostsachsen – lebenden Menschen, lässt sich Schulz zufolge auch in der von der EU festgelegten »postkommunistischen Demokratieförderung« beobachten. Die Politikwissenschaftler Ivan Krastev und Stephen Holmes kommen zu ähnlichen Schlussfolgerungen: Im 2021 veröffentlichen Buch »Als das Licht erlosch« schreiben sie: »Um die Bedingungen für eine EU-Mitgliedschaft zu erfüllen, wurden die mittel- und osteuropäischen Länder im Zuge der angeblichen Demokratisierungsprozesse dazu gedrängt, politische Strategien umzusetzen, die nicht gewählte Bürokraten aus Brüssel oder internationale Kreditanstalten gestaltet hatten. Die Polen und Ungarn bekamen gesagt, welche Gesetze sie erlassen und welche Politik sie machen sollten, während sie gleichzeitig so tun sollten, als würden sie sich selbst regieren.«

Alle genannten Beobachtungen gleichen John Feffers Erfahrungen und Analysen: Auch er stellte ein Vierteljahrhundert nach dem Fall der Mauer in Osteuropa das Vorherrschen einer Illusionslosigkeit fest, die sich darin begründet, dass die neuen Mitgliedsländer der Europäischen Union zwar über ihre eigenen Belange sprechen dürfen, nicht jedoch über

Europa, denn dieses Thema bleibt allein Deutschland und Frankreich vorbehalten – den in Europa politisch einflussreichsten und wirtschaftlich stärksten Nationen. Auf die Situation in Ostdeutschland bezogen heißt das, dass der Ostdeutsche zwar über den Osten sprechen darf, nicht aber über das gesamte Deutschland, denn dazu ist angeblich nur der besser gebildete und demokratisch geschulte Westdeutsche fähig. Dabei wird es sich mit Sicherheit als fahrlässig erweisen, dieses Gefälle zwischen West und Ost zu ignorieren oder als ein einmaliges historisches Phänomen abzutun. Dass dieses Gefälle bereits vor einhundert Jahren bestand und in den 20er Jahren des letzten Jahrhunderts osteuropäische Staaten wie Polen, Ungarn und Rumänien in die Falle des Nationalismus führte sowie autoritäre Herrschaftsformen ermöglichte, das beschrieb der englische Historiker Ian Kershaw in seinem 2016 veröffentlichten Buch »Höllensturz Europas«. Dass sich diese Arroganz des Westens gegenüber dem Osten in der postkommunistischen Ära wiederholen könnte, davor warnte in den 1990er Jahren der bereits erwähnte Václav Havel, und auch der ungarische Schriftsteller und Literaturnobelpreisträger Imre Kertész meinte, diese Zusammenhänge zu erkennen. In einem 1999 verfassten Essay schrieb er: »Doch bevor ich mich den Verlockungen dieser fröhlichen Bilder allzu weit überlasse, schadet es nicht festzustellen, dass die trügerische Sicherheit Westeuropas, wie produktiv sie auch gewesen sein mag, auf einer amoralischen Grundlage stand – sofern wir unter Amoralität die Missachtung der eigenen, selbst gesetzten moralischen Normen verstehen. Denn von unserer, der östlichen Seite der Mauer oder des Eisernen Vorhangs aus betrachtet, nahm sich der Mangel an Solidarität, mit dem bisher die hiesigen kleinen Staaten dem großen Freibeuter des Ostens, der stalinistischen Sowjetunion, ohne Bedingungen hingeworfen wurden, und die Art, wie diese Tat dann in selbstgefälliger Konformität zur unverrückbaren Grundlage für die Weststabilität, den Weltfrieden erklärt wurde, wie Unmoral aus. Seinen Garten«, schrieb Kertész, »im Schatten eines schändlichen […] Paktes zu bestellen, mag eine angenehme, sogar nützliche Beschäftigung sein, darüber aber, dass in einem solchen Garten der europäische Geist nicht gedeiht, kann kein Zweifel bestehen. Wie wenig da gediehen ist, zeigt die nun schon fast zehn Jahre andauernde besorgte Herumrechnerei, wie viel Europäische Gemeinschaft eine Osterweiterung kosten würde, was zwar von nüchternem Verstand, aber von verkalkten Gefäßen und einem steinharten Herzen zeugt. Ja, so nimmt sich das von dort, wo ich diese Zeilen schreibe, an den Ufern der Donau, der Weichsel aus.« Diese Sätze offenbaren eine viele Jahrzehnte gelebte große Gleichgültigkeit des Westens gegenüber dem europäischen Osten, und es ist bedauerlich und tragisch, dass erst der Krieg Russlands gegen die Ukraine daran etwas zu ändern scheint und erst dieser Krieg dem Westen die Augen öffnete.

Ich denke an Görlitz am Ufer der Neiße und an die gegenüberliegende polnische Partnerstadt Zgorzelec. Beide Städte sind seit mehr als drei Jahrzehnten durch gemeinsame soziale und kulturelle Projekte miteinander verbunden. Ich weiß, dass in Görlitz lebende Schülerinnen und Schüler neben Englisch auch Polnisch lernen, und ebenso weiß ich, dass es wirtschaftliche Beziehungen zwischen den beiden Städten gibt. Auch die kulturellen Kooperationen sind beachtlich und stimmen mich optimistisch – sie sind jedoch eine Ausnahme. Denn blickt man westwärts ins Landesinnere, so stößt man rasch auf andere Realitäten: Hier herrschen – bedingt durch erlebte oder drohende Arbeitslosigkeit und Ängste vor Altersarmut oder sozialem Abstieg – Verunsicherungen in der Bevölkerung und eine jedes Jahr größer werdende Ungleichheit zwischen dem Leben in den Großstädten und dem Leben auf dem Land. Verstärkt werden diese unguten Gefühle durch die seit 2015 auch in Mittel- und Westeuropa wahrgenommenen globalen Flüchtlingsbewegungen, die hier auf dem Land eingebildete diffuse oder tatsächliche Ängste vor dem Fremden auslösen. Der stagnierenden und zum Teil gar rückwärts gerichteten Entwicklung auf dem Land steht das dynamische und pulsierende großstädtische Leben diamental gegenüber. Getragen wird es vom in den letzten zwei Jahrzehnten stärker als zuvor sich entwickelnden großstädtischen Linksliberalismus. Diese Form des neuen Liberalismus, die ihre soziale Basis vor allem in der gut situierten großstädtischen akademischen Mittelschicht hat und das Wort »links« sozusagen nur noch zur Beruhigung des eigenen Gewissens und zur Werbung mit sich führt, hat mit dem politischen Begriff »links«, der einst dafür stand, dass man sich vor allem für die sozial Schwachen und Abgehängten engagierte, die Lösung der sozialen Frage zur Grundlage aller weiteren Diskussionen machte und nach den strukturellen Ursachen für gesellschaftliche Ungleichheiten sowie für Armut und Reichtum fragte, nichts mehr – oder allenfalls nur noch sehr wenig – gemein. Neu hinzugekommen ist nach dem vor 10 Jahren geschriebenen ersten Buch auch eine im linksliberalen Milieu oft festzustellende moralische Überhöhung, die sich in einer selbstgerechten Weise des Handelns und des Bewertens von Handlungen offenbart und in jüngster Zeit zunehmend auch in Intoleranz und Ignoranz gegenüber anderen Meinungen und anderen Ideen äußert. Zu dieser Feststellung gelangten – um nur einige wenige Beispiele zu nennen – auch die Politikerin Sahra Wagenknecht, der Publizist Artur Becker und der Linguist Noam Chomsky. Chomsky gehörte im Sommer 2020 zudem zu den 153 Intellektuellen, die – aus verschiedenen Ländern stammend – sich in einem öffentlichen Brief gegen die linksliberale Intoleranz und die damit verbundene Illiberalität wandten: »Der freie Austausch von Informationen und Ideen«, schrieben sie, »wird von Tag zu Tag mehr eingeengt. Während wir dies von der radikalen Rechten nicht anders erwarten, bereitet sich auch in unserer Kultur zunehmend eine Atmosphäre von Zensur aus.« Mit Sorge sehen sie »Intoleranz gegenüber Andersdenkenden, öffentliche Anprangerung und Ausgrenzung sowie die Tendenz, komplexe politische Fragen in moralische Gewissheiten zu überführen.«

Zu der Feststellung, dass die im neoliberalen Zeitalter von führenden Vertretern des Linksliberalismus aufgestellten Forderungen nach ununterbrochenen Selbstverwirklichungen und Selbstoptimierungen einen ambivalenten Charakter besitzen, dass sie letztlich zu einer Ökonomisierung des Sozialen und einer Gleichzeitigkeit von Gewinnern und Verlieren führen, gelangte 2019 auch der Soziologe Andreas Reckwitz in seinem Buch »Das Ende der Illusionen. Politik, Ökonomie und Kultur in der Spätmoderne«. Hier weist er darauf hin, dass damit die Chancen und Befriedigungsmöglichkeiten höchst ungleich verteilt werden, ohne dass den Marktverlierern eine nachvollziehbare Legitimation für den eigenen Misserfolg geboten würde. Die dabei erlebte Ungleichheit verletzt nach Reckwitz das Gerechtigkeitsempfinden der Enttäuschten, da diese sich in ihren Leistungen und ihrem Bemühen abgewertet sehen. »Die Legitimation des Marktes«, schreibt Reckwitz, »auf dem ›jeder seines Glückes Schmied sei‹, erscheint ad absurdum geführt, wenn (un)glückliche Zufälle oder nicht planbare Entwicklungen – auf dem Arbeitsmarkt, dem Partnerschaftsmarkt, dem Immobilienmarkt oder auf dem Bildungsmarkt – den Ausschlag für Erfolg oder Misserfolg zu geben scheinen.«

Zur gegenwärtigen gesellschaftlichen Wahrheit gehört auch die Tatsache, dass die Vertreter und Vertreterinnen des urbanen Bildungsbürgertums in Gestalt des politischen Linksliberalismus nur allzu oft eine moralische Überlegenheit demonstrieren, die sich – statt beispielsweise eine tiefgründige Kapitalismuskritik zu wagen – mit intellektuellen Kämpfen für die rechtliche Gleichstellung unterschiedlichster Gruppen, mit Aktionen für Diversity und für genaues und exaktes Gendern begnügt. Bei denen, die nicht dazugehören – sei es aufgrund einkommensschwacher Eltern oder fehlenden Vermögens und damit verbundener schlechterer Bildungschancen, aufgrund des Lebens in städtischen Problemvierteln, in Kleinstädten oder auf dem Land oder aufgrund unglücklich verlaufender Lebensläufe – erzeugt diese dünkelhafte Abgehobenheit oft Unverständnis und Frust. Indem sie diese Missstände nicht wahrnehmen können oder wollen; indem sie dem seit drei Jahrzehnten währenden Sozialabbau sowie der ebenfalls seit drei Jahrzehnten währenden Privatisierung in allen

Bereichen der Gesellschaft keinen Einhalt bieten und sich nicht auf die Seite der Verlierer, sondern auf die der Gewinner stellen – der Eigentümer großer Finanz- und Betriebsvermögen – tragen die vor allem in den Großstädten lebenden und zumeist akademisch ausgebildeten Vertreter und Vertreterinnen des Linksliberalismus eine Mitverantwortung für die in den städtischen Problembezirken und auf dem Land zu beobachtende Resignation.

Mit diesem Wissen und der Vermutung, dass ich weder an den bestehenden wirtschaftlichen und ökonomischen Ungleichheiten zwischen Großstadt und Land noch an der auf dem Land sich stetig mehr ausbreitenden Völkischen Bewegung, verbunden mit Fremdenhass und mit einem erstarkenden Nationalismus, etwas ändern kann, schreibe ich den zweiten Band des kulturphilosophischen Pilgerbuches. Ich schreibe mit der Hoffnung, dass ich – ein sogenannter alter, weißer (und weiser?) Mann – auch von der jüngeren Generation und von Vertretern des städtischen Bildungsbürgertums gelesen werde. Ich werde also ein zweites Mal die Schuhe schnüren und mit dem Rucksack auf dem Rücken mit den am Jakobsweg wohnenden Menschen sprechen. Ich werde über ihre und über meine Erlebnisse schreiben, und ich werde beschreiben, wie es ist: das kulturphilosophische Wandern 2022 auf dem sächsischen Teil des Jakobsweges.

1. Kapitel (Von Görlitz nach Arnsdorf)

Von Inhalt und Deutung einer philosophischen Kugel sowie von dem Beweis der These, dass der Profifußball die gesellschaftliche Wirklichkeit spiegelt

Am Anfang war das Wort – so steht es in der Bibel. Bezogen auf die Geschichte der deutschen Philosophie müsste es heißen: Am Anfang war Jakob Böhme.

Es ist Sonntagvormittag. Ich stehe am Ufer der Neiße und entscheide mich – statt wie vor zehn Jahren den Fluss zu überqueren und das zu einem Museum umgebaute Wohnhaus des Philosophen zu besuchen –, auf den Nikolaifriedhof zu gehen. Einige Minuten später stehe ich vor dem Grab des Mannes, der zu Beginn des 17. Jahrhunderts die wundersame Metamorphose vom Schuster zum Philosophen erlebte und der Friedrich Wilhelm Hegel zufolge der »Philosophus Teutonicus« gewesen ist – der erste deutsche Philosoph. Hegel bezeichnete ihn deshalb so, weil er als einer der ersten philosophische und kosmologische Texte in deutscher Sprache schrieb und veröffentlichte, weil er mit seinen Schriften die zweihundert Jahre später von Schelling begründete Naturphilosophie vorbereitete und weil er – ganz im Sinne von Hegel und von Marx, für die dialektisches Denken Grundlage ihres Philosophierens war – dialektisch dachte und handelte. Jakob Böhme gilt zudem auch deshalb zu Recht als erster deutscher Philosoph, weil er wie kein Zweiter den Übergang von der mittelalterlichen Theologie zum neuzeitlichen kosmologischen und philosophischen Denken repräsentiert.

Jakob Böhme lebte zu der Zeit, als William Shakespeare in London das bürgerliche Theater begründete und mit »Macbeth« und »Hamlet« Dramen für die Ewigkeit schrieb; er lebte, während in Deutschland ein schrecklicher Krieg das Land verwüstete und die hier lebenden Menschen dreißig Jahre lang mit täglich erlebtem Hunger und der Erfahrung von Elend und Tod traumatisierte; er lebte in jenen Jahren, als Giordano Bruno die kopernikanischen Erkenntnisse erweiterte und behauptete, dass der Kosmos sich unendlich weit ausbreite und unendlich viele Sonnen, Sterne und Planeten existieren würden, wofür er in Rom von der Inquisition zum Tod auf dem Scheiterhaufen verurteilt wurde. Böhme lebte in unruhigen Zeiten, und er erinnert mich an jenen Mann, der in Camille Flammarions

1888 erstmals gezeigtem Holzstich »Wanderer am Weltenrand« am Rand der Erde kniet, mit seinem Kopf die von den Fixsternen gebildeten Sphären des Himmels durchstößt und erschrocken die Unendlichkeit des Alls erblickt. Dieser Schrecken, der den Freigeist Jakob Böhme zum Philosophieren motivierte und die Grundlage seines Denkens bildete, kennzeichnet die Bewusstseinslage des damaligen europäischen Menschen und symbolisiert geistesgeschichtlich den Beginn der Neuzeit. Bis zu jener Zeit vertraute der Mensch auf Gott und die Kirche; er war sich sicher, dass es nur ein Himmelsgewölbe gibt und dass er, der Mensch, einzigartig und die Krönung der göttlichen Schöpfung sei. Nun aber hatte der Kopf die über eintausend Jahre alte Projektion durchstoßen, nun stürzten sprichwörtlich die Himmel ein, einer nach dem anderen – nach innen. Nun gibt es keine ewigen Wahrheiten mehr, keine Gewissheiten: Alles ist möglich und unmöglich zugleich – »und der Mensch«, so urteilt Nietzsche dreihundert Jahre später in einem seiner Fragmente über diese Zeit, »rollt seit Kopernikus aus dem Zentrum ins X.«

Ich blicke auf das Grab und auf eine über dem Grab liegende Granitplatte. Auf ihr ist die 1620 von Jakob Böhme entworfene »Philosophische Kugel« abgebildet. Böhme-Kennern zufolge soll sie – die seine theosophischen und kosmologischen Ideen zusammenfasst – die einzige von ihm veröffentlichte Zeichnung sein. Die »Kugel« ordnet Linien, Kreise, Symbole und Worte sphärisch an und verdeutlicht damit einen ewigen Prozess, der keinen Anfang und kein Ende kennt. Böhme widerspricht damit der Idee eines die Geschichte bestimmenden Telos und folgt stattdessen der von Giordano Bruno nur einige Jahrzehnte zuvor aufgestellten These, dass das Universum aus unendlich vielen Sternen und Planeten bestehe sowie räumlich unendlich sei. Für den Menschen, den die Theologie lehrte, dass er ein Abbild Gottes sei, bedeutet dies, dass er in Wahrheit ein Teil der natürlichen Kosmologie ist, dass er einen Willen besitzt und dass er – wenn er sich an der Spiritualität und dem damit verbundenen Licht (Symbole dafür sind bei Böhme die Person Jesu und das in die Mitte des Bildes gezeichnete Herz) sowie am natürlichen Sein orientiert – fähig ist zum Guten. Da aber der Urgrund, der zeitlos und gestaltlos vor allen Dingen existierte, durch den Zorn – den Böhme mit dem Willen des göttlichen Vaters gleichsetzt – und eine damit verbundene Finsternis aufgehoben wurde, ist jedoch auch das Böse in der Welt. Dieses Böse ist in der linken, dunklen Hälfte der Kugel abgebildet, während das Gute – symbolisiert durch die Zahl Drei – in der hellen, rechten Hälfte gezeigt wird. Getrennt und zugleich verbunden werden die Kugelhälften durch eine senkrechte Linie. Diese verläuft auch durch das in der Mitte der Kugel sitzende Herz und entscheidet damit – angedeutet durch die Waagerechte, die die Senkrechte in der Mitte teilt –, welchem Willen der Mensch folgt: dem guten oder dem bösen.

Jakob Böhme, der die Philosophische Kugel zwei Jahre nach dem Ausbruch des Dreißigjährigen Krieges und während der Anfeindungen und Ausgrenzungen durch die damals in Görlitz herrschende lutherische Orthodoxie zeichnete, interpretiert die Welt dualistisch. Für ihn ist der Mensch – als ein Teil des ganzheitlich wirkenden Kosmos und als dasjenige Wesen, das diesen Kosmos aufgrund seines Verstandes erkennen und aufgrund seiner Vernunft gestalten kann – zum Guten und zum Bösen fähig. Menschen handeln und denken böse, wenn sie sich – statt sich in das kosmologische Gefüge harmonisch einzufügen, den Weltenlauf zu erkennen und ihn zu akzeptieren – von Dünkel, Neid, Zorn und Gier treiben lassen, den Trieben des Leibes ungezügelt nachgeben und den Verlockungen des Teufels (Böhme nannte ihn Luzifer) folgen. Das Ergebnis eines solchen Denkens und Handels glaubte Böhme in den apokalyptischen Reitern zu erkennen, die er in Form der Soldateska des Dreißigjährigen Krieges unmittelbar erlebte, welche damals – egal, ob Katholik oder Protestant – im Gewand und auf Befehl des institutionalisierten Christentums die (deutsche) Erde brandschatzte und dreißig Jahre lang unschuldige und wehrlose Menschen massakrierte.

Jakob Böhme wollte die von Luther entfachte Reformation zu einer universalen und allumfassenden Erneuerungsbewegung ausweiten. Er scheiterte mit seinen Ideen jedoch am Unverständnis der Mehrheit seiner Zeitgenossen. Ich las einige seiner Bücher und erfuhr – wie auch durch Meister Eckharts Schriften –, was es heißt, mystisch zu denken und den Dingen spirituell auf dem Grund zu gehen. Böhme lehrte mich jedoch auch, Geschichte philosophisch-dialektisch zu deuten und oberflächige Beliebigkeit von substanziell Wichtigem zu unterscheiden.

Ich bitte die mir zugeneigten Leserinnen und Leser, den folgenden abrupten inhaltlichen Wechsel meiner Gedanken – von der Deutung der »philosophischen Kugel« Jakob Böhmes zur kritischen Reflexion über die Wirkung von Marktmechanismen am Beispiel eines im Dresdner Elbtal beheimateten Fußballvereins – zu entschuldigen. Ich weiß, dass dieser radikale Gedankensprung Verwunderung auslösen und vielleicht sogar dazu führen kann, das Buch an dieser Stelle aus den Händen zu legen und das Lesen hier zu beenden. Ich hoffe aber dennoch, dass es Leserinnen und Leser gibt, die mir diese Analogie zur heutigen Zeit und diesen Schwenk zur soeben erwähnten »oberflächigen Beliebigkeit« gestatten – und werde diesen Einschub auch begründen: Denn nachdem ich den Friedhof verlassen und das Görlitzer Stadtzentrum betreten hatte, kam mir jener Imbiss in den Sinn, in dem ich vor 10 Jahren ein Bier trank, Wiener

Würstchen aß und mich mit Dittsche und seinen Freunden über das Schicksal der Dresdner Dynamos unterhielt. Nun, ein Jahrzehnt später, meine ich zu erkennen, es habe nicht viel dazu gefehlt, dass das Schicksal der Imbissbude, die es nicht mehr gibt, auch die in Dresden Fußball spielende Sportgemeinschaft ereilt hätte.

Dass sich der Fußballsport aufgrund seiner besonderen Popularität für Politiker und Unternehmer hervorragend eignet, um in seinem Gewand zu glänzen und von den Erfolgen protegierter Mannschaften oder Stars zu profitieren, ist keine neue Erkenntnis. In dieser Hinsicht bin ich – ein in den 70er und 80er Jahren des letzten Jahrhunderts am Rand des Dresdner Elbtals großgewordener Junge, der seit seiner frühen Kindheit und heute noch immer Fußball spielt – ein gebranntes Kind. Das erste Lehrgeld – das mich damals sehr schmerzte, mich aber vieles lehrte – zahlte ich mit vielen Leidensgefährten, als Ende der 70er Jahre ein Lakai den Chef der Staatssicherheit, Erich Mielke, darauf hingewiesen haben muss, dass sein in der Hauptstadt beheimateter Lieblingsverein bis zu dieser Zeit kein einziges Mal Fußballmeister geworden war. Das müsse sich ändern, beschloss der mächtigste Mann der DDR und wies die Schiedsrichter des Landes an, Spiele mit Beteiligung des Berliner Fußballklubs Dynamo fortan zu dessen Gunsten zu manipulieren. Das Ergebnis waren zehn quälend langweilige Jahre und die Erkenntnis, dass kein Kraut dagegen gewachsen ist, wenn ein mächtiger Politiker sich einmal entschieden hat, einen Klub zu protegieren. Es ist beruhigend zu wissen, dass solcherart Manipulation sportlicher Wettbewerbe in einer liberalen freien Gesellschaft nicht möglich ist und nur ein Schelm denkt – angesichts der Tatsache, dass die Bayern in diesem Jahr zum zehnten Mal ununterbrochen die Meisterschaft feierten – dabei an nichts Böses.

Dabei war mir erst viele Jahre nach 1990 bewusst geworden, dass auch der kometenhafte Aufstieg der Dresdner Dynamos Anfang während der 70er Jahre zu einem der erfolgreichsten ostdeutschen Fußballvereine und einem europäischen Spitzenklub letztlich auf der 1966 erfolgten Neustrukturierung des DDR-Fußballs beruhte, und dass diese Reform die bis zu jenem Jahr in der DDR-Oberliga erfolgreich mitspielenden Betriebssportgemeinschaften extrem benachteiligte. Hierzu sei angemerkt, dass die 1966 in vielen Bezirkshauptstädten gegründeten Leistungszentren eine Reaktion des Fußballverbandes der DDR auf die 1963 in der Bundesrepublik gegründete Bundesliga gewesen waren. Klar war mir jedoch sofort, dass der 2011 erfolgte und im ersten Band des kulturphilosophischen Wanderbuches bereits erwähnte Aufstieg der Dynamos in die Zweite Bundesliga als ein ganz besonderer Erfolg zu bewerten ist. Denn endlich – nach einer endlos erscheinenden Leidenszeit, nachdem Dynamo

Dresden 1995 nach vierjähriger Zugehörigkeit aus der Bundesliga abgestiegen und von der Deutschen Fußballliga als bisher einziger Verein von der Ersten Liga direkt in die Dritte zurückgestuft worden war – war dieser Aufstieg geglückt, endlich spielte Dynamo wieder »oben« mit und war »oben« mit dabei. Damals schien alles hoffnungsvoll. Gewiss trugen der Verein, seine Mitglieder und die mit ihm verbundenen zahlreichen Fans einen mit finanziellen Schulden gefüllten Rucksack, aber im Elbtal, in der Dresdner Umgebung und in der Oberlausitz war man sicher, mit Leidenschaft, Siegeswillen und einer klugen finanziellen Strategie in der Zweiten Liga zu bestehen und vielleicht – in naher Zukunft – sogar wieder in die Bundesliga aufzusteigen.

Das Abenteuer »Zweite Liga« währte jedoch nur drei Jahre – 2014 stieg Dynamo ab, und auch dieser Abstieg war wieder folgenreich. Robert Koch, der 1986 in Löbau geborene Flügelstürmer, der einige Jahre Hoffnungsträger und Kapitän gewesen war, wechselte nach Nürnberg, um weiter Zweitligafußball zu spielen. Dem Verein, dem fast die komplette Mannschaft abhandengekommen war, blieb wieder einmal nichts anderes übrig, als einen Neubeginn zu wagen – und dieser abermalige Neustart glückte. 2016 gelang mit einem neuen Trainer und einem neuen Sportdirektor der erneute Aufstieg, und entgegen allen Erwartungen erwies sich die folgende Saison als so erfolgreich, dass man nicht nur im Elbtal bis wenige Spieltage vor dem Ende der Saison vom direkten Durchmarsch in die Bundesliga träumte. Am Ende jedoch wurde der Aufstieg knapp verpasst, Dynamo »nur« Fünfter, und es griffen die üblichen Marktmechanismen: der erneute Ausverkauf der Mannschaft und ein bis 2020 währender, letztlich aber vergeblicher Kampf um den Verbleib in der Zweiten Liga.

Gegenwärtig ist Dynamo wieder nur drittklassig. Statt Turin, Liverpool, Amsterdam, Madrid oder München – wie in den 70er und 80er Jahren des letzten Jahrhunderts, als der Verein mit fast ausschließlich aus dem Bezirk Dresden stammenden Spielern in der DDR-Oberliga die gegnerischen Mannschaften schwindelig spielte und man auch in Europa wusste, dass das Fußballspielen in Dresden zelebriert wurde und in Gestalt des »Dresdner Kreisels« zur Kunst erhoben worden war – heißen die Gegner nun Elversberg, Zwickau und Meppen. Diese seit drei Jahrzehnten sich regelmäßig wiederholende Erkenntnis, dass ein Aufstieg in die Bundesliga trotz eifriger und ehrlicher Bemühungen nicht oder nur sehr schwer oder nur unter ganz bestimmten Bedingungen gelingt, lässt die Hoffnung, dass Dynamo jemals wieder erstklassig Fußball spielen wird, auf ein Minimum sinken.

Dazu kommt die bittere Wahrheit, dass sich die Schere zwischen Arm und Reich vor allem im Profifußball jedes Jahr weiter öffnet; auch erhalten die Vereine, die oben sind und oben mitspielen, viel mehr Geld als die anderen Mannschaften und sie beherrschen die Medien und bestimmen den öffentlichen Diskurs. Ja, es ist wohl tatsächlich so, dass der Profifußball, indem sich Mannschaften, die viel Geld haben, noch mehr bereichern, die gesellschaftliche Realität spiegelt, und er bestätigt die These, dass im Kapitalismus sich das Geld subjektiviert und – wie von Karl Marx im Buch »Das Kapital« diagnostiziert und prophezeit – besonders gern dorthin fließt, wo es die größten Chancen hat, sich zu vermehren. Auf die Wirklichkeit übertragen bedeutet das, dass die im östlichen Teil von Deutschland und in Osteuropa beheimateten Mannschaften zwar gerne mitspielen können, aber bitte nicht ganz oben, bitte nicht in der Champions League und nicht um die Meisterschaft. Der Titel und die oberen Plätze sind seit 30 Jahren – mit Ausnahme des gegenwärtig in Köpenick durch Union Berlin vollbrachten Fußballwunders – für die in Westdeutschland, in England, in Spanien, in Italien und in Frankreich beheimateten Mannschaften sowie für Mannschaften mit sehr viel Geld reserviert. Letztlich müssen sich die in Ostdeutschland und in Osteuropa lebenden Fußballliebhaber damit abfinden und akzeptieren, dass das vorhandene – oder besser: das nicht vorhandene – Geld und die Interessen von Wirtschaft und Politik vielleicht nicht über ein Spiel, aber langfristig doch über Erfolg oder Misserfolg entscheiden. In Dresden, Magdeburg, Rostock, Jena, Erfurt und Chemnitz bedeutet das – ebenso wie in Prag, Warschau, Budapest, Bukarest, Zagreb und Belgrad –, dass man sich hier mit spielerischer Magerkost begnügen muss.

Graffitis mit dem Logo der Dresdner Sportgemeinschaft begleiten den Pilger auf dem Jakobsweg von Görlitz bis Strehla und von hier bis zum in der Leipziger Tieflandsbucht liegenden Dahlen. Man könnte bei ihrem Anblick die Augen verdrehen, die Nase rümpfen, sie ignorieren oder sie in bewährter bildungsbürgerlicher Manier mit animalischen Reviermarkierungen gleichsetzen. Man könnte sie aber auch als Zeichen und Codierungen deuten, als Hinweise darauf, dass ein in Dresden und der Umgebung beliebter Fußballverein – dem in den letzten drei Jahrzehnten die erfolgreiche Transformation von einem staatlich geförderten zu einem demokratisch strukturierten Verein gelang und den es nur darum noch gibt, weil mehrheitlich regionale Sponsoren und die mehr als 20.000 Mitglieder ihn mehrmals mit finanziellen Sonderzahlungen vor der Insolvenz bewahrten – nicht erfolgreich sein kann in diesem Land. In dieser Hinsicht teilt Dynamo sein Schicksal – ähnlich einem mittelständischen Handwerksbetrieb im ungleichen Kampf gegen einen übermächtigen und global agierenden Konzern – mit den anderen ostdeutschen Traditionsmannschaften, die ebenfalls jedes Jahr um ihre Existenz kämpfen und im sogenannten »Spiel der freien Kräfte« nur schwer mithalten oder nicht bestehen und untergehen.

Ich bin jedoch nicht als Mitglied eines demokratisch strukturierten Fußballvereins, sondern als Pilger unterwegs und registriere zwar die entlang der Strecke auf Laternenmasten, Elektrokästen und Brücken gesprayten Losungen und Embleme, orientiere mich aber vorrangig an der Jakobsmuschel, die mich von der Görlitzer Altstadt nun durch mehrere Dörfer und Wälder, über Wiesen und Felder zum Hochstein führt. Das Restaurant, in dem mir vor zehn Jahren eine schöne junge Wirtin ein Pilgermahl mit dazugehörigem Bier servierte, ist heute geschlossen, so dass ich nach einer kurzen Pause weitergehe und nach dem Abstieg vom Gipfel in Arnsdorf das Landkino und die hier eingerichtete Pilgerherberge erreiche. Beides, das Kino und die Herberge, betreibt ein vor einigen Jahren eigens dafür gegründeter Verein und ein im benachbarten Pfarrhaus wohnendes Ehepaar. Die Pfarrersfrau, die an diesem Abend den Hof bewirtschaftet, heißt mich willkommen. Sie lädt mich ein zu einem Bier, und ich erfahre von ihr, dass der Verein im nächsten Sommer in Zusammenarbeit mit der hier ansässigen Kirchgemeinde zum fünfundzwanzigjährigen Jubiläum des Landkinos ein von Juli bis August währendes Filmfest organisiert. Das Interesse sei bereits jetzt sehr groß, und das verdeutliche – besonders jetzt, da die Corona-Zeit endlich vorüber sei und die damit verbundenen Sanktionen endlich aufgehoben wurden – die Sehnsucht der auf dem Land lebenden Menschen nach Kommunikation und die Lust auf Kultur. Ich trinke mit ihr auf den Verein, auf das Landkino und auf das bevorstehende Festival.

2. Kapitel (Von Arnsdorf nach Bautzen)

Von »Pädagogischen Provinzen«, von einem sozialdemokratisch gesinnten Bürgermeister, der sich Bismarck politisch zum Vorbild nimmt, sowie von Montagsspaziergängern und Verschwörungstheoretikern

Ich verlasse Arnsdorf in den frühen Morgenstunden. Die Sonne ist gerade aufgegangen, Gänse schnattern, Tauben gurren, und in einem Gehöft bellt ein Hund – vielleicht, weil ihm langweilig ist, vielleicht aber auch, weil er mich riecht oder meine Schritte hört. Ich lasse mich davon nicht beeindrucken und freue mich auf den Tag. Vor mir liegen fast 30 Kilometer, und ich bin froh, die Tour so zeitig zu beginnen. In Melaune koche ich in dem für Pilger geöffneten Gemeindehaus Kaffee. Die im Dachgeschoss eingerichtete Pilgerherberge, in der ich vor zehn Jahren während meiner letzten Wanderung auf dem Jakobsweg das Märchen von Schneewittchen und den sieben Zwergen sah und dort auch übernachtete, ist jedoch geschlossen. Ich gehe weiter und gelange auf das Feld, auf dem einst drei Windräder standen – heute stehen hier zehn! Der Weg führt mich weiter nach Weißenberg und von hier in einen Wald, in dem vor zehn Jahren »Öff Öff« sein Refugium hatte. Inzwischen soll er geheiratet haben und mit seiner Frau auf einer Wiese in der Nähe von Marburg Permakultur praktizieren. Diese Art Landwirtschaft betreiben auch die jetzigen Bewohner des noch immer in Pommritz befindlichen »Lebensgutes«. Maik Hosang jedoch – der einst gemeinsam mit Rudolf Bahro die Kommune gründete und sie mehr als 20 Jahre lang leitete – gehört, Gerüchten zufolge, nicht mehr dazu.

Im Pommritzer »Lebensgut« wird nachhaltig und entschleunigt produziert. Die hier lebende Gemeinschaft erinnert mich in ihren Kerngedanken an die 1829 von Goethe im Roman »Wilhelm Meisters Wanderjahre« beschriebene »Pädagogische Provinz«. Zwar fehlt hier das musische Element mit einer rhythmischen Gymnastik, wie einst im »Jungen Hellerau«, der Modellsiedlung einer praktisch tätigen »Pädagogischen Provinz«, praktiziert, aber dafür wird hier das kooperative Leben und Produzieren geübt: Es wird Obst angebaut, Ziegen werden gehalten und es gibt es eine Käserei. Eine Bäckerei, mehrere auf dem Hof tätige Betriebe und die in einer Scheune auf dem Hof eingerichtete »Lernwerkstatt für

Philosophie und Ethik« ergänzen das Ensemble. Beim Blick auf die Porträts und Lebensbeschreibungen der hier dargestellten Philosophen kommt mir der Literaturwissenschaftler Michael Jaeger in den Sinn. In einem 2011 in einer Philosophiezeitschrift veröffentlichten Artikel über »Pädagogische Provinzen« in der Krise des Industriezeitalters hatte er darauf hingewiesen, dass diese – weil sie auf den Ursprüngen des Handwerks und des damit verbundenen Lebens auf dem Land im Einklang mit der Natur beruhen – eine »unentfremdete Tätigkeit« und die Herausbildung eines »autonomen Subjekts« zum Ziel haben. Ihm zufolge bildet eine »Pädagogische Provinz« zudem einen Ruhe- und Schutzraum, der das »tätige Leben« im Sinn von Hannah Arendts »Vita activa« ermöglicht, das Handwerk fördert, kunsthandwerkliche Produkte wertschätzt und sich bewusst gegen die vom Kapitalismus erzeugte Beschleunigung und das damit verbundene Streben nach unendlichem und stetigem Wachstum sowie auch gegen die Konsumsucht stellt.

Wilhelm Meister – der Hauptheld in Goethes Bildungsroman – dachte ähnlich: Für ihn bilden ehrliche Handwerksarbeit und eine damit verbundene natürliche Ursprünglichkeit die Grundlagen für ein schöpferisches, nicht entfremdetes Zusammenleben. Das Bild des Wanderers oder des pilgernden Menschen entspricht ebenfalls dieser Idee. Denn: Denken ist bei Goethe mit Bewegung und mit kreativer Tätigkeit verbunden – einer Bewegung allerdings, die nicht auf Einsatz von Technik, sondern auf Natürlichkeit und Authentizität beruht und die den Menschen mit sich und der ihm umgebenden Natur vereint.

Als Goethe zu Beginn des 19. Jahrhunderts den Roman über Wilhelm Meisters Wanderjahre schrieb und damit den in Literatur und Pädagogik bedeutsamen Begriff der »Pädagogischen Provinz« einführte, schwappte zur selben Zeit der zunächst nur in England beheimatete Kapitalismus zum ersten Mal von der Insel auf das europäische Festland über und veränderte die Lebensgewohnheiten der hier lebenden Menschen radikal und unbarmherzig. In dieser Zeit verkündete das mit dem Kapitalismus verbündete liberale Bürgertum selbstbewusst und siegessicher ein »Höher, Weiter und Schneller«, während sich in ihren Händen das Geld, wie von Zauberhand geführt, um ein Vielfaches vermehrte. Die erste Phase der industriellen Revolution erfasste nun auch Deutschland – auf dem Land lösten die Lokomotiven Angst und Schrecken aus und wurden von den hier lebenden einfachen Menschen als Bedrohung wahrgenommen.

Verbunden war diese Zeit der Geschwindigkeit und der radikalen, allumfassenden Veränderungen jedoch auch mit einem in der Geschichte noch nie dagewesenen Hype auf Motoren und auf alles, was versprach, schnell und effizient zu sein. Damals glaubten die meisten Menschen in Westeuropa und in den USA – wie heute wieder – unbedingt und vorbehaltlos an den technischen Fortschritt, an das von Descartes begründete mechanistische Welterklärungsmodell und daran, die wahrgenommene Beherrschbarkeit der Maschinen auf die menschliche Gesellschaft übertragen zu können. Dieser ersten industriellen Revolution folgte am Ende des 19. Jahrhunderts die zweite und zu Beginn des 20. Jahrhunderts die dritte. Heute, 200 Jahre später, weiß man, wohin dieser mit Geschwindigkeitsrausch und dem Glauben an die Allmacht der Technik verbundene eindimensionale Positivismus – vor allem in Deutschland – führte.

Ich frage mich, ob die von Goethe begründete Idee einer »Pädagogischen Provinz«, die heute vergessen scheint und die sich selbstbewusst gegen ein unbegrenztes »Höher, Schneller, Weiter« stellte, letztlich nur als eine Utopie denkbar ist: Besteht per se zwischen gesellschaftlicher Realität und utopischem Denken und Handeln ein ontologischer Widerspruch? Dieser Frage stellte sich auch Ernst Bloch mit seinem Buch 1918 veröffentlichten Buch »Der Geist der Utopie« philosophisch, und auch der 1939 in Dresden geborene Schriftsteller Volker Braun bestätigte in seinem Buch »Werktage 2« die Existenz und Wirkung von Utopien. Utopien, so behauptete Braun, seien wie Mammute, die über die Alpen ziehen und Gras fressen: »Es sind«, erklärte er, »Kolosse, deren Trompeten die Horizonte erfüllen. Sie übertreffen an Größe erheblich die nächstverwandten Elefanten aus der 3. Welt. Was sie aber zu Utopien erst macht, das ist, dass Menschen in grauen Vorzeiten sie wirklich kannten. Sie existieren daher, wie Utopien, als Rekonstruktion in unserem Bewusstsein in vieler Gestalt.« Volker Braun hat recht: Die Geschichte hat gezeigt, dass Utopien erstarren und in ihr Gegenteil pervertiert werden können. Eine Utopie verwandelt sich dann zur Dystopie und kann den Menschen das Überleben unmöglich machen. »Utopien«, schrieb Braun, »also trampeln einen Pfad. Es fragt sich allemal, ob es die Rue St-Jacques zur Seine hinab sein wird oder die Lagerstraße nach Buchenwald.« Volker Braun erkannte aber auch (dabei an Bloch erinnernd), dass Utopien notwendig sind und dass nur sie die Menschheit vom gebeugten Gang und dem scheinbar wie in Stein gehauenen Glauben an ein »Höher, Schneller, Weiter« befreien können. »Was sind übrigens«, fragte er, »die sozialistischen Vorstellungen, mühsame Visionen, gegen die bürgerliche Utopie der Machbarkeit, der immerwährenden Prosperität, der Zuwachsraten von Adam und Eva bis Bayer Leverkusen? Hammer und Sichel waren primitive, aber noch handhabbare Werkzeuge. Die Großindustrie ist eine eigensinnige Maschine, in die wir, und alle Natur, involviert sind. An den Grenzen der Welt erfährt sie ihr Desaster.«

In Widersprüchen zu denken und zu handeln, dabei das Bewusstsein für den dialektischen Charakter von Utopien zu haben (den Adorno und Horkheimer großartig analysiert haben) und zu wissen, dass aus einer Utopie jederzeit eine Dystopie werden kann (auch das bürgerliche Denken und Handeln besitzt Volker Braun zufolge per se einen dystopischen Charakter), das gelang dem im ersten Band des Wanderbuches bereits erwähnten Liedermacher Gerhard Gundermann. Auch Thomas Brasch, ein 1945 im englischen Westow als ein Sohn jüdischer Emigranten geborener und 2001 in Berlin gestorbener Dichter und Regisseur, wusste darum. Während ich durch Drehsa gehe, erinnere ich mich an diese beiden Männer, weil in den letzten Jahren zwei Kinofilme ihr Leben zeigten. Gemeint ist der 2018 von Regisseur Andreas Dreesen produzierte Streifen »Gundermann« und der drei Jahre später gezeigte Film »Lieber Thomas«. Thomas Brasch kam mir jedoch auch deshalb in den Sinn, weil ich vor einiger Zeit im Fernsehen – erstmals seit fast fünf Jahrzehnten! – den als Märchen deklarierten Experimentalfilm »Die schwarze Mühle« sah.

Warum die DEFA, die 1946 in Babelsberg gegründete ostdeutsche Filmgesellschaft, dieses bereits 1975 fertiggestellte Meisterwerk der Kategorie Märchen zuordnete und das Fernsehen der DDR ihn ausgerechnet am Abend des ersten Weihnachtsfeiertages meines neunten Weihnachtsfestes zum ersten Mal zeigte, bleibt mir bis heute ein Rätsel. Denn ich verstand damals – als ich, achtjährig, in Hellerau im Wohnzimmer meiner Eltern auf den Fernseher starrte – nichts! Ich glaube sogar, dass ich mich zunehmend fürchtete, je länger der Film lief, und irgendwann sogar nach meiner Mutter rief. Fest steht: Dieser Film ist sehenswert! Er ist jedoch nichts für einen achtjährigen Jungen, und er erweist sich selbst für Erwachsene als eine schwer verdauliche und schwer verständliche Kost. In dem aus philosophischen und surrealen Elementen bestehenden Stück werden Zauberei und Magie, zum Stumpfsinn verkommene und entfremdete Arbeit, das ungleiche Verhältnis zwischen Herr und Knecht und schließlich sogar der Abwurf einer Atombombe gezeigt und zu einer aufregenden und abenteuerlichen Geschichte verknüpft. Klaus Brasch, Thomas' mittlerer Bruder, hatte dabei die Figur des Krabat gespielt, die neben seiner Rolle als Schlagzeuger Norbert im Drama »Solo Sunny« eine seiner aufregendsten und zugleich tiefgründigsten Rollen war. Als hochbegabter und während der Dreharbeiten zum Film erst am Beginn seiner Karriere stehender Schauspieler wurde Klaus Brasch nur 29 Jahre alt. Im Film spielte er einen frei umherziehenden jungen Mann, der sich zunächst aus Neugier in die Dienste des schwarzen Müllers begibt, von diesem sodann unterworfen wird und ihm als Knecht dient. Freiheit aber ist ihm – und wohl auch dem Regisseur des Films, Celino Bleiweiß – das Wichtigste. Bleiweiß wusste gut, was Unfreiheit und ein fremdbestimmtes Leben bedeuten: Im September 1939 hatte er im Alter von drei Jahren mit ansehen müssen, wie seine jüdischen Eltern während eines von Einsatztruppen der Sicherheitspolizei verübten Massakers in der polnischen Stadt Przemyśl erschossen wurden, und danach selbst nur mit viel Glück und dank der Obhut seiner Zieheltern die Deportation in das Konzentrationslager Bergen-Belsen überlebt. Es ist gut möglich, dass Bleiweiß in diesem Film sein Kindheitstrauma aufgearbeitet und sein Schicksal mit dem des Krabat verknüpft hat. Die Handlung des Films und vor allem die Schlussszene deuten darauf hin, denn hier steht Krabat – also Klaus Brasch – barfuß auf einer Wiese. Er blickt zunächst zur Sonne, um anschließend singend und springend über das Gras zu gehen und sich, mit dem Rücken zum Publikum, im Horizont zu verlieren.

Der Schauspieler Klaus Brasch ist auch in einem weiteren Zusammenhang interessant: Als ein Bruder von Thomas Brasch und Sohn von Horst Brasch – der 1939 wegen der Nationalsozialisten nach England emigrierte und im englischen Exil 1941 die Freie Deutsche Jugend mitgründete – gehörte er zu jenen Familien, die nach dem Krieg große Hoffnungen in den Sozialismus setzten und ihr Schicksal mit der 1949 gegründeten DDR verbanden. Sehr bald jedoch prallten Hoffnung und Realität erbarmungslos aufeinander, und dieser Konflikt entlud sich auch innerhalb der eigenen Familie. Das Ergebnis: Hort Braschs Sohn Thomas wurde 1968 – nachdem er öffentlich gegen die gewaltsame Niederschlagung des Prager Frühlings durch die Rote Armee protestiert hatte – verhaftet und von der Filmhochschule in Potsdam exmatrikuliert. Und der Vater, erst zwei Jahre zuvor zum stellvertretenden Kulturminister aufgestiegen, verlor sein Amt und seinen führenden Einfluss in der Partei.

Thomas Braschs bekanntestes Gedicht beginnt mit den Worten »Was ich habe, will ich nicht verlieren« und endet mit der Feststellung: »Bleiben will ich, wo ich nie gewesen bin.« Diese Zeilen beschreiben – als hätte er sein exzessives Leben, seine unerfüllten Träume und seinen frühen Tod vorausgeahnt – das Gefühl, nie wirklich angekommen zu sein. Und es stimmt: Angekommen war er wirklich nie – weder als Mann bei den ihn liebenden Frauen (zu ihnen gehörten mit der Liedermacherin Bettina Wegener und der Schauspielerin Katharina Thalbach zwei Frauen, die zunächst in der DDR beliebt und populär gewesen waren und nun auch im wiedervereinten Deutschland erfolgreich sind) noch als Student in der DDR und auch später nicht, als er auch in der Bundesrepublik ein erfolgreicher Schriftsteller geworden war, der sich jedoch gegen eine versuchte Vereinnahmung durch die Kulturindustrie wehrte und gegen Kommerz und Profitgier rebellierte.

Eine weitere Frau im Leben von Thomas Brasch, seine 1961 in Berlin geborene Schwester Marion, veröffentlichte 2012 unter dem Titel »Ab jetzt ist Ruhe« einen viel beachteten und lesenswerten Roman über das Schicksal ihrer Familie. 20 Jahre zuvor hatte sie gemeinsam mit den Moderatoren Lutz Bertram und Knut Elstermann sowie weiteren Mitstreitern jedoch vergeblich um den Erhalt des 1964 gegründeten Radiosenders DT64 gekämpft. Die 1992 erfolgte Abwicklung des Senders ist auch darum besonders schmerzvoll und perfide, weil seine Gründung auf einem 1964 in Ostberlin stattgefundenen Treffen von Jugendlichen aus beiden deutschen Staaten beruhte, weil dieser Sender fast drei Jahrzehnte lang hochwertige nationale und internationale Rockmusik ausstrahlte, weil die Moderatoren beeindruckende Interviews mit anerkannten Rockmusikern führten und weil der Sender auch Livesendungen aus der Provinz produzierte. Marion Brasch, die bei DT64 von 1987 bis 1992 als Musikredakteurin und Moderatorin angestellt war, hatte nach der 1992 erfolgten Abwicklung des Senders behauptet, dass sie weder vorher noch nachher jemals so Radio gemacht habe wie 1989 und in den folgenden drei Nachwendejahren. Das sei Radio gewesen mit einem »offenen Visier, wie man so schön sagt«, erläutert sie, »und dem Gesicht zum Volke, um es mal ein bisschen pathetisch auszudrücken.« Dass dieser Sender, der sich sehr oft erfolgreich jeglicher Werbung und politischer Einflussnahme entzog, trotz deutschlandweiter Proteste – mit Dresden als einer der Hochburgen – und trotz der Unterstützung von prominenten Rockmusikern wie Tamara Danz und Udo Lindenberg im März 1993 endgültig abgeschaltet wurde, offenbart die Ignoranz und Arroganz der Mehrheit der in Westdeutschland sozialisierten Politiker und Kulturfunktionäre gegenüber dem Erbe der einst auch in der DDR existierenden Subkultur.

Ich bin noch immer in Drehsa. Eine mir zufällig über den Weg laufende Dorfbewohnerin blickt auf meinen Rucksack und fragt mich, ob ich ein Pilger sei. Ich bestätige ihre Vermutung und frage sie, ob der zum Schloss gehörige Park noch existiere. »Ja«, antwortet sie und weist mich darauf hin, dass sich dort vor einigen Jahren eine Tragödie ereignet haben soll: Der 35-jährige Schlossherr – ein gebürtiger Freiherr von Salza und Lichtenau – sei beim Mähen des Rasens mit dem Traktor auf einem Hang umgekippt. Die Schnittverletzungen, die er erlitt, seien so heftig gewesen, dass er am Unfallort verstarb. Ich übermittle der Frau mein Beileid, obwohl ich weder sie noch die Angehörigen des Adligen kenne, und frage sie, ob der Verstorbene jener Mann gewesen sei, der vor einigen Jahren die im Park stehenden Skulpturen restaurieren ließ. »Sie vermuten richtig«, bestätigt sie und fügt hinzu, dass alle Figuren noch dort stehen würden, wohin sie der Mann platzierte. Ich danke der Frau für die Auskünfte und betrete den Park.

Hier begrüßen mich eine zum Kampf entschlossene Brünhild und – in eine Grotte gestellt – Siegfried: der Held der Nibelungensage und das Ideal der nationalistisch und antisemitisch gesinnten Wagnerverehrer. Ja, mit Grotten fing alles an: In einer Felsengrotte in Betlehem gebar einst – archäologischen Forschungen zufolge – Maria das Jesuskind, und in Höllriegelskreuth im oberen Isartal bei München hatte 1885 der Maler Karl Wilhelm Diefenbach in einer Felsengrotte die Lebensreform mitbegründet. Gemeinsam mit Hugo Höppener – der viele Jahre später unter dem Pseudonym »Fidus« als völkisch gesinnter Maler Karriere machte – und mit weiteren Jüngern lebte Diefenbach hier zwei Jahre lang in einer Alternativsiedlung.

Diefenbach, der in jener Zeit die Freikörperkultur populär machte und sich bewusst ausschließlich vegan ernährte, beeinflusste sehr wahrscheinlich auch das Denken und Handeln »Öff Öffs«, des im ersten Band erwähnten Waldmenschen. Seinerseits war Diefenbach geprägt vom Pfarrer Eduard Baltzer, der – freireligiös gesinnt – als Abgeordneter im Vorparlament in der Frankfurter Paulskirche saß, in der zweiten Hälfte des 19. Jahrhunderts in Deutschland den Vegetarismus begründete und als Pendant zur protestantischen Konfirmation die Jugendweihe erfand. Dem Journalisten Steffen Greiner zufolge soll sich Diefenbach – der nach dem Verlassen der Grotte an der Isar einige Jahre in Ägypten lebte und 1897 in Ober-Sankt-Veit bei Wien eine weitere Kommune gründete – in seinen Reden auch über den Impfzwang und über die Schulmedizin empört haben, die er für menschenfeindlich hielt. Greiner behauptet zudem, dass sich in Diefenbachs Vorträgen das gesamte Repertoire der heutigen Coronaleugner und -leugnerinnen findet. Die radikale Ablehnung der vom Staat geförderten Schulmedizin und eine damit verbundene Skepsis gegenüber den Erkenntnissen der empirischen Wissenschaften sind demnach nichts Neues. Diefenbach, den man zu Recht zu den ersten modernen Freidenkern zählt und der in der heutigen Querdenkerszene eine große Popularität besitzt, verließ – enttäuscht davon, dass auch seine zweite Siedlungsgründung nach wenigen Jahren scheiterte und zudem seine Reden in Deutschland verboten wurden – während der vorletzten Jahrhundertwende seine Heimat und zog auf die Insel Capri, wo er 1913 starb.

Lebensreformer sind nicht per se Querdenker, es gibt aber zwischen beiden Denkstilen mehrere Übereinstimmungen: Beide betonen die Individualität des einzelnen Menschen und stehen – wenngleich sie im Gewand des Anti-Bürgerlichen daherkommen – für eine Selbstbehauptung des kleinbürgerlichen Lebens gegen die Bedrohung durch die Globalisierung. Statt jedoch eine allumfassende soziale Revolution zu wagen, preisen sie das gesellschaftliche Außenseitertum, wodurch sie nur allzu oft Verschwörungstheoretikern und Sektierern gleichen.

Ich verlasse den Park. Aufgewühlt von dieser Betrachtung der Wurzeln der Frei- und Querdenkerszene und den frappierenden Parallelen zur heutigen Zeit, stehe ich einige Zeit später am Fuß des Berges Czorneboh. Vor einem Jahr verkam er zum Spottinhalt einer Bautzner Provinzposse. Begonnen hatten diese damit, dass der von 2015 bis 2022 amtierende Bautzener Bürgermeister – 1966 in Westberlin geboren und angeblich sozialdemokratisch gesinnt – während einer Stadtratssitzung Bismarck ein politisches Vorbild nannte und ihn wider alle Vernunft gegen das in Bautzen beheimatete Sorbische Institut verteidigte. Dass universitäre Bildung nicht gleichbedeutend mit historischer Intelligenz sein muss und auch nicht vor peinlichen Torheiten oder gar politischen Dummheiten schützt, ist bekannt. In diesem Fall jedoch ließ es sich der ehemalige Bürgermeister trotz seiner akademischen Vergangenheit nicht nehmen, sein mangelhaftes historisches Wissen auch der Öffentlichkeit zu präsentieren, indem er gemeinsam mit Abgeordneten der AfD für den Wiederaufbau eines 1904 vom Dresdner Bildhauer Anton Schwarz auf dem Czorneboh errichteten und 1950 von Mitgliedern der FDJ zerstörten Bismarckdenkmals warb. Beide Sachverhalte – die Zusammenarbeit eines in der regionalen Politik führenden und einflussreichen Sozialdemokraten mit Abgeordneten der AfD und sein persönliches Engagement für den Wiederaufbau eines Bismarckdenkmals – sind absurd und offenbaren eine unvorstellbare politische Naivität. Die größte Absurdität des hier vor einem Jahr in der Öffentlichkeit ausgetragenen Streites offenbarte sich jedoch darin, dass der ehemalige Bürgermeister das in Bautzen beheimatete Sorbische Institut, das ihn in mehreren Stadtratssitzungen auf Bismarcks schwieriges Erbe hingewiesen hatte, öffentlich damit abkanzelte, dass es »hysterisch« geworden sei und »unkontrolliert« argumentiere. Dass das Denkmal – trotz des vor einem Jahr vom Stadtrat verabschiedeten Beschlusses – bis heute nicht auf dem Berg errichtet wurde, ist letztlich nur der Zivilcourage und der Beharrlichkeit des erwähnten Instituts zu verdanken: Dieses hatte auch nach der vom Stadtrat getroffenen Entscheidung vehement weiter gegen den Bau protestiert und in einem offenen Brief darauf hingewiesen, dass der »eiserne Kanzler« den in der Oberlausitz lebenden Sorben nicht wohlgesinnt war und einen Assimilierungsdruck auf sie ausübte.

Dabei hätte der ehemalige Bautzner Bürgermeister, wenn er sich für die Geschichte des Deutschen Kaiserreichs und der Region interessieren würde, sehr rasch erkennen müssen, dass die Faszination, die Bismarck auf Nationalisten und auf Völkische ausübt, kein nur gegenwärtiges Phänomen ist: Bismarck und die Völkischen – diese unselige Verbindung gab es bereits vor mehr als 100 Jahren. Es waren und sind jedoch nicht nur die um 1900 in vielen deutschen Orten und auf Höhenzügen gebauten Bismarck-Türme und -Denkmäler, die Völkische und Nationalisten bis heute faszinieren, auch Bismarcks nationalistische Grundhaltung und der von ihm vertretene Militarismus gehört dazu. Dieser – verbunden mit einem rigorosen Antislawismus – erschwerte den in Bautzen und Umgebung seit vielen Jahrhunderten beheimateten Sorben das Leben beträchtlich und ließ sie zu Bürgern zweiter Klasse werden. Angesichts dieser völkischen und nationalistischen Geschichtsverdrehung ist es gut zu wissen, dass es aber auch Historikerinnen und Historiker – wie zum Beispiel Solvejg Höppner, Justus H. Ulbricht und Sven Brajer – gibt, die in voneinander unabhängigen Studien nachwiesen, dass der Antislawismus im Königreich Sachsen sich bereits in den Jahren um 1900 mit einem stetig stärker werdenden Antisemitismus verband und dieses unselige Gemisch in den ostsächsischen Provinzen – insbesondere in den Städten Zittau und Bautzen – seine Zentren hatte.

Diese Entwicklung mag erstaunen, da gerade hier in der Oberlausitz im Vergleich zu den westlichen Teilen Sachsens relativ wenige Juden lebten, und sie ist nur zu erklären als eine Reaktion – vor allem von Handwerkern und Gewerbetreibenden – auf einen drohenden Bedeutungsverlust und ein Protest gegen die damalige kapitalistische Umstrukturierung des Wirtschaftslebens. Diese für mittelständische Unternehmen typische Verunsicherung setzte sich während der Jahre der Weimarer Republik fort und förderte auf dem Land antisemitische und nationalistische Grundhaltungen. Ab 1933 war dies ein Nährboden für die von den Nationalsozialisten vertretene Blut-und-Boden-Ideologie und den damit verbundenen, auf die grausamste Spitze getriebenen Sozialdarwinismus, der schließlich zur Vertreibung und Vernichtung der in Deutschland und Europa lebenden Juden führte – zum Holocaust. Beladen mit diesem Wissen, das mich beunruhigt und mir das Beunruhigende der gegenwärtigen Entwicklungen sowie die offensichtliche Möglichkeit einer Wiederholung gesellschaftlicher Prozesse vor Augen hält, wandere ich in Richtung Bautzen. Was nur hat diese schöne Stadt und die ebenso herrliche Umgebung so braun gemacht?

Es ist Montagnachmittag. Obwohl sich die sogenannten Spaziergänger erst am Abend auf dem Kornmarkt treffen, stehen bereits jetzt einzelne Menschen verstreut auf dem Pflaster des Platzes, der in den letzten Jahren gemeinsam mit der in Zittau beginnenden und auch durch Bautzen führenden Bundesstraße 96 zum geschichtsträchtigen Symbol avancierte.

Was ist es, was diese Menschen – es sind mehrheitlich über 50 Jahre alte Männer – seit 2015 nach einer über zwei Jahrzehnte währenden politischen Stagnation fast jeden Montagabend auf die Straßen treibt? Der bereits erwähnte Schriftsteller Ingo Schulze meinte in seiner vor einem Jahr in der Landeshauptstadt gehaltenen Dresdner Rede, dass es vor allem Enttäuschung und Verbitterung seien, die diese Menschen – welche Fahnen der amerikanischen Südstaaten und des sächsischen Freistaates, Fahnen mit dem Philippuskreuz und die blauen Fahnen der AfD in die Höhe halten – dazu motiviere, sich jeden Montag hier oder an anderen Stellen in Sachsen und Thüringen zu versammeln und zu demonstrieren. Schulz meinte auch, dass diese Menschen während des seit 1990 vollzogenen Einigungsprozesses nicht nur nicht mitgenommen wurden, sondern zudem erfahren mussten, wie ihre in der DDR erbrachten Lebensleistungen, ihre Kenntnisse und Erfahrungen – einige von ihnen hatten im Herbst 1989 für wenige Wochen tatsächlich das Gefühl erlebt, als handelnde Subjekte den Verlauf der Geschichte mitzubestimmen – plötzlich nichts mehr zählten. Die Mehrheit der nach 1990 aus dem Westen in den Osten gekommenen Politiker und Investoren wertschätzte sie nicht und blickte verächtlich auf sie herab, und sie erlebten einen Abstieg, der einer Deklassierung im eigenen Land gleichkam. »Um damit umzugehen«, schrieb Schulze, »gibt es jedoch viele Arten und es ist kein Geheimnis, dass einer enttäuschten Liebe sehr oft Wut und Hass und Abneigung folgen, auch bedeutet ein Verstehen noch lange nicht, dass man daraus abgeleitete Haltungen oder Handlungen gutheißt oder gar akzeptiert.«

Ich glaube, die Mehrheit der AfD-Wähler und -Sympathisanten meinen, genau das erlebt zu haben oder zu erleben: eine Abweisung und eine damit verbundene Kränkung. Dabei waren sie nach 1990 bereit, auf die Vergangenheit zu pfeifen, alles hinter sich zu lassen, neu anzufangen und neu zu lernen. Das Vertrauen in den neu gegründeten Freistaat Sachsen und in die regierende christdemokratische Partei war damals grenzenlos, und nachdem man vier Jahrzehnte lang von einer noch mächtigeren Partei noch allmächtiger regiert, gedemütigt und zu Duckmäusern und Mitläufern erzogen worden war, wollte man nun auf der richtigen Seite stehen, mit den Siegern feiern und dazugehören. Man erkannte nicht oder wollte nicht erkennen, dass man sich – kaum der Knute einer diktatorisch herrschenden Partei entkommen – nun erneut staatlichen Autoritäten und dominant agierenden Politikern unterwarf. Diese warben zwar mit Freiheitslosungen und dem Versprechen, für jeden materiellen Wohlstand und gesellschaftlichen Aufstieg zu ermöglichen, aber in Wahrheit hielten die im Westen sozialisierten Politiker in den vergangenen drei Jahrzehnten die Zügel fest in der Hand – im Sinne der hinter ihnen stehenden

Wirtschaftslobbyisten und der den Osten beherrschenden Großkonzerne. Auch gelang es nur sehr wenigen Ostdeutschen, im Kampf um Macht und Deutungshoheit in Wirtschaft, Politik, Wissenschaft und Kultur mithalten und mitbestimmen zu können.

Der Umgang mit der AfD erweist sich als schwierig. Ein weiteres unnötiges Fass ohne Boden wurde und wird mit der gegenwärtig in den Leitmedien pauschal erhobenen Behauptung aufgemacht, die AfD sei zunächst und vor allem eine Partei des Ostens. Als wäre es nicht schlimm genug, dass der Begriff »Alternative« ursprünglich von Rudolf Bahro stammt – der mit dem 1977 zunächst in Hamburg veröffentlichten Buch »Die Alternative« ein sozialistisches Gegenprogramm zum stagnierenden real existierenden Sozialismus entwarf und dafür mit einer achtjährigen Freiheitsstrafe in Bautzen büßte –, hat diese Partei mit Blau eine Farbe gewählt, die scheinbar Hoffnung und Zuversicht weckt, tatsächlich aber vor allem die darunter liegende braune Farbe verdeckt, die ehrlicher wäre und besser zur AfD passen würde. Und auch die Führungsspitze der Partei kommt, bis auf den 1975 in Weißwasser geborenen Tino Chrupalla und die im gleichen Jahr in Dresden geborene ehemalige Parteivorsitzende Frauke Petri, aus dem Westen. Bernd Lucke, Alexander Gauland, Jörg Meuthen, Alice Weidel, Beatrix von Storch, Andreas Kalbitz, Björn Höcke – der seit einiger Zeit offiziell ein »Faschist« genannt werden darf und damit offensichtlich gern hausieren geht –, sie alle wurden im Westen geboren. Und auch der völkische Verleger und Publizist Götz Kubitschek, der seit 2000 im anhaltinischen Schnellroda ein »Institut für Staatspolitik« betreibt, erblickte 1970 nicht im Osten, sondern im württembergischen Ravensburg das Licht der Welt.

Dass sich der Unmut einer Minderheit, die sich zumindest auf dem Land als eine Mehrheit sieht, seit 2015 vor allem an Montagabenden auf den Straßen zeigt, und dass dieser Unmut – in Dresden über viele Jahre von Pegida und auf dem Land von der AfD unterstützt – sich ausgerechnet an den Ärmsten der Armen, den Gefährdetsten der Gefährdeten entzündet, ist eine Tragödie, stimmt jedoch mit Wilhelm Reichs Beobachtungen und Erkenntnissen überein: Der von Karl Marx, Sigmund Freud und Alfred Adler geprägte Psychoanalytiker gab in seiner 1948 veröffentlichten »Rede an den kleinen Mann« zu, dass er selbst Angst vor dem kleinen Mann habe, weil dieser bislang stets die Sicherheit gegenüber der Freiheit vorgezogen und den wahren Menschenfreunden misstraut habe. Stattdessen folge er den Führern und Parteivorsitzenden, die ihn verführen, für ihre eigenen Interessen missbrauchen und ihm weiszumachen versuchen, dass nicht menschliche Selbstachtung, sondern die Achtung vor den Gesetzen des Staates das Wichtigste sei; nicht persönliche Freiheit, sondern Achtung und Bewahrung des Nationalen. Übersetzt in die Befindlichkeit der an Montagabenden auf dem Bautzner Kornmarkt oder der B 96 stehenden Menschen heißt das: Nachdem man im wiedervereinigten Land nur zweitklassig geworden ist, will man nun nicht noch drittklassig werden – immerhin ist man doch ein Deutscher!

Auch die Historikerin Simone Lässig äußert sich beunruhigt über den seit mehreren Jahren in der ostsächsischen Provinz beobachtbaren Prozess. In einem 2016 in der FAZ veröffentlichen Artikel schrieb sie: »In Sachsen, wo die bayerischen und baden-württembergischen Transformationspaten aus dem zutiefst konservativ und antikommunistisch geprägten Süden der alten Bundesrepublik einflogen, formte die CDU ab 1990 ein Denkmuster, das die politische Kultur lange prägte: Duldung und Offenheit nach rechts, Feindbildrhetorik und scharfe Abgrenzung nach links. Der rechtskonservative Rand mit gelegentlich rechtsradikalen Tendenzen wurde toleriert, die Rechtslastigkeit von Polizei und Justiz kleingeredet.«

Weitere Beweise dafür, dass Lässig die Entwicklung in Sachsen und Thüringen richtig beschrieb und es beunruhigende Parallelen zu der Entwicklung vor einhundert Jahren gibt, sind der jahrelang erfolgte fahrlässige, sittenwidrige und widerrechtliche Umgang des bundesdeutschen Verfassungsschutzes sowie der sächsischen und thüringischen Polizei mit der über ein Jahrzehnt vor allem in den beiden Freistaaten agierenden rechtsextremen Terrorgruppe NSU und der fast gleichzeitig erfolgte Aufstieg des 1962 in Mönchengladbach geborenen Hans Georg Maaßen zum obersten Hüter der Demokratie. Maaßen, dem nach seiner 2018 erfolgten Absetzung als Präsident des Verfassungsschutzes innerhalb der CDU eine aktive politische Einflussnahme verwehrt wird und zudem ein Parteiausschlussverfahren droht, trifft sich nun ungeniert mit Verschwörungstheoretikern sowie mit namhaften und einflussreichen Politikern der AfD. Vor drei Jahren traf er sich aber auch medienwirksam mit dem 1955 im Elbtal geborenen Politiker Matthias Rößler, der 2005 für die »Mitgestaltung der Grundzüge der sächsischen Bildungspolitik« die Sächsische Verfassungsmedaille erhielt und – seitdem er 2009 zum Präsidenten des Sächsischen Landtags gewählt wurde – zudem Träger des Sächsischen Verdienstordens ist.

Rößler verkörpert jenen Politikertyp, dessen Karriere während der friedlichen Revolution als Mitglied des Demokratischen Aufbruchs und der von Helmut Kohl gegründeten »Allianz für Deutschland« begann und der danach von den in Westdeutschland sozialisierten alten Eliten protegiert wurde. Nachdem er 1994 zum sächsischen Staatsminister für Kultur aufgestiegen war und dieses Amt bis 2002 bekleidete, trägt er die Hauptverantwortung dafür, dass ab Mitte der 90er Jahre im sächsischen

Freistaat damit begonnen wurde, frisch ausgebildete Lehrer nicht einzustellen und Schulen auf dem Land zu schließen. Als ein national und konservativ gesinnter Politiker sieht Rößler den Staat nicht wie egalitäre Politiker in der Rolle des allgemeinen Versorgers und Regulators. Er misst dem Staat weniger Bedeutung zu als Sozialisten es fordern und mehr als die klassischen Liberalen es erlauben würden. Der Staat sollte für ihn vermutlich vor allem die Aufgabe erfüllen, die bürgerliche Ordnung vor äußeren Feinden und innerer Unordnung zu schützen, und Reichtum erst dann umzuverteilen, wenn er geschaffen wurde – und zwar von jenen, die erwarten, ihren Anteil daran zu erhalten. Wie hoch dieser Anteil ist oder sein sollte, diese Frage bleibt jedoch unbeantwortet. Unmittelbar verbunden mit dieser konservativen Idee des Staates ist die Idee, dass sich der Staat zurücknehmen muss, um Reichtum zu erwirtschaften, und dass der Markt alles reguliert – auch die Bildung. Nachdem sich 30 Jahre später nun die Ergebnisse dieser Politik zeigen und sich herausstellt, dass die Bildung in Sachsen zum Spielball der freien Kräfte verkam und als Magd der Wirtschaft diente und dient, trafen sich Maaßen und Rößler im Dresdner Vorort Radebeul und sprachen auch über die Möglichkeiten und Chancen der 2017 im württembergischen Schwetzingen gegründeten, rechtskonservativ gesinnten Werteunion.

Diese soll konservative und vor allem nationale Werte bündeln, die deutsche Wirtschaft und das deutsche Militär stärken und sich gegen eine grüne, linksliberale und sozialdemokratisch gesinnte Politik positionieren. Auch hier lohnt sich ein Blick in die Vergangenheit: Hier fällt die in den 20er Jahren des letzten Jahrhunderts von führenden Vertretern des nationalistisch und konservativ geprägten Bildungsbürgertums – zum Beispiel dem Kulturhistoriker und Staatstheoretiker Arthur Moeller van den Bruck, dem Kulturphilosophen Oswald Spengler, dem Juristen Carl Schmitt und dem Politiker Ernst Niekisch – ins Leben gerufene »konservative Revolution« ins Auge. Auch unter den ab Mitte der 20er Jahre in der sächsischen Landeshauptstadt beheimateten und hier agierenden Beamten hatte sie viele Anhänger und wurde von dem Schweizer Publizisten und Schriftsteller Armin Mohler – der zugleich ein Vordenker der neuen Rechten gewesen war – 1949 wissenschaftlich aufgearbeitet. Mir ist klar, dass die »konservative Revolution« aufgrund ihrer radikalen Demokratiefeindlichkeit nicht gleichzusetzen ist mit der vor fünf Jahren gegründeten konservativen Werteunion. Was beide Bewegungen jedoch miteinander verbindet, sind ihre Überbetonung des Nationalen, ihre konservative Grundhaltung und ein damit verbundener antiegalitärer Charakter, der – die Geschichte hat es gezeigt – vor 100 Jahren auch dazu beitrug, die

Völkischen zu stärken und den Nationalsozialismus ideengeschichtlich mit vorzubereiten.

Auf dem Kornmarkt sehe ich sie nun zum ersten Mal – jene Menschen, die sich an Montagabenden hier treffen und danach, wie in zahlreichen anderen Provinzstädten auch, scheinbar friedlich durch die Straßen spazieren, während sie in Wahrheit gegen alles Mögliche demonstrieren – gegen den Staat, das System, die Politiker und die Medien. Als ich sie sehe, möchte ich ihnen, die ihre Transparente zeigen und ihre Fahnen hoch im Wind halten, zurufen, dass ich ihre Wut und ihre Aufregung verstehe: Angesichts von Tatsachen wie denen, dass der östliche Teil Deutschlands zu 70 Prozent unter Deindustrialisierung leidet, dass hier über zwei Millionen Haushalte von der Maßgabe »Rückgabe vor Entschädigung« betroffen waren und dass es zwischen West und Ost noch immer Lohnunterschiede von durchschnittlich 22,5 Prozent (in der Textilindustrie sogar unglaubliche 69,5 und in der Autoindustrie 41,3 Prozent) gibt, möchte ich ihnen erklären, dass ich ihre Enttäuschung nachvollziehen kann. Ich möchte sie aber auch warnen und ihnen zurufen: Bitte folgt nicht Pegida und der AfD! Ich möchte diese Menschen auf die Schriften von Wilhelm Reich hinweisen, der als praktizierender Psychoanalytiker ihre Motive und Sehnsüchte kannte: Er wusste, warum der kleine Mann sich oft irrational verhält und sowohl wider die Vernunft als auch gegen die eigenen Interessen handelt.

Aber mein eigener Schatten bittet mich, ruhig zu bleiben. Ich erinnere mich an Nietzsche und daran, dass er behauptete, dass ihn auf seinen Wanderungen ein Schatten begleite, der zuweilen mit ihm spreche – und meiner meint nun, es habe keinen Sinn, mit diesen Menschen zu reden, die hier mit Fahnen und Transparenten stehen und sich als Revolutionäre fühlen. »Sie waren immer so, und sie werden immer so bleiben«, sagt er zu mir, »und du wirst sie nicht ändern.«

Ich gehe durch das Bautzner Zentrum und verlasse die Stadt auf kürzestem Weg. Das Pilgerquartier befindet sich am Stadtrand und in unmittelbarer Nähe zur Autobahn. Ich klingle an der Tür eines etwas abseits von einer Siedlung stehenden Hauses. Mich empfangen eine Frau und ein Mann mittleren Alters, die – wie sie mir am Abend erzählen – schon seit vielen Jahrzehnten hier wohnen. Ich trete ein, setze meinen Rucksack ab, zeige meinen Pilgerausweis und werde von der Frau in das Pilgerzimmer im oberen Stockwerk geführt. Ich dusche mich, lege mich einige Minuten in ein frisch bezogenes Bett und kehre dann zu dem Paar zurück, das im Erdgeschoss im Wohnzimmer an einem Tisch sitzt und auf mich wartet. Auf dem Tisch ist ein köstliches Abendbrot ausgebreitet mit knusprigem Schwarzbrot, Kräuterbutter, Ziegen- und Schafskäse, Schinken, warmen

Wiener Würsten und mehreren Flaschen Bier. Die Frau bittet mich, dass ich mich zu ihnen setze, und lädt mich zum Essen ein. Ich folge ihrer Bitte und bedanke mich für die Gastfreundschaft.

Nachdem ich mir ein Brot geschmiert habe, fragt mich der Mann, der an der Stirnseite des Tisches sitzt, woher ich käme. Ich antworte ihm, dass ich ein gebürtiger Dresdner sei und auf meiner Wanderung aus Görlitz käme. Heute Morgen jedoch sei ich in Arnsdorf losgegangen, fahre ich fort, und nun sei ich hier bei ihnen. Vor einer Stunde sei ich über den Kornmarkt gegangen, erzähle ich, und hätte dabei Montagsspaziergänger gesehen. Die Frau fällt mir ins Wort und weist mich, ohne dass ich sie darum gebeten hätte, darauf hin, dass ihr Mann und sie damit nichts zu tun hätten. Im jetzigen Staat würde zwar vieles nicht stimmen, meint sie, aber das sei kein Grund, zu diesen Leuten zu gehen und sich der AfD oder anderen Gruppierungen anzuschließen. Ihr Mann stimmt ihr zu. Die AfD, sagt er, würde zwar viel Gutes und Richtiges für die Leute hier tun, und zudem seien nicht alle, die zur AfD halten oder diese Partei wählen, rechts. Politik jedoch, fährt er fort, sei generell wie eine Hure, und von Huren halte er sich fern.

Ich beobachte, dass bei der Erwähnung des zwielichtigen Begriffs die Frau ihrem Mann einen kurzen überraschten Blick zuwirft, bevor sie wieder das Wort ergreift. Sie beide, sagt sie, würden mit Absicht etwas außerhalb des Ortes leben. Hier draußen könnten sie – abgesehen von der nervigen Autobahn – in aller Ruhe und von unliebsamen Nachbarn unbeobachtet zwei hinter dem Haus liegende Felder bestellen; auch könne ihr Sohn, der Trisomie habe, hier ungestört und von ihnen umsorgt aufwachsen. Im Pilgerzimmer hätten vor Corona viele Pilger übernachtet, berichtet sie – ich sei aber der erste, der sich seit der Pandemie wieder zu ihnen traue. Ich gebe zu, dass ich mich darüber freue und sage, dass ich sehr gerne ihr Gast sei. Wir trinken an diesem Abend Tee und Bier, und ich erzähle, dass ich die Montagsspaziergänger gern auf die Schriften von Wilhelm Reich hingewiesen hätte.

»Wilhelm Reich?«, fragt mich der Mann aufgebracht, »woher kennst du Wilhelm Reich?« Ich antworte ihm, dass ich seine Bücher »Massenpsychologie des Faschismus« und »Rede an den kleinen Mann« gelesen habe, und dass mich seine auf Marx, Freud und Adler beruhenden Erkenntnisse faszinieren. Der Mann überrascht mich mit dem Geständnis, dass auch er Wilhelm Reich kenne – allerdings seien es die von Reich entdeckte Orgon-Energie und der von ihm gebaute Regenmacher, die ihn faszinierten. Reich habe nachgewiesen, behauptet er, dass es außerhalb der den menschlichen Sinnen zugänglichen Welt weitere Energien gebe – und dies sei auch ein Beweis dafür, dass nicht alle sogenannten Verschwörungstheorien Blödsinn seien. Ich will darauf erwidern, dass Reich ganz bestimmt kein Verschwörungstheoretiker gewesen sei, als mir der Mann zuvorkommt und seine Behauptung mit dem Hinweis beendet, dass selbst der mit Reich befreundete Albert Einstein die Existenz der Orgon-Energie bestätigt habe. Jetzt ergreife ich doch das Wort und weise den Mann drauf hin, dass ich vor einigen Jahren im Kino den Film »Der Fall Wilhelm Reich« gesehen habe, in dem der Schauspieler Karl Maria Brandauer Wilhelm Reich spielt, und dass in diesem Film auch die Szene mit Einstein gezeigt wurde. Einstein jedoch habe – sehr zu Reichs Verdruss – die Existenz der Orgon-Energie nicht bestätigt.

»Es ist, wie es ist«, antwortet der Mann. »Fest steht, dass Reich, weil er an andere, an ungewöhnlich erscheinende Dinge glaubte und damit die moderne Wissenschaft provozierte, wenige Monate vor seinem Tod verhaftet wurde und im Gefängnis starb.« Reich sei ein Freigeist gewesen, behauptet er, und man sehe ja auch hier, wie der Staat mit Freigeistern und Querdenkern umgehe und was mit ihnen passiere. Ich habe Lust, dem Mann zu entgegnen, dass seine Kenntnisse über Wilhelm Reich leider nur der halben Wahrheit entsprächen. Ich habe Lust, ihn darauf hinzuweisen, dass Reich vor allem darum angeklagt und eingesperrt wurde, weil er als Kommunist angesehen wurde und als solcher ein spätes Opfer der von McCarthy in den 50er Jahren des letzten Jahrhunderts in den USA inszenierten Hexenjagden auf politisch Andersdenkende gewesen sei. Doch obwohl ich mir sicher bin, dass zumindest der Mann an manchen Montagabenden auch auf dem Kornmarkt steht und danach durch Bautzen spaziert, schweige ich und beherzige das unausgesprochene Gebot, dass ein Pilger gastfreundlichen Menschen zum Dank verpflichtet ist: Ich will meine Gastgeber nicht verärgern oder provozieren.

3. Kapitel (Von Bautzen nach Crostwitz)

Von Ursachen und den Deutungen des Krieges und davon, was es bedeutet, ein Pilger zu sein

Am nächsten Morgen trinke ich zwei Tassen Kaffee und verabschiede mich dann von dem Paar, schultere den Rucksack und gehe los. Entlang eines seit vielen Jahren nicht mehr benutzten und nun zugewachsenen Eisenbahndammes gelange ich zurück auf den Pilgerweg. Nach ungefähr einer Stunde erblicke ich die auf einem Hügel stehenden Skulpturen der Slawenapostel Kyrill und Method. Auch ihr – denke ich, während ich mich ihnen langsam nähere –, die ihr 1980 vom polnischen Papst Johannes Paul II zu Patronen Europas ernannt wurdet und einst den christlichen Glauben in Osteuropa verbreitet habt, konntet den verfluchten Krieg nicht verhindern. Tatsächlich war und ist der Krieg – der die Menschheit, Historikern und Prähistorikern zufolge, seit dem Neolithikum, das heißt seit der damals beginnenden Sesshaftigkeit, plagt – nie wirklich verschwunden. Die Büchse der Pandora hat sich seit 1945 – mit Ausnahme der Völkermorde auf dem Balkan gegen Ende des letzten Jahrhunderts – immer nur woanders geöffnet als in Europa. Aber er, der Krieg, wütete durchaus auch in den vergangenen Jahrzehnten: medienwirksam in Vietnam, in Afghanistan und im Irak, und er kostete auch in anderen Ländern und Gebieten – wie zum Beispiel im Jemen, in Somalia, Libyen, Syrien, Ruanda, auf den Falklandinseln und in Anatolien – unzähligen und unschuldigen Menschen das Leben. Die letzteren Kriege wurden von den hiesigen Medien nur marginal thematisiert und waren daher in Westeuropa und in Deutschland kein öffentliches Thema. Nun aber ist er nach fast dreißig Jahren nach Europa zurückgekehrt: Nun ist auch hier in Europa wieder Krieg.

Der Angriff der russischen Armee auf die Ukraine am 24. Februar 2022 war ein barbarischer und völkerrechtswidriger Akt, der zudem völlig unerwartet kam – obwohl der russische Präsident seit mehreren Wochen den Großteil seiner Armee an der russisch-ukrainischen Grenze aufmarschieren ließ, obwohl er 2014, ebenfalls widerrechtlich, die Krim annektiert hatte und obwohl er seit mehreren Jahren in den Regionen Luhansk und Donezk prorussische Separatisten militärisch unterstützte. Als der Krieg begann, war ich zur Kur in einer sächsischen Kleinstadt. Ich erinnere mich daran so genau, weil ich an jenem Tag, als die ersten russischen Bomben auf ukrainische Großstädte, ja sogar auf die Hauptstadt Kiew fielen, in Stefan Zweigs Buch »Die Welt von gestern« ausgerechnet jenes Kapitel las, in dem Zweig den im August 1914 erfolgten Kriegsausbruch beschrieb. Er habe, schrieb er in seinen Erinnerungen, seitdem im Juli in Sarajevo der österreichische Thronfolger Franz Ferdinand von einem serbischen Nationalisten getötet worden war, eine gewisse Beunruhigung festgestellt, die auch die liberale Presse erfasst habe. Nichts aber, schrieb er, habe auf den Ausbruch eines Krieges hingedeutet: Ein Krieg mitten in Europa? – Stefan Zweig war sich wie die Mehrheit seiner Zeitgenossen sicher, dass das bürgerliche Europa, das glaubte, die Ideen von Humanismus und Aufklärung verwirklicht zu haben und Wissenschaften und Technik künftig nur noch im Sinne des Fortschritts und für friedliche Zwecke zu nutzen, niemals wieder Zeiten der Barbarei oder gar Kriege erleben würde. Wie sollte hier auf diesem Kontinent, wo man – um an dieser Stelle den Schriftsteller zu zitieren – »in seinem liberalen Idealismus ehrlich davon überzeugt war, auf dem geraden und unfehlbaren Weg zur ›besten aller Welten‹ zu sein«, so etwas Entsetzliches und Grausames wie ein Krieg möglich sein? Und trotzdem erlitt Europa im letzten Jahrhundert gleich zweimal den Höllensturz. Und trotzdem sollten sich die ersten Augusttage des Jahres 1914 – wie sich später herausstellte – nur als der Beginn einer ungeheuerlichen, noch nie dagewesenen menschlichen Katastrophe erweisen.

Stefan Zweig beschrieb auch, wie er erstaunt feststellte, dass die Mehrheit seiner Zeitgenossen – kaum war der Krieg ausgebrochen – von einer zuvor nicht für möglich gehaltenen Kriegsbegeisterung erfasst worden war und dass diejenigen, die eine Mäßigung einforderten und sich dem Trend verweigerten, in der Öffentlichkeit kritisiert sowie von den Leitmedien als Feiglinge verunglimpft und als Vaterlandsverräter beschimpft wurden. »Fast alle deutschen Dichter«, schrieb Zweig, »Hauptmann und Dehmel voran, glaubten sich verpflichtet, wie in urgermanischen Zeiten als Barden die vorrückenden Kämpfer mit Liedern und Runen zur Sterbebegeisterung anzufeuern. Schockweise regnete es Gedichte, die Krieg auf Sieg, Not auf Tod reimten. Feierlich schworen sich die Schriftsteller, nie mehr mit einem Franzosen, nie mehr mit einem Engländer Kulturgemeinschaft haben zu wollen, ja mehr noch: sie leugneten über Nacht, dass es je eine englische, eine französische Kultur gegeben habe.«

Der seit Februar in der Ukraine wütende Krieg beeinflusst auch im gegenwärtigen Deutschland das gesellschaftliche Klima, und er bestimmt die mediale Kommunikation. In der Öffentlichkeit stehen sich zwei Sichtweisen und Meinungen gegenüber, die jeweils davon überzeugt sind, das Wahrheitsmonopol gepachtet zu haben. Da gibt es diejenigen

Stimmen, die – wie zum Beispiel die deutsche Außenministerin – dazu aufrufen, die angegriffene Ukraine bedingungslos mit Waffen zu unterstützen, um Russland wenn möglich militärisch zu besiegen und für alle Zeiten aus dem Verband der zivilisierten Völker auszuschließen. Und es gibt diejenigen, die – trotz der feststehenden Tatsachen, dass der Angriff der russischen Armee auf die Ukraine widerrechtlich erfolgte und Putin der alleinige Aggressor ist – Verhandlungen und einen Waffenstillstand mit Russland fordern in der Hoffnung, dadurch den Krieg zu beenden.

Diese grundsätzlich konträr zueinander stehenden Meinungen und die jeweils unterschiedlichen Bewertungen der Ursachen des Krieges und darüber, wie richtig mit ihm umzugehen sei, gab es aber auch schon vor seinem Ausbruch. So verteidigte der Dichter Durs Grünbein in einem am 11. Februar 2022 mit dem Moderator Dieter Kassel im Rundfunk geführten Gespräch seine Unterzeichnung eines von 350 Künstlern geschriebenen Appells zur Solidarität mit der Ukraine, und er wehrte sich damit gegen den von Schriftsteller Eugen Ruge erhobenen Vorwurf der »Kriegstreiberei«. Eugen Ruge, der 1954 im sowjetischen Soswa geboren wurde, berief sich auf seine Kenntnisse der sowjetischen und später russischen Mentalität und auf seine bereits 2014 vollzogene Unterschrift unter eine öffentliche Erklärung von Intellektuellen, Politikern und Künstlern, die davor warnten, Russland politisch und wirtschaftlich zu isolieren. Ihm gegenüber stehen mit der bereits erwähnten deutschen Außenministerin und – um ein weiteres prominentes Beispiel zu nennen – Ralf Fücks zwei Personen, die nicht nur die deutsche Politik mitbestimmen, sondern auch die Leitmedien in ihrem Sinne beeinflussen. Fücks, dem die bemerkenswerte und gleichzeitig seltsam erscheinende Wandlung vom Wehrdienstverweigerer und bekennenden Maoisten zum Mitgründer der Grünen und nun zum Chefideologen des transatlantischen Denkzentrums »Liberale Moderne« gelang und der seit dem Beginn des Krieges wann und wo immer er es kann mehr Waffen fordert, gleicht in seinem Lebenslauf einem Chamäleon, das sich den jeweiligen gesellschaftlichen Verhältnissen farblich anpasst, um Einfluss zu erreichen und um private Vorteile daraus zu gewinnen.

Die Politikerin Antje Vollmer wiederum, die 1994 als Mitglied der Grünen zur Vizepräsidentin des Bundestages gewählt worden war, hatte 2014 in der Zeitschrift »Die Zeit« die bereits erwähnte öffentliche Erklärung mit der Warnung, Russland politisch und wirtschaftlich nicht zu isolieren, mit unterzeichnet und war sich nach dem Ausbruch des Krieges mit Alice Schwarzer einig, dass sofortige Verhandlungen notwendig seien, um eine weitere Eskalation – verbunden mit Massensterben und landesweiten Verwüstungen – zu verhindern. Der von Schwarzer und

Vollmer, namhaften Künstlern und Wissenschaftlern sowie von vielen sogenannten einfachen Menschen unterzeichnete Aufruf erzeugte auf Seiten der Befürworter von Waffenlieferungen heftige Gegenwehr; auch wurde und wird in den Leitmedien zum Teil unausgewogen darüber berichtet. Diese Einseitigkeit in der medialen Berichterstattung über die Ursachen des Krieges und den Umgang mit ihm könnte man mit neoliberalen Gesellschaftsentwürfen oder mit parteipolitischen und wirtschaftlichen Zwängen erklären und vielleicht sogar entschuldigen, wenn nicht in der Forschung anerkannte und sich um einen Ausgleich bemühende Geisteswissenschaftler, wie zum Beispiel der Philosoph Jürgen Habermas und der Historiker Jürgen Baberowski, ebenfalls von diesem Bashing betroffen gewesen wären.

Baberowski, der an der Berliner Humboldt-Universität die Geschichte Osteuropas lehrt, hatte in einem nur wenige Wochen nach Kriegsausbruch in der Zeitschrift »Philosophie« veröffentlichten Interview darauf hingewiesen, dass man – ohne damit den Krieg zu rechtfertigen – die Kränkung über das verlorene Imperium ernst nehmen müsse: Putin habe seine emotionalen Ressourcen weniger aus Machtfantasien, sondern vielmehr aus dem Gefühl der Demütigung und dem gleichzeitigen Bedürfnis nach Anerkennung geschöpft. Der Ausbruch des Krieges sei ohne eine Einbeziehung der Zeit nach 1945 und erst recht nach 1990 nicht zu verstehen, behauptet Baberowski, denn das Ende der Sowjetunion sei für die russischen Machthaber und für das einfache Volk gleichbedeutend gewesen mit der Erfahrung des vollständigen Zusammenbruchs und mit der Gewissheit, in einem »nichtswürdigen, armen Land zu leben«. In dem Gespräch verweist Baberowski auch auf seine Reisen nach Russland während der 90er Jahre: Bei diesen Reisen habe er verzweifelte alte Menschen gesehen, die im Zweiten Weltkrieg gegen Deutschland gekämpft hatten und nun am Straßenrand bettelten, Afghanistan-Veteranen ohne Beine, die nun ganz auf sich gestellt waren und Frauen, die ihr ganzes Leben gearbeitet hatten und nun auf der Straße oder am Bahnhof ein paar Zwiebeln oder Pilze zum Kauf anboten. Und gleichzeitig habe er die Ausländer, die Reichen und die Gewinner des neuen, liberalen Systems gesehen, die nun viel Geld verdienten und achtlos an diesen Menschen vorbeigingen. Baberowski weist in diesem Interview – sich dabei auch auf Hannah Arendt beziehend – mehrmals darauf hin, dass ein Verstehen eines Krieges oder eines schlimmen Sachverhaltes noch lange nicht dessen Rechtfertigung bedeutet. Ihm zufolge besteht kein Zweifel daran, dass Putin das Völkerrecht brach, indem er diesen Krieg begann, und dass er dafür bestraft werden muss. Das Völkerrecht brachen jedoch auch die USA mit ihrem Überfall auf den Irak – auch darauf wies Baberowski hin: Der

Irak sei seither ein verwüstetes Land, und eine Bestrafung des damaligen Präsidenten der USA habe niemals jemand gefordert und sie sei bis heute auch nicht erfolgt.

Da ich im Sommer 1995 in einer studentischen Reisegruppe mit der Transsibirischen Eisenbahn von Moskau bis in das sibirische Irkutsk gereist war und mehrere Wochen am Ufer des Baikalsees wanderte, kann ich viele seiner Beobachtungen aus eigener Hand bestätigen: Auch ich sah während dieser Reise die von Baberowski beschriebenen Frauen, die auf den Bahnhöfen auf alten, zerfetzten Decken knieten und den Touristen Gemüse, Fleisch und Wurst zum Verkauf anboten. Und als ich in Jekaterinburg, in Perm und in Omsk die kurzen Aufenthalte zu einer Stippvisite der jeweiligen Bahnhofsumgebung nutzte, sah auch ich Armut und Zerfall, spürte auch ich die Verzweiflung und Resignation der hier lebenden Menschen. Während der mehrtägigen Reise im Zug und auf den Wanderungen am Ufer des tiefsten Binnensees der Erde erlebte ich aber auch eine wohltuende und aufrichtig gemeinte Gastfreundschaft sowie ein ehrliches Interesse an mir, dem Fremden. Es erscheint mir daher nicht nachvollziehbar, dass nun plötzlich alle Russinnen und Russen böse Kriegstreiber sein sollen und dass die russische Kunst und Kultur sowie die russische Geschichte nun auf einmal zu nichts mehr taugen sollen, da sie angeblich schon immer das Böse per se beinhalteten und erstrebten. Ja, ich glaube an das Gute im Menschen – und daran, dass es nicht die sogenannten einfachen Leute sind, die Kriege auslösen. Kriege werden stets von den jeweiligen politischen Machthabern begonnen, und wenn sie einmal ausgebrochen sind, dann werden sie – angetrieben von politischen und wirtschaftlichen Interessen, von im Hintergrund wirkenden Lobbyisten und von Söldnern, die nur das sogenannte Kriegshandwerk beherrschen und an jedem neuen Krieg viel Geld verdienen – bis zum bitteren Ende geführt. Und ebenso wie ab Januar 1933 nicht alle Deutschen über Nacht zu Nationalsozialisten geworden waren, sind nun auch nicht alle Russen böse. Dass Russland, das sich vom 16. bis zum frühen 20. Jahrhundert unter absolutistisch herrschenden Zaren und dann von 1924 bis 1953 unter dem Diktator Stalin zum flächenmäßig größten Land der Erde ausweitete, mit westeuropäischen Maßstäben nicht zu fassen und zu begreifen ist, das wurde mir während der Reise nach Sibirien bewusst, als ich nach der Ankunft in Irkutsk auf die in der Bahnhofshalle hängende große Uhr schaute: Obwohl der Kreml von hier mehrere Zeitzonen und tausende von Kilometern entfernt ist, zeigte sie die Moskauer Zeit an. Ich blickte auf die Zeiger, um mich zu vergewissern, dass sie sich bewegten. Dann blickte ich zu meinen Reisebegleitern und zu den sich auf dem Bahnhof aufhaltenden Menschen. Die Zeiger, stellte ich fest, bewegten sich. Doch hier im sibirischen Irkutsk, wo Moskau weit, sehr weit weg ist, ja wie ein fremder Kontinent erscheint, und wo die Menschen sich in ihrem eigenen Rhythmus bewegen – hier interessierte das keinen.

Der 2017 im amerikanischen Tulsa gestorbene Dichter Jewgeni Jewtuschenko, der seit 1991 an der dortigen Universität Russische Literatur lehrte, schrieb 1961 das Gedicht »Meinst du, die Russen wollen Krieg?«. Gründe, dieses Poem zu schreiben, waren die sich in jenem Jahr zuspitzende Kubakrise mit der Möglichkeit des Ausbruchs eines Dritten Weltkrieges und die »antisowjetische Hetze«, die der Schriftsteller während einer Reise durch Westeuropa und die USA erlebte. Auch hinsichtlich des in den USA und in Westdeutschland traditionell skeptischen und zum Teil feindlichen Blicks auf Russland und auf die von 1922 bis 1991 existierende Sowjetunion ist Putins im Februar begonnener Angriffskrieg auf die Ukraine eine schwerwiegende Tragödie und ein unverzeihlicher Fehler, der sich sehr wahrscheinlich verhängnisvoll auswirken wird. Mit seiner Entscheidung für einen völkerrechtswidrigen Angriffskrieg hat der russische Präsident nicht nur den Inhalt von Jewtuschenkos Gedicht ad absurdum geführt, sondern zudem sein Land gegenüber der NATO – die dadurch stärker und einflussreicher geworden ist als jemals zuvor – geschwächt und gegenüber West- und Osteuropa in die außenpolitische Isolation geführt.

Auch der in der slowenischen Hauptstadt Ljubljana lebende und lehrende und besonders von Hegel und Marx beeinflusste Philosoph Slavoj Žižek weist in einem im März in der Zeitschrift »Spiegel« veröffentlichten Kommentar darauf hin, dass Russlands Angriffskrieg gegen die Ukraine nur zu verstehen ist, wenn man die Geschichte seit dem Ende des Zweiten Weltkrieges sowie insbesondere die konfliktreichen Beziehungen zwischen den Großmächten des 20. Jahrhunderts – USA und Sowjetunion – in die Analysen mit einbezieht. Žižek orientiert sich im Text an Hegels Dialektik von Herrschaft und Knechtschaft, welche dieser in der »Phänomenologie des Geistes« beschreibt, und bezieht sie auf den Konflikt zwischen den USA und der Sowjetunion bzw. heute Russland. »Wenn in einer Konfrontation«, schreibt er, »jede Seite bereit ist, einen Kampf auf Leben und Tod bis zum bitteren Ende zu führen, gibt es keinen Sieger. Wenn der eine stirbt, der andere überlebt, kann es keine gegenseitige Anerkennung geben. Die Geschichte der menschlichen Kultur aber, die Kämpfe um Freiheit und Anerkennung, entfalten sich nur in Kompromissen, was heißt: Einer der beiden, so Hegel, wird in einer Konfrontation auf Augenhöhe schließlich die Augen abwenden, weil er nicht bereit ist, den ganzen Weg zu gehen und somit zum Knecht werden.«

Ohne die in Putins Umkreis bestehenden neo-eurasischen Großmachtfantasien des Philosophen Alexander Dugin oder des Ethnologen und Historikers Lex Gumiljow zu verharmlosen oder gar zu ignorieren, bewertet Žižek den im Februar begonnenen Einmarsch in die Ukraine letztlich als einen Stellvertreterkrieg zwischen den seit einem Jahrhundert verfeindeten Großmächten. Und um diesen Krieg zu beenden, ist Žižek zufolge »ein radikaler sozialer Wandel – eine Revolution – notwendig, um unsere Zivilisation zu zivilisieren. Keine Revolution«, schreibt er, »im alten Sinn eines gewaltsamen, gesellschaftlichen Machtwechsels, sondern unsere gesamte Weltordnung muss sich ändern, weil wir uns am Rande eines Abgrunds befinden.« Žižek fordert die selbstverständliche Solidarität mit der zu Unrecht angegriffenen Ukraine, vor allem jedoch fordert er eine Mobilisierung breiter Bevölkerungsschichten nicht im Sinn des Militärs, sondern im Sinne des zivilen, gerechten und demokratischen Zusammenlebens mit dem Ziel, den Krieg und den mit ihm verbundenen »laufenden Prozess der Selbstzerstörung« zu beenden.

Mein Kopf brummt. Da ich weder weiß, wie diese von Žižek geforderte zivilisierte Revolution aussehen, noch, wer sie ermöglichen soll – und mich in diesem Moment zudem an ein Zitat des Reformpädagogen Paul Geheeb erinnere, gerate ich ins Schwitzen. Denn Geheeb – ein radikaler Schulreformer, der 1910 die Odenwaldschule gegründet hatte und für den eine neue, sich am Kind orientierende Pädagogik die Grundlage für eine humanistisch gesinnte Gesellschaft bildete – gebrauchte 1936 beinahe exakt die gleichen Worte: »Eine gewaltige und restlose Abrüstung«, schrieb er, »muss im Lager der Erwachsenen stattfinden, eine Abrüstung der riesengroßen, physischen und intellektuellen, wirtschaftlichen und technischen Übermacht, die der Erwachsene gegenüber dem Kinde, dem bildsamsten und unterdrückbarsten Geschöpfe auf Gottes verschandelter Erde mit Selbstverständlichkeit zu gebrauchen, also zu missbrauchen pflegte.« Drei Jahre später, nachdem die von ihm vorhergesehene Katastrophe eingetreten und der Krieg ausgebrochen war, stellte er resigniert fest: »Die Menschheit liegt schwer krank. Wohin treiben wir? Darüber herrscht heillose Verwirrung. Anscheinend unlösbare politische, wirtschaftliche und kulturelle Probleme überall: von allen Seiten drohen neue Katastrophen: soweit die verantwortlichen Staatenlenker, die Politiker, Volkswirtschaftler, Generäle und selbst die Philosophen noch ehrlich sind, bekennen sie, am Ende ihrer Weisheit zu sein.«

Mit der Erkenntnis, dass die Menschheit seit den vor über 90 Jahren von Paul Geheeb der Nachwelt übermittelten Beobachtungen in ethischer Hinsicht keinen einzigen Schritt vorangekommen ist und mit dem Wissen, dass auch ein besonnener Mann wie der ungarisch-britische

Schriftsteller Arthur Koestler – der 1978 das Buch »Der Mensch. Irrläufer der Evolution.« veröffentlicht hat – angesichts dieser offensichtlichen Stagnation resignierte, wandere ich nach Crostwitz, um in der dortigen Pilgerherberge Kaffee zu trinken und mich auszuruhen.

Dort angekommen, gerate ich unvermittelt in die Vorbereitungen einer am Abend in der Herberge stattfindenden Veranstaltung. Die Herbergsmutter, die vor ihrer Pensionierung als Moderatorin in einem lokalen Radiosender tätig gewesen war und seither schon mehrmals als Pilgerin zu Fuß Santiago de Compostela erreichte, hat eine Pilgerin und drei Pilger eingeladen, damit sie von ihren Touren berichten. Ich entscheide mich, ihr bei den Vorbereitungen zu helfen und dann hier zu übernachten. Am Abend erlebe ich in Anwesenheit der Herbergsmutter und weiterer fünfzehn Gäste tatsächlich ein wahrhaftiges Feuerwerk abenteuerlicher und interessanter Berichte über in Europa beginnende und bis Santiago de Compostela führende Pilgerwege, so dass ich angesichts meiner läppischen zehn Tage nur beschämt zuhöre und schweige.

Ein Vortragender berichtet, er sei ein halbes Jahr unterwegs gewesen, als er zum ersten Mal von Kiew nach Santiago pilgerte, und nachdem er zum zweiten, dritten und zum vierten Mal von verschiedenen europäischen Orten bis nach Santiago gewandert war, habe er diesen Ort aus allen möglichen Himmelsrichtungen – von Norden, Osten und Süden her – erreicht. Ein anderer Mann zählt unterschiedliche heilige Orte auf, die er besucht hat – begonnen habe es mit einer 2000 Kilometer weiten Pilgertour von Thessaloniki in Griechenland bis ins Gelobte Land, danach sei er erneut rund 2000 Kilometer von Passau bis Santiago gepilgert und 3000 Kilometer vom rumänischen Timisoara nach Rom sowie 2000 Kilometer bis in das norwegische Trondheim. Angesichts meiner nicht einmal zwei Wochen währenden Tour werde ich immer kleiner und suche nach einem Versteck, als der Mann schließlich bekennt, dass während seiner letzten Pilgerreise zur schwarzen Madonna im polnischen Czestochowa sein rechtes Knie an der deutsch-polnischen Grenze so sehr schmerzte, dass er aufgab und die Tour ein Jahr später in Begleitung einer Gruppe und mit einem Auto für den Notfall absolvierte. Eine Frau berichtet, dass sie in Bamberg als Lehrerin tätig gewesen und im Urlaub, zunächst gemeinsam mit drei Freundinnen, jedes Jahr zwei Wochen lang gepilgert sei. In ihrem elften Jahr des Pilgerns habe sie – seit drei Jahren allein wandernd – endlich Burgos erreicht. Gerade hier sei sie zur Pensionärin geworden, so dass sie von hier – ohne es vorher geplant zu haben – einfach weitergegangen sei, bis sie Santiago und das dahinter liegende Meer erreichte.

An diesem Abend erfahre ich von der Existenz einer europaweit gut vernetzten Pilgercommunity – und davon, dass zwei der vier Vortragenden ihre bürgerliche Existenz aufgegeben haben und sich nun mit Gelegenheitsarbeiten oder befristeten Anstellungen vor und nach dem Pilgern finanziell über Wasser halten. Da ich befürchte, dass mir morgen ein ähnlich langer Marsch wie am vorgestrigen Tag bevorsteht und ich zudem mein Geheimnis nicht preisgeben will, lediglich für zehn Tage ein Pilger zu sein, verabschiede ich mich, bevor ich in die Diskussion eingebunden werde. Ich schleiche aus dem Zimmer und begebe mich in das Pilgerquartier im Obergeschoss, lege ich mich auf eines der hier stehenden Betten und schlafe sofort ein.

4. Kapitel (Von Crostwitz nach Königsbrück)

Vom Nachdenken über die Ewigkeit, vom Nutzen und Nachteil der Historie für das Leben, vom Dreinreden und von der misslungenen Erziehung des Menschengeschlechts

Am nächsten Morgen erwache ich früher als die anderen Gäste. Ich wasche mich, packe meine Sachen, stopfe sie in den Rucksack und gehe die knarrenden Holztreppen abwärts in das Erdgeschosses des Hauses, wo die Herbergsmutter, die mich gehört haben muss, mit einer Tasse Kaffee auf mich wartet. Sie bedankt sich für die hilfreiche Unterstützung bei der Vorbereitung des gestrigen Abends, der – so gesteht sie mir – länger währte, als sie erwartet hatte. Die Vorträge seien bei den Gästen jedoch sehr gut angekommen, und sie überlege, einen solchen Abend zur bevorstehenden Jubiläumsfeier der Herberge in größerem Rahmen und vielleicht an einem Wochenende zu wiederholen. Mich hätte sie dabei gern dabei, sagt sie. Ich bedanke mich für die Einladung, befürworte ihre Idee und betone, dass ich es gut finde, wie sie als eine in der sächsischen Provinz wohnende Frau die Welt sozusagen zu sich nach Hause hole. Weltoffenheit und Toleranz hätten noch nie geschadet, behaupte ich, und eigene Erfahrungen und Erkenntnisse seien wichtige Grundlagen, um sich über andere Lebensgewohnheiten Urteile – statt Meinungen – zu erlauben. Die Frau lacht und umarmt mich zum Abschied. Ich werfe mir den Rucksack auf den Rücken und verabschiede mich von einem Menschen, der in dieses Haus und in diesen Ort wie kein Zweiter hineinpasst und dem ich alles erdenklich Gute wünsche.

Nach der Verabschiedung und dem Verlassen des Ortes stehe ich allein auf weiter Flur. Ich genieße diesen Augenblick: Über die Felder ziehen sanft Nebelschwaden und bedecken schemenhaft das Getreide und die am Feldrand stehenden Bäume. Obwohl in der Ferne ein Traktor knattert, wirkt alles ruhig und viel mystischer, als es in Wahrheit ist – auch rieche ich die auf der Erde liegenden frischen Kuhfladen und den frisch ausgebrachten Schweinemist. Ich bin mir sicher, dass mich nichts von hier fortbewegen könnte, wenn ich ein Bauer wäre, und dass ich mich – einmal in die Gegend verliebt – entscheiden würde, für immer hierzubleiben. Meine Füße stecken jedoch nicht in Gummistiefeln, ich trage auch keine Heugabel und will heute im 30 Kilometer entfernten Königsbrück übernachten.

Ich gehe weiter und gelange zum Kloster Sankt Marienstern, wo ich vor zehn Jahren im Pilgerzimmer übernachtete und die Äbtissin mich über die im Kloster verborgenen Schätze aufklärte. Heute jedoch verzichte ich auf einen Besuch – vielleicht auch deshalb, weil ich in einem Zeitungsartikel las, dass die Äbtissin das Kloster vor 5 Jahren verließ. Ihren Abschied aus der Abtei hatte sie in einem öffentlichen Interview damit erklärt, dass sie in eine Glaubenskrise geraten sei und sich nach einer mehrmonatigen Auszeit und reiflicher Überlegung dafür entschieden habe, das Amt aufzugeben und den Orden zu verlassen. Ich kenne die Frau, die seither unter ihrem bürgerlichen Namen in einem Dresdner Vorort leben und als Buchbinderin arbeiten soll, nicht persönlich – frage mich jedoch, ob die Weihe zur Äbtissin für sie vielleicht zu früh erfolgte: Hatte sie ihre Existenz im Alter von nur 36 Jahren zu früh mit dem Phänomen der Ewigkeit verbunden? Denn anders als im hinduistisch geprägten Indien oder in Ländern, in denen der Buddhismus die Leitkultur ist, wird in Deutschland der Tod nur allzu oft tabuisiert und die damit verbundene Auseinandersetzung mit der Ewigkeit vermieden. Sich mit Tod, Sterben und Ewigkeit zu beschäftigen, wird hierzulande Philosophieprofessoren, Nonnen, Mönchen, Pfarrern, Priestern oder staatlich geprüften Trauerrednern überlassen. Einer von ihnen, der Philosoph Peter Sloterdijk, behauptet – sich dabei auf Nietzsche berufend –, dass der Mensch das Tier sei, dem man die Lage erklären muss. »Hebt es den Kopf und blickt über den Rand des Offensichtlichen«, schreibt er, »wird es von Unbehagen am Offenen bedrängt.« Unbehagen aber ist ihm zufolge »die angemessene Antwort auf den Überschuss des Unerklärlichen vor dem Erschlossenen.« Es geht aber auch einfacher. Vergessen wird nämlich oft, dass auch die Mystiker Meister Eckhart im frühen 14. Jahrhundert in Erfurt und Jakob Böhme im frühen 17. in Görlitz die Ewigkeit zu deuten versuchten und behaupteten, dass das Ewige auch im Irdischen zu suchen und zu finden sei und dass das Irdische bei einer bestimmten Lebensführung dem Ewigen gleiche. Ich bin mir sicher, dass diese Erkenntnis auch der Äbtissin bewusst gewesen war und bestimmt wusste sie auch, dass der Begriff »Ewigkeit« vom althochdeutschen Wort »êwe« – Lebenszeit – abstammen soll. Ihre Entscheidung, das Leben im Kloster aufzugeben und den Orden zu verlassen, wäre dann nachvollziehbar – denn das Ewige findet sich dann eben nicht nur in der spirituellen Kontemplation, sondern auch im eigenen Er-Leben und einer ewigen, »stehenden« und von zeitlichen Differenzen befreiten alltäglichen Gegenwart.

Demgegenüber lebt dieses Kloster mit und vom Vergangenen. Mit dieser Erkenntnis verlasse ich einen Ort, der mit der Abtei untrennbar verbunden ist und der ebenso wie sie eine ereignisreiche und reichhaltige Geschichte erlebte. Denn gegen Ende des 15. Jahrhunderts wüteten hier aufständische Hussiten, diesen folgten im 17. Jahrhundert die apokalyptischen Reiter des Dreißigjährigen Krieges sowie die zwei Weltkriege im letzten Jahrhundert, und der während des Sozialismus vorherrschende Atheismus wirkte ebenfalls auf diesen Ort und prägte die hier lebenden Menschen.

Atheistisch gesinnt war auch Friedrich Nietzsche. Er, der als Sohn eines evangelischen Pfarrers frühzeitig am eigenen Leib erfuhr, was es bedeutet, in einem lutherisch-protestantischen Pfarrhaus groß zu werden und wahrscheinlich aus diesem Grund im späteren Leben unmittelbare Erfahrungen mit religiös geprägten Erziehungsanstalten und Klöstern konsequent mied, philosophierte in seinen 1874 veröffentlichten »Unzeitgemäßen Betrachtungen« auch über den »Nutzen und Nachteil der Historie für das Leben«. Ihm zufolge – der Zeit seines Lebens das antike, vorsokratische Denken und Handeln gegenüber Sokrates und seinen Nachfolgern pries und die Renaissance, weil sie Europa von den Fesseln einer mehr als eintausend Jahre währenden dogmatischen Religiosität befreite, als einen gewaltigen Aufbruch, als ein Fest für den Körper und das Leben feierte – gibt es, entgegen dem im 19. Jahrhundert an den Universitäten gelehrten Historismus, mit der monumentalen, der antiquarischen und der kritischen Geschichtsschreibung drei Möglichkeiten der Vergangenheitsdeutung, die bei einer gleichwertigen Zuordnung und Verbundenheit harmonisch miteinander kooperieren. Sollte jedoch eine dieser Deutungsformen überbewertet werden und an gesellschaftlichem Einfluss gewinnen, warnte er, so bestünde die Gefahr, dass dies die jeweilige Kultur und die mit ihr verbundene Lebensweise und -haltung einseitig zu ihrem Gunsten und damit negativ beeinflusse. Nietzsche wies auch darauf hin, dass der Mensch nichts Besonderes sei, sondern lediglich ein »nicht festgestelltes Tier«. Im Gegensatz zum Tier jedoch, das in der Gegenwart gefangen sei und unhistorisch lebe, besitze der Mensch die Fähigkeit, sich zu erinnern, und sei daher ein »historisches Wesen«. Und erst die Historie – die Fähigkeit, sich zu erinnern – befähige ihn zu Kreativität und Kultur. Bei einer Überbetonung der monumentalen oder der antiquarischen Geschichtsschreibung könne diese Fähigkeit – wie im späten 19. Jahrhundert durch den Historismus, während des Nationalsozialismus durch die Rassenlehre und während des real existierenden Sozialismus durch die angebliche historische Mission der Arbeiterklasse – jedoch auch in ihr Gegenteil umschlagen, die Kultur schwächen, die

Kreativität des einzelnen Menschen einschränken und hemmen und stattdessen die staatlichen Institutionen stärken. Nietzsche zufolge – der sich als kritischer Diagnostiker seiner Zeit verstand und mit seinen kulturphilosophischen Überlegungen viele spätere kulturelle und gesellschaftliche Entwicklungen voraussah und -ahnte – kann eine an einer falsch verstandenen Geschichtsdeutung leidende Gegenwart, wie sie sich heute in einer Überbetonung des Ökonomischen sowie einer Verabsolutierung und Vergötzung des Gegenwärtigen und der damit verbundenen utilitaristischen Moral offenbart, nur dadurch gesunden, dass der einzelne Mensch sich seiner Fähigkeit zur Kreativität besinnt und sich – abseits von Parteien und wenn es sein muss auch entgegen der Mehrheit seiner Zeitgenossen und entgegen den Interessen staatlicher und wirtschaftlicher Institutionen – schöpferisch kritisch mit der Vergangenheit auseinandersetzt, dabei Kunst und Kultur schafft und zu einer »wahren« Bildung gelangt, statt sich einseitig wissenschaftlich und einseitig positivistisch zu bilden.

Mit Nietzsches Gedanken im Kopf und dabei einen weiteren Wald durchquerend, gelange ich nach Nebelschütz. Hier erlebe ich Wunderbares! Während ich durch das Dorf gehe, werde ich von am Straßenrand stehenden Frauen angesprochen, die glauben, in mir einen Pilger erkannt zu haben – und zu einer Hochzeitsfeier eingeladen. Ich folge ihnen und stehe wenige Augenblicke später inmitten eines mit Girlanden und Lampions sowie mit weißen, blauen und roten Seidentüchern und Blumen geschmückten Dreiseitenhofes. Frauen in langen, festlichen Kleidern und Männer in Anzügen sowie ebenso festlich gekleidete Kinder unterstützen mit Zurufen und Applaus ein in sorbische Tracht gekleidetes Hochzeitspaar, das soeben dabei ist, einen kräftigen Baumstamm mit einer Holzsäge zu zerteilen. Ich trinke ein Bier und beobachte die Szenerie, um mich – nachdem der Stamm zur Erleichterung des Brautpaares und unter dem Jubel der Hochzeitsgesellschaft endlich entzweit wurde und nachdem ich das Glas geleert habe – unbemerkt wieder vom Hof zu entfernen.

In Kamenz angekommen, begegne ich in einer Fleischerei – ausgerechnet in der Lessingstadt Kamenz! – einem waschechten Nazi. Gemeint ist jener Typ Mensch, der mit einem fiesen Charakter geschlagen ist; dem man den Hang zur körperlichen Brutalität und die Gemeingefährlichkeit auch äußerlich ansieht. Der Mann, der in dem Geschäft vor mir wartet – großgewachsen und blond, das Haar kurzgeschnitten und Tätowierungen auf Hals und Armen –, zeigt stolz und ungeniert seine faschistoide Gesinnung. In seinen Armen hält er ein ihm treu ergebenes Weib, das seine Arm- und Halsmuskeln liebkost und ihn für seinen vermeintlichen Mut, in der Öffentlichkeit ein provokantes T-Shirt zu tragen, mit Zärtlichkeiten belohnt. Auf der Rückseite seines Trikots steht in Frakturschrift geschrieben: »Freies Sachsen – Ungeimpft – Fleischesser – Tätowiert – vollständig Heterosexuell – nicht beschnitten«. Während mich bereits die ersten Worte innerlich so aufwühlen, dass ich ernsthaft überlege, den Laden sofort zu verlassen, bringt mich das letzte Selbstbekenntnis, weil es eine antisemitische Gesinnung offenbart, »vollständig« aus der Fassung.

Kurzzeitig überlege ich, ob ich meinem spontanen Impuls folge und einfach gehe, als der Mann, der meine Nähe und mein Interesse an seinen Losungen wahrscheinlich spürte, sich plötzlich und unvermittelt umdreht und mich drohend mit seinem Blick fixiert, als würde er einen Kampf zwischen uns beiden vorbereiten. Ich erstarre ob der unerwarteten Situation und reagiere hilflos; mir kommen in diesem Augenblick Porträts der SS-Aufseher des Konzentrationslagers Buchenwald in den Sinn. Sein Gesicht, das glatt und hart zugleich ist und Liebe zur Gewalt verrät, ähnelt diesen Visagen, und für einen kurzen Moment scheint es mir möglich, dass wir uns eines fernen Tages in einem Konzentrationslager gegenüberstehen werden: er in der schwarzen Uniform eines SS-Kommandanten und ich – überzeugter Humanist und bekennender Antifaschist – als Häftling in schwarz-weiß gestreifter Jacke und Hose. Dieses grausige Bild bestimmt für einige Sekunden tatsächlich meine Gedanken, bis der Mann sich endlich von mir abwendet, um sich seiner Bestellung und seinem Weib zu widmen.

Der Dichter Friedrich Hölderlin forderte im Mai 1801 seinen Stuttgarter Freund Christian Landauer – einen liberal gesinnten Tuchhändler – in einer ihm gewidmeten Elegie auf, »ins Offene« zu kommen und sich von der ihn umgebenden »bleiernen Zeit« zu befreien. Auch ich folge nun, nachdem der Nazi sich von mir abgewendet hat, dem Ruf des Dichters: Ich trete nach draußen und befreie mich von der unangenehmen körperlichen Nähe zu dem vor mir stehenden Mann und der negativen Stimmung, die er im Laden verbreitet. »Ins Offene« zu kommen, das kann so vieles bedeuten. Bei Hölderlin bedeutete es, sich vom morgendlichen Nebel, von persönlicher Schwermut und von widrigen gesellschaftlichen Umständen nicht davon abhalten zu lassen, freiheitlich zu denken und den eigenen Kräften, den Kräften eines guten Freundes oder den heilenden Kräften der Natur zu vertrauen. Am Ende des Weges, der Hölderlin und seinen Gefährten an einem Tag im Mai aus dem engen Neckartal auf weites Land mit sonnigen Hügeln und stattlichen Wäldern führt, jauchzt und jubelt der Dichter. »Aufgegangen«, schrieb er, »das Thal, wenn mit dem Neckar herab Weiden grünend und Wald und all die grünenden Bäume Zahllos, blühend weiß, wallen in wiegender Luft«. »Ja, auch ich trete ins Offene«, würde ich Hölderlin gerne zurufen. Für mich bedeutet das in diesem Augenblick, mich vom Ballast der unangenehmen Begegnung zu befreien und mich neuen und interessanteren Dingen zu widmen als der Betrachtung eines vor mir stehenden Nazis mit seinen unverschämten und letztlich albernen Sprüchen – zum Beispiel den Kamenzer Reden.

Die seit 2014 stattfindenden »Kamenzer Reden« haben in den vergangenen Jahren einige interessante Persönlichkeiten in die Lessing-Stadt geführt. Beim Gang ins Stadtzentrum denke ich jedoch vor allem an Volker Brauns 2018 gehaltene Rede und an Hans-Eckardt Wenzels Rede ein Jahr danach. Die Reden des Schriftstellers Braun und des Liedermachers Wenzel sind mir besonders wichtig, weil ich Schriften Brauns – wie zum Beispiel den »Hinze-Kunze-Roman« und die im Buch »Training des aufrechten Gangs« veröffentlichten Gedichte – bereits während der Jahre des real existierenden Sozialismus begeistert las und auch Wenzel schon damals gerne hörte. Wenzel war während der 80er Jahre des letzten Jahrhunderts als Mitglied der legendären Künstlergruppe »Karls Enkel« bekannt geworden, und er tourte vor und nach 1989 gemeinsam mit dem Dichter Steffen Mensching als dadaistisches Clownspaar »Weh und Meh« durch das Land und performte Surreales aus der »DaDaeR«.

Volker Braun ist ein gebürtiger Dresdner. Mit dieser existenzialistischen Faktizität schmückte er 2018 auch seine Rede. Dabei zitierte Braun – dem das bürgerliche Publikum und die bürgerliche Presse nach Lesungen und Vorträgen mehr als einmal vorwarfen, das Positive außer Acht zu lassen – zunächst den viele Jahre in Meuselwitz bei Altenburg als Werkzeugmacher in einem Heizungskeller arbeitenden Schriftsteller Wolfgang Hilbig. Jener war verwegen genug, 1997 in Kamenz während der Festrede zur Verleihung des Lessing-Preises die Vereinigung der beiden deutschen Staaten eine »Unzucht mit Abhängigen« zu nennen. Mit dieser Behauptung hatte Hilbig bewusst provoziert. Viele Vertreter der eingeladenen Prominenz (unter ihnen war zum Beispiel auch Kurt Biedenkopf, der damalige sächsische Ministerpräsident), die ihm – weil er in der DDR mit seinen Texten aneckte und seine Schriften nicht veröffentlichen konnte – bisher applaudiert und ihn hofiert hatten, verziehen ihm diesen aus ihrer Sicht unerhörten Vergleich nicht und verbannten ihn fortan aus dem Kreis der förderungswürdigen Autoren. Diese radikale Ablehnung und erneute Ausgrenzung widerfuhr wohlgemerkt nicht irgendwem – nein, sie widerfuhr Wolfgang Hilbig, einem der genialsten und sprachgewaltigsten deutschen Dichter. Volker Braun jedoch ließ sich von dieser Ablehnung jedoch nicht beirren und zitierte Hilbig mit der oben genannten Phrase. Er kannte und schätzte Hilbigs Aufrichtigkeit und Sprachfertigkeit, und er hatte ihn in seiner Rede bewusst zitiert – vielleicht sogar wollte er ihn rehabilitieren? Das war durchaus mutig, denn Braun wusste – wie er 2022 in seinem Buch »Werktage 2« in einem Essay schrieb –, dass bürgerliche Leserinnen und Leser für das Verständnis solcher Texte nicht trainiert waren und stattdessen Positives und Erbauliches hören wollten. Dass der in der Öffentlichkeit selbstbewusst auftretende und selbstgewisse Bundesbürger bei dissidentischen Vorwendetexten applaudiert, bei ebenso kritischen Nachwendetexten jedoch die Augen verdreht und mit Unwillen und Abwehr reagiert, war für Braun nichts Neues – diese Erfahrung hatte er in vielen seiner Lesungen gemacht.

Während der in Kamenz 2018 gehaltenen Rede behauptete Braun zudem, dass die »Entlassung fast der ganzen Arbeiterklasse mit ihren technischen Fähigkeiten« einer »Depravierung der geschlagenen Bauern im deutschen Bauernkrieg« gleichkäme, und fügte hinzu, dass der »Volksentscheid 1946 in Sachsen über die Enteignung von Kriegsverbrechern [...] ein gerechteres Grundgesetz als die Treuhandmanöver zur Volksenteignung« gewesen sei. Er benannte den »Segen der letzten Volkskammer für die Umwandlung des Volkseigentums« als gleichbedeutend mit einem »Ermächtigungsgesetz für das Kapital«: »Er bedeutete«, schrieb er, »die größte Umverteilung von Eigentum seit dem Dreißigjährigen Krieg.« Dabei hätte alles anders kommen können – auch dies behauptete Braun in seiner Rede. Ihm zufolge waren die verantwortlichen Politiker in West und Ost nach 1990 jedoch nicht der »Regieanweisung des Künstlers Gorbatschow« gefolgt, der von einer Welt ohne konventionelle, chemische und atomare Waffen geträumt hatte. Nun aber, stellte Braun resignierend fest, sei die Welt wieder in ihre alten bürgerlichen Muster zurückgefallen, und »unbegabtere Globe-Player« hielten sich »an die bewährte Dramaturgie.« Braun meinte mit diesen »unbegabteren Globe-Playern« die der freien Marktwirtschaft huldigenden Politikerinnen und Politiker, die sich nach dem von Fukuyama 1990 voreilig verkündeten »Ende der Geschichte« auf der Seite der Sieger wähnten und wähnen. Dabei, so prophezeite Braun in seiner Rede, würden diese alten und neuen Machtmenschen das Wesentliche außer Acht lassen – »Arm und Reich«: »Die Eigentumsverhältnisse insbesondere sind der blinde Fleck unserer Demokratiedebatte, das korrupte Auge der Parlamente.« Braun kritisierte in seiner Rede auch die vom Markt beeinflussten Medien, die – als sogenannte vierte Säule der Demokratie – ihrerseits wiederum den Markt beeinflussen. »Die gewöhnliche, mediale Anschauung dieser Welt«, urteilte er, »obwohl sie täglich ins Haus kommt, ist nicht wirklich und wahr. Unsere Zeitungen veröffentlichen geradezu höhnisch-falsche Kommentare in Sachen Syrien und Russland usw. – die Vernunft verhöhnend. Als wenn uns Idioten beharkten. Der Grad der Desinformation ist ein neues Kapitel der Dialektik der Aufklärung, ein weiteres aber unser uniformiertes Handeln.«

Für Braun erscheint es daher – leider! – nur folgerichtig, dass eine so fatal aufgestellte und ebenso fatal ausgebildete Gesellschaft bei der Frage, wie mit der 2015 auch Mittel- und Westeuropa erreichenden Flüchtlingskrise richtig und angemessen umzugehen sei, rasch an ihre Grenzen kommt. Braun meinte – sich dabei auf Lessing und Hölderlin berufend –, dass uns, statt Nationalismus, Vernunft und ein richtiges Maß an Gerechtigkeit begleiten sollten. »Einwanderung – oder: Sozialstaat«, meinte Braun, »scheint die Alternative. Aber nicht die Flüchtlinge machen das Problem, sie machen es bewusst. Es sind die Steuerflüchtlinge und Renditeschlepper, wegelagernde Lobbys, das vagabundierende Kapital. Nicht der Zuzug zertrampelt das Land, sondern der Geschäftsgang. Deutschland, wo nur jeder Zweite noch tariflichen Schutz genießt, und ganze Firmen fürchten, verkauft zu werden, setzt sich selbst herab. Auch verödete Dörfer sind gewissermaßen ›national befreite Zonen‹«.

Volker Braun überraschte mit dieser Rede die Zuhörer und Zuhörerinnen, und er provozierte. Er, der die Ruinen Dresdens seine »ästhetischen Schule« nannte, hatte sich – weil in der frühen Phase der DDR Studienplätze vorrangig an Arbeiter- und Bauernkinder vergeben wurden – das ersehnte Studium der Philosophie mit einem dreijährigen Einsatz im Braunkohletagebau erst verdienen müssen. Der Schule des Lebens folgte das unbequeme Leben als selbstständig denkender und selbstbewusst handelnder Akademiker und Schriftsteller mit dem Ergebnis, dass Buchprojekte und Theaterproduktionen verboten wurden und seine Staatssicherheitsakte – 32 inoffizielle Mitarbeiter der Staatssicherheit waren auf ihn angesetzt – 4000 Seiten zählte. Und trotzdem bekannte sich Volker Braun – der allen Grund gehabt hätte, sich von den Ideen des Sozialismus für alle Zeiten loszusagen – zu dieser gesellschaftlichen Utopie. Grundlage seiner Überlegungen waren nicht die im 20. Jahrhundert missglückten und pervertierten Ausführungen, sondern der Sozialismus als eine Grundidee menschlichen Zusammenlebens, als ein Denken vom Gleichen und Gemeinschaftlichen her, mit einer egalitären Ausgangsposition für jedes Individuum. Den in der DDR existierenden Widerspruch zwischen einem sozialen Ideal und der sozialistischen Wirklichkeit begründete er damit, dass in Wahrheit ein an die Macht gelangtes Kollektiv – die Partei – und nicht die Gemeinschaft das Land regierte. Doch auch die nach 1989 vollzogenen gesellschaftlichen Veränderungen beurteilt Braun kritisch. Ihm zufolge wurde nicht nur die in Ostdeutschland für kurze Zeit möglich gewordene Selbstbefreiung des Volkes den Interessen der Banken und der Eigentümer von Fabriken und Grundstücken unterworfen – zudem habe, so schlussfolgerte er, die westdeutsche Gesellschaft die Erfahrung einer radikalen Befreiung und eines gesellschaftlichen Neuanfangs verpasst. Braun verweist darauf, dass bisher – abgesehen vom kurzzeitigen sozialistischen Experiment unter Salvador Allende in Chile – noch nirgends in der Welt Volkseigentum plus wirkliche Demokratie ausprobiert worden sei. Und der Kapitalismus, so stellt er in seinen Texten resignierend fest, sei »nicht zu demokratisieren«, denn kein noch so demokratischer Staat komme letztlich gegen die alles durchdringende Macht des Geldes und das sich breitbeinig globalisierende Kapital an.

Als ein Kritiker des Kapitalismus offenbarte sich ein Jahr später auch der Liedermacher Hans-Eckardt Wenzel. In seiner unter dem Titel »Die misslungene Erziehung des Menschengeschlechts« gehaltenen Rede radikalisiert er Volker Brauns ein Jahr zuvor geäußerte Gesellschaftskritik und treibt sie weiter auf die Spitze. Wenzel zufolge befindet sich der im Neoliberalismus scheinbar gut angekommene Gegenwartsmensch auf einem Irrweg. Schuld an dieser Verirrung sei eine dem Neoliberalismus innewohnende Geschichtslosigkeit, die sich in der Gesellschaft ausgebreitet habe und den Blick für die »Katastrophen der Gegenwart« trübe. Diese Geschichtslosigkeit (beispielsweise brüsten sich sächsische Gymnasien und Oberschulen seit mehreren Jahren mit der Auszeichnung, »MINT-Schulen« zu sein, während an sächsischen Oberschulen Geschichte nur noch als Nebenfach gelehrt wird) führt Wenzel zufolge dazu, dass der historische Kontext verloren geht und sich »alle menschengemachten Verhältnisse zu Naturereignissen verwandeln, denen wir ausgeliefert sind.«

In seinem Vortrag greift Wenzel tief in die Mottenkiste der Vergangenheit und beginnt seine Erzählung im Neolithikum, als der Mensch zum ersten Mal begriff, »dass die Natur nach eigenen Vorsätzen zu verändern und zu bändigen war, dass man auch seinesgleichen als Werkzeug betrachten konnte«. Aber, fuhr Wenzel fort, »Sesshaftigkeit macht Eigentum manifest«, »Eigentum schafft Ungleichheit und Ungerechtigkeit« und »Ungleichheit schafft Kriege«. Diese durch das Eigentum entstandene Destruktivität musste gebändigt werden, damit zu viel Egoismus nicht die sozialen Strukturen zerstört – und sie wurde gebändigt durch »ethische Normen«. Wenzel behauptete weiter, dass mit Lessings und Goethes Pantheismus das »göttliche Prinzip auf die Erde« geholt worden sei und der Mensch dadurch habe lernen müssen, sein Handeln selbst zu verantworten. Wenzel zufolge entstand »ein Bewusstsein über das eigene Handeln. Aber«, so stellte er gleichzeitig fest, »der Himmel lag plötzlich leer.« Dieser Verlust bedrängt und beschäftigt die Menschen bis heute und macht sie Wenzel zufolge blind für die Suche nach wahrer Erkenntnis, so dass in unserer gegenwärtigen Meinungsgesellschaft das Recht, eine Meinung zu haben als ein hohes (das höchste?) Gut gilt. Wenzel meint jedoch, dass nicht die Wahrheit, in deren Besitz irgendein Mensch ist oder zu sein vermeint, sondern die aufrichtige Mühe, die er angewandt hat, um hinter diese Wahrheit zu kommen, den Wert des Menschen ausmachen sollte. Nicht aberwitzige selbstverliebte Monologe und in den Medien gehypte Streitgespräche, sondern authentische und aufrichtige Dialoge seien nützlich und nötig, um diese Wahrheit zu bestätigen.

Als den aufrechten Gang erschwerend und der Befreiung des Menschen sich entgegenstellend erweist sich zudem die neoliberale Grundannahme, dass der Mensch von Natur aus schlecht sei und daher reglementiert und domestiziert werden müsse. Dies jedoch, fügt Wenzel hinzu, diene insbesondere dem Zweck, dass »die Fleißigen und Starken die Geschicke lenken können und […] die Mächtigen mächtig bleiben.« Ihm zufolge basiert das neoliberale Denken und Handeln auch auf der Annahme, es gäbe einen »ominöse[n] Markt«, »der nach Regeln funktioniert, die Naturgesetzen gleichen«. »Für individuelle Not«, ergänzt er, »gibt es keine Verantwortlichen mehr. Der Einzelne trägt selbst die Schuld, wenn er kein Millionär wird«.

Im zweiten Teil seiner Rede kritisiert Wenzel den dem Neoliberalismus innewohnenden Drang zur Individualisierung und zur Selbstoptimierung. Er behauptet, dass den heutigen modernen Menschen das gegenseitige Vertrauen fehle und in der Gesellschaft ein ständiges Misstrauen herrsche – in Wahrheit ein Zustand ohne Frieden, also ein Krieg. Und ebenso wie Volker Braun ein Jahr zuvor, beschreibt auch Wenzel die Medienlandschaft als eine »Propaganda-Industrie«: »Die Vorgänge werden aus ihrem Kontext herausgesprengt, aus ihrer Geschichte. Damit läuft unsere Vernunft, unsere Urteilskraft ins Leere.« Wenzel nennt hierzu Beispiele: Dass im Jahr 2016 auf sieben islamische Länder 26.171 Bomben abgeworfen wurden und die USA nach dem Zweiten Weltkrieg jede rechtsgerichtete Militärdiktatur unterstützen und sie in vielen Fällen erst hervorbrachten – er verweist auf mehrere Länder wie zum Beispiel Indonesien, Griechenland, die Türkei, Guatemala, El Salvador und Chile –, davon erfährt die deutsche Öffentlichkeit nichts oder allenfalls nur sehr wenig. Damit dies so bleibt, werden »sprachliche Grenzziehungen« generiert, die uns zu »politischen Autisten« werden lassen: »Neokolonialismus heißt jetzt Globalisierung«, führt er aus, »Fakenews macht den Begriff der Lüge schick. Bankenrettung nennt man die Verschiebung öffentlicher Gelder in private Finanzunternehmen, Bürokratieabbau versüßt als Worthülse die Privatisierung des Staates, und Wertorientierte Außenpolitik meint nichts anderes als Eroberung verschlossener Märkte.«

Eine radikale Kapitalismuskritik bestimmt auch den letzten Teil seiner Rede: »Dieser neue Kapitalismus«, behauptet er, »ist der alte, er hat sich nur einer Gewinnmaximierung hingewendet, bei der die unmittelbare Produktion ihre wertschöpfende Bedeutung verliert und durch ein abstraktes Besitzen im virtuellen Kreislauf ersetzt wurde.« Dies hat zur Folge, dass wir – angekommen im Zeitalter der Herrschaft des Empirismus und der uns angeblich glückselig machenden Statistiken – »rotierenden Geld-Zahlen« hinterherrennen, »ohne Interesse an sozialen Zusammenhängen«. »Die Welt«, schlussfolgert Wenzel, »wird durchgerechnet, die Zahl bleibt als einzige Realität, als Höhepunkt der instrumentellen Vernunft.«

Das ist der Wenzel, den ich aus früheren Zeiten kannte: der nachdenklich-melancholische Rebell und Anarchist. Mit dem Refrain seines Liedes »Ahoi, ahoi, es geht vorbei, sie kriegen uns doch alle« auf den Lippen laufe ich summend durch die Straßen der Kamenzer Altstadt und gelange schließlich bis zum Hutberg, der am westlichen Rand der Stadt in die Höhe ragt. Ich blicke in Richtung des Gipfels, und mir kommen Verse aus Heines »Harzreise« in den Sinn: »Auf die Berge will ich steigen«, hatte Heine 1824 während der herbstlichen Wanderung geschrieben, »wo die dunklen Tannen ragen. Bächlein rauschen, Vögel singen, will die stolzen Wolken jagen«. Diese Zeilen sind fast 200 Jahre alt, und Heine gehörte damit zu den Mitbegründern der modernen Reiseliteratur. Ich liebe seine Texte und Lieder – vergessen wird jedoch oft, dass er auch geschichtsphilosophische Texte verfasste. In dem etwa 1833 unter dem Titel »Verschiedenartige Geschichtsauffassung« geschriebenen Essay-Fragment sezierte er als Historiker und Kulturkritiker seine Zeit. Dem Philologen Götz Großklaus zufolge zählt Heine damit zu den frühen Analytikern der europäischen Moderne.

Heine nennt hier zwei Formen der Geschichtsdeutung, nämlich eine zyklische im Sinne stetiger Wiederholung (erinnert sei hier an Nietzsches spätere These einer »ewigen Wiederkehr des Gleichen«) und eine lineare im Sinn eines Fortschrittsprozesses (Heine verweist diesbezüglich auf die Aufklärungsphilosophie und auf Hegels Geschichtsteleologie). Beide Deutungen weist er jedoch als »lebensfremd« zurück, weil entweder – wie in der teleologischen Auffassung – das individuelle Leben in der Gegenwart nur als Mittel zu einem fernen Zweck angesehen wird oder weil die Menschen – beim zyklischen Bild – verlernen, die Sinnfrage zu stellen. »Sie zucken die Achsel über unsere Zivilisation«, schreibt Heine zum letzteren Fall, »die doch endlich wieder der Barbarei weichen werde; sie schütteln den Kopf über unsere Freiheitsträume, die nur dem Aufstieg kommender Tyrannen förderlich seien; sie lächeln über alle Bestrebungen eines politischen Enthusiasmus, der die Welt besser und glücklicher machen will und der doch am Ende erkaltet und nichts gefruchtet in der kleinen Chronik von Hoffnungen, Nöten, Missgeschicken, Schmerzen und Freuden, Irrtümern und Enttäuschungen, womit der einzelne Mensch sein Leben verbringt«.

Heine synthetisiert beide Geschichtsauffassungen und reklamiert – angesichts der damals beginnenden industriellen Revolution sowie auch der Erkenntnis, dass eine »absurde Weltbühne« und »nicht Vernunft und Plan«, sondern »Unvernunft und Narrheit« den Lauf der Welt bestimmen – das Recht, im Hier und Jetzt zu leben. Seine Gegenwart, die er damals deutete und die einerseits die Befriedigung materieller Bedürfnisse für immer mehr Menschen ermöglichte sowie andererseits eine Gleichzeitigkeit extremer Armut und extremen Reichtums hervorbrachte, gleicht in ihren Strukturen der Gegenwart, heute zudem verbunden mit dem hedonistischen Recht auf Konsum und Erfüllung des individuellen Glücks sowie der bereits genannten Geschichtsvergessenheit. Es klingt wie eine unbeabsichtigte Prophezeiung. Denn ihm zufolge erhält die Gegenwart im Sog der technischen Beschleunigungen und Entwicklungen gegenüber den Zeiten der Vergangenheit und der Zukunft einen Eigenwert und gewinnt an Bedeutung. Die neue Maschinen-Zeit erlebte Heine – als hätte er den Text im heutigen Zeitalter von Computertechnik und Digitalisierung geschrieben – als einen »epochalen Bruch« mit vertrauten raumzeitlichen Wahrnehmungsmustern. Die gewohnten Raum-Zeit-Ordnungen versinken, und eine bisher nie dagewesene Modernisierung – verbunden mit den ihr innewohnenden dialektischen Widersprüchen von Verdichtung und Weite sowie von Vernichtung und Innovation – reißt alles und alle mit. Heine kritisierte mit dieser Gegenwartsdeutung einen vorbehaltlosen Fortschrittsoptimismus. Der Sieges- und Eroberungszügen inhärenten Gewalt und der Plötzlichkeit dieser gewaltsamen Umbrüche schleuderte er seine Skepsis entgegen, denn er fürchtete, »dass unsere ganze Existenz in neue Gleise fortgerissen, fortgeschleudert wird, dass neue Verhältnisse, Freuden und Drangsale uns erwarten.«

Ein Jahr später stellte Heine in der Schrift »Geschichte der Religion und Philosophie in Deutschland« die These auf, dass ein »methodisches Volk wie das Deutsche« mit der Reformation beginnen, sich erst dann mit der Philosophie beschäftigen und zu deren Vollendung danach erst zur politischen Revolution übergehen musste. Zudem prognostizierte er, dass die kommende deutsche Revolution nicht nur vom zivilisatorischen Gedanken der Aufklärung geleitet sein werde, sondern mit »den ursprünglichen Gewalten der Natur« im Bunde stehen und begleitet sein würde von unkalkulierbarer »Wildheit«. Seine Worte erschrecken mich und seine Weisheit beeindruckt.

Mit Heines Ideen und seinen Gedanken über die von ihm prophezeite »deutsche« Revolution im Kopf verlasse ich den Hutberg, wo eine im Dritten Reich als Thingplatz gebaute Freiluftbühne – als sei die deutsche Geschichte blütenrein und als hätte es die von Heine prophezeite »deutsche« Revolution nie gegeben – für Konzerte und Theateraufführungen genutzt wird, in westlicher Richtung und gelange nach Schwosdorf. Am Ende des Ortes, der 2019 von der Stadt Kamenz eingemeindet wurde und sich bisher erfolgreich gegen den von einem westdeutschen Unternehmen geplanten Abbau der im Erdreich liegenden Grauwacke wehrt, steht noch immer das Haus, in dem der hier agierende Heimatverein sein Domizil hat. Ich lasse mir diese Chance nicht entgehen, befreie mich vom Rucksack und trinke – nicht ohne zuvor die Spendenbox mit einem kleinen Geldbeitrag gefüllt zu haben – in der im Erdgeschoss für Pilger eingerichteten Küche ein Bier. Danach jedoch ruft mich der Wald – und mit ihm die Befürchtung, dass ich, wie zehn Jahre zuvor, mehrmals die Jakobsmuschel aus den Augen verlieren und erst nach vielen Irrungen und Wirrungen mit Verzögerung das heutige Ziel erreichen werde. Es geht jedoch alles gut: Die Jakobsmuschel weist mir den Weg, und ich gelange schneller als gedacht und ohne Umwege nach Königsbrück.

Im Ort angekommen, weist mich ein am Armenhaus Stenz klebender Zettel darauf hin, dass sich ein Schreinermeister für das Haus verantwortlich fühle, der in unmittelbarer Nähe wohne. Ich folge dem Hinweis und stehe wenige Minuten später einem Menschen gegenüber, der aus einem anderen Jahrhundert zu stammen scheint: Mit grauem Hut und in der zünftigen Pracht eines täglich im Wald arbeitenden Holzfällers oder eines Tischlermeisters, dem man ansieht, dass er sein Handwerk liebt und versteht, begrüßt mich mit festem Händedruck ein vollbärtiger Mann. Ich erwidere seinen Gruß und zeige ihm meinen Pilgerausweis. Der Mann bittet um etwas Geduld, da er den Schlüssel für das Haus holen muss, er käme aber gleich zurück, sagt er. Nur wenige Minuten später stehen wir in dem Haus, das 1826 von der Gemeinde selbst finanziert und für die Ärmsten der Armen gebaut worden war. Im Haus wirkt alles einfach und schlicht: Ein Kreuz hängt an der Wand, Leinensäcke und Schafwolle bedecken im Erdgeschoss um einen Tisch stehende Holzbänke. Der Mann, der die Pflege des Hauses gemeinsam mit einem ebenfalls im Ort wohnenden Freund verantwortet, erklärt mir, dass das Haus bis 1900 als Armenhaus bestand und danach fast 40 Jahre lang als Spritzenhaus der Feuerwehr genutzt wurde. Dann jedoch, sagt er, habe es über 60 Jahre leer gestanden. Jetzt aber solle ich mich ausruhen, fährt er fort, in zwei Stunden würde er mit Wasser, Brot, Wurst und einem kühlen Bier zurückkommen, und dann könnten wir uns weiter unterhalten. Ich lasse mir das Angebot zum

Nachmittagsschlaf nicht zweimal machen und betrete die ins Obergeschoss führenden knarrenden Holzstufen. Oben angekommen, lege ich meinen Schlafsack auf ein Holzbett, das mit Leinensäcken und Stroh bedeckt ist.

Ich muss tatsächlich eingeschlafen sein, denn Klopfen und lautes Rufen reißen mich irgendwann aus meinen Träumen. Ich eile nach unten und öffne die Tür. Vor mir steht – wie versprochen – der Schreinermeister, der mir einen mit Wasser gefüllten Krug überreicht und eine Kerze; dann stellt er Brot mit Wurst und zwei Flaschen Bier auf den Tisch. Wir setzen uns, und ich erfahre von ihm, dass Königsbrück über viele Jahrhunderte eine durchaus bedeutsame Grenzstadt zwischen dem Königreich Böhmen und dem Kurfürstentum Sachsen, später dem sächsischen Königreich, und dass der im frühen 14. Jahrhundert unter dem sorbischen Namen »Scenc« gegründete Ort Stenz nur für zwei Jahrhunderte eigenständig gewesen sei. Ich höre dem Mann aufmerksam zu, bestätige seine Thesen oder stelle ihm, wenn mir etwas unklar erscheint, Fragen – bis er mich seinerseits unvermittelt fragt, aus welcher sächsischen Gegend ich käme. Ich erwidere ihm, dass mich seine Frage verwundere, denn mein häufiges »Nu, nu« hätte ihm doch zeigen müssen, dass ich ein gebürtiger Dresdner sei.

»Ein gebürtiger Dresdner gewiss«, antwortet der Mann; er sei sich jedoch sicher, fährt er fort, dass ich gegenwärtig – genauer gesagt schon seit einiger Zeit – nicht mehr im Elbtal lebe. Diese exakte Analyse meiner sächsischen Aussprache überrascht mich, und ich gestehe, dass er richtig vermutet und ich seit 30 Jahren woanders wohnen würde. »Pahh«, ruft der Mann begeistert, »ich wusste es! Dein Dialekt klingt nicht nur dresdnerisch«, prognostiziert er, »er klingt wie eine Mischung aus dem Dresdner Sächsischen und der Leipziger Redensart.« Ich erweise ihm meine Hochachtung angesichts seiner richtigen Schlussfolgerung und frage ihn, was denn – dialektisch betrachtet – typisch für die hiesige Gegend sei. Der Mann reagiert sofort: Das für das Elbtal typische »Nu, nu« würde hier nicht mehr gesprochen, behauptet er, aber er könne trotz der alles zunichte und einheitlich machenden Globalisierung allein aufgrund ihrer unterschiedlichen Dialekte einen gebürtigen Großenhainer noch immer von einem in Königsbrück oder in Kamenz Geborenen unterscheiden. Da es mir unmöglich scheint, diese These zu überprüfen, versichere ich, ihm zu glauben, und stoße mit ihm an.

Es wird ein leichter und unterhaltsamer, aber auch nachdenklicher Abend. Denn irgendwann gesteht er mir, es lebe sich nicht einfach in der Provinz: Viele Menschen – besonders frisch ausgebildete Jugendliche und junge Familien – seien weggezogen, und übrig blieben nur die Alten und die ganz Jungen. »Wir treffen uns nicht mehr wie früher zum Einkaufen beim Schlangestehen oder abends in der Kneipe zum Bier, und ein Kino gibt es hier auch nicht. Wozu auch? Weshalb sich die Filme zusammen anschauen, wenn man sie auch zu Hause auf dem Sofa allein sehen kann? Viele nehmen sich kaum noch Zeit füreinander und rechnen nur: Was kann ich mir leisten? Was kostet das? – Früher«, erzählt der Mann, »saßen wir zusammen und erzählten uns Witze oder packten den Rucksack und fuhren zusammen in die Berge. Dort fühlten wir uns dann frei. Heute ist die Freiheit Normalität und wird überall und fast täglich in den Zeitungen, im Radio und im Fernsehen gepriesen. Das erinnert mich ein wenig an das damalige Mantra des nie untergehenden Sozialismus. Haben sie denn heute Angst«, fragt er mich, »dass wir die Freiheit vergessen, wenn man uns nicht an sie erinnert?« Ich blicke dem Mann in sein von ehrlicher, harter und entbehrungsreicher Arbeit gezeichnetes Gesicht. Wahrscheinlich ist es tatsächlich so, denke ich: Wenn man sich vieles nicht leisten kann, rückt die Freiheit allmählich in den Hintergrund, und eines Tages kann man sich nicht mehr an sie erinnern.

5. Kapitel (Von Königsbrück bis Schönfeld/Großenhain)

Vom Leben im Wolfsland, vom Sinn des politischen Kabaretts und vom Unsinn der gegenwärtigen Debattenkultur

Die im Armenhaus verlebten Stunden bleiben im Gedächtnis: Im Holzbett kratzte das Stroh, und es mag wohl möglich sein, dass mich in dieser Nacht nicht nur der Hauch der Geschichte, sondern auch der Geist der hier einst ein Obdach Suchenden berührte. Dabei war dies keinesfalls die erste sehr sonderbare und bemerkenswerte Nacht in meinem Leben. Vor 20 Jahren hatte ich beispielsweise während einer Reise nach Italien mit einem Freund den Krater des Vesuvs erklommen und übernachtete dort, den Abgrund im Angesicht. In jener Nacht blickte ich mehrmals in den Schlund des Vulkans, aus dem – obwohl er zugeschüttet war und versandet – zuweilen dünner, weißer Rauch entwich. Ich blickte aber auch auf die unter uns liegende Bucht von Neapel und sah bis Capri hinüber. Eine andere unvergessene Nacht führte mich einige Jahre später bis in den Himalaya, wo ich mit einem anderen Freund auf einer Höhe von 5000 Metern über dem Meeresspiegel in einem Zelt übernachtete. Irgendwann erwachte ich, trat nach draußen, blickte nach oben und sah über mir eine Nacht, wie ich sie nie zuvor gesehen hatte und auch später nie wieder sah. Ich blickte in die mit Sternen gefüllte Unendlichkeit, und mir wurde bewusst, dass der Mensch ein winziges, lächerliches Ding ist und alle Ideologien und Ismen letztlich zu gar nichts taugen.

Mit der Gewissheit, eine weitere denkwürdige Nacht verbracht zu haben, verlasse ich Königsbrück. Vor mir liegt der westliche Ausläufer der Königsbrücker Heide und damit das letzte Stück des sich von der Oberlausitz bei Görlitz bis zur Autobahn bei Thiendorf erstreckenden sogenannten »Wolfslandes«. »Wolfsland« – so heißt auch eine seit 2016 in unregelmäßigen Abständen vom MDR produzierte Kriminalfilmreihe. Die Serie, die ausschließlich in der Umgebung zwischen Görlitz und Bautzen gedreht wird, nutzt im Titel bewusst die Bezeichnung »Wolf«, um eine für einen Krimi förderliche unheimliche Stimmung zu erzeugen. Als »Wolfsland« bezeichnen jedoch auch in der Oberlausitz lebende Menschen ihre Heimat, und sie haben damit nicht Unrecht, denn die Oberlausitz ist der regionalen Presse zufolge eines der am stärksten von Wölfen besiedelten

Gebiete Europas. Der Unsicherheit und Angst vieler Bauern und Kleintierhalter im »Wolfsland« vor diesem Raubtier stellt die Wolfsexpertin Elli H. Radinger in ihrem Buch »Die Weisheit der Wölfe« ihre These entgegen, dass Wolfseltern ihrem Nachwuchs beibringen, was sichere Nahrung sei, und dass der Mensch, da er sich anders als ein Tier verhält und sich aufrecht fortbewegt, nicht dazugehört. Dennoch reißen die Proteste gegen den Wolf hier nicht ab und zeigen aus Sicht der Wolfsgegner bereits erste Erfolge: So dürfen Wölfe nach einer im Mai 2019 in Sachsen verabschiedeten »Wolfsverordnung« verjagt und unter bestimmten Voraussetzungen auch getötet werden, wenn sie sich einem Wohngebäude oder einem Menschen bis auf 100 Metern nähern und sich nicht verscheuchen lassen.

Die AfD, die zur letzten Landtagswahl mit auf Plakaten abgebildeten Wölfen um Wählerstimmen warb, missbraucht den Mythos »Wolf« für ihre politischen Ziele und nutzt die mit dem Raubtier verbundenen Ängste. Denn der aufrechte Gang mündiger Bürger gehört – trotz dahingehender Parolen und Beschwörungen – keineswegs zum Ziel der seit einigen Jahren vom Verfassungsschutz beobachteten Partei. 2013 von dem 1962 in Westberlin geborenen Wirtschaftswissenschaftler Bernd Lucke gegründet und in Sachsen bei der letzten Landtagswahl zur zweitstärksten Partei gewählt, offenbarte sich die AfD zunächst nur als EU-skeptisch und wirtschaftsliberal. Neu hinzugekommen sind seit 2015 unüberhörbare antidemokratische Tendenzen, gepaart mit nationalistischen und völkischen Zielen. Dass Menschen, die den von Hannah Arendt und den Theoretikern der Frankfurter Schule beschriebenen »aufrechten Gang« nie lernten und es nie wagten, sich so fortzubewegen, sich den in den Wäldern lebenden Wölfen und auch den in der Politik als »Wölfe in Schafspelzen« agierenden Demagogen bereitwillig unterwerfen, ist in der Geschichte nichts Neues – das hatte auch die soeben erwähnte Journalistin Elli Radinger erkannt. Dass der Mensch im Naturzustand dem Menschen ein Wolf sei und in ständiger Unsicherheit bei permanenter Konkurrenz zu seinen Mitmenschen lebe, behauptete im 17. Jahrhundert der englische Philosoph Thomas Hobbes. In seinem 1651 veröffentlichten Hauptwerk »Leviathan« schrieb er zudem, dass dem Menschen nur die bereitwillige Unterwerfung unter die Autorität eines starken, mächtigen Staates oder eines absolut regierenden Souveräns Schutz und Geborgenheit bieten könne. Ein autoritärer Staat mit gefestigten staatlichen Institutionen und einer übermächtigen Exekutive – verbunden mit einer sich gegenüber dem globalen Markt behauptenden und vom Staat gestützten und geschützten Wirtschaft – ist das Ziel nationalkonservativ denkender und nationalistisch gesinnter Politiker. Zu befürchten ist, dass ein solcher Staat – sollte es ihn eines Tages geben – sich gegenüber politisch Andersdenkenden nicht fair verhalten, kulturelle Vielfalt und Diversität unterbinden und die Rechte von sozial Schwachen sowie von Flüchtlingen und Fremden auf ein Mindestmaß reduzieren wird.

Nach der Durchquerung des westlichen Ausläufers der Königsbrücker Heide erreiche ich in der Nähe von Thiendorf die A 13. Von hier sind es nur wenige Kilometer bis Schönfeld. Die Herberge, in der ich vor zehn Jahren übernachtete, gibt es nicht mehr. Auch die Gaststätte, in der ich damals ein Bier trank und mich vom Pilgern ausruhte, empfängt keine Gäste mehr. Kurz entschlossen ändere ich mein Programm, gehe zur Bushaltestelle und kaufe mir eine Fahrkarte nach Dresden. Dort möchte ich mit der Straßenbahn nach Hellerau fahren, um bei meiner Mutter zu übernachten. Sie ist der wichtigste Mensch in meinem Leben. Sie schenkte und schenkt mir Geborgenheit und ihre Liebe, als ich ein kleiner Junge war. Sie stärkte mich mit ihrem Vertrauen, sie gab mir Halt, und sie wärmte mich, wenn ich fror. In den letzten Jahren wich ihre Vitalität jedoch dem Alter: Ihr einst schönes und kräftiges schwarzes Haare ist ergraut, und immer öfter geschieht es, dass ich nachts aus quälenden Träumen erwache und mich ängstige, weil ich weiß, dass die Zeit, die uns bleibt, viel zu schnell vergeht. Bin ich im Haus meiner Eltern, dann sehe ich sie oft allein und in Gedanken versunken in ihrem Sessel sitzen. Dann gehe ich zu ihr, halte ihre dünn gewordenen Hände, blicke in ihr vom Alter gezeichnetes Gesicht und bin glücklich, bei ihr zu sein. Ich schäme mich nicht dafür – bin erwachsen geworden, stehe mit beiden Beinen fest im Leben und erkläre in der Schule Schülerinnen und Schülern, warum das Fach Geschichte wichtig ist, warum Revolutionen und Kriege ausbrechen und weshalb es besser ist, einen Krieg zu verhindern, statt ihn zu führen.

Im Bus nach Dresden sitzend und durch ein Fenster nach draußen blickend, erregt ein an einen Elektromast geklebtes Plakat meine Aufmerksamkeit. Ich blicke genauer hin und erkenne, dass Uwe Steimle für einen Auftritt in der Landeshauptstadt wirbt. Seit der Absetzung der von 2013 bis 2019 vom MDR produzierten Sendung »Steimles Welt« hat sich der Kabarettist, mit Ausnahme vereinzelter öffentlicher Auftritte, von der Fernseh-Öffentlichkeit zurückgezogen und mit einer im Keller seines Hauses gedrehten neuen Sendereihe als gesellschaftlicher Provokateur profiliert. Dabei könnte man seine absichtlich zugespitzten Pointen – wie zum Beispiel die mit den Losungen »Kraft durch Freunde«, »Ami go Home« und »Wer Grün wählt, wählt den Krieg« bedruckten T-Shirts, die er Nickis nennt – mit viel Wohlwollen geraderücken, wenn man seine Äußerungen als Teil des von ihm inszenierten politischen Kabaretts versteht, und ihn damit rehabilitieren: Die Losung »Kraft durch Freunde« ist Steimle zufolge nicht seine Erfindung, sondern beruhe auf der Idee des von den Nazis in ein Konzentrationslager deportierten Berufskollegen Werner Finck. »Ami go Home« wiederhole lediglich eine Forderung der Friedensbewegung der 80er Jahre, erklärt Steimle, wenn er gefragt wird, und weist darauf hin, dass auf deutschem Boden mindestens 20 amerikanische Atomraketen lagern, die nur die Amerikaner bedienen können. Und der Slogan mit den Grünen soll ihm zufolge nur den Kontrast hervorheben, dass vor allem führende Mitglieder dieser Partei, die einst pazifistisch gewesen war, ununterbrochen neue Waffenlieferungen für den Krieg gegen Russland fordern.

Mit diesen Erklärungen könnte man Steimles Witze und seine »dem Volk aufs Maul schauenden« Sprüche gutheißen und akzeptieren, gäbe es nicht vermutlich doch – obgleich er selbst sich politisch links verortet und mit dem jüdischen Inhaber eines in Chemnitz befindlichen jüdischen Restaurants befreundet ist – eine Nähe zur AfD sowie zu bekannten und einflussreichen Verschwörungstheoretikern. Dies ist die dünnste Stelle in seinem Satire-Gebäude, und es ist nicht nur tragisch, sondern wahrscheinlich sogar verwerflich, dass er es Volker Pispers und Georg Schramm – den Grandseigneurs des politischen Kabaretts – nicht gleichtut und sich nicht wie sie entschieden von der AfD und überzogener Heimattümelei abgrenzt. Pispers und Schramm jedoch verstanden sich als akademisch gebildete Intellektuelle, und als solche schauten sie nicht dem Volk aufs Maul, sondern übten systemische Kritik am Kapitalismus. Der 1963 in Dresden geborene Uwe Steimle, der sich gern in die zu enge Bauarbeiterjacke des verrenteten Sachsen Günther Zieschong – einer von ihm geschaffenen Kunstfigur – zwängt und sich, wenn es die Situation hergibt, einen Hut oder eine russische Schapka aufsetzt und in gekonnter Manier Erich Honeckers Stimme imitiert, gibt sich im Gegensatz dazu nicht als ein akademisch gebildeter Intellektueller, sondern als ein Künstler, der mit den sogenannten »einfachen Leuten« fühlt, der Politiker und Leitmedien sarkastisch und ironisch derb kritisiert und auf ihre Kosten Witze und Possen reißt und der mit dem »kleinen Mann« im sächsischen Dialekt spricht. Sein Publikum findet sich weniger in der universitären Großstadtelite, sondern vielmehr im auf dem Land und in den Kleinstädten lebenden gewerblichen Mittelstand. Zu seinen Anhängern gehören normale, einfache Menschen – und eben auch mehrheitlich ostdeutsche Vorruheständler und Rentner, die für ihre Lebensleistung keine Wertschätzung erfuhren, vor einer möglichen Altersarmut fürchten und sich abgehängt und von den Politikern, die sie einst selbst wählten, betrogen und verraten fühlen. Uwe Steimle aber deswegen – wie zum Beispiel in Halle im Juni 2022 durch das »Bündnis gegen rechts« geschehen – ohne mit ihm zu reden oder ihn zumindest anzuhören in eine rechte Ecke zu stellen und öffentlich als einen »Nazi« zu diffamieren, offenbart meines Erachtens ein boshaftes Missverstehen und zeigt, dass heutigen akademisch gebildeten Woke-Linken eine »Cancel Culture« offenbar besser geeignet und wichtiger erscheint als die Fähigkeit, sich auf Diskussionen einzulassen – und es zeigt die Engstirnigkeit und Eindimensionalität der gegenwärtigen gesellschaftlichen Debattenkultur.

6. Kapitel (Von Großenhain nach Glaubitz bei Riesa)

Von den Unterschieden beim Lesen in einer freien Gesellschaft und in einer Diktatur, von einem fast selbst fahrenden Auto und von einem Dorf, dem die Frauen weglaufen

Eine alte Weisheit besagt, dass jeder Mensch zu etwas Besonderem fähig ist und etwas Besonderes in sich birgt. Auch die Stadt Großenhain birgt etwas unerwartet Besonderes, denn nachdem ich am Morgen mit dem Bus von Dresden auf den Jakobsweg zurückgekehrt bin und nun durch das Stadtzentrum gehe, fällt mein Blick auf eine am ehemaligen Amtshaus angebrachte Tafel. Darauf steht, dass der 1786 im sächsischen Löbau geborene Karl Benjamin Preusker hier in Großenhain 1828 die erste öffentliche Volksbibliothek gründete und damit das deutsche Bildungswesen reformierte.

Die Idee, dass das Volk gebildet werden und zum Lesen angeregt werden solle, ist mir als einem gelernten DDR-Bürger nicht fremd – und ich kenne auch die dazugehörigen Widersprüchlichkeiten. Es stimmt: Die DDR war ein Buch- und Leseland, und viele moderne Autoren und Klassiker konnte man preiswert kaufen. Da der Staat und die mit ihm verbundene sozialistische Einheitspartei es sich jedoch nicht nehmen ließen, dem Volk gegenüber paternalistisch aufzutreten und selbst das Schreiben und Lesen zu kontrollieren, wurden einige Bücher, die man besaß oder die man gelesen hatte, geradezu kultisch verehrt: Einmal ins Regal gestellt, hütete man sie wie einen Schatz und verlieh sie nur an sehr gute und auserwählte Freunde. Freilich entpuppten sich später manche der einst auserwählten Freunde als Spitzel der Staatssicherheit, und manch einer, der das »falsche«, weil verbotene Buch schrieb, las oder besaß, bekam Schwierigkeiten mit der Obrigkeit und landete im Gefängnis. In seinem Gebaren gegenüber aufmüpfigen und selbstständig denkenden Bürgern ähnelte der Arbeiter- und Bauernstaat dem von Fürst Metternich nach dem Wiener Kongress aufgebauten und mehr als 30 Jahre wirkenden Überwachungs- und Polizeistaat, den auch Preusker gekannt haben muss. Doch auch hier führte, wie in der Ära des real existierenden Sozialismus, die allen diktatorischen und autoritären Systemen innewohnende Überwachungspraxis zu einer merkwürdigen Paradoxie: Sie bewirkte, dass die Leser und

Leserinnen »dank« der zensierten Bücher das Denken und Lesen zwischen den Zeilen übten – und den damit verbundenen aufrechten Gang. Und vielleicht gehört zu den Paradoxien der Geschichte auch, dass diejenigen, die sich während der Jahre des real existierenden Sozialismus im kritischen Lesen und Denken übten, nun abermals Anpassungsschwierigkeiten haben, da sich das jetzige System zwar liberal nennt, letztlich aber vor allem über das Geld und die damit verbundene Kaufkraft definiert.

Zu den Büchern, die die DDR-Oberen bis zuletzt unter Verschluss hielten und die ich trotzdem – oder gerade darum – mit großem Interesse las, gehörten neben George Orwells Klassiker »1984« und Arthur Koestlers »Sonnenfinsternis« die Werke Karl Mays sowie Nietzsches Schriften. Nachdem meine Klassenkameraden und ich Mays Romane noch zu Hause im eigenen Zimmer oder in der Schule während des Unterrichts versteckt unter der Schulbank gelesen hatten, wiesen mich am Ende der 80er Jahre in der Dresdner Neustadt lebende Freunde darauf hin, dass die DDR beabsichtige, eine Faksimileausgabe von Nietzsches »Ecce Homo« zu veröffentlichen. Ich erinnere mich, dass ich damals zum ersten Mal in meinem Leben den Namen »Nietzsche« hörte – und fortan erweiterte sich mein philosophischer Blick, der bis dahin fast ausschließlich um Karl Marx' Werke gekreist war, erheblich.

Großenhain verlasse ich durch den am westlichen Stadtrand angelegten Stadtpark. Der Stadt folgen die Dörfer Skassa und Weißig und schließlich der Ort Glaubitz. Nur wenige Meter vor dem Ortseingangsschild hält ein SUW neben mir, und der Fahrer fragt mich, ob ich ein Pilger sei und ob er mich mitnehmen könne. Mich überrascht diese Frage, und ich suche vergeblich nach einem Motiv. Argwöhnisch blicke ich in das Fahrzeug. Da am Lenkrad jedoch ein wohlbeleibter und wahrscheinlich bald in Rente gehender Mann sitzt und freundlich zu mir blickt, entscheide ich mich dafür, das Angebot anzunehmen.

Im Auto sorgt eine Klimaanlage für gemäßigte Temperatur, und mein Sitz bewegt sich wie von einer unsichtbaren Hand geführt. »Das geschieht alles vollautomatisch«, erklärt der Mann stolz. »Sogar die Geschwindigkeit, der jeweils eingeschaltete Gang, die gefahrenen Kilometer und die Strecke werden angezeigt und digital erfasst.« Ich schweige betroffen und verheimliche dem Mann, dass mich der technische Krimskrams nicht die Bohne interessiert. Der Mann, der einen Hut mit einer auf der Krempe abgelegten Sonnenbrille trägt, fährt in seinen Erklärungen fort, bis er – ohne dass ich ihn darauf angesprochen hätte – darauf besteht, dass die Behauptung, dass Glaubitz der Ort sei, dem die Frauen wegliefen, nicht stimmen würde. Und ebenso würde nicht stimmen, betont er, dass die hier lebenden Männer zu nichts taugen. Immerhin besitze er einen halbautomatischen SUW, fügt er hinzu, und sei damit das beste Gegenbeispiel für diese These.

Nach dieser Offenbarung wird mir klar, warum der Mann mich – einen ihm unbekannten Pilger – zur Mitfahrt einlud: Bestimmt hatte er gedacht, dass ich von weit käme und zum ersten Mal in dieser Gegend sei. Wahrscheinlich wollte er mir beweisen, dass sein Heimatort vor einigen Jahren zu Unrecht in die Schlagzeilen der medialen Aufmerksamkeit geraten war. Ich erinnere mich, dass damals eine für die Süddeutsche Zeitung tätige Journalistin in einem Artikel über Glaubitz behauptet hatte, dies sei europaweit der Ort mit dem größten Männerüberschuss, und die Frauen liefen den Männern hier weg. Dieser Artikel hatte damals in der Region und darüber hinaus viel Staub aufgewirbelt – und unklar war natürlich, ob die einige Tage später in der Sächsischen Zeitung veröffentlichte Gegendarstellung ebenso aufmerksam gelesen wurde wie der Artikel in der Süddeutschen einige Tage zuvor. In der Gegendarstellung hatte ein in Sachsen beheimateter Journalist die unsauber geführten Recherchen der im Westen der Republik sozialisierten Journalistin geradegerückt und darauf hingewiesen, dass mindestens 200 der in der Vollzugsanstalt Zeithain inhaftierten Männer in Glaubitz gemeldet seien. Der hier vermeintlich existierende Männerüberschuss sei, resümierte der Journalist, der Kategorie Fake News zuzuordnen – Fake News allerdings seitens der Leitmedien, die das in der ländlichen Region lebende Volk gerne und oft als Lügenpresse tituliert.

Die Stimme einer unsichtbaren Frau, die mit entschlossener Stimme sagt: »Sie haben Ihr Ziel erreicht!«, reißt mich aus meinen Gedanken. Ich verabschiede mich von dem Mann, danke für die Fahrt und wünsche ihm – da er keinen Ehering trägt – viel Glück in der Liebe. Der Mann beweist Humor: Er lächelt verschmitzt zurück, dabei auf meine ringlosen Finger blickend – dann gibt er dem Ross die Sporen.

Ich stehe in einer Eigenheimsiedlung. Große, aber kurz geschnittene Hecken grenzen die einzelnen Grundstücke voneinander ab – zumindest diese Gegend des Ortes, wo Familien mit mindestens einem Kind leben, widerspricht der in der Süddeutschen Zeitung aufgestellten These. Die heutige Nacht verbringe ich in einer im Erdgeschoss eines Hauses eingerichteten Herberge; die Gastgeberin erweist sich als eine aufgeschlossene und freundliche Frau. »Weil ich selber gerne und oft pilgere, haben mein Mann und ich nach dem Tod meiner Mutter ihre Wohnung zu einer Unterkunft für Pilger umgebaut«, sagt die Frau, »und du bist der erste Pilger, der hier übernachtet.«

»Das ist ja fantastisch«, antworte ich und füge hastig hinzu, dass ich hoffe, den Erwartungen zu genügen. Die Frau beruhigt mich mit der

Bemerkung, dass ich sympathisch aussähe und sie sich in ihrer Einschätzung von Menschen bisher selten geirrt habe. »Das ist wirklich wunderbar«, wiederhole ich, »dass ich der erste Pilger bin, der die Wohnung nutzt und hier übernachtet.« Dann frage ich, ob es im Ort einen Konsum gäbe: »Zur Feier des Tages würde ich gern eine Flasche Sekt spendieren.«

»Das ist eine gute Idee«, antwortet die Frau und fügt hinzu, dass sie zum Einkaufen fahren und auch Spaghetti, Tomaten und Bier mitbringen könne. Ich danke ihr, überreiche ihr das Geld für das Pilgermahl und den Sekt und lege mich im Schlafzimmer in eines der Betten.

Ein sanftes Klopfen beendet meine kurze, aber intensive Tagträumerei. Vor der Tür steht die Frau mit zwei prall gefüllten Einkaufstaschen in ihren Händen. Ich nehme ihr die Taschen ab, begleite sie in die Küche und zusammen bereiten wir ein prächtiges Pilgermahl.

Beim Essen fragt sie mich, ob ich bereits bis Santiago de Compostela gepilgert sei. »Nicht ganz«, antworte ich und füge hinzu, dass ich vor 20 Jahren während der sommerlichen Semesterferien mit Zug und Bus von Leipzig bis nach Saint-Jean-Pied-de-Port gefahren und von dort bis Burgos gepilgert bin. »Weiter bin ich damals nicht gekommen«, erkläre ich. »Die Hitze, die ein unbeschwertes Pilgern nur in den frühen Morgenstunden und ab dem Nachmittag möglich machte, und viel zu viele Pilger nachts in den Herbergen – und auch tagsüber auf dem Weg – führten dazu, dass ich in Burgos die Tour beendete und von dort mit dem Zug zurückfuhr.«

»Die Hitze und die zu vielen Pilger, das habe ich auch erlebt«, sagt die Frau. »Um die Sache zu erleichtern, pilgere ich seit mehreren Jahren mit zwei Freundinnen während der Ferienzeit jeweils nur zwei Wochen auf dem Camino – wenn alles klappt, werden wir Santiago in fünf Jahren erreichen. Aber den ökumenischen Pilgerweg«, fährt sie fort, »habe ich bereits dreimal in voller Länge von Görlitz bis nach Vacha bewältigt.«

»Darauf stoßen wir an«, fordere ich sie auf, und wir trinken Sekt. Im Verlauf des Abends sprechen wir auch über den vor einigen Jahren in der Süddeutschen Zeitung veröffentlichten Artikel. Die Frau berichtet, dass er im Ort für viel Aufsehen sorgte und auch sie irritiert habe. Ihr sei natürlich bewusst, dass es die Landflucht wirklich gibt und vor allem gut ausgebildete und junge Frauen ihre Heimatdörfer oder Kleinstädte verlassen und in den ostdeutschen Großstädten oder im Westen ihr Glück versuchen. Aber trotzdem habe sie die im Text offenbar gewordene Voreingenommenheit der Journalistin gegenüber den in der ostsächsischen Provinz lebenden Menschen und den angeblich hier vorherrschenden Verhältnissen bestürzt. »Bei einem so schlecht geschriebenen und schlecht recherchierten Text«, wettert sie, »ist es kein Wunder, dass hier lebende Menschen sich in ihren Vorurteilen gegenüber den in den Großstädten und im Westen lebenden Meinungsmachern und den Leitmedien bestätigt fühlen, dann bei Pegida Trost suchen und sich montagabends zum gemeinsamen Spaziergang treffen.« Da mir die Frau sympathisch ist und mich so großherzig aufgenommen und bewirtet hat, frage ich sie nicht, ob auch sie zu diesen »besorgten Bürgern« gehöre. Ich vermeide das heikle Thema und lenke das Gespräch stattdessen auf den Jakobsweg und dort Erlebtes.

7. Kapitel (Von Glaubitz bei Riesa nach Lampertswalde)

Von Fährmännern und Schäfern, von völkischer Vergangenheit und Gegenwart und von einer weiteren ungewöhnlichen Nacht

Am nächsten Morgen stehe ich während dieser Tour zum ersten Mal am Ufer der Elbe. Der Fluss, der während der letzten zwei Jahrzehnte zweimal unerwartet heftig und brachial seine zerstörerischen Kräfte gezeigt hatte, fließt heute still. Ich lasse mich von seiner Sanftheit und der ihn umgebenden Ruhe verführen, werfe den Rucksack ab und mache Rast auf einer Wiese, obwohl ich erst wenige Minuten zuvor die Tour startete.

Flüsse haben Menschen zu allen Zeiten zum Denken angeregt und oft auch dazu motiviert, an ihren Ufern zunächst in hölzernen Hütten zu siedeln und später hier Dörfer und Städte zu gründen. Schon lange bevor es Brücken gab, die einen sicheren und unbeschwerten Wechsel zwischen den Ufern ermöglichten, nutzten die Menschen seichte Stellen als Furten oder riefen nach Fährmännern, die sie auf Flößen oder Schiffen über das Wasser transportierten. Den Fährleuten wurden oft mystisches Wissen und spirituelle Fähigkeiten zugeschrieben. Der Prinz Siddhartha zum Beispiel begegnet in Hermann Hesses gleichnamigem Roman einem Fährmann, der ihn lehrt, auf den Fluss zu hören und seinen eigenen sowie auch den Kräften des Wassers zu vertrauen.

Fährmänner, die Wanderer oder Pilger auf einem Floß von der einen Seite des Flusses auf die andere geleiten, sind selten geworden. Dafür jedoch spüre ich in diesem Augenblick, in dem ich einsam im Gras sitze und auf das Wasser der Elbe blicke, jenen besonderen Zauber, den wohl auch Arthur Schopenhauer einst spürte: Der Philosoph war 1814 bewusst von Jena nach Dresden gezogen und hatte hier ein Jahr später, am Ufer der Elbe, sein Hauptwerk »Die Welt als Wille und Vorstellung« geschrieben. Dieses Buch war für die damalige Zeit sehr mutig, vielleicht sogar verwegen, denn Schopenhauer stellte darin – sich dabei auch auf die Erkenntnisse der indischen Philosophie berufend – die These auf, dass die Natur und damit auch der Mensch einem allem zugrunde liegenden Ur-Willen folgen. Mit dieser Idee stellte er sich nicht nur gegen den philosophischen Mainstream des modernen Europa mit dem positivistischen und empirischen Denken, sondern zweifelte gleichzeitig auch – noch bevor es die Psychologie als

Wissenschaft gab – an der Willensfreiheit des Menschen und behauptete, dass es letztlich psychologische Motive seien, die Menschen dazu bringen, zu malen, zu dichten und zu musizieren. Schopenhauer starb 1860 einsam und zurückgezogen in Frankfurt am Main, aber seiner These, dass die Musik, weil sie nichts Bildhaftes vorgibt, die höchste Form der Kunst sei, folgten zum Beispiel Richard Wagner und Friedrich Nietzsche. Nietzsche, der von sich behauptete, Schopenhauers gelehrigster Schüler gewesen zu sein, forderte die Menschen in seinen Schriften jedoch dazu auf, den allem zugrunde liegenden Ur-Willen nicht – wie von Schopenhauer gefordert – zu negieren oder zu sublimieren, sondern ihn kraftvoll und im Sinne einer schöpferischen Ästhetik auszuleben.

Kraftvoll und ästhetisch schreitet der Schäfer, dem ich wenige Minuten später begegne, auf dem Elbradweg. Ja, kraftvoll und ästhetisch führt er seine Herde, die mir den Weg versperrt. Als ich ihm unmittelbar gegenüberstehe, erweist er sich als ein Vertreter der alten Schule. Wie es sich für einen zünftigen Schäfer geziemt, bedeckt ein schwarzer Zimmermannshut mit weiter Krempe seinen Kopf, und sein Oberkörper steckt in einer schwarzen Weste, unter der er ein weißes Leinenhemd trägt. Seine dunkelbraune Lederhose gibt den Blick auf feste schwarze Stiefel frei, und in seiner rechten Hand hält er einen Hirtenstab, mit dem er der Herde den Weg weist und auf den er sich stützt, während er mit mir spricht.

Nachdem wir uns begrüßt haben, fragt er mich, warum ich mit dem Rucksack auf dem Rücken und zu Fuß auf dem Elberadweg gehe, und er will wissen, ob ich damit möglicherweise einen neuen urbanen Trend repräsentiere. Ich beruhige ihn und erkläre ihm, dass ich als Pilger unterwegs sei und gestern den Jakobsweg unmittelbar vor Glaubitz verließ, um dort zu übernachten.

»Dann ist es ja gut«, meint der Mann. »Ich hatte schon befürchtet, dass es zum neuesten Mainstream gehört, auf dem Elberadweg nicht mehr mit dem Fahrrad zu fahren, sondern zur Optimierung des eigenen Ichs mit dem Rucksack zu marschieren.«

Ich lächle beschwingt, und zwischen uns entspinnt sich ein Gespräch über die neuesten Trends der modernen Gesellschaft und den Drang vieler Zeitgenossen, sich unaufhörlich am Verhalten anderer zu orientieren und sich ständig zu perfektionieren. Wir einigen uns rasch darauf, dass der Sinn des Lebens nicht in diesen Dingen und Verhaltensweisen liegt, sondern in anderen Zielen und Werten, als der Schäfer mich unvermittelt fragt, wie weit ich am Ufer der Elbe wandern wolle.

»Bis Strehla«, antworte ich.

»Du willst wirklich nur bis Strehla?«, fragt der Schäfer enttäuscht. Ich nicke und weise ihn darauf hin, dass der Pilgerweg in Strehla die Elbe verlässt und von dort in die Leipziger Tieflandsbucht führt. Das sei ihm bekannt, antwortet er, aber da ich den Pilgerweg bereits einmal verlassen hätte, habe er gehofft, dass ich bereit sei für ein weiteres Mal.

»Ich wüsste keinen zweiten Grund«, antworte ich.

»Weißt du, wer Joe Polowsky gewesen ist?«, fragt er mich.

»Nein«, antworte ich, »einen Polowsky kenne ich nicht.«

»Das ist schade«, entgegnet er mir. »Denn Menschen wie Polowsky fehlen uns heute.« Ich bitte den Mann, mich aufzuklären und mir zu sagen, wer Polowsky gewesen und warum es so wichtig sei, ihn zu kennen. »Es ist der Krieg«, antwortet er. »Es ist der verdammte Krieg zwischen Russland und der Ukraine und den mit der Ukraine verbündeten Amerikanern. Diese Katastrophe hätte er bestimmt verhindern wollen.« Er erklärt mir, dass Polowsky der amerikanische Soldat war, der am 25. April 1945 in Lorenzkirch bei Strehla einem russischen Kommandanten die Hand reichte. Dem Schäfer zufolge hat diese Begegnung Polowskys Leben verändert und ihn zum Pazifisten und zum Kämpfer für den Frieden werden lassen. »Doch nun«, sagt er, »schau dir an, was sie aus seiner Idee gemacht haben – nun ist wieder Krieg!«, ruft er verzweifelt. »Zwischen Russland und den USA ist wieder Krieg! Es ist zum Kotzen, und es widert mich an.«

Nach diesen Worten schweigt der Mann. Da ich nicht weiß, wie und was ich ihm antworten soll, entsteht kurzzeitig eine bedrückende Stille. Schließlich ergreift er wieder das Wort: »Dabei hat Gorbatschow dem Westen nach 1990 die Hand gereicht«, sagt er. »Er hat den Weg zu einem geeinten Deutschland bereitet und dabei auf ein neues, friedliches Europa gehofft. Doch es sollte nicht sein«, fügt er resigniert hinzu. »Die Falken haben gesiegt, und jetzt ist wieder Krieg«.

Der Schäfer macht eine Pause. Er atmet tief durch und behauptet dann: »Ich bin ich fest davon überzeugt, dass die alte Wahrheit noch immer gilt, die besagt, dass ein sibirischer Bauer oder Schäfer ebenso wenig den Krieg will wie ein Bauer oder Schäfer in der amerikanischen Prärie. Der einfache Mann und die einfache Frau, sie wollen in Frieden leben, eine Familie gründen, ihre Kinder erziehen, sie in die Schule schicken und zur Arbeit gehen. Und dennoch gibt es ihn, den Krieg – immer und immer wieder. Warum kommen die Menschen nicht zur Vernunft? Warum ist jetzt wieder Krieg?«

Ich blicke ihn an, und weil ich keine Grundsatzdiskussion beginnen und nicht neunmalklug wirken will, verschweige ich, dass ich Geschichte und Ethik studiert habe. Stattdessen behaupte ich, dass in der bisherigen

Geschichte das einfache Volk meines Wissens noch nie die Politik und den damit verbundenen Verlauf der Geschichte unmittelbar mitbestimmte. »Stets waren und sind es«, behaupte ich, »die gewählten, selbst ernannten oder angeblich von Gott berufenen Präsidenten oder Volksvertreter gewesen, die Kriege ausriefen – in Wahrheit aber staatlichen Großmachtinteressen oder den Interessen von Wirtschaft oder der Kirche folgten. Dies ist die traurige Wahrheit der bisherigen Geschichte«, resümiere ich.

Der Schäfer blickt mir ins Gesicht. »Du hast wohl Recht mit dieser Behauptung«, meint er. »Ich würde mich trotzdem freuen, wenn Torgau das Ziel deiner Reise wäre. Denn Polowsky hatte vor seinem Tod bestimmt, dass er nicht in den USA, sondern in Torgau beerdigt werden solle.«

Wir verabschieden uns, der Schäfer pfeift und winkt den im Gras liegenden zwei Hunden. Sie springen sofort auf, umkreisen die Herde, und die Karawane setzt sich in Bewegung, als hätte es dieses Zeichens bedurft und sie nur darauf gewartet. Ich bleibe wie angewurzelt stehen, beobachte staunend die Szenerie und gehe, nachdem die letzten Schafe meine Beine streiften, flussabwärts.

In Gohlis trifft der Elberadweg auf den aus Zeithain kommenden Jakobsweg. In Zeithain steht – noch unverändert – die Justizvollzugsanstalt. In einem Zeitungsartikel las ich, dass das Zeithainer Gefängnis in zwei Jahren verkleinert und zurückgebaut werden soll, da in Zwickau ein größeres und moderneres Gefängnis gebaut wird. Ich las dort aber auch, dass der Leiter dieser Anstalt bereits 2016 seine Arbeitsstelle verließ und seine beim sächsischen Freistaat eingereichte Kündigung damit begründete, dass er niemand sein wolle, »der in 20 Jahren auf Tagungen die Abschaffung der Gefängnisse fordert, aber selbst ein Gefängnis leitet.« Ich bin mir sicher, dass es weltliche Gründe und gesellschaftliche Erkenntnisse waren, die ihn zu dieser Entscheidung motivierten und nicht die dem Jakobsweg angeblich innewohnenden spirituellen Energien. Und dafür bewundere ich diesen Mann, denn er hat – in Zeiten, in denen Kindern und Jugendlichen in Schulen beigebracht wird, dass Egoismus und gegenseitige Konkurrenz naturgegeben seien und zu den angeblich notwendigen Triebfedern einer vom Markt beherrschten Gesellschaft gehören – erkannt, dass Freiheit ohne soziale Gerechtigkeit ein ebensolches Unding ist wie soziale Gerechtigkeit ohne Freiheit, und dass soziale Ungerechtigkeiten eine wachsende Kriminalität erzeugen.

In Strehla nehme ich mir die Zeit und besichtige das erst vor einigen Jahren auf dem Kirchhof aufgestellte Pilgerdenkmal. Danach jedoch muss ich mich sputen, denn es sind noch einige Kilometer bis auf den Liebschützer Berg. Auf dem Gipfel scheint alles wie vor zehn Jahren: Die Mühle dreht sich und trotzt allen Unwettern und Gefahren, und der Blick von hier auf das unten im Tal liegende flache sächsische Land könnte – so möchte man auf den ersten Blick meinen – unbeschwerter nicht sein. Und doch gibt es da etwas, was mit dem Blick auf die südwestlich am Horizont liegende Landschaft zumindest meine Stimmung trübt. Ich meine die völkischen Siedler, die sich seit einigen Jahren in der Umgebung von Leisnig am Ufer der Freiberger Mulde niedergelassen und verlassene Dreiseitenhöfe gekauft haben. Man könnte dieses Phänomen – die Bewirtschaftung und Urbanisierung ländlicher Gegenden durch völkische Siedler –, wie bereits vor 100 Jahren geschehen, verharmlosen und bagatellisieren, wenn sich die Zahl der Siedler in den letzten Jahren nicht vervielfacht hätte und wenn mich diese bedrückende Entwicklung nicht an meine 2007 an der Universität Halle-Wittenberg verteidigte Promotion erinnern würde.

In der Dissertation hatte ich nachgewiesen, dass die in Sachsen bereits vor und nach dem Ersten Weltkrieg existierende Völkische Bewegung von den in den Städten lebenden und wirkenden Eliten unterschätzt worden war. Auf diese Hochnäsigkeit gegenüber der Entwicklung auf dem Land sowie gegenüber den Einstellungen und Lebensweisen eines Großteils der hier lebenden Bevölkerung wies viele Jahrzehnte vor mir der in einem vorherigen Kapitel bereits erwähnte österreichisch-ungarische Sozialwissenschaftler Klaus Polanyi hin und auch darauf, dass sie, die Völkischen, – die sich von Beginn an mit einem radikalen Antisemitismus und mit rassistisch begründeten Werten, Normen und Prinzipien gegenüber einer demokratischen und freien Gesellschaft offen abgrenzten, den Liberalismus als Ideologie bekämpften und sich gegen die mit dem Kapitalismus verbundenen globalen Finanzkreisläufe wehrten – davon profitierten und profitieren.

Dass es besser gewesen wäre, bereits damals – vor allem in den Jahren der Weimarer Republik – genauer hinzuschauen und die völkischen Siedler nicht zu unterschätzen, beweist – um nur ein Beispiel zu nennen – die Entstehung und Wirkung des 1924 in der Gartenstadt Hellerau bei Dresden gegründeten Bundes der Artamanen: Ebenso wie die heutigen völkischen Siedler bei Leisnig und die bei Güstrow beheimateten sogenannten Neo-Artamanen profitierte der Bund damals von der Deindustrialisierung auf dem Land, von günstigen Grundstückspreisen und geringem Bevölkerungsanteil von Menschen mit Migrationsbiografie bei einer gleichzeitigen traditionell-konservativen und zum Teil auch nationalistischen Einstellung vieler Dorfbewohner. Und wie sich die heutigen Siedler an rassistischen Ideologien wie zum Beispiel der völkisch-esoterischen Glaubenslehre von Wladimir Magre und der mit ihm verbundenen »Anastasia-Bewegung« orientieren, folgten die Artamanen in ihren Anfangsjahren vor allem den Ideen Willibald Hentschels und Bruno Tanzmanns, die zu jener Zeit zu den führen Propagandisten der sich von Sachsen aus in ganz Deutschland verbreitenden völkischen Szene gehörten. Nachdenklich stimmt mich auch die Tatsache, dass es den Artamanen vor 100 Jahren rasch gelungen war, sich zum größten, einflussreichsten und in rassistischer Hinsicht radikalsten völkischen Bund zu formieren: Betrieben sie 1924 deutschlandweit lediglich 6 Güter mit 100 hier arbeitenden Siedlern, so waren es nur fünf Jahre später 270 Güter auf denen 2.300 Siedler wohnten und arbeitenden. Und ebenso drückt die frühe und enge Verflechtung der Artamanen mit der 1925 gegründeten SS – die jedoch erst im Nationalsozialismus unter Führung Heinrich Himmlers ihre besondere Bedeutung und ihren Einfluss erhielt – auf mein Gemüt: Heinrich Himmler, Rudolf Höß und Richard Walther Darré waren, bevor sie im Dritten Reich als führende Nationalsozialisten Karriere machten, Mitglieder der Artamanen gewesen.

Mit der Hoffnung, dass ich in Bezug auf das gegenwärtige Erstarken der völkischen Szene auf dem Land zu schwarz sehe, verlasse ich den Liebschützer Berg und wandere nach Lampertswalde. Hier empfängt mich die Frau des Wirts mit einem kühlen Bier und mit der traurigen Nachricht, dass sich ihr Mann vor fünf Jahren das Leben nahm. Es seien, erklärt sie, Depressionen gewesen, die ihn irgendwann immer trauriger und schwermütiger werden ließen; auch habe er am Sinn seiner Existenz in einer den Interessen des Marktes folgenden Gesellschaft gezweifelt. Ich teile ihr mein Beileid mit und ergänze, dass mich sein Tod trotzdem überrascht, da ich ihren Mann – ich verweise auf den bemerkenswerten Nachmittag vor 10 Jahren – als kreativ, gebildet und sehr lebhaft erlebte. Die Frau gibt mir recht, fügt aber hinzu, dass ihr Mann – wie jeder andere Mensch auch – mehrere Leben gelebt habe. Der von mir erwähnten und mit ihm erlebten kreativen, schöpferischen und lebhaften Art seien sehr schnell und zumeist ohne sichtbare Gründe Gefühle von Einsamkeit, Schwermut und Traurigkeit sowie Phasen des Lebensüberdrusses gefolgt. Dies habe ihn letztlich dazu motiviert, sein Leben an einem Morgen im Februar selbst zu beenden. Um einem Schweigen zuvorzukommen, redet die Frau sofort weiter und fragt nach meinem Befinden. Ich antworte ihr, dass ich noch immer als Lehrer arbeite, aber der Geistheiler sich unmittelbar nach der Beendigung der Tour vor 10 Jahren ebenfalls das Leben nahm.

»Das ist ja schrecklich!«, ruft die Frau und fügt hinzu, sie glaube, dass die Welt, so wie sie sich uns zeige, mit ihrer einseitigen materiellen Orientierung und ihrer Sucht nach Gewinn und Genuss sich nicht eigne für Menschen wie ihren Mann und den Geistheiler. »Wenn Menschen«, behauptet sie, »ihren Idealen und Ideen folgen und sich dem Mainstream verweigern, dann können sie leicht ins Straucheln geraten – ein Scheitern ist dann oft beinahe vorprogrammiert.«

»Sie haben Recht«, stimme ich ihr zu und füge hinzu, dass ich trotzdem froh und dankbar bin, den Geistheiler und ihren Mann kennengelernt und erlebt zu haben. »Es ist gut und wichtig«, behaupte ich, »dass es Menschen wie sie gibt.« Die Frau dankt mir für diese Worte und weist mich dann darauf hin, dass die Pilgerherberge umgebaut wird – ich könne aber in der Sakristei schlafen. Ich sage, dass ich zwar noch nie in einer Sakristei geschlafen habe, nach den letzten zwei angenehmen und bequemen Nächten aber gegen eine weitere ungewöhnliche Nacht nichts einzuwenden habe.

Gesagt, getan: Die Frau öffnet die Tür zur Sakristei. Der Schlafraum ist gar nicht so klein und dunkel, wie ich ihn mir vorgestellt hatte, sondern geräumig und hell. An den Wänden stehen Schränke mit dem hier untergebrachten Inventar der Kirche und den Utensilien für den Gottesdienst, und auf einem Tisch liegen Früchte und Obst von dem hier vor wenigen Tagen gefeierten Erntedankfest. In einer neben der Tür eingerichteten Nische steht ein Wasserkocher, daneben liegen mehrere Teebeutel. Ich frage die Frau, ob ich mir einen Tee kochen darf. Sie nickt, wünscht mir eine gesegnete Nacht und schließt von außen die Tür.

Ich bin allein. Jetzt erst, nachdem die Frau sich von mir verabschiedet hat, lausche ich in die mich umgebende Stille, und mir wird bewusst, dass ich die heutige Nacht mutterseelenallein in einer Kirche verbringen werde. Ich hole den Schlafsack heraus, lege ihn auf den Boden und krieche hinein – doch der Steinboden unter dem Schlafsack ist kalt und hart. Mir wird klar, dass ich eine wärmende und weiche Unterlage benötige, die mich vor der Härte und der Kälte schützt, wenn ich diese Nacht unbeschadet überstehen und gesund und ausgeschlafen den morgigen Tagen erleben will. Ich stehe auf und gehe zu der zum großen Innenraum führenden Tür. Ich habe Glück: Die Tür lässt sich öffnen, ich betrete den Altarraum, sammle Sitzkissen von den Kirchenbänken ein und füge sie auf dem Boden der Sakristei zu einem Viereck zusammen. Zufrieden mit meinem Werk koche ich mir eine Tasse Tee und krieche dann ein zweites Mal in den Schlafsack. Von dem Tee und den auf dem Boden liegenden Kissen gewärmt und von höchster Stelle beschützt, schlafe ich rasch ein.

8.Kapitel (Von Lampertswalde nach Nepperwitz)

Von den Ursachen und Auswirkungen der sächsischen Bildungsmisere und vom historischen und gegenwärtigen Fußballwahn

Als ich am nächsten Morgen Lampertswalde in aller Herrgottsfrüh verlasse, schläft die Witwe des Wirts noch, so dass ich ihr einen Zettel mit Dankesworten schreibe und mich so von ihr verabschiede. Die Straßen im Ort sind schmal und morgenkühl. Nachdem ich ihn verlassen habe, wandere ich über mehrere Felder. An den Feldrainen wachsen Disteln, die mit weißen, wolligen, flauschigen Blüten wie Baumwolle aussehen, und die Getreidestoppeln glänzen golden in der Morgensonne. Zuweilen entdecke ich entlang der am Wegrand stehenden Sträucher und Bäume auch scheinbar in der Luft hängende und über der Erde schwebende Spinnnetze, die die Webkunst der auf ihre Beute wartenden Gliederfüßler dokumentieren und mit dieser Zeit – dem sogenannten Altweibersommer – ihren Namen teilen.

Der Mann, den ich zwischen Börln und Dornreichenbach überhole, erinnert mich an Lars, den ich während meiner ersten Tour in Crostwitz traf. Auch er trägt einen Strohhut und einen großen, hölzernen Stab, den am oberen Ende eine Jakobsmuschel ziert. Ich frage ihn, woher er käme und wie weit er pilgern wolle. Er gesteht mir, dass er seit drei Wochen unterwegs sei, dass er in Breslau begonnen habe und dass seine Tour nun aber in Wurzen enden wird, da er einen unerwarteten Anruf seiner Frau erhalten habe und auf schnellstem Weg nach Hause fahren müsse. Weiter erfahre ich, dass er in einem Sabbatjahr lebe, Lehrer sei, Karl Theodor heiße und aus Heidelberg komme. Ich stelle mich ihm ebenfalls vor und darauf hin, dass auch ich ein Lehrer sei – »seit 25 Jahren«, ergänze ich. Der Pilgerweg eigne sich gut für Lehrer, behauptet Karl Theodor, da sie im Sommer und im Herbst mehrere Wochen Ferien haben und die meisten von ihnen kulturell gebildet seien. Ich stimme ihm zu und frage ihn, ob er noch Zeit für einen Umweg habe, da ich ihm gern eine in der Nähe stehende Schule zeigen würde. »Eine Schule«, ergänze ich, »an der ich ein Jahr lang unterrichtet habe.«

Karl Theodor lässt sich darauf ein, und gemeinsam schlagen wir uns einen Weg durch das Unterholz bis zum Waldrand. »Die Schule«, erkläre ich, »steht in dem vor uns liegenden Dorf. Es ist eine Oberschule und die einzige Schule in der Umgebung.« Da Karl Theodor schweigt, fahre ich fort und weise ihn darauf hin, dass die sächsische Landesregierung nur wenige Jahre nach der friedlichen Revolution beschloss, viele der auf dem Land stehenden Schulen zu schließen. Den radikalen und kompromisslosen Schulschließungen sei ein zwei Jahrzehnte währender Einstellungsstopp für angehende oder fertig ausgebildete Lehrerinnen und Lehrer gefolgt – und dies habe, so behaupte ich, die heutige Bildungsmisere mit verursacht. Mathias Rößler, der damals verantwortliche Bildungsminister, habe die Bildung mit seiner Entscheidung, sie den Regeln des Marktes zu unterwerfen, ruiniert. Und die Leidtragenden dieser Politik seien keinesfalls die in den Großstädten lebenden Politiker gewesen und auch nicht deren Kinder, sondern die auf dem Land lebenden Menschen und vor allem die Kinder in den Dörfern und Kleinstädten. Diese hätten beispielsweise, so ergänze ich, um in die Falkenhainer Schule zu gelangen, jeden Morgen und jeden Nachmittag – aus Dahlen, aus Bennewitz bei Wurzen, aus Schildau, ja sogar aus Torgau kommend – in Schulbusse steigen müssen, die bis zu zwei Stunden für eine Fahrt benötigten. Ein unmittelbarer Leidtragender dieser abenteuerlichen Bildungspolitik sei jedoch auch ich gewesen, da ich vor vier Jahren von einer in Leipziger Schulamt arbeitenden Referentin die Aufforderung erhielt, mich bei der Schulleiterin in Falkenhain zu melden, um fortan hier zu unterrichten.

An dieser Stelle unterbricht mich Karl Theodor, der während meiner Ausführungen bisher nur schweigend auf die Schule geblickt hat, und fragt mich, warum ich hier unterrichtete. Das verstünde er nicht, gesteht er, denn schließlich sei ich doch, wie ich soeben erwähnte, fürs Gymnasium ausgebildet. Ich erkläre ihm, dass ich unmittelbar nach meinem erfolgreich abgeschlossenen Referendariat ein im Muldental stehendes Freies Gymnasium mitgegründet habe. »Dieses von mir mit ins Leben gerufene Projekt verließ ich dann nach 18 Jahren«, erzähle ich. »Da durch die bereits erwähnte unselige Bildungspolitik jedoch besonders an den Oberschulen Lehrerinnen und Lehrer fehlen, hat mich der Staat – nachdem ich Angestellter bei ihm geworden war – dazu verpflichtet, drei Jahre lang an einer Oberschule oder an mehreren Oberschulen zu unterrichten.«

»Und was ist das nun für eine Schule?«, fragt mich Karl Theodor.

»Diese Schule«, erkläre ich, »zeichnet sich durch mehrere Besonderheiten aus. Eine dieser Besonderheiten ist, dass die Institution in einem Plattenbau eingerichtet ist, der in den 90er Jahren des letzten Jahrhunderts saniert wurde, und dass man damals plante, hier zweizügig, maximal dreizügig zu unterrichten. In Wahrheit jedoch wird in den oberen Klassen vierzügig, teilweise sogar fünfzügig unterrichtet.« Karl Theodor blickt mich verständnisvoll an, aber ich bin noch nicht am Ende meiner Ausführungen angelangt: »Abgesehen davon, dass die Schulleiterin an den Wochentagen morgens vor dem ersten Klingeln mit verschränkten Armen vor der Schultür steht und in dieser Pose jede Person, die die Treppen zur Schule betritt, mit strengem Blick begrüßt, als sei sie eine Generalin und als würde die Schule allein ihr gehören, werden in der obersten Etage einige Durchgangszimmer als Unterrichtszimmer genutzt. So kann es also sein, dass es nach Unterrichtsbeginn an der Tür klopft, man ruft ›Herein!‹, und eine wildfremde Klasse mit fast 30 Schülern und Schülerinnen marschiert durch das Zimmer. Außerdem besitzt die Schule zwar im hinteren Bereich einen schönen, großen und begrünten Hof, aber sobald es nach den Herbstferien kalt wird, sobald es regnet oder schneit, wird er nicht mehr genutzt. Das hat zur Folge, dass alle Lehrer und Schüler in der dunkleren Jahreszeit von morgens bis zum Nachmittag im Gebäude eingeschlossen sind und die Schule dann einer Irrenanstalt gleicht.«

»Einer Irrenanstalt?« wiederholt Karl Theodor ungläubig. »Du meinst, das vor uns stehende Gebäude sei im Herbst und im Winter keine Schule, sondern eine Heimstatt für Geisteskranke und andere wunderliche Gestalten?« Ich nicke und füge hastig hinzu, dass die im Herbst und im Winter hier eingepferchten Menschen eigentlich, von einigen Ausnahmen abgesehen, normal seien, aber die im Gebäude herrschenden Bedingungen – vor allem der in den Pausen in alle Flure und Räume sich ausbreitende höllische Lärm – ein ungestörtes Lernen und eine geruhsame Erholung unmöglich machten. »Beides«, fahre ich fort, „benötigt der Mensch jedoch, um sich zu erholen und zu regenerieren. Dabei können die Kinder und auch die Lehrer ja gar nichts dafür. Es ist schließlich nicht ihre Schuld, dass die Mehrzahl von ihnen nicht in Falkenhain lebt, sondern in mehrere Kilometer entfernten Dörfern und Städten, sodass sie, sobald es regnet oder schneit, den ganzen Tag im Plattenbau verweilen müssen.

»Und ein Entkommen vor dem Lärm ist wirklich nicht möglich?«, fragt mich Karl Theodor. »Auch nicht im Lehrerzimmer?«

»Auch nicht im Lehrerzimmer«, bestätige ich und füge hinzu, dass ich das Lehrerzimmer, wo in jeder Pause mindestens 30 Kollegen und Kolleginnen an den hier aufgestellten acht Tischen sitzen und miteinander quatschen, wann immer es mir möglich war, gemieden habe.

»Das sind ja abenteuerliche Verhältnisse«, meint Karl Theodor.

»Ja«, sage ich, »aber das ist noch gar nicht alles: Während ich im Herbst eine 9. Klasse im Fach Geschichte zur Weimarer Republik unterrichtete, verglich ich die DNVP mit der AfD und fand einige übereinstimmende Kriterien. Kurz zuvor aber hatte die AfD eine Kampagne gestartet, bei der sie Schülerinnen und Schüler aufforderte, Lehrer und Lehrerinnen, die die AfD im Unterricht kritisieren, in einer digitalen Liste einzutragen und bei der Schulleitung zu melden. Und es kam, wie es kommen musste: Die Schulleiterin bat mich eines Tages zum Gespräch und ermahnte mich, den sogenannten Beutelsbacher Konsens einzuhalten und – da ich Angestellter des Staates und die AfD eine demokratische Partei sei – zur Objektivität zurückzukehren, kurz: Ich solle mich mäßigen in meiner Kritik gegenüber dieser Partei«.

Nach diesem Satz zuckte Karl Theodor zusammen. »Bei euch herrschen ja seltsame Verhältnisse«, meint er. »Hier möchte ich kein Lehrer sein.«

»Tja, das ist der Osten«, entgegne ich und füge hinzu, dass diese Probleme meines Erachtens hausgemacht seien und auf einer vor mehr als zwei Jahrzehnten begonnenen falschen Bildungspolitik beruhen würden. Karl Theodor widerspricht: Für ihn sei der hier einst herrschende Sozialismus verantwortlich für die Misere, da er die Freiheit des Individuums unterdrückt, die hier lebenden Menschen zu Duckmäusertum und Angepasstheit erzogen und sie nicht gelehrt habe, was Marktwirtschaft, Demokratie und Freiheit bedeuten. Mit dieser Behauptung hat Karl Theodor bei mir alle Knöpfe gedrückt, die ihm möglich waren.

»Ich sehe das anders«, widerspreche ich und weise ihn erneut darauf hin, dass ich glaube, die seit 30 Jahren in Sachsen regierende konservative Partei sei für die an den Schulen herrschenden Verhältnisse mitverantwortlich. Einmal in Rage geraten, fahre ich fort und stelle zudem die These auf, dass es nach 1990 im Osten verpasst worden sei, die Strukturen des sozialistischen Bildungssystems, die beispielsweise ein gemeinsames Lernen bis zur 10. oder zumindest 8. Klasse ermöglichten und einen polytechnischen Unterricht auch für Gymnasiasten beinhalteten, zu erhalten. »Doch nichts von alldem geschah – nichts, was in der DDR entwickelt oder erarbeitet wurde und was nach 1990 zum Aufbau einer neuen Gesellschaft hätte beitragen können, wurde genutzt. Stattdessen«, behaupte ich, »ist den konservativen und wirtschaftsliberalen Bildungspolitikern nichts Besseres eingefallen als in Sachsen alles, was da war, zu zerstören und dafür dann das bildungsbürgerliche und konservativ geprägte baden-württembergische Bildungsmodell eins zu eins zu übernehmen.«

Karl Theodor schweigt. Wir stehen nebeneinander am Waldrand, blicken über ein Feld und auf eine in einem Dorf stehende Schule. »Aber die DDR war doch ein Unrechtsstaat?«, setzt Karl Theodor das Gespräch schließlich mit einer Frage fort. Gewiss sei sie das gewesen, antworte ich. Diese Tatsache rechtfertige es aber nicht, die Verwerfungen und Versäumnisse nach 1990, die uns heute belasten, zu ignorieren. Ich erwähne Bärbel Bohley und weise Karl Theodor darauf hin, dass auch sie die deutsche Wiedervereinigung als einen gegenüber den Ostdeutschen höchst ungerecht verlaufenden Prozess bewertete, der einseitig und im Interesse der westdeutschen Politik und Wirtschaft erfolgte.

»Na und?«, fällt mir Karl Theodor ins Wort. »Ist das denn so schlimm? Die Industrie im Osten lag am Boden, und auch die Infrastruktur war zerstört. Statt auf den Westen zu schimpfen«, ermahnt er mich, »solltest du dankbar sein für die Hilfe beim Wiederaufbau der Städte, die dem Zerfall preisgegeben waren, und für das Geld, das vom Westen in den Osten floss.« Er sei froh, sagt er, in einem demokratischen Rechtsstaat aufgewachsen zu sein und in einem solchen zu leben; auch wüsste er gern, wer Bärbel Bohley gewesen sei. Noch ehe ich ihm antworten und erklären kann, dass die viel zu früh verstorbene Frau zu den führenden Köpfen der ostdeutschen Bürgerrechtsbewegung gehörte und sie den viel zitierten Satz »Wir wollten Gerechtigkeit, aber wir erhielten den Rechtsstaat« prägte, gesteht mir Karl Theodor, dass er ein grundlegendes Problem mit meiner Geschichtsauffassung und meinen Aussagen habe und mich nicht verstehen könne. »In der DDR, die du erlebt hast«, erklärt er, »gab es kein Recht, und es gab auch keine Freiheit. Menschen, die über die Mauer wollten, wurden eingesperrt oder erschossen, und die SED regierte als einzige Partei. Heute regieren mehrere Parteien, man kann wählen, und es gibt Recht und Freiheit. Warum also regst du dich auf? Den Sozialismus und die Diktatur einer Partei hast du erlebt, und nun erlebst du den Kapitalismus und die Demokratie. Statt darüber froh zu sein und an der Gestaltung des Gemeinwesens positiv mitzuwirken, wirkst du auf mich wie ein Störenfried und Querulant, ein Ewiggestriger – und Spätpubertierender noch dazu.«

Das sitzt! Mir gegenüber steht, als Pilger verkleidet, Karl Theodor. Dass er in Wahrheit jedoch ein deutscher Pädagoge ist, ein Gymnasiallehrer aus echtem Schrot und Korn, hat er mit diesem Tonfall, mit dieser Art zu reden und mit diesen Vorwürfen eindrucksvoll demonstriert. Denn zu solch einer Aussage – voller Überzeugungen und dabei keine Widerrede duldend – ist nur ein Mensch fähig, der die Kunst des pädagogischen Redens, vor allem jedoch die Kunst des pädagogischen Überredens beherrscht. Angesichts dieses rhetorischen Feuerwerks fühle ich mich plötzlich meiner eigenen Fähigkeiten beraubt und Karl Theodor unterlegen.

Nach einer Zeit des Schweigens, der Sammlung und Konzentration wage ich dennoch einen zaghaften Widerspruch: »Gewiss ist es so«, stottere ich, »dass im Sozialismus die allein regierende Partei zum Machterhalt und zur Selbstvergewisserung die Demokratie unterdrückte. Vielleicht aber«, fahre ich zögerlich fort, »herrscht ja auch im Kapitalismus in Wahrheit nicht die Demokratie, sondern das hinter den großbürgerlichen Parteien stehende Kapital und die mit ihm verbundenen Lobbyisten.«

Karl Theodor schweigt. Er antwortet nicht, reicht mir stattdessen die Hand und bittet mich, ihn allein nach Wurzen gehen zu lassen. Es seien die letzten Kilometer seiner Tour, sagt er, und diese wolle er in Ruhe und Frieden bestreiten.

Ich folge Karl Theodor erst, nachdem er im Wald verschwunden ist. Ich blicke ein letztes Mal auf die Schule, in der ich ein Jahr meines Lebens verbrachte, und kehre danach auf den Pilgerweg zurück. Ich gehe durch die Dörfer Dornreichenbach und Körlitz und gelange dann nach Wurzen.

Hier raste ich an dem seit 1983 auf dem Marktplatz stehenden Ringelnatzbrunnen. Die Stele trägt mehrere figürliche Skulpturen aus Bronze und ein in Stein gemeißeltes Schriftband mit dem Titel des Gedichtes »Überall ist Wunderland«. Gekrönt wird der Brunnen von einem wuchtigen, auf einem Seepferd reitenden Klabautermann mit den Gesichtszügen des Dichters. Die unter der Figur angebrachten Bronzereliefs verweisen auf Ringelnatz' lyrisches Werk und die in seinen Gedichten beschriebenen menschlichen Absonderlichkeiten. Ich betrachte die Reliefs genauer und sehe einen hier dargestellten Fußballspieler. Ich erinnere mich, dass Ringelnatz bereits 1920 ein Gedicht über die mögliche Allmacht des sich in der Gesellschaft eines Tages ausbreitenden Fußallwahns schrieb und davor warnte.

Bemerkenswert ist, dass zwei Jahre später den sudetendeutschen Schriftsteller Eduard Bass beim Gedanken an die Vermarktung des Fußballspiels ähnlich bedrückende Gefühle befielen und er daraufhin die Geschichte vom alten Klapperzahn und seiner Wunderelf schrieb. Diese Geschichte, die mir meine Eltern während meiner Kindheit in Hellerau an einem Weihnachtsfest unter den Tannenbaum legten und die mich bis heute begeistert, hätte nicht hellsichtiger und klüger geschrieben werden können. Eduard Bass, der als Literat und Kabarettist vor dem Ersten Weltkrieg in Prag im legendären Kaffeehaus Union verkehrte und nach dem Krieg ein bekennender Anhänger der neu gegründeten Republik war, erlebte den zu dieser Zeit vollzogenen Aufstieg der Prager Mannschaften Slavia und Sparta zu Fußballhochburgen unmittelbar mit. Die Teams teilten sich bis 1927 die Meisterschaften, und sie gewannen – Sparta zweimal und Slavia einmal – den damals ausgetragenen Mitropacup, den Vorläufer des heutigen Europapokals beziehungsweise der als Champions League getarnten Geldvermehrungsmaschine.

Die tschechoslowakische Nationalmannschaft, die in der zweiten Fußballweltmeisterschaft 1934 Deutschland im Halbfinale besiegte und im Finale dem Gastgeber Italien mit 1:2 knapp unterlag, bestimmte damals das Weltniveau und bewies, dass in Tschechien und in der Slowakei zu allen Zeiten (trotz limitierter finanzieller Möglichkeiten) gute und sehr gute Fußballer spielten – erinnert sei an die Torwartlegende Ivo Viktor der Europameisterelf von 1976 und an Antoni Panenka, den Vater aller Elfmeterkönige; erinnert sei auch an den Kulttorwart Petr Czech, an die Mittelfeldregisseure Pavel Nedved und Tomáš Rosický und an die ebenso zur Legende gewordenen Stürmer Milan Baroš und Jan Koller – und dass diese Länder unter ganz bestimmten Bedingungen mit Glück und Leidenschaft in der europäischen Spitze mitspielen und das Weltniveau mitbestimmen können.

Doch zurück zu Joachim Ringelnatz, zu Eduard Bass und zu deren Ahnungen, dass sich der Fußballsport als Werbeplattform für Konzerne und Unternehmen besonders gut eignen und eines Tages von ihnen gekauft werden würde. Das 1926 in der Tschechoslowakei eingeführte Profitum im Fußballsport bewertete Bass jedenfalls von Beginn an kritisch. Ihm zufolge ermöglichte das nun üppig fließende Geld zwar eine Steigerung des Spielniveaus, aber ihn verunsicherte die mediale und publizistische Überfütterung sowie die Vereinnahmung des Fußballs durch Kulturindustrie, Wirtschaft und Politik. In seinem Buch »Klapperzahns Wunderelf« lässt Bass in einem der letzten Kapitel Klapperzahns ältesten Sohn Honza, Linksaußen und Kapitän der Mannschaft, zufällig ein Gespräch zwischen seiner Mutter und seinem Vater mithören, in dem er erfährt, dass seine Mannschaft seit einiger Zeit für Geld spielt. Honza ist erschüttert. Er erzählt das seinen Brüdern, und gemeinsam entscheiden sie, nur noch ein einziges Spiel zu spielen – dann ist Schluss! Gemeinsam mit dem Vater, dem alten Klapperzahn, kehrt er mit der Mannschaft ins Dorf zurück, und sie spielen Fußball nur noch zum Zeitvertreib – sowie manchmal, wenn es sich ergibt, auch Wasserball.

Die Grenzenlosigkeit und Unverschämtheit gegenwärtiger Spielergehälter und Transferverkäufe in der Spitze des Fußballprofisports übertrifft Ringelnatz› und Bass‹ Ahnungen und Befürchtungen um ein Vielfaches. Damit offenbart vor allem der Profifußball die der bürgerlichen Gesellschaft innewohnende Absurdität, die Albert Camus, der selbst leidenschaftlich Fußball spielte, in mehreren Essays treffend beschrieb. Denn es ist absurd, dass in den jeweiligen Superligen einerseits mit hoch entwickelter Technik, dem Einsatz eines vierten Schiedsrichters und dem Videobeweis penibel auf die Einhaltung der Fairness während des Spiels geachtet wird, während die unterschiedlichen finanziellen Möglichkeiten der gegeneinander spielenden Mannschaften nur beiläufig am Rande erwähnt werden, falls überhaupt – als ob das Geld, das eine Mannschaft mit lauteren oder inzwischen immer häufiger auch unlauteren Mitteln erworben hat, das Ergebnis eines Spiels nicht beeinflussen würde. Ja, der Profifußball spiegelt unverblümt den Charakter der bürgerlichen Gesellschaft: Geld hat man oder man hat es eben nicht, auf jeden Fall aber spricht man – wie zum Beispiel ein 2009 im Leipziger Vorort Markranstädt gegründetes juristisches Konstrukt – nicht darüber!

Dass ausgerechnet dieses Gebilde und die damit verbundene und mit gesundem Menschenverstand nicht mehr nachvollziehbare Kommerzialisierung des gegenwärtigen Profifußballs auch in Nepperwitz, dem Ziel meiner heutigen Tour, ein Thema sein würde, ahnte ich, als ich Wurzen verließ, noch nicht. Eine im Ort weithin sichtbare, vertikal weiß-rot gestreifte Fahne mit zwei Bullenköpfen in der Mitte – gehisst auf einem Grundstück neben der Pilgerherberge – sollte mich jedoch eines Besseren (oder Schlechteren?) belehren und am ruhigen Einschlafen hindern.

9. Kapitel (Von Nepperwitz nach Leipzig-Sommerfeld)

Von der These, dass Dummdreistigkeit die Fairness besiegt, von modernen Diskursen und vom Zusammenhang zwischen Leipzig, Faust und Friedrich Nietzsche

Am folgenden Tag verlasse ich, gestärkt durch eine Tasse Kaffee, am frühen Morgen die Herberge. Ich habe Glück – oder sollte ich es vielleicht eher ein Unglück nennen? –, denn im Grundstück mit der wehenden Fahne schneidet ein Mann bereits eine Hecke. Ich rufe ihm zu, dass ich ein Pilger sei und ihm gern eine Frage stellen würde. Der Mann – ein Mittvierziger, dessen Trikot sich über dem Bauch spannt – legt die Schere beiseite und kommt zum Zaun. Ich begrüße ihn mit einem »Guten Morgen« und frage, ob das seine Fahne sei, die hier wehe. »Natürlich« bestätigt der Mann ergriffen. »Natürlich gehört die Fahne mir«, wiederholt er, »denn jeder soll sehen, dass ich ein Fan von RB Leipzig bin.«

»Das verstehe ich«, antworte ich, füge aber dennoch die Frage hinzu, ob ihm klar sei, dass der Konzern Red Bull hinter »RasenBallsport« steht, und dass dieses Konstrukt – aus Sicht der Fairness gegenüber den anderen Mannschaften, vor allem jedoch gegenüber den jedes Jahr um ihre Existenz kämpfenden ostdeutschen Traditionsvereinen – einem Betrug gleichkäme.

»Betrug? Wieso Betrug?«, echauffiert sich der Mann. »Wir leben im Kapitalismus«, fährt er erklärend fort. »Sponsoren haben heute alle Mannschaften – ohne Sponsoren ist heutzutage gar nichts mehr möglich. Außerdem ist RB Leipzig ein Ostverein! Endlich kann eine Mannschaft aus dem Osten die Bayern ärgern und oben mitspielen.«

Ich entgegne ihm, dass das nicht stimme: »Red Bull«, behaupte ich, »ist kein Sponsor, sondern der Gründer, alleinige Eigentümer und fast alleinige Geldgeber des Vereins. Außerdem«, fahre ich fort, »ist die Außenstelle des Konzerns einem Raumschiff gleich nur zufällig hier gelandet. Denn nachdem dieses zuvor in Düsseldorf, in Hamburg bei Sankt Pauli sowie in München bei 1860 vergeblich anzudocken versuchte, erdete sich der Konzern sozusagen notgedrungen zunächst in Markranstädt und später in Leipzig. Mit dem Osten«, ergänze ich, »hat dieses Konstrukt jedenfalls nicht mehr zu tun wie ich mit Ihrem Garten.«

Nachdem ich das alles gesagt habe, tritt der Mann näher an die Grenze seines Grundstücks und versucht mit der von ihm geäußerten Vermutung, dass ich wahrscheinlich zur Sorte der ganz schlauen Menschen gehöre, offenbar meine Widerstandsfähigkeit zu prüfen. »Eine andere Möglichkeit, oben mitzuspielen«, fährt er dann erklärend fort, »als das, was RB macht, sehe ich nicht. Und außerdem – für welchen Verein bist denn du?« Ich bekenne, dass ich ein gebürtiger Dresdner sei und mein Fußballherz für die Dresdner Dynamos schlage. »Für Dynamo?«, wiederholt er fragend. »Na dann – viel Glück.«

Es folgt eine Pause, dann setzt er das Gespräch fort: »Glaubst du im Ernst, dass ihr jemals wieder oben mitspielen werdet? Von einer eventuellen Meisterschaft will ich gar nicht reden.« Um mich vor dem Mann nicht zu blamieren, verheimliche ich ihm, dass Dynamo seit mehreren Jahren mit dem Slogan »Wir haben einen Traum« wirbt und weise ihn stattdessen darauf hin, dass ich als Mitglied der Sportgemeinschaft immerhin meinen jährlichen Beitrag zahle; auch hätten die mehr als 20.000 Mitglieder mit freiwilligen Spenden und zusätzlichen Zahlungen den Verein schon mehrmals vor der Insolvenz und einer damit verbundenen Auflösung gerettet. »Und Meister werden wollt ihr nicht?«, fragt mich der Mann erneut. Ich verheimliche ihm ein zweites Mal den seit einigen Jahren genutzten Slogan und wiederhole stattdessen meine These, dass RB Leipzig vor allem mit finanziellem Betrug gegenüber der einheimischen und auch der Mehrheit der bundesdeutschen Konkurrenz erfolgreich geworden sei, dass die im Westen und inzwischen auch in Leipzig beheimatete neoliberale Elite sich mit RB ihren Verein im Osten erkauft habe und dass diese Art des Erfolgs meine Sache nicht ist. »Selbst schuld«, sagt der Mann. »Sebastian Krumbiegel von den Prinzen zum Beispiel sieht das jedenfalls anders, und auch Michael Fischer-Art, der das Altarbild der hier stehenden Kirche malte, bekennt sich zu RB.« Der Mann verabschiedet sich von mir, greift kopfschüttelnd zur Schere und schneidet wieder die Hecke.

Auch ich wende mich ab. Ich gehe durch den Ort und mir kommt eine vor mehreren Jahren im Spiegel unter dem Titel »RB Leipzig: Dummdreist siegt« veröffentlichte Kolumne in den Sinn. In ihr hatte der Journalist Markus Feldenkirchen sich derart heftig über die Gründung und die Verfahrensweise der Zulassung des Konstrukts »RasenBallsport« empört, dass ich glaube, zumindest hinsichtlich dieses Themas mit ihm seelenverwandt zu sein. »Weitverbreitet«, heißt es in dem Text, »ist das Gefühl, es gehe nicht mehr gerecht zu in unserer Gesellschaft. Dass die Eliten da oben am Volk vorbei entscheiden. Und dass, wer Einfluss und Geld hat, sich jede Sonderregel kaufen kann. Womit wir, Sie ahnen es, beim Fußballklub RB Leipzig sind.« An anderer Stelle schreibt er: »Alles ist faul an diesem Konstrukt: die Vereinsstruktur, das Logo, der Name, die Entstehungsgeschichte. [...] RB steht offiziell nicht für Red Bull, sondern für RasenBallsport – obwohl sich kein Verein, der einigermaßen bei Trost ist, so nennen würde. Was aber wirklich aufregt, ist die Dummdreistigkeit rund um dieses Konstrukt. Und derer, die es zugelassen haben, weil sie sich Profite davon versprachen.«

Das wachsende Verständnis und die ebenso wachsende Begeisterung für RB sind, glaube ich, vor allem psychologisch zu erklären – wie der Mann in Nepperwitz es beschrieb: Endlich kann der einfache Mann oder die einfache Frau mit einer Mannschaft mitfiebern, die genügend Geld hat, um in der Bundesliga oben mitspielen zu können und eines Tages vielleicht sogar Meister werden kann. Doch es sind nicht nur die sogenannten einfachen Menschen, die sich mit den Roten Bullen identifizieren und ihnen zujubeln. Erstaunt stelle ich seit einigen Jahren fest, dass sich in Leipzig auch unerwartet viele akademisch gebildete Menschen – als hätte es das römische Prinzip »Brot und Spiele« und die damit verbundene spätrömische Dekadenz nicht gegeben – zu RB bekennen. Es sind Menschen, die – wie zum Beispiel Sebastian Krumbiegel und Michael Fischer-Art – in diesem Fall bedingungslos dem Prinzip des Utilitarismus folgen, die es aber aufgrund ihres Intellekts und ihrer Fähigkeit zur Reflexion eigentlich besser wissen müssten. Als gut gilt im utilitaristischen Sinn, was viele Menschen glücklich macht und ihnen nützt – da kommt es kaum oder weniger darauf an, wie das ermöglicht wurde. Hinzu kommt, dass RB im Unterschied zu den ostdeutschen Traditionsvereinen keine sozialistische Vergangenheit besitzt. RB wurde 2009 sozusagen aus dem Boden gestampft und ist tatsächlich ein reines Konstrukt. Die Gründer umgingen dabei – man könnte wohlwollend sagen »juristisch geschickt« – die nur in Deutschland geltende 50+1-Regel; der Verein hat lediglich 20 aktive Mitglieder, und alle sind beim Konzern Red Bull in führenden Positionen angestellt. Als Anhänger dieses Gebildes muss man sich nicht mit leidvollen historischen Altlasten auseinandersetzen, wie zum Beispiel ein Mitglied oder Fan von Lok Leipzig oder Dynamo Dresden, sondern kann im Gegenteil sogar behaupten, davon ganz frei zu sein – und sich im neoliberalen Sinn als Sieger fühlen.

Mit RB Leipzig hat sich die Messestadt einen auf Erfolg getrimmten und global agierenden Konzern ins Boot geholt – der weitere Verlauf dieses Projektes bleibt ungewiss. Als ein 55-jähriger Mann, der von Kindheit an bis heute Fußball spielt und der die grenzenlose Kommerzialisierung dieses Sports, für die RB Leipzig entscheidend mitverantwortlich ist, mit Grauen wahrnimmt, der vor allem jedoch die Ohnmacht gegenüber dieser wie ein Perpetuum mobile funktionierenden Geldmaschine spürt, weiß ich nicht, wie damit richtig umzugehen ist. Muss ich mich mit dieser Ohnmacht abfinden und mit der Tatsache, dass in Leipzig und Umgebung mit jedem Sieg von RB sehr wahrscheinlich die Begeisterung für das Konstrukt wächst? Inzwischen glaube ich, dass es so ist – denn der Mann in Nepperwitz hat letztlich richtig argumentiert: »Wir leben im Kapitalismus«, hatte er gesagt, und im Kapitalismus entscheidet das Kapital über Erfolg oder Misserfolg eines Projektes. Und wenn sich der Erfolg dann eingestellt hat, haben – wie es Friedrich Dürrenmatt zum Beispiel im Drama »Besuch der alten Dame« tragikomisch beschrieb – nur sehr wenige Menschen den Schneid und Intellekt, dagegen aufzubegehren und nach der Herkunft des für den Erfolg notwendigen Geldes zu fragen.

Das Geld als Wert an sich sowie der Einfluss und die Macht des Geldes – diese Themen beschäftigen mich noch, nachdem ich Nepperwitz verlassen habe; auch in Machern und dort vor allem in einer westlich vom Stadtzentrum liegenden Siedlung. Diese Siedlung, die die Bezeichnung »Gartenstadt« entweder aus Unwissenheit oder aus Werbegründen führt, hat sich seit meinem letzten Besuch vor zehn Jahren noch vergrößert. Gleich geblieben sind die exakt auf Kante geschnittenen Hecken und der ebenso akkurat gemähte Rasen auf den Grundstücken, die sich deutlich sichtbar voneinander abgrenzen. Die Siedlung spiegelt das bürgerliche Denken und Handeln im kleinen, abgegrenzten Raum. Der Schutz des Eigentums und das Parken besonders teurer und wertvoller Autos im öffentlichen Raum – wahrscheinlich, um dem eigenen Prestigedenken zu genügen – offenbaren Prioritäten. Ich sehe SUV-Modelle der Marken Volkswagen und BMW sowie einige Teslas – und vor allem sie stimmen mich nachdenklich. Denn einen Tesla zu fahren oder ihn gekauft zu haben, scheint on vogue zu sein und zum Habitus des meist akademisch gebildeten und gut situierten Bürgertums zu gehören. Dabei wird der Kauf des Elektroautos mit ökologischen Argumenten des Umweltschutzes und der Nachhaltigkeit gerechtfertigt und begründet. Das ist, lokal betrachtet, löblich und gut fürs eigene Gewissen – global betrachtet ist es jedoch absurd! Es ist deshalb absurd, weil – wie zum Beispiel Kathrin Hartmann in einem 2022 im »Freitag« unter dem Titel »Klima und Kapital« veröffentlichten Artikel nachwies – Milliardäre mit ihren Luxusjachten, Privatflugzeugen, Privathubschraubern und inzwischen sogar Raketen sowie mit ihren Investitionen in jedem Jahr so viel Kohlendioxid erzeugen wie Frankreich im gleichen Zeitraum. Dass der Milliardär Elon Musk die Herstellung und den Verkauf des Tesla mit Nachhaltigkeit und Umweltschutz bewirbt, ist auch deshalb absurd, weil das für die Batterien notwendige Lithium in südamerikanischen Ländern wie Bolivien, Chile und Argentinien abgebaut wird – häufig durch Kinderarbeit. Musk soll zudem als Firmenchef autokratisch agieren und die Rechte der Arbeitnehmer beschneiden; auch hat er das Tesla-Werk im brandenburgischen Grünheide gegen den Widerstand vieler Einheimischer auf Grundwasserland gebaut. Meine Kritik an ihm und seiner Glorifizierung begründet sich aber auch darin, dass er – obwohl von den Leitmedien vergöttert und gehypt – seinen Zeitgenossen bisher eine Erklärung darüber schuldig blieb, wie es einem einzelnen Menschen gelingen konnte, mit seiner Hände Arbeit ein Vermögen in Höhe von 317 Milliarden Dollar zu erwirtschaften – oder doch besser: zu erspielen oder zu ergaunern?

Eine ganz andere Kritik gegenüber Elon Musk und seinen irdischen und galaktischen Imperien übt die amerikanische Historikerin Jill Lepore. Sie schreibt, dass Musk sie an einen vermeintlichen Superhelden aus einem Science-Fiction-Roman erinnert, der glaubt, alles und alle zu beherrschen, ohne den wirklichen Inhalt der Story verstanden zu haben. In einem 2021 in der Zeitschrift »Philosophie Magazin« unter dem Titel »Muskismus – ein Universum für Superreiche« veröffentlichten Essay prägte sie hierfür den Begriff des »Muskismus«, und sie nannte ihn – unter Einbeziehung der Tesla-Fabriken, Twitter und des Unternehmens SpaceX – einen »extraterrestrischen Extremkapitalismus, in dem Börsenkurse weniger von Profiten als von Science-Fiction-Fantasien angekurbelt sind.« Lepore behauptete zudem, dass Elon Musk sich bei der Rechtfertigung des Muskismus zu Unrecht auf den schottischen Schriftsteller Iain Banks beriefe. Denn Banks war – anders, als Musk glaubte und wahrhaben wollte – ein Sozialist. Lepore zufolge soll Banks 2010, drei Jahre vor seinem Tod, erstaunt darüber gewesen sein, dass es tatsächlich Leute geben soll, die seine Bücher als Werbung für libertäre Marktinteressen lesen. »Welchen Teil«, schrieb er, »von ›kein Privateigentum‹ und ›kein Geld‹ in den ›Kultur‹-Romanen haben diese Leute nicht verstanden?« Dringt man noch tiefer in die Materie ein, dann stellt man fest, dass die Ursprünge des Muskismus sich im Silicon Valley der 1990er Jahre finden – als global agierende Tech-Konzerne begannen, missionarisch zu denken und zu handeln und zu der Selbstüberzeugung gelangten, dass sie – und nur sie – mit ihren technischen Innovationen die Welt retten könnten. Lepore behauptet, dass der Muskismus wie auch die Technokratie von Science-Fiction-Literatur inspiriert sei und auf der Überzeugung beruhe, dass allein Technologie und Ingenieurskunst fähig sind, alle politischen, sozialen und ökonomischen Probleme zu lösen. Diese Allmacht des eindimensionalen Fortschrittsdenkens im Sinne von Technik und Ingenieurswissenschaft gab es in der jüngeren Menschheitsgeschichte schon einmal – und das Schiff, das diese Epoche eindrucksvoll symbolisiert und damals als unsinkbar galt, trug den Namen »Titanic«. Man weiß, wie deren Jungfernfahrt endete …

Auch meine zweite Pilgertour nähert sich dem Ende – aber noch ist es nicht so weit. Noch habe ich einige Kilometer vor mir, und nun gilt es zunächst, den beschaulichen Ort Panitzsch zu durchqueren, wo unterhalb und in Sichtweite zu der hier seit dem 13. Jahrhundert stehenden Wehrkirche der Jakobsweg den Parthe-Radweg kreuzt. Ich halte inne, schaue auf den Fluss – und einen kurzen Moment lang überlege ich, ob ich die Tour auf dem Jakobsweg hier beende und mich stattdessen nach links oder rechts wende, da es am Ufer des kleinen Flusses urwüchsiger und lieblicher zu sein scheint als auf dem bis Leipzig führenden Teil des Pilgerweges. In linker Richtung, das heißt stromaufwärts, würde ich nach Borsdorf gelangen, wo am Ufer der Parthe das Liebknecht-Haus steht. Das ist insofern bedeutsam als Wilhelm Liebknecht, nachdem ihn die Stadtoberen aufgrund der Sozialistengesetze von 1881 bis 1890 aus Leipzig verbannt hatten, hierhergezogen war und sein 1871 in der Messestadt geborener Sohn Karl (der zu Beginn des Jahres 1919 in Berlin gemeinsam mit Rosa Luxemburg die KPD gründen wird) hier prägende Kindheitsjahre verbrachte.

Würde ich der Parthe hingegen flussabwärts folgen, dann würde ich – nach der Durchquerung einiger lieblicher Dörfer – nach Taucha gelangen. Diese Stadt besitzt mit der von 1772-1774 erbauten Stadtkirche Sankt Moritz, einem in unmittelbarer Nachbarschaft ansässigen Rittergut und dem seit 1913 im Stadtpark stehenden Aussichtsturm historisch bedeutsame Gebäude. Für einen in der Zeit des real existierenden Sozialismus aufgewachsenen und hier sozialisierten Menschen ist die Stadt jedoch aus noch einem anderen Grund von besonderer Bedeutung: Hier, in Taucha, hatte sich 1958 – zwei Jahre nach der in Radebeul bei Dresden erfolgten Gründung des ersten sogenannten »Indianer-Vereins« – die zweitälteste Indianistik-Gruppe in der DDR gegründet und damit das unmittelbare Erleben und Nachempfinden der Kultur der Native Americans ermöglicht.

Die in der DDR tatsächlich einst flächendeckend existierende Verehrung der Kulturen der nordamerikanischen indigenen Völker hatte ihre Wurzeln vor allem in den DEFA-Indianerfilmen mit Gojko Mitić in den jeweiligen Hauptrollen, in den westlichen Karl-May-Filmen und in den Büchern des 1842 im sächsischen Ernstthal geborenen Schriftstellers, Hochstaplers und Spinners. Ich erinnere mich zudem daran, dass mir mein Großvater 1975 zum Weihnachtsfest in Hellerau ein Sachbuch des Kinderbuchverlages mit dem Titel »Sie alle heißen Indianer« schenkte, und dass ich dieses bildhafte Übersichtswerk über die bekanntesten in Nord- und Südamerika beheimateten Stämme voller Begeisterung las und es bis heute wie meinen Augapfel behüte. Ich erwähne das alles auch deshalb, weil ich glaube, dass sich das Verständnis des Begriffs »Indianer« in Ost- und Westdeutschland bis heute sehr oft stark voneinander unterscheidet. Während in Westdeutschland oder nach 1990 in Deutschland Geborene mit der Verwendung des Begriffs »Indianer« sofort an eine egoistische, bösartige »kulturelle Aneignung« im Sinne des Marktes denken, verbindet die in der DDR aufgewachsene Generation, zu der auch ich gehöre, den Begriff »Indianer« mit dem letztlich vergeblichen Widerstand der in Nordamerika einst lebenden indigenen Völker gegen die imperialen Interessen amerikanischer Eisenbahngesellschaften und Ölkonzerne. Mich überrascht daher stets aufs Neue, dass die Mehrheit der nach 2000 in Deutschland geborenen Generation – vor allem heutige Gymnasiastinnen und Gymnasiasten sowie Studierende, die Woken – tatsächlich annimmt, dass erst sie die Native Americans vom Vorwurf der Wildheit und der kulturlosen Barbarei befreiten, und dass sie glauben, dass es ihnen gelingen wird, die bis heute katastrophalen Zustände in den Reservaten im Sinne der indigenen Völker positiv zu verändern, indem sie einfach das Wort »Indianer« verbieten, als ob sprachliche Normative die eigentlich notwendigeren strukturellen Veränderungen ersetzen könnten. Hier könnte eigentlich nur ein radikaleres Denken helfen – was jedoch bedeuten würde, die Probleme an der Wurzel zu fassen, die Dinge beim Namen zu nennen und letztlich die Systemfrage zu stellen. Es würde auch bedeuten, die in den westlichen Sphären allgegenwärtige Benutzung der englischen Sprache zu hinterfragen, denn sie ist, wenn man es genau betrachtet, ein Erbe des britischen Empire, des bisher größten und mächtigsten Imperiums in der Menschheitsgeschichte – größer und mächtiger sogar als das spanische Kolonialreich unter Karl V. und Philipp II., das dazu führte, dass in Süd- und Mittelamerika (außer in Brasilien) bis heute Spanisch gesprochen wird, und auch größer und mächtiger als das Römische Reich in der Antike.

Für den Lyriker Dieter M. Gräf offenbart das Woke, weil es mehrheitlich von gymnasial und akademisch ausgebildeten Jugendlichen gefordert und getragen wird, vor allem einen Generationenkonflikt. Zwar meint er, eine Verwandtschaft der »Woken« mit den Achtundsechzigern zu erkennen, aber er weist auch darauf hin, dass den heutigen Woken – die sehr oft moralisch argumentieren, eine gerechtere Gesellschaft durchsetzen wollen und dabei selbst gut ausgebildete und mehrsprachig erzogene Kinder der Globalisierung sind – jegliches Faible fürs Plebejische fremd ist. Während zum Beispiel zumindest einige Vertreter der Achtundsechziger-Bewegung – bevor sie die Institutionen stürmten und die Gesellschaft »von innen« verändern und reformieren wollten – freiwillig in Betrieben und Fabriken arbeiteten und hofften, hier das Proletariat für den Sozialismus gewinnen zu können, verweigert sich die Mehrzahl der Woken den Schriften von Karl Marx, Ernst Bloch, Herbert Marcuse und Antonio Negri und sie interessiert sich auch nicht für andere sozialistische oder kulturkritische Bücher. »Sie wollen keine sozialistische Revolution«, schreibt Gräfe, »und sie sind auch nicht gegen ›die da oben‹. Sie ärgern sich, «dass sie noch nicht selbst in den Parlamenten sitzen, nicht auf dem roten oder blauen Sofa, ihr Buch noch nicht im Schaufenster steht."

In Gedanken versunken stehe ich noch immer am Ufer der durch Panitzsch fließenden Parthe und entscheide mich, nun doch der Jakobsmuschel zu folgen und auf dem Pilgerweg weiterzugehen. Ich verlasse den Ort und gelange, nachdem ich die Autobahn auf einer Brücke überquert habe, nach Sommerfeld. Hier steige ich in eine Straßenbahn und fahre durch den Leipziger Osten bis ins Zentrum der Stadt.

Beim Blick auf die Straßen des Leipziger Ostens und auf die Mehrzahl der hier stehenden Häuser wird mir bewusst, dass auch diese Stadt gespalten ist: Der urbanen Hochkultur im Zentrum der Stadt stehen Teile des Nordens und der Ostteil der Stadt hässlich und schmutzig gegenüber. Während im Stadtzentrum sanierte Altbauten aus der Gründerzeit stehen, umgeben von wasserreichen Parks, Villen, Bioläden und verkehrsberuhigten Straßen, und eine von der Universität ausgehende Woke-Haltung spürbar ist, mit der Diversität und breit angelegte Fahrradwege gefordert und gefördert werden, ist der Leipziger Osten aufgrund der hier vielfach anzutreffenden prekären Lebensumstände besonders verrufen. Einen Großteil dieses schlechten Rufes verdankt er der Eisenbahnstraße mit einer vermeintlich besonders hohen Kriminalitätsrate und der hier ausgerufenen Waffenverbotszone. Dabei haben die Konflikte und Straßenkämpfe ihre Ursachen nicht nur in der Rivalität sich gegenüberstehender ausländischer Clans, sondern auch in der vom Stadtzentrum her sich auf die Außenbezirke ausbreitenden Gentrifizierung, die zwar sanierte Häuser, aber auch überteuerte Mietpreise und unerschwingliche Preise für Eigentumswohnungen zur Folge hat.

In dieser Hinsicht erweist es sich für die Stadt Leipzig mit ihrer historischen großartigen sozialdemokratischen Tradition als besonders tragisch, dass es nach 1990 versäumt wurde, ein soziales Wohnungsbauprogramm im Sinne zum Beispiel des »Roten Wien« der 20er Jahre des letzten Jahrhunderts zu starten oder zu wagen. Stattdessen wurde der städtische Wohnungsmarkt, wie auch in den anderen ostdeutschen Großstädten, nahezu vollständig den Regeln des Marktes unterworfen – mit dem Ergebnis, dass in Leipzig stehende Immobilien mehrheitlich nicht den Leipzigern gehören, sondern vermögenderen, zumeist aus den westlichen Bundesländern stammenden Menschen, Firmen und Konzernen. Diese

Fremdbestimmung offenbart sich auch in der Monopolstellung der einzigen hier erscheinenden Tageszeitung, der »Leipziger Volkszeitung«, die eine in Hannover beheimatete Mediengruppe besitzt und die über im Land oder in der Stadt existierende Probleme sehr oft mit westdeutscher Brille argumentiert – seit einiger Zeit zudem verstärkt im Sinne des neoliberalen Mainstreams. Dabei galt Leipzig noch vor 100 Jahren als die bedeutendste deutsche Buch- und Verlagsstadt, in der folgerichtig auch die Deutsche Bücherei – die heutige Nationalbibliothek – steht.

»Wenn du dich über so vieles aufregst, warum wohnst du dann noch hier?«, fragt mich mein Schatten. »Dann zieh doch weg und verlasse die Stadt«, schiebt er nach.

»Warum sollte ich hier wegziehen?«, entgegne ich. »Ich fühle mich doch wohl hier – trotz LVZ und RB Leipzig«, behaupte ich trotzig. »Ich mag den jugendlichen Charme der Stadt und das pulsierende innenstädtische Leben. Vor allem jedoch«, ergänze ich, »lebe ich gerne in einer Stadt, die sich – anders als zum Beispiel Chemnitz und Dresden – stets entschlossen und mehrheitlich gegen rechts und gegen kleinbürgerliches und faschistoides Denken positionierte und die der nach 2015 kurzzeitig im Fahrwasser von Pegida mitschwimmenden Legida mit einer beeindrukkenden Massendemonstration frühzeitig den Vogel zeigte.«

Ich verlasse die Straßenbahn auf dem Augustusplatz, auf dem sich am späten Nachmittag und Abend des 9. Oktober 1989 mehr als 70.000 Leipziger und Leipzigerinnen trafen, um auf dem Ring die Innenstadt zu umrunden und damit für Freiheit und Demokratie zu demonstrieren. Nach einer einen Tag zuvor in Dresden auf der Prager Straße erfolgten Kundgebung war dies die erste große Demonstration in der DDR, die friedlich endete und nicht von Polizei oder Armee gewalttätig aufgelöst wurde. An diesem Tag siegte im östlichen Teil Deutschlands der Mut zum aufrechten Gang, der in Dresden, Leipzig und Plauen die friedliche Revolution vorbereitete. Nach den am 9. November in Berlin erfolgten Grenzöffnungen und Helmut Kohls im Dezember in Dresden gehaltener Rede hatte dieser Mut jedoch sehr rasch seine Würde und Aufrichtigkeit eingebüßt. Er wich – und die Mehrzahl der damals in der DDR lebenden Menschen wollte es so – dem Konsumdenken und dem Wunsch, möglichst rasch ein Teil des anderen, des wohlhabenderen Deutschlands zu sein.

Ich durchquere die Leipziger Innenstadt und verlasse auf Höhe des Neuen Rathauses das Altstadtzentrum. Weit entfernt davon, mich gegenüber Leipzig auf Städtebeschimpfungen einzulassen, wie es Heinrich Heine in der »Harzreise« mit Göttingen praktizierte und Thomas Bernhard im Theaterstück »Macht der Gewohnheit« mit Augsburg, bin ich – beim Blick auf einen vor dem Ratskeller stehenden Brunnen, der keine stadtgeschichtliche Szene, dafür aber eine Szene aus der Sage vom »Rattenfänger aus Hameln« zeigt – doch der Versuchung nahe, mich über einige Dinge, die mich an Leipzig ernsthaft stören, aufzuregen.

Da ist zum Beispiel die 2018 nach einer mehrjährigen Sanierung auf einem Hochhaus am Brühl wieder aufgestellte Leuchtschrift »Mein Leipzig lob ich mir …«: Neben dem am Abend und in der Nacht hell leuchtenden Auszug aus einem Zitat aus Goethes Faust ist eine Silhouette des Dichters abgebildet, und jeder Reisende, der im Hauptbahnhof aus dem Zug steigt, durch die Leipziger Innenstadt läuft und am Brühl nach oben blickt, ist sich sicher, dass Goethe einst diese Worte schrieb. Dies habe er auch, beschwichtigte und belehrte mich einst während einer mit Bier und Wein in Auerbachs Keller durchzechten Nacht mein Freund Otto Werner Förster, ein seit vielen Jahrzehnten in Leipzig wohnender Schriftsteller, Verleger und langjähriger Vorsitzender der in der Messestadt beheimateten Johann-Gottfried-Seume-Gesellschaft. Wenn man allerdings genauer hinblicke, führte er weiter aus, dann zeige sich, dass Goethe, der 1765 als 16-jähriger Bursche von Frankfurt am Main nach Leipzig gezogen war, um hier Jura zu studieren, diese Worte mehr als 40 Jahre später im ersten Teil seiner Faustdichtung nicht irgendeiner beliebigen Person in den Mund gelegt habe, sondern ausgerechnet dem Frosch, einem betrunkenen Studenten im ersten Semester, der eines Abends mit seinen Kumpanen ebenfalls in Auerbachs Keller saß und über die Stadt und die hier lebenden Menschen schwadronierte. Blickt man mit diesem Wissen auf die auf dem Hochhaus am Brühl erstrahlenden Worte, dann erscheinen sie in einem ganz anderen Licht. Nicht Goethe, sondern ein versoffener Student im ersten Semester lobte die Stadt in dieser Weise. Er pries eine Metropole, die sich selbst damals wie heute gern als eine weltoffene Handelsstadt sieht und vermarktet und sich ebenso gern mit den Gebäuden bürgerlicher Hochkultur – der ehrwürdigen und über 600 Jahre alten Universität, dem Gewandhaus, dem Theater und der Oper – schmückt, die aber auch dubiose Finanzgeschäfte umtriebiger und windiger Bauunternehmer sowie moralisch fragwürdige sportpolitische Projekte billigend in Kauf nimmt und sich den schnell und rücksichtslos reich Gewordenen nicht entgegenstellt.

Dass die Stadt Leipzig diesen ambivalenten Charakter besitzt und sich daher sehr gut als Heimstatt für den mephistophelischen Fauststoff eignet, meinte auch Thomas Mann erkannt zu haben. In seinem 1947 veröffentlichten Jahrhundertroman »Doktor Faustus«, an dessen Entstehung der auch als Musikphilosoph wirkende Theodor W. Adorno entscheidend mitwirkte, lässt er seinen an Goethes Faust angelehnten Hauptthelden Adrian Leverkühn in Leipzig Musik studieren. Leverkühn wiederum spiegelt – da er im weiteren Verlauf des Romans mit der Zwölftonmusik eine neue Form der Komposition begründet – das Leben Arnolds Schönbergs, vor allem jedoch verkörpert er die Existenz Friedrich Nietzsches. Denn ebenso wie der 1844 in Röcken bei Leipzig geborene Denker über die Musik zur Philosophie und hier zunächst insbesondere zu Schopenhauers Irrationalismus gelangte, ist es auch bei Leverkühn die Leidenschaft zur Musik, die ihn zur Philosophie und zur Reflexion über die Kunst führt. Folgt man dem Literaturwissenschaftler Werner Ross, der 1984 mit der Schrift »Der ängstliche Adler« eine der lesenswertetesten und kenntnisreichsten Biografien über Nietzsche veröffentlichte, dann hat Nietzsche 1865 in Leipzig – eigenen Aussagen zufolge – im Antiquariat seines Hauseigentümers Rohn eines Tages Schopenhauers »Welt als Wille und Vorstellung« gefunden, es »als mir völlig fremd« in die Hand genommen und darin geblättert. Dabei habe ihm eine innere Stimme zugeflüstert: »Nimm dieses Buch mit nach Hause!«, und er habe es, gegen seine Gewohnheit, Bücherkäufe nicht zu überstürzen, erworben, sich zu Hause in die Sofaecke geworfen und »jenen düsteren energischen Genius« auf sich wirken lassen. Und ebenso wie Nietzsche von Schopenhauer beeindruckt war, da er bei ihm alles fand, was er suchte – Kritik des deutschen Idealismus mit Hegel auf dessen Thron, Kritik des von Kant begründeten Dinges an sich und Kritik des Positivismus sowie des damit verbundenen angelsächsisch geprägten utilitaristischen Denkens –, war sich auch Leverkühn sicher, in Schopenhauers Philosophie und Musiktheorie Erlösung und zugleich Halt zu finden. In dieser Hinsicht folgte Thomas Mann in seinem Roman mit dem Lebensweg Leverkühns dem historischen Beispiel Nietzsches. Eine bemerkenswerte Abweichung davon erfolgt im Roman allerdings ausgerechnet in einer jener Szenen, die den teuflischen Pakt mit Mephistopheles vorbereiten. Denn ebenso wie Nietzsche, der ein Jahr vor seinem Aufenthalt in Leipzig als Bonner Student an einem Wochenende Köln besuchte, wo er unbeabsichtigt ein Bordell betrat und sich, um dem dortigen Treiben zu entgehen, ans Klavier setzte, wie wahnsinnig spielte und danach floh, gelangt auch Leverkühn im Roman – nicht in Köln, sondern in Leipzig wohlgemerkt! – durch einen mysteriösen Fremdenführer unbeabsichtigt in ein Freudenhaus und reagiert ganz ähnlich wie Nietzsche. Im Roman ist jedoch zudem beschrieben, dass ihm während des Musizierens eine unbekannte Schöne mit »spanischem Jäckchen, mit großem Mund, Stumpfnase und Mandelaugen« mit dem Arm die Wange streichelt. Diese kurze Berührung genügt, und in Leverkühn ist jenes Feuer der Begierde entfacht, das ihn dazu motiviert, einige Monate später nach der Prostituierten Esmeralda zu suchen und in Preßburg, dem heutigen Bratislava, mit ihr zu schlafen.

Die Begegnung in Leipzig ist zwar keine unmittelbare Konfrontation mit dem Teufel, aber sie bereitet diese vor – auch deshalb, weil sich Leverkühn in Preßburg mit Syphilis ansteckt. Zudem hatte der mysteriöse Fremdenführer ihn »teuflisch redend« in die Irre geführt, nachdem er zwei Stunden lang mit ihm durch alle Gassen der Altstadt geeilt war und ihm die Thomaskirche, das Alte Rathaus, den Turm der Pleißenburg und das Gewandhaus gezeigt hatte.

Goethe und Thomas Mann hatten sich also Leipzig ausgewählt, um in literarischer Form am Beispiel einer Stadt den Zusammenhang von faustischer Intelligenz und der damit verbundenen Suche nach Erkenntnis mit dem Übergleiten ins Irrationale und in die Welt dämonischer Abgründe aufzuzeigen. Auch Nietzsche war sich dieser Ambivalenz bewusst. Werner Ross zufolge hat er – nachdem er 1865 seinem Lehrer Ritschl von Bonn in die Messestadt gefolgt war, wo er klassische Philologie studierte und Richard Wagner kennenlernte – den Leipzigern ihre einseitige Fixierung auf das Kaufmännische, ihre Liebe zum Ökonomischen und ihren Materialismus vorgeworfen. Es ist, als gelte Nietzsches Vorwurf noch heute: In Leipzig fand während der 90er Jahre im letzten Jahrhundert ein 1934 in Frankfurt am Main geborener Bauunternehmer sein Haupttätigkeitsfeld, der mit ungedeckten Krediten zwar bedeutende Baudenkmäler der Innenstadt sanieren ließ, gleichzeitig aber die Zahlungsunfähigkeit und den Konkurs zahlreicher Handwerksfirmen und mittelständischer Unternehmen verantwortete. Und im gleichen Zeitraum gab es hier den bis heute nicht restlos aufgeklärten sogenannten »Sachsensumpf« – eine Verwicklung hochrangiger Juristen, Politiker und führender Vertreter der Wirtschaft in die Prostitution Minderjähriger sowie in dubiose Immobiliengeschäfte. Auch das offensichtliche städtische Wohlwollen gegenüber dem 2009 im Vorort Markranstädt gegründeten sogenannten Fußballverein »Rasenballsport Leipzig«, der seit 2010 seine Heimspiele in Leipzig in der Red Bull Arena, dem ehemaligen Zentralstadion, austrägt, stärkt diesen Vorwurf an die Stadt und nährt die Gewissheit, dass der vom römischen Kaiser Vespasian geprägte Spruch »Pecunia non olet« auch heute und hier in Leipzig gilt.

10.Kapitel (Von Leipzig nach Kleinliebenau)

Vom Erbe, ein sächsischer Ministerpräsident und Leipziger Oberbürgermeister gewesen zu sein und von der Freundschaft als der wichtigsten Tugend in dieser Zeit

Ich hätte die Tour hier, in Leipzig, beenden können, doch ich entscheide mich anders: Statt am folgenden Tag nichts zu unternehmen und mich vom Pilgern auszuruhen, schlüpfe ich unmittelbar nach dem Mittagessen ein weiteres Mal in meine Sachen, schultere den nur noch halb gefüllten Rucksack und stiefle auf der Karl-Liebknecht-Straße in Richtung Stadtzentrum.

Falls die Annahme stimmt, dass sich beim Blick auf die Straßennamen der politische Charakter und die Mentalität einer Stadt offenbaren, dann ist mir Leipzig trotz des gegenwärtig hier herrschenden neoliberalen Zeitgeistes noch immer sympathisch – was die Straßennamen betrifft jedenfalls sympathischer als Dresden, das sich in dieser Hinsicht als eine von Konservativismus und Großbürgertum geprägte Stadt offenbart. In Leipzig tragen bemerkenswert viele Straßen und Plätze die Namen von Sozialdemokraten und Kommunisten.

Einer von ihnen war Erich Zeigner. Die Beschäftigung mit ihm, der 1886 in Erfurt geboren wurde und den die Stadt mit der Namensgebung einer langen und breiten Allee im Stadtteil Schleußig ehrt, fördert Lehrreiches und Überraschendes zutage und zeigt, dass Geschichte dabei helfen kann, nicht nur die Vergangenheit, sondern auch die Gegenwart zu deuten. Denn in seinem Schicksal spiegelt sich die bis heute währende Zerrissenheit der deutschen Sozialdemokratie, die seit Marxens Tod vergeblich nach ihrer Bestimmung sucht: Liegt diese in der Symbiose bürgerlichen Lebens und sozialer Reformen oder braucht es, um die soziale Frage lösen zu können, eine sozialistische Revolution? An der endgültigen Beantwortung dieser grundsätzlichen Frage scheiterte auch Erich Zeigner, aber sie motivierte ihn zum politischen Handeln. So wollte er, um zwei Beispiele zu nennen, im Herbst 1923 als sächsischer Ministerpräsident, im Freistaat soziale Reformen in Wohnungsbau, Bildungswesen und Gesundheitsfürsorge durchsetzen, und im Juni 1932 hoffte er, gemeinsam mit 33 Politikern, Künstlern und Intellektuellen, mit der Bildung einer proletarischen Einheitsfront die Machtergreifung der Nationalsozialisten doch noch zu verhindern. Wir kennen die Geschichte: Dem von der Reichsregierung im Herbst 1923 beschlossenen militärischen Einmarsch der Reichswehr in Sachsen folgte die Absetzung Zeigners als Ministerpräsident, und ab Januar 1933 herrschte in Deutschland die zwölf Jahre währende nationalsozialistische Barbarei. Zeigner, der in dieser Zeit in den Konzentrationslagern Sachsenhausen und Buchenwald inhaftiert gewesen war, erhielt im Juli 1945 – als ein bereits von der Haft geschwächter und gezeichneter Mann – von der sowjetischen Besatzungsmacht das Angebot, Leipziger Oberbürgermeister zu werden. Ich frage mich, ob es moralisch gerechtfertigt ist, seine Einwilligung, angesichts des erlittenen Martyriums, im Nachhinein zu kritisieren? Und ebenso seine Mitarbeit bei der Gründung der SED, mit der er eine erneute politische Spaltung des Proletariats verhindern wollte? Fakt ist: Diese Entscheidungen werden heute kritisiert. Der Vorwurf: Zeigner habe undemokratisch gehandelt, da die Berufung zum Oberbürgermeister auf der willkürlichen Festlegung der Militäradministration beruhte und er als Mitgründer der SED die spätere Diktatur in der DDR mit vorbereitete – und sein Porträt dürfe aus diesem Grund nicht in der Galerie der »demokratisch gewählten Oberbürgermeister« im Neuen Rathaus gezeigt werden. Dieser These folgte viele Jahre auch der 1958 in Siegen geborene Leipziger Oberbürgermeister Burkhardt Jung, bis 2018 eine Historikerkommission auf Grundlage neuer Erkenntnisse empfahl, Zeigners Porträt aus dem Keller zu holen und damit die Galerie zu komplettieren.

Mit dem Gedanken an Erich Zeigner und seine linksrepublikanischen Reformversuche vor 100 Jahren, deren Verwirklichung und Umsetzung nach 1990 in Leipzig und den anderen ostdeutschen Großstädten möglich und sinnvoll gewesen wäre, gelange ich in den Auenwald und zu der hier fließenden Luppe. Der Fluss begleitet mich bis nach Kleinliebenau, dem Ziel nicht nur meiner heutigen Tour, sondern auch meiner ganzen zehntägigen Reise. Als ich die im Ort stehende Kirche erreiche, weht ein frischer Wind und es ist dunkel geworden – im Pilgerquartier leuchtet jedoch Licht. Eine Frau, die ein Mitglied des Pilgervereins ist und hier übernachtende Pilger betreut, weist mich darauf hin, dass die Herberge voll sei, bietet mir jedoch an, dass ich, da ich ebenfalls ein Mitglied des Vereins sei, in der Kirche schlafen kann. Die letzte Nacht allein in einer Kirche! Das klingt verlockend, trotz meiner atheistischen Gesinnung. Ich willige ein, und nur wenige Augenblicke später stehe ich, nachdem die Frau mir die Tür aufgeschlossen und sich danach von mir verabschiedet hat, allein im dunklen und leider auch sehr kalten Gotteshaus. Ich lasse mich davon jedoch nicht beeindrucken, befreie mich vom Rucksack, schalte meine Taschenlampe ein und koche mithilfe eines hinter dem Altar stehenden Wasserkochers Tee. Danach lege ich mehrere Sitzkissen auf den Boden und breite darüber den Schlafsack aus.

Es ist sonderbar, in einem Gebäude zu liegen, das ich bisher nur hell und als Heimstatt zahlreicher Lesungen, Konzerte und weihnachtlicher Krippenspiele erlebte. Aber: Mit dem Staunen fing alles an. Das Staunen begründete die Philosophie. Das Staunen darüber, dass ein Mensch existiert und dass nicht das Nichts sei, sondern dass da etwas ist. Erstaunt stelle ich zudem fest, dass ich in einer Kirche bin. Nachts. Allein. Wer führte mich hierher? Und das – ausgerechnet – zur letzten Ruhe? Der mit mir befreundete Religionslehrer, der vor 20 Jahren das damals ruinöse Gebäude kaufte, es vor dem Zerfall rettete und es mithilfe zahlreicher Freunde und Freundinnen und Gleichgesinnter zu einem Pilger- und Kulturzentrum aufbaute, würde gewiss sagen: »Siehst du Thomas, Gottes Wege sind unergründlich. Nun hat er sogar dich, einen bekennenden Atheisten, hierhergeführt. Und du«, würde er vielleicht hinzufügen, „bist ihm sogar freiwillig gefolgt.

Ich erwidere nichts und erinnere mich an das Epitaph an der südlichen Innenwand, das an einen Adligen erinnert, der dem Religionslehrer zumindest dem Namen nach ähnlich ist. Ich leuchte mit der Taschenlampe zu dem Stein, und beim Blick auf den darauf abgebildeten Mann kommt mir angesichts seiner kantigen Gesichtszüge, die denen Jakob Böhmes gleichen, auch der Görlitzer Mystiker in den Sinn.

Böhmes Texte, die er über viele Jahre aus Angst, nicht verstanden zu werden, zurückhielt, kamen vor allem auf Bestreben freundschaftlich mit ihm verbundener Menschen in die Welt. So viel hat sich also seit Böhmes Zeit anscheinend gar nicht verändert – denn, frage ich mich, ist nicht die Freundschaft, trotz des wachsenden Egoismus in der Gesellschaft, trotz aller technischen Neuheiten und Innovationen und trotz der künstlichen Intelligenz, die in naher Zukunft wohl viele unserer Entscheidungen übernehmen wird, noch immer ein hohes, vielleicht sogar das höchste Gut? Der Freundschaft setzte einst auch Friedrich Schiller in seinem bekanntesten Gedicht, der Ode »An die Freude«, ein Denkmal. 1785 schrieb er in einem Bauernhaus im damaligen Leipziger Vorort Gohlis, um seinen Freund Christian Friedrich Körner literarisch zu ehren: »Wem der große Wurf gelungen, eines Freundes zu sein, wer ein holdes Weib errungen, mische seinen Jubel ein! Ja, wer auch nur eine Seele sein nennt auf dem Erdenrund! Und wer's nie gekonnt, der stehle weinend sich aus diesem Bund.«

Ja, Freundschaft, denke ich. Sie besitzt, wenn sie gelingt, einen seltenen und unzerstörbaren Zauber. Mit Freundschaft meine ich im Sinne des Aristoteles eine philosophische Tugend und die höchste Form des menschlichen Zusammenlebens – und im Sinn des französischen Philosophen Michel de Montaigne ein Band, das zwei Menschen innig und unverwechselbar miteinander verbindet. Vielleicht ist es sogar so, dass es Zeit wird, dem in der aristotelischen Nikomachischen Ethik philosophisch begründeten Freundschaftsbegriff ein weiteres philosophisches Freundschaftsbuch hinzuzufügen. Denn es war die Freundschaft, die Philosophen und Philosophinnen sehr oft vor Irrtümern und Irrwegen bewahrte und sie vor Unglücken beschützte. Platon lehrte Aristoteles Philosophie und Aristoteles erfuhr von ihm, dass jener beim Sterben des Sokrates dabei war und dass er ihn als sein treuster Freund bis zuletzt begleitete. Jakob Böhme verdankt die Veröffentlichung seiner Schriften ihm freundschaftlich verbundenen Förderern und Michel de Montaigne begründete seine Erkenntnis über die Freundschaft mit der einzigartigen und symbiotisch empfundenen Verbundenheit zu Etienne de La Boetie, einem in Bordeaux lebenden Richter. Karl Marx hätte ohne die finanzielle Hilfe und moralische Unterstützung seines Freundes Friedrich Engels Soho, das Londoner Armenviertel, nicht verlassen und »Das Kapital« nicht schreiben können und auch Friedrich Nietzsche, der als kauziger und zugleich genialer einsamer Wanderer im Buch der Philosophiegeschichte eingetragen ist, wertschätzte die Freundschaft. Seinem Freund Heinrich Köselitz alias Peter Gast verdankte er wichtige Korrekturen und Abschriften und dem Freund Franz Overbeck, nachdem er im Januar 1889 in Turin auf offener Straße zusammengebrochen war, die Verlegung in eine Baseler Klinik. Hannah Arendt, die sich Zeit ihres Lebens dagegen wehrte, eine Philosophin genannt zu werden, pflegte lebenslange feste Freundschaften zu Intellektuellen ihrer Zeit wie zum Beispiel zur Frauenrechtlerin Mary McCarthy, zum Politikwissenschaftler Adolf »Dolf« Sternberger und zum Philosophen Karl Jaspers. In der 1959 in Hamburg gehaltenen »Lessingrede« wies sie zudem darauf hin, dass Freundschaften im Sinne der Vita activa – des tätigen Lebens – stets auch eine politische Dimension haben, und dass sie Menschen mit einem gemeinsamen Interesse für die Welt dazu befähigt, »in finsteren Zeiten« wachsam und den Freunden gegenüber aufgeschlossen zu sein.

Ich weiß, das sind alte Weisheiten. Auch haben meine geistigen Weggefährten und die genannten Denker und die Denkerin – Aristoteles mit dem Makedonischen Krieg, Jakob Böhme mit dem Dreißigjährigen Krieg, Michel de Montaigne mit den französischen Religionskriegen, Karl Marx und Friedrich Nietzsche mit den Reichseinigungskriegen sowie

Hannah Arendt mit dem Zweiten Weltkrieg und dem damit verbundenen Holocaust – noch schrecklichere und noch finsterere Zeiten als die heutigen erlebt. Fest steht aber, dass die 1989 und 1990 in Ostdeutschland und Osteuropa erlebte Euphorie sehr rasch Enttäuschungen und Ernüchterungen wich und dass – wenn man nicht aufpasst oder wenn systemische Krisen nicht als solche wahrgenommen und Warnungen ignoriert werden – es sich wiederholen kann, dass scheinbar für alle Zeiten in Stein gehauene gesellschaftliche Gewissheiten nicht ewig währen. Diese Erkenntnis kann auch in Zukunft wieder bedeutsam werden, wenn der Westen nicht bereit ist, auch vom Osten zu lernen und wenn die Demokratie eine Spaltung des Landes in urbane Hochkulturen und abgehängte periphere Regionen nicht verhindern kann, während sie in ihren Metropolen zuweilen zur Dekadenz verkommt und zunehmend nur einer finanziell gut situierten und akademisch gebildeten Minderheit zum Vorteil gereicht. In einer Zeit, in der sich die unangenehmen negativen Spätfolgen eines vor 30 Jahren von führenden Politikern nicht gewollten Aufbruchs und die Verhinderung eines radikalen gesellschaftlichen Neubeginns zeigen und in der die Katastrophe ist, »dass es so weitergeht«, wie Walter Benjamin schrieb, ist Rettung indes nicht mehr als Erlösung zu denken, sondern lediglich als Vermeidung von noch Schlimmeren. Es kann daher durchaus möglich sein, dass sich Revolutionen nicht nur als die Lokomotiven der Weltgeschichte erweisen, sondern auch, so Benjamin in Bezug auf Marx, als »der Griff des in diesem Zug reisenden Menschengeschlechts nach der Notbremse.« Die Frage nach Rettung ist in einer Epoche, in der die gesellschaftlichen Widersprüche des Kapitalismus eine bis vor wenigen Jahren ungeahnte Zuspitzung erreichen, jedoch brandaktuell. Dabei gilt zu beachten, dass die Hoffnung der linken Idee bisher stets war, dass das falsche Ganze die Mittel seiner Überwindung selbst hervorbringt – wo aber Gefahr ist, wächst das Rettende auch, in den Worten Hölderlins. Nach einigen gescheiterten Versuchen der gesellschaftlichen Transformation lässt sich jedoch feststellen, dass dies auch in die andere Richtung gilt: Wo aber Rettung ist, wächst die Gefahr auch. Mit der Hoffnung, dass meiner Generation und den nachfolgenden Generationen die von Bertolt Brecht im Gedicht »An die Nachgeborenen« beschriebenen bitteren Erfahrungen des Lebens »in finsteren Zeiten« erspart bleiben mögen, schließe ich die Augen und schlafe ein.

Literaturverzeichnis: Band 2

Prolog

Adorno, Theodor W.: Minima Moralia. Reflexionen aus dem beschädigten Leben. Frankfurt/Main: Suhrkamp Verlag 2001.

Becker, Artur: Links. Ende und Anfang einer Utopie. Ein Essay. Frankfurt/Main: Westend Verlag 2022.

Buber, Martin: Ich und Du. Stuttgart: Reclam Verlag 1994.

Čapek, Karel: Der Krieg mit den Molchen. Berlin und Weimar: Aufbau-Verlag 1987.

Fraser, Nancy und Jaeggi, Rahel: Kapitalismus. Ein Gespräch über kritische Theorie. Berlin: Suhrkamp Verlag 2020.

Fortschritt durch sozialen Liberalismus. Politik und Gesellschaft bei Friedrich Naumann. Hrsg. v. Jürgen Fröhlich, Ewald Grothe und Wolther von Kieseritzky. Baden-Baden: Nomos-Verlag 2021

Greiner, Steffen: Die Diktatur der Wahrheit. Eine Zeitreise zu den ersten Querdenkern. Stuttgart: Tropen Verlag 2022.

Grünbein, Durs: Unfreiheit. Eine Rede, in: Ders.: Aus der Traum (Kartei). Berlin: Suhrkamp Verlag 2019.

Havel, Václav: Europa mangelt es an Ethos (Rede auf dem Gipfeltreffen des Europarates 1993 in Wien), in: Moral in Zeiten der Globalisierung. Reinbek bei Hamburg: Rowolt Verlag 2018, S. 51 ff.

Havel, Václav: Die Mitverantwortung des Westens. Aufsatz für die Zeitschrift Foreign Affairs vom 22.12.1993, in: ebd., S. 61 ff.

Horkheimer, Max: Die Juden und Europa. In: Gesammelte Werke. Band 4. Frankfurt/Main: Suhrkamp Verlag 1988

Kampffmeyer, Hans: Die deutsche Gartenstadtbewegung. Jena: Diederichs Verlag 1909

Kertész, Imre: Die exilierte Sprache. Essays und Reden. Vorwort von Peter Nadas, übersetzt von Kristin Schwamm, György Buda et al. Frankfurt/Main: Suhrkamp Verlag 2003.

Kershaw, Ian: Höllensturz. Europa 1914–1949. München: Deutsche Verlagsanstalt 2016.

Kotowski, Elke-Vera (Hrsg.): »Ich warf eine Flaschenpost in das unermessliche Dunkel«. Werk des Kulturkritikers Theodor Lessing (1872–1933). (Katalog zur gleichnamigen Wanderausstellung) Hildesheim 2008.

Krastev, Ivan und Holmes Stephen: Das Licht, das erlosch. Eine Abrechnung. Berlin: Ullstein Verlag 2021.

Polanyi, Karl: The Great Transformation. Politische und ökonomische Ursprünge von Gesellschaften und Wirtschaftssystemen. Frankfurt/Main: Suhrkamp Verlag 1995

Marx, Karl: Ökonomisch-philosophische Manuskripte. Kommentar von Michael Quandt. Frankfurt/Main: Suhrkamp Verlag 2009.

Nitschke, Thomas: Die Gartenstadt Hellerau im Spannungsverhältnis zwischen weltoffener Reformsiedlung und nationalistisch gesinnter völkischer Gemeinde. Dissertation. Martin-Luther-Universität Halle-Wittenberg. Halle 2007.

Reckwitz, Andreas: Das Ende der Illusionen. Politik, Ökonomie und Kultur in der Spätmoderne. Berlin: Suhrkamp Verlag 2019.

Reich, Wilhelm: Listen, Little Man! 1948 (Deutsches Original: Rede an den kleinen Mann. Frankfurt/Main: Fischer Taschenbuch-Verlag 1984).

Schulz, Justyna: 30 Jahre nach dem Vertrag. Gefangen in Mittelmäßigkeit? Paradoxe, Hindernisse und Perspektiven, in: Hillebrand, Ernst; Schulz, Justyna (Hg): Zwischen Freundschaft und Frust, S. 25–27.

Simmel, Georg: Die Philosophie des Geldes, in: Ders.: Philosophische Kultur. Frankfurt/Main: Verlag Zweitausendeins 2008.

Sombart, Werner: Der moderne Kapitalismus. Leipzig: Duncker und Humboldt Verlag 1902 und 1927

Urbich, Jan: Im Westen nichts Neues. Kapitalismuskritik von Adorno bis Habermas, in: Philosophie und Wirtschaft. Krise und Zukunft des Kapitalismus. Journal für Philosophie. der blaue reiter. Aachen: Verlag für Philosophie 2010.

Wagenknecht, Sahra: Die Selbstgerechten. Mein Gegenprogramm – für Gemeinsinn und Zusammenhalt. Frankfurt/Main: Campus Verlag 2022.

Weber, Max: Die protestantische Ethik und der Geist des Kapitalismus. Vollständige Ausgabe. Herausgegeben und eingeleitet von Dirk Kaesler. München: Beck Verlag 2010.

1. Kapitel

Eschbach, Andreas: Die Fußballtheorie des Geldes, oder: Warum alle Finanzminister scheitern, in: Philosophie und Wirtschaft. Krise und Zukunft des Kapitalismus. Journal für Philosophie. der blaue reiter. Aachen: Verlag für Philosophie 2011.

Faivre, Antoine: Esoterik im Überblick. Geheime Geschichte des abendländischen Denkens. Freiburg im Breisgau: Herder Verlag 2001.

Liebe und Zorn – Eine lange Nacht im Deutschlandfunk über den Mystiker und Theosophen Jakob Böhme von Ronald Steckel, 2021.
Nietzsche, Friedrich: Die nachgelassenen Fragmente. Eine Auswahl. Hg. v. Günter Wohlfart. Stuttgart: Reclam Verlag 2001.
Senger, Hans Gerhard: »Wanderer am Weltenrand« – ein alter oder altertümelnder Weltaufriss?, in: Christoph Markschies, Ingeborg Reichle, Jochen Brüning, Peter Deuflhard (Hrsg.): Atlas der Weltbilder. Berlin: Akademie Verlag 2011.

2. Kapitel

Anders Leben. Wilder denken, freier lieben, grüner wohnen. Jugendbewegung und Lebensreform in Deutschland um 1900, in: ZEIT Geschichte, 2013, Nr. 2, Hamburg: Zeitverlag Gerd Bucerius 2013.
Bahro, Rudolf: Die Alternative. Berlin: Verlag Tribüne 1990.
Bautzen baut Bismarckturm wieder auf, in: Sächsische Zeitung vom 07. Oktober 2021.
Bautzen: Kulturkampf von Rechts im Trojanischen Pferd, in: addn.me vom 15. Oktober 2021.
Bloch, Ernst: Der Geist der Utopie. Berlin: Suhrkamp Verlag 2018.
Brajer, Sven: Am Rande Dresdens? Das völkisch-nationale Spektrum einer »konservativen Kulturstadt« 1879–1933. Dresden: Thelem Verlag 2022.
Brasch, Marion: Ab jetzt ist Ruhe. Roman meiner fabelhaften Familie. Frankfurt/Main: Fischer Taschenbuch Verlag 2015.
Brasch, Thomas: Poesiealbum. Heft 89. Hg. v. Hans Dieter Schütt. Wilhelmshorst: Märkischer Verlag 2022.
Braun, Volker: Werktage 2. Berlin: Suhrkamp Verlag 2014.
Breuer, Stefan: Grundpositionen der deutschen Rechten (1871–1945). Tübingen: edition diskord 1999.
Bruch, Rüdiger vom: Wilhelminismus – Zum Wandel von Milieu und politischer Kultur, in: Handbuch zur Völkischen Bewegung 1871–1918. Hg. v. Uwe Puschner, Walter Schmitz und Justus H. Ulbricht. München: K. G. Saur Verlag 1999.
Der Fall Wilhelm Reich. Film, Österreich 2012. Regie: Antonin Svoboda.
Die schwarze Mühle. Literaturverfilmung der DEFA, DDR 1975. Regie: Celino Bleiweiß.
»Es war ein sukzessives Verhungern«. Marion Brasch zum Ende von DT 64, in: Deutschlandfunk Kultur vom 27.12.2021.
Gerlach, Thomas: Landleben in Ostdeutschland. »Von der Hand in den Mund«, in: taz Ostdeutschland vom 31.08.2014.

Greiner, Steffen: Die Diktatur der Wahrheit. Eine Zeitreise zu den ersten Querdenkern. Stuttgart: Cotta'sche Buchhandlung 2022.

Gundermann. Filmbiografie. Deutschland 2018. Regie: Andreas Dreesen.

Hartung, Günter: Völkische Ideologie, in: Handbuch zur Völkischen Bewegung 1871–1918. Hg. v. Uwe Puschner, Walter Schmitz und Justus H. Ulbricht. München: K. G. Saur Verlag 1999.

Höppner, Solvejg: Politische Reaktionen auf die Einwanderung ausländischer Juden nach Sachsen zwischen 1871 und 1925 auf kommunaler und staatlicher Ebene, in: Antisemitismus in Sachsen im 19. und 20. Jahrhundert. Hg. v. Ephraim Carlebach Stiftung Leipzig und Sächsische Landeszentrale für politische Bildung. Dresden: ddp goldenbogen Verlag 2004.

Jaeger, Michael: Das Ethos des Handwerks. »Pädagogische Provinzen« in der Krise des Industriezeitalters, in: Philosophie und Wirtschaft. Krise und Zukunft des Kapitalismus. Journal für Philosophie. der blaue reiter. Aachen: Verlag für Philosophie 2011.

»Lieber Thomas«. Filmbiografie. Deutschland 2021. Regie: Andreas Kleinert.

Maaßen trifft Rösler im Wahlkampf, in: saechsische.de vom 16.07.2019.

Nitschke, Thomas: Die Gartenstadt Hellerau. Eine »Pädagogische Provinz« und ihre Feinde. Dresden: Thelem Verlag 2021.

Reich, Wilhelm: Massenpsychologie des Faschismus. Gießen: Psychosozialverlag 2020.

Reich, Wilhelm: Rede an den kleinen Mann. Frankfurt/Main: Fischer Taschenbuch Verlag 1984.

Roßmann, Robert: Werte-Union. »Hinter vorgehaltener Hand wird mit der AfD gekungelt«, in: sueddeutsche.de vom 19.08.2020.

Schneider, Uwe: Nacktkultur im Kaiserreich, in: Handbuch zur »Völkischen Bewegung« 1871–1918. Hg. v. Uwe Puschner, Walter Schmitz und Justus H. Ulbricht. München: K. G. Saur Verlag 1999.

Solo Sunny. Filmdrama. DDR 1980. Regie: Konrad Wolf und Wolfgang Kohlhaase (Co-Regie).

Wippermann, Wolfgang: Antislavismus, in: Handbuch zur Völkischen Bewegung 1871–1918. Hg. v. Uwe Puschner, Walter Schmitz und Justus H. Ulbricht. München: K. G. Saur Verlag 1999.

3. Kapitel

Baberowski, Jörg: »Man muss die Kränkung über das verlorene Imperium ernst nehmen.«, in: philosophie Magazin. »Das Ende der Illusion. Der Krieg ist zurück. Wie ihn verstehen?«, Nr. 3/2022, April/Mai, S. 14 ff.

Eltchaninoff, Michael und Schouwink, Theresa: In Putins Kopf. Ein Blick auf die philosophischen Einflüsse seines Programms, in: philosophie Magazin: »Das Ende der Illusion – Der Krieg ist zurück. Wie ihn verstehen?«, Nr. 3/2022.

Holm, Kerstin: Immer junger Dichterrebell. Zum Tod von Jewgeni Jewtuschenko, in: Frankfurter Allgemeine Zeitung vom 03. April 2017.

Koestler, Arthur: Der Mensch – Irrläufer der Evolution. Die Kluft zwischen Denken und Handeln. Eine Anatomie menschlicher Vernunft und Unvernunft. Frankfurt/Main: Fischer Taschenbuch Verlag 1989.

Kop, Daniela: Reisen mit der Transsib. Braunschweig: Westermann Verlag 1986.

Schäfer, Walter: Paul Geheeb. Mensch und Erzieher, in: Aus den deutschen Landerziehungsheimen, Heft 4, Stuttgart 1960.

Thielking, Marcus: Philosoph Habermas für Verhandlungen mit Putin. Deutschlands berühmtester Philosoph warnt in einem Zeitungsbeitrag vor einer »Schwelle zu einem dritten Weltkrieg«, in: Sächsische Zeitung vom 15.02.2023.

Michal, Wolfgang: Sie haben Mao mit der NATO vertauscht, in: der Freitag vom 03.11.2022.

Richter, Christoph: Mit der Scholle kommt der Krieg. Bericht über die Ausstellung »Krieg – eine archäologische Spurensuche«, in: Deutschlandfunk Kultur vom 06.11.2015.

Solidarität als Leitmotiv. Künstler-Appell zur Ukraine. Durs Grünbein im Gespräch mit Dieter Kassel, in: Deutschlandfunk Kultur vom 11.02.2022.

Vollmer, Antje: Der Irrtum der Grünen, in: der Freitag vom 25.11.2022.

Žižek, Slavoj: Heißer Frieden. Ein Krieg, der kein Krieg sein will und ein Kampf der Kulturen am Ende der Geschichte, in: Der Spiegel, Nr. 13 vom 26.03.2022.

Zweig, Stefan: Die Welt von Gestern. Erinnerungen eines Europäers. Frankfurt/Main: Fischer Taschenbuch Verlag 2002.

4. Kapitel

Bieber, Jochen: Friedrich Hölderlin: Der Gang aufs Land. Das vollendete Fragment, in: Marcel Reich-Ranicki (Hrsg.): Frankfurter Anthologie, Band 19, 1996.

Braun, Volker: Hinze-Kunze-Roman. Halle: Mitteldeutscher Verlag 1985.

Braun, Volker: Training des aufrechten Gangs. Gedichte. Halle: Mitteldeutscher Verlag 1976.

Braun, Volker: Vom Fortbestehen. Ein Dreinrede, in: Kamenzer Reden in St. Annen. Kamenz 2018.

Ehemalige Äbtissin erklärt ihren Ordensaustritt, in: katholisch.de am 28.04.2017.

Groddeck, Wolfram: Der Gang aufs Land, in: Hölderlin Handbuch. Johann Kreuzer (Hrsg.), Stuttgart und Weimar: Verlag J. B. Metzler 2002.

Großklaus, Götz: Heinrich Heine. Der Dichter der Modernität. München: Wilhelm Fink Verlag 2013.

Heine Heinrich: Die Harzreise. Bremen: Europäischer Literaturverlag 2017

Höhn, Gerhard: Verschiedenartige Geschichtsauffassung, in: Heine Handbuch. Zeit-Personen-Werk. Stuttgart und Weimar: Verlag J. B. Metzler 2004.

Jentzsch, Cornelia: Volker Braun: »Handstreiche« und »Verlagerung des geheimen Punkts«. Sprache wie ein scharf geschliffenes Seziermesser, in: Deutschlandfunk vom 05.05.2019.

Meister Eckhart: Das Buch der göttlichen Tröstung. In der Übertragung von Josef Quint. Frankfurt/Main: Insel Taschenbuch 1987.

Meister Eckhart: Philosophisch leben. Herausgegeben von Thomas Polednitschek. Freiburg im Breisgau: Verlag Herder 2010.

Neue Äbtissin des Klosters Sankt Marienstern eingeführt. Große Herausforderung. domradio.de vom 12.08.2018.

Nietzsche, Friedrich: Der tolle Mensch, in: Die Fröhlichen Wissenschaften. Stuttgart: Reclam Verlag 1990.

Nietzsche, Friedrich: Vom Nutzen und Nachteil der Historie für das Leben. Stuttgart: Reclam Verlag 1991.

Sloterdijk, Peter: Die schrecklichen Kinder der Neuzeit. Frankfurt/Main: Suhrkamp Verlag 2014

Türcke, Christoph: Der tolle Mensch. Nietzsche und der Wahnsinn der Vernunft. Frankfurt/Main: Fischer Taschenbuch Verlag 1995.

Wenzel, Hans-Eckardt: Die misslungene Erziehung des Menschengeschlechts, in: Kamenzer Reden in St. Annen. Kamenz 2019.

5. Kapitel

Block, Simona: Jede Nacht hören wir draußen die Wölfe heulen, in: Oberlausitz. Märkische Allgemeine vom 25.04.2019.

Braun, Volker: Training des aufrechten Gangs. Halle (Saale): Mitteldeutscher Verlag 1979.

Fromm, Erich: Die Furcht vor der Freiheit. München: Deutscher Taschenbuch Verlag 1993.

Hobbes, Thomas: Leviathan. Erster und zweiter Teil. Stuttgart: Reclam Verlag 1996.

Radinger, Elli H.: Die Weisheit der Wölfe. München: Ludwig Verlag 2017.

Schmidt, Johannes und Zintl, Reinhard: Gesellschaftsvertrag und Staat, in: Politische Philosophie. Michael Becker, Johannes Schmidt und Reinhard Zintl (Hrsg.), Wien, Köln und Weimar: Schöningh Verlag 2021.

Steimle, Uwe: Aktuelle Kamera. Mit einem Nachwort von Klaus Feldmann. Leipzig: Faber und Faber Verlag 2022.

Steimles Aktuelle Kamera. Serie seit 2020 auf youtube.de.

Steimles Welt. Fernsehserie von 2013 bis 2019. Mitteldeutscher Rundfunk.

Wolfsland: Kriminalfilmreihe des Mitteldeutschen Rundfunks seit 2016 (Erstausstrahlung am 08.12.2016).

6. Kapitel

Felsch, Philipp: Wie Nietzsche aus der Kälte kam. München: C. H. Beck Verlag 2022.

Gedrath, Volker: Vergessene Traditionen der Sozialpädagogik. Weinheim, Basel und Berlin: Beltz Verlag 2003.

Niemann, Julia: Das Dorf, dem die Frauen weglaufen. Reportage aus Glaubitz, in: Süddeutsche Zeitung vom 14.07.2017.

Weser, Eric: Viel zu viele Männer, in: saechsische.de vom 18.07.2017.

Wilkening, Ilka: Karl Benjamin Preusker. 1786–1871. Ehrenbürger der Stadt Großenhain. Leben und Werk. Großenhain: Selbstverlag 2005.

7. Kapitel

Böckmann, Nina und Datt, Thomas: Neu, nett, rassistisch. Umtriebige Neonazis im Leipziger Umland, in: kreuzer-online vom 19.08.2021.

Brajer, Sven: Am Rande Dresdens? Das völkisch-nationale Spektrum einer »konservativen Kulturstadt« 1879–1933. Dresden: Thelem Verlag 2021.
Galli, Thomas: »Ich möchte niemand sein, der für die Abschaffung der Gefängnisse plädiert, aber selbst ein Gefängnis leitet«, in: TP Presseagentur Berlin am 20. November 2018.
Handbuch zur »Völkischen Bewegung« 1871–1918. Hg. v. Uwe Puschner, Walter Schmitz und Justus H. Ulbricht. München: K.G. Saur Verlag 1999.
Hesse, Hermann: Siddhartha. Frankfurt/Main: Suhrkamp Verlag 2012.
Leisnig, Völkische Siedler, in: Rechte Orte in Sachsen. www.runtervonderkarte.jetzt vom 13.12.2021.
Nietzsche, Friedrich: Schopenhauer als Erzieher. Berlin: Hofenberg Verlag 2017.
Nitschke, Thomas: Die Gartenstadt Hellerau im Spannungsverhältnis zwischen weltoffener Reformsiedlung und nationalistisch gesinnter völkischer Gemeinde. Dissertation. Martin-Luther-Universität Halle-Wittenberg. Halle 2007.
Schopenhauer, Arthur: Die Welt als Wille und Vorstellung. Stuttgart: Reclam Verlag 1986.
Völkische Siedler*innen in Sachsen, in: Monitorium Rechts, Heft 4, hg. v. Kulturbüro Sachsen e. V., Dresden 2021.

8. Kapitel

Bass, Eduard: Klapperzahns Wunderelf. Eine Geschichte für große und kleine Jungen. Herausgegeben und mit einem Nachwort von Stefan Zwicker. Wuppertal: Orca Verlag 2007.
Heckmann, Karsten: Bildungssparen in Sachsen. »Rößler ist weg«, in: Spiegel Panorama vom 04.11.2004.
Knape, Wolfgang: Ringelnatz aus Sachsen. Taucha: Tauchaer Verlag 2005.
Ringelnatz, Joachim: Turngedichte. München: Kurt Wolff Verlag 1922.

9. Kapitel

Als Kind wollte ich immer Cowboy sein. Gojko Mitić im Gespräch mit Bernd Klempnow, in: Sächsische Zeitung 13./14.05.2023.
Bernhard, Thomas: Städtebeschimpfungen. Herausgegeben von Raimund Fellinger. Berlin: Suhrkamp Verlag 2016.

Bürgerinitiative Grünheide: Die Genehmigung von Tesla bietet einen Vorgeschmack auf die Industriepolitik der Ampelregierung. Grünheide am 31.01.2022.

Camus, Albert: Der Mythos des Sisyphos oder über den Begriff des Absurden. Hamburg: Rowohlt Verlag 1997.

Dürrenmatt, Friedrich: Der Besuch der alten Dame. Zürich: Diogenes Verlag 1998.

Dynamo und RB Leipzig unterscheiden sich diametral. Gespräch zwischen dem Journalisten Daniel Klein und dem Sportwissenschaftler Harald Lange. Abgedruckt in der Sächsischen Zeitung vom 28.09.2021.

Feldenkirchen, Markus: Der gesunde Menschenverstand. RB Leipzig: Dummdreist siegt, in: Spiegel, Nr. 48, 2016.

Förster, Otto Werner: Johann Gottfried Seume – »Ich bin niemals Dichter gewesen.« Essay. Leipzig: Taurus Verlag 1999.

Gadde, Vijaya: Mobbing ist keine Führungsstärke. Kritik an Elon Musk, in: Twitter vom 28.04.2022.

Giehse, Therese: Bertolt Brecht – An die Nachgeborenen, Gedichte und Lieder. Berlin: Universal Music 2006.

Goethe, Johann Wolfgang von: Faust. Der Tragödie Erster Teil. Stuttgart: Reclam Verlag 1987.

Gräfe, Dieter M.: Nur ein Generationenkonflikt: Worum es bei der Diskussion um »Wokeness« eigentlich geht.“, in: der Freitag, Nr. 49, 08.12.2022.

Hartmann, Kathrin: Oxfam-Studie: Superreiche sind Treiber der Klimakrise, in: der Freitag, 10.11.2022.

Heine, Heinrich: Die Harzreise. Bremen: Europäischer Literaturverlag 2017

Hermanns, Stephan: Über die Grenze. Der Wechsel von Max Eberl nach Leipzig dokumentiert die neuen Machtverhältnisse in der Liga, in: Sächsische Zeitung vom 22.09.2022.

Homepage der IG Mandanindianer Tauch-Leipzig e. V., Traditionsverein seit 1958: www.mandan-taucha.de.

Kopp, Mandy: Die Zeit des Schweigens ist vorbei. Berlin: Marion von Schröder Verlag 2013.

Lepore, Jill: Muskismus – ein Universum für Superreiche, in: philosophie Magazin. Sonderausgabe 20, Januar/April 2022, Berlin: Philomagazin Verlag 2022.

Laurer, Matthias: Lithium: Abbau und Gewinnung – Umweltgefahren der Lithiumförderung, in: edison.media/erklären.de vom 16.10.2018.

Lips, Eva: Sie alle heißen Indianer. Berlin: Kinderbuchverlag der DDR 1975.

Marcuse, Herbert: Der eindimensionale Mensch. Studien zur Ideologie der fortschreitenden Industrialisierung. Darmstadt, Neuwied: Luchterhand Verlag 1967.

Mann, Thomas: Die Entstehung des Doktor Faustus. Roman eines Romans. Frankfurt/Main: Fischer Taschenbuch Verlag 1998.

Mann, Thomas: Doktor Faustus. Das Leben des deutschen Tonsetzers Adrian Leverkühn, erzählt von einem Freunde. Frankfurt/Main: Fischer Taschenbuch Verlag 1994.

Meyer, Clemens: Im Stein. Frankfurt/Main: S. Fischer Verlag 2013.

Ross, Werner: Der ängstliche Adler. Friedrich Nietzsches Leben. München: Deutscher Taschenbuch Verlag 1999.

www.fr.de/panorama/superreiche-klimakiller-91900720html.

10.Kapitel

Arendt, Hannah und Matthias Bormuth (Hrsg.): Freundschaft in finsteren Zeiten. Die Lessing-Rede mit Erinnerungen von Richard Bernstein, Mary McCarthy, Alfred Kazin und Jerome Kohn. Berlin: Matthes und Seitz Verlag 2018.

Aristoteles: Die Nikomachische Ethik. Übersetzt und mit einer Einführung und Erläuterungen versehen von Olof Gigon. Bibliothek der Antike. München: Deutscher Taschenbuchverlag 1991.

Böhme, Jakob: Aurora oder die Morgenröte im Aufgang. Berlin: Edition Holzinger 2016.

Die Existenzialisten. Lebe deine Freiheit. Mit zahlreichen Originaltexten von Jean-Paul Sartre, Simon de Beauvoir, Albert Camus und Beiträgen von Peter Trawny, Alice Schwarzer und Sarah Bakewell, in: philosophie-Magazin. Sonderausgabe. Berlin: Philomagazin Verlag 2017

Kritische Theorie. »Gibt es ein richtiges Leben im falschen«? Mit Beiträgen von Adorno, Horkheimer, Benjamin, Axel Honneth, Rahel Jaeggi, Hartmut Rosa, Alexander Kluge, Nancy Fraser und Eva von Redeck in: ebd., 2022

Montaigne de, Michel: Über die Freundschaft, in: Die Essais. Herausgegeben, aus dem Französischen übertragen und mit einer Einleitung versehen von Arthur Lanz. Köln: Anaconda Verlag 2005.

Orbeck, Mathias: Leipzig. Zeigner kommt in die OBM-Galerie, in: Leipziger Volkszeitung am 18.04.2018.

Pohl, Heinrich Karl: Sachsen 1923. Das linksrepublikanische Projekt – eine vertane Chance für die Weimarer Demokratie? Hg. v. Sächsische

Landeszentrale für politische Bildung. Göttingen: Vandenhoeck und Rupprecht Verlag 2022.

Schiller, Friedrich: Gedichte. Stuttgart. Reclam Verlag 1991.

Schmeitzner, Mike: Erich Zeigner. Der Linkssozialist und die Einheitsfront (1923), in: Mike Schmeitzner und Andreas Wagner (Hrsg.): Von der Macht und Ohnmacht sächsischer Ministerpräsidenten im Zeitalter der Extreme 1919–1952. Beucha: Sax-Verlag 2006.

Abbildungen zu Teil 2

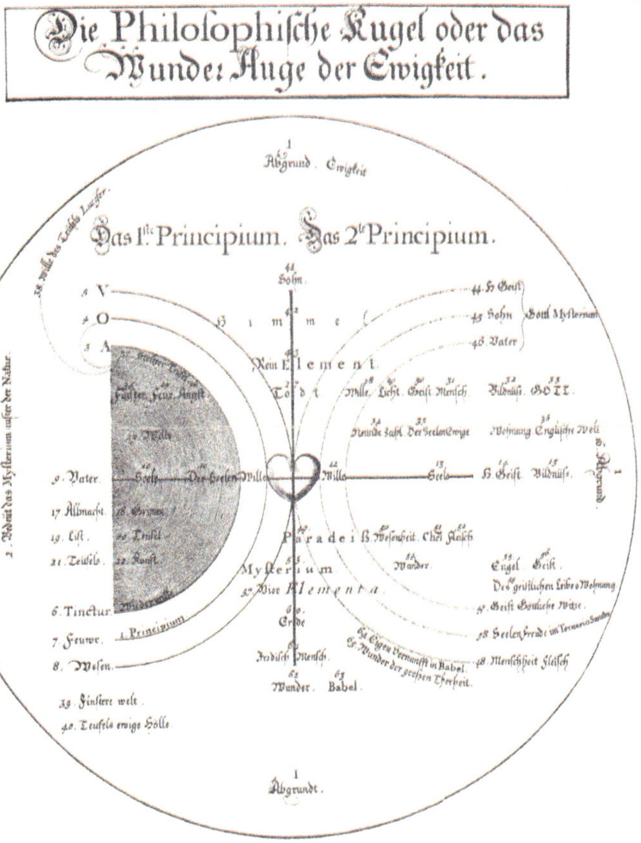

Abb.14 Philosophische Kugel
(mit freundlicher Genehmigung der Jakob-Böhme-Gesellschaft)

Abb.15 Trümmer der Geschichte I (Ehemaliges Gasthaus in Melaune)

Abb.16 Trümmer der Geschichte II (Verlassene Trabbis bei Bautzen)

Abb.17 Deutschland-fahne in Drehsa

Abb.18 Jugendliche in Bautzen

Abb.19 Kruzifix bei Panschwitz-Kuckau

Abb.20 Sorbischer Aufkleber in Nebelschütz

Abb.21 Dynamo Graffiti bei Kamenz

Abb.22 Hochsitz mit Blick zum Hutberg

Abb.23 Kein Wolf, sondern ein Husky in Schwosdorf

Abb.24 Armenhaus Stenz in Königsbrück

Abb.25 Im Großenhainer Stadtpark

Abb.26 Flusslandschaft an der Elbe bei Riesa

Abb.27 Wasserschloss in Lampertswalde

Abb.28 Nietzsche in Leipzig, Waldstraßenviertel